中国社会科学院经济学部

学部委员与荣誉学部委员文集
（2007）

中国社会科学院学部工作局
经济学部工作室编

经济管理出版社

图书在版编目（CIP）数据

学部委员与荣誉学部委员文集.2007／中国社会科学院学部工作局经济学部工作室编.—北京：经济管理出版社，2008.1

ISBN 978 - 7 - 5096 - 0139 - 6

Ⅰ. 学… Ⅱ. 中… Ⅲ. 社会科学—文集 Ⅳ. C53

中国版本图书馆 CIP 数据核字（2008）第 002803 号

出版发行：**经济管理出版社**

北京市海淀区北蜂窝 8 号中雅大厦 11 层

电话：(010) 51915602 邮编：100038

印刷：北京银祥印刷厂 经销：新华书店

责任编辑：陈 力

技术编辑：黄 铄

责任校对：龙 萧

787mm×1092mm/16 21.5 印张 414 千字

2008 年 1 月第 1 版 2008 年 1 月第 1 次印刷

定价：68.00 元

书号：ISBN 978 - 7 - 5096 - 0139 - 6/F·139

目　录

荣誉学部委员

经济学部课题组

关于科学发展观的若干问题研究

中国社会科学院经济学部课题组*

党的十六届三中全会明确提出了"坚持以人为本，树立全面、协调、可持续的发展观，促进经济社会和人的全面发展"的科学发展观。这是中国共产党深刻总结历史经验和教训，在中国经济和社会发展进入新阶段的关键时期提出的伟大战略决策的意识表达；同时，也是站在人类进步的高度，以全球视野，对中国和世界发展客观规律的更高认识和理论创新。它标志着中国共产党对经济社会发展规律认识的又一次深化，也标志着中国共产党所领导的建设有中国特色社会主义的伟大实践进入了以科学发展观统领的新阶段。

科学发展观得到全党全国人民的高度认同，走以科学发展观指导的新型发展道路，是新世纪的必由之路。当前，最重要的是如何理解和贯彻科学发展观。但是，贯彻科学发展观也会遇到一系列矛盾和困难，中国的具体国情决定了向科学发展观所要求的发展道路转变必须以创新思维处理好若干重大关系和确立正确的政策思路。当前，各地都在积极行动，努力以科学发展观为统领，探索解决贯彻科学发展观正在遇到和将会遇到的各种问题，争取实现又快又好的发展。

一、科学发展观理论内涵的深化

1. 以胡锦涛同志为总书记的党中央顺应全面建设小康社会伟大实践的要求，从党和国家事业发展的全局出发，明确提出"坚持以人为本，树立全面、协调、可持续的发展观，促进经济社会和人的全面发展"；强调"按照统筹城乡发展、统筹区域发展、统筹经济社会发展、统筹人与自然和谐发展、统筹国内发展和对外开放的要求"，推进改革和发展。我们认为，深化和丰富科学发展观的内涵，可以进一步纳入"和谐发展"和"和平发展"理念，即将科学发展观的基本内涵表述为：坚持以人为本，通过"五个统筹"，实现全面、协调、可持续发展，创造以和谐发展、和平发展为基本特征的中国发展模式。

2. 以人为本，是科学发展观的核心价值观。发展的本质是人的发展，归根结底

* 课题总负责人：陈佳贵；执行负责人：金碚；课题组成员：吕政、吴元梁、李周、齐建国、刘戒骄、武力、胡家勇。

是实现人的自由而全面的发展。胡锦涛同志明确提出了在发展过程中要坚持以人为本，并对以人为本作出了马克思主义的科学解释，即坚持以人为本，就是要以实现人的全面发展为目标，从人民群众的根本利益出发谋发展、促发展，不断满足人民群众日益增长的物质文化需要，切实保障人民群众的经济、政治和文化权益，让发展的成果惠及全体人民。以人为本，就是以人民群众为本，就是承认人民群众是推动社会历史发展的主体，承认国家权力来自人民群众。以人为本强调尊重人和人格，归根结底是要促进和实现人的自由而全面发展，而且"以人为本"中的"人"是具体的人、社会的人，而不是抽象的人，其基本含义是：第一，发展是为了实现广大人民群众的利益。第二，发展必须尊重和维护个人的合法权利，处理好多数人和少数人、集体利益和个体利益的关系。第三，人是划分为不同阶层的，发展过程中要正确处理不同阶层和不同利益集团之间的利益关系，尤其要注意保障弱势群体的基本权益。第四，人的利益是具体的，发展中要正确处理好当前利益和长远利益的关系，特别是要重视解决好人民群众最关心、最直接、最现实的利益问题。

3. 全面发展，是科学发展观的愿景目标。发展的目的归根结底是为了满足人的需要，而人的需要是多方面的。因此，人的全面发展应体现为发展目标的全面性，即经济、政治、文化和社会的全面进步才是发展所追求的目标。

全面发展是我们党根据马克思的人的全面生产和全面发展理论、社会结构和社会有机体理论、唯物辩证法的普遍联系和全面性的理论，是在深化了对当今世界，特别是我国社会现阶段社会领域不断分化又不断整合，社会的有机性、系统性、整体性不断加强的特点和规律认识的基础上提出的。2004 年胡锦涛同志说："全面发展，就是要以经济建设为中心，全面推进经济、政治、文化建设，实现经济发展和社会全面进步。"党的十六届五中全会通过的"十一五"规划建议中提出，在"十一五"期间要开创社会主义经济建设、政治建设、文化建设、社会建设的新局面。党的十六届六中全会通过的关于构建社会主义和谐社会的决定中进一步明确指出，我们要推动社会建设与经济建设、政治建设、文化建设协调发展。也就是说，全面发展就是要求在以经济建设为中心的基础上实现经济建设、政治建设、文化建设、社会建设四位一体的发展。

我们建议，在此基础上，再增加一个"生态环境建设"，即把全面发展的内容表述为：经济建设、政治建设、文化建设、社会建设、生态建设五个方面，与之对应，实现物质文明、政治文明、精神文明、社会文明、生态文明的五方面目标。

4. 协调发展是科学发展观要求的实现途径。要实现全面发展，就必须在更高的发展水平上处理好发展中的新矛盾和新问题，因此，协调发展是实现全面发展的正确道路和政策途径。这一基本原则体现为发展过程的统筹性。即协调发展，就是要统筹城乡发展、统筹区域发展、统筹经济社会发展、统筹人与自然和谐发展、统筹国内发展和对外开放，推进生产力和生产关系、经济基础和上层建筑相协调，推进经济、政治、社会、文化、生态建设的各个环节、各个方面相协调。

5. 可持续发展是科学发展观的代际关系原则。科学发展观要求实现可持续发展，就是要促进人与自然的和谐，实现经济发展和人口、资源、环境相协调，坚持走生产发展、生活富裕、生态良好的文明发展道路，保证一代接一代地永续发展。可持续发展的原则，体现了发展眼界（horizon）的长期化和发展价值的恒久化，是实现"以人为本"的发展价值观的代际关系原则。其深刻的价值在于：人类延续和代传是发展的最终要求，每一代人的发展都应该为下一代人的更好生存和发展留下空间和条件。

6. 和谐发展是科学发展观的社会关系原则。和谐社会是社会主义的本质属性。以发展促进社会的持续和谐，以和谐为发展提供保障，保持发展过程中的和谐稳定，是中国特色社会主义和社会主义市场经济体制的根本要求。和谐发展就是要能够正确解决发展过程中的各种矛盾，特别是处理好改革、发展和稳定的关系，使矛盾成为推动发展的动力而不是阻力，使矛盾转化成促进发展的积极因素而不是导致失衡的消极因素。

和谐发展的基本含义是：第一，要以经济建设为中心，一心一意谋发展。第二，把构建社会主义和谐社会摆在更加突出的地位。第三，在发展的不同阶段都要保持与发展水平和物质技术条件相适应的社会和谐状态。也就是说，中国的发展既要追求高度经济发达基础上的和谐社会目标，又要保持整个发展过程中的社会和谐状态。简言之，中国发展模式的基本特征之一是：社会和谐既是奋斗目标又是过程特征。

7. 和平发展是科学发展观的国际关系原则。中国的发展要坚定不移地走和平发展的道路，坚持独立自主的和平外交政策，本着平等互信、和平共处的原则处理国与国的关系，不断扩大共同利益的汇合点，努力营造和平的国际环境和良好的周边环境，努力建设互利共赢、持久和平、共同繁荣的和谐世界。中国走和平发展道路是由中国国情、科学发展观基本精神和当代世界潮流等多方面因素决定的。和平发展是中国的重要历史机遇，又是在经济全球化条件下贯彻科学发展观的本质体现，是中国发展模式区别于世界历史上其他大国崛起过程的一个突出特征。

二、贯彻科学发展观现阶段面临的主要矛盾

1. 科学发展观反映了全国人民的共同愿望。实现科学发展观的目标和要求，是全体人民的理想。问题是，实现理想必须要具备一定的条件，而在中国经济社会发展的现阶段，总体上看，人均收入水平低、企业竞争力不强、技术水平落后、市场经济体制不完善，加之经济发展不平衡、发达地区与欠发达地区差别大，所以，在

贯彻科学发展观的过程中产生了许多矛盾和困难。承认矛盾，分析矛盾，才能找到解决矛盾的途径、机制和方法，使科学发展观从理想变成现实。我国处于社会主义初级阶段。社会主义初级阶段的基本矛盾，始终是人民群众日益增长的物质文化需求同社会生产力不发达之间的矛盾。这个矛盾贯穿于我国社会主义初级阶段的整个过程和社会生活的各个方面。当代中国面临的一切矛盾和问题，归根结底是这个基本矛盾的直接或间接反映。

2. 工业和城市发展同农业和农村相对落后的矛盾。我国现阶段的经济发展主要表现在工业的高速增长和城市建设的巨大成就，大量的资源向工业和城市集中。农业、农村和农民的境况改善相对滞后，成为建设小康社会的难点。特别是农业基础设施脆弱，农民增收受到多种因素制约，难度大，见效慢。这成为落实科学发展观的一个突出矛盾。

3. 工业化城镇化进程同城市人口吸纳能力的矛盾。工业化就是农业劳动力向非农产业转移，农村人口向城市转移的过程。目前我国农村劳动力总量有 5 亿人，其中从事农业生产的劳动力为 3.3 亿人，依靠现有的农业资源，农业部门仅能容纳 1.4 亿左右的劳动力，农村潜在的剩余劳动力总量达 1.8 亿以上。到 2020 年，平均每年大约有 1000 万人需要从农村中转移出来。目前，我国农村外出务工劳动力 12000 万人，农村外出务工劳动力占全国农村劳动力的比重为 24%。农民工年均外出务工时间为 8.3 个月，外出务工时间在 6 个月以上的农民工占 81.3%，约 9600 万农民工。他们虽然被统计为城镇常住人口，但并不能够与城镇户口居民享有同等的社会保障、医疗和教育等服务。现行的失业救济、医疗保险、养老等社会保障体系，还没有把进城务工的农民纳入保障范围。在这种情况下，必然出现农民只能暂时离土离乡而难以真正实现向城镇的转移。这表明，面对着我国巨大的人口和劳动力数量，城市化的吸纳能力显得非常不足。其直接的社会表现是：城乡差距扩大，居民（包括进城农民）收入差距扩大、社会保障滞后、公共服务严重不足等一系列问题。

4. 经济高速增长和需求结构变化同资源供应不足的矛盾。工业加速增长是工业化进程的一个基本特征。工业增长的技术性质就是大规模采掘和使用自然资源（包括能源），进行加工制造，创造出大量的物质财富，同时，导致需求结构的巨大变化和不断升级。因此，工业发展必然会消耗资源和影响环境。问题是资源是有限的，许多资源是不可再生的，而环境的破坏超过一定的限度则是不可恢复的。特别是，中国不仅是一个巨大的经济体，而且人均占有的自然资源低于世界平均水平。随着经济发展和城乡居民收入水平的提高，社会的消费结构不断发生变化，对以自然资源为基础的重化工业产品的消费需求不断增长也是必然趋势。所以，工业高速增长和消费结构升级同我国自然资源人均占有不足是一个突出的矛盾。

5. 生产要素集中化趋势同区域协调发展的矛盾。统筹区域发展的目标是缩小区域间经济发展水平的差距，实现区域间的平衡发展。但是，在市场竞争机制的作用下，生产要素必然会不仅向优势企业集中，而且向优势地区集中。生产要素集中化趋势将进一步扩大地区经济发展水平的差距。尤其是一些规模经济特征显著的产业，生产要素的集中化趋势更为强劲。从效率和资源节约的角度看，以较少的国土面积，实现产业集聚，创造更多的国内生产总值，可以大大提高资源的配置效率。产业布局的微观利益应当服从资源利用的宏观效益。特别是资源密集型的产业，如石油化工、煤炭开采、火力发电、钢铁、有色金属、水泥、玻璃等产业，在运输半径合理的前提下，其生产能力尽可能向少数大型企业集中，不应分散布局。但是，在现行的财政税收体制下，各地区不发展工业就没有收入，放弃工业投资项目等于减缓地区发展速度。因此，在许多情况下，产业布局不得不在生产要素有效配置和有利地区协调发展两者间进行权衡。尤其是，由于工业投资决策主体的地位不同（中央、地方、企业），面对这一矛盾必然会有不同的利益倾向和决策偏好。

6. 节约资源和保护环境的要求同产业和居民承受力较低的矛盾。贯彻科学发展观要求节约资源和保护环境，但是，在现有的技术条件下，提高资源节约和环境保护标准往往意味着企业和居民的投资、生产成本和生活费用的增加，进而对企业的竞争力和居民的生活水平产生影响，限制了中小企业的发展和提高了居民消费价格。例如，通过采用提高标准或者提高价格的方式可以限制资源耗费和更好地保护环境。这实际上就是给企业设置更高的产业进入壁垒，或者是要求企业为节约资源和保护环境支付更多的成本。很显然，过高的标准也会导致一些企业和地区的短期竞争力受损。同样，提高标准和提高价格也有助于促进居民节约资源和保护环境，但在我国大多数居民的收入水平比较低的条件下，提高标准和提高价格也受到很大的制约。总之，在我国目前的企业竞争力状况下，或者说在我国仍然是发展中国家的条件下，有多大的能力接受更高水平的资源节约和环境保护标准，在现实中往往成为难以抉择的矛盾。

7. 经济全球化条件下参与国际竞争与自主创新能力不足的矛盾。作为发展中国家，我国产业竞争力的来源主要是资源禀赋的比较优势，各地区的经济发展，尤其是地区间竞争，也主要依赖于区位和资源的比较优势。所以，在相当长的一段时期内，劳动力、土地和自然资源的大量投入，是我国产业发展特别是参与国际竞争的优势之一。许多企业尤其是经济欠发达地区的企业，在现实的竞争中，不能不把利用资源禀赋上的比较优势作为推动经济发展的力量。所以，近三十年来我国经济增长表现出高投入、高消耗，低工资、低劳动条件的特点是具有历史原因的。很显然，这种情况是同资源的开发和合理利用存在着矛盾的，特别是在劳动力严重富余、企业技术水平基本相同的条件下，就表现为企业间的"血拼"式竞争，过度压低劳动条件和报酬，以及地区间的"优惠政策"竞赛。目前，许多地区还停留在主要依靠资源（土地、劳动、能源、水源）低价格和差别性优惠政策，来支撑产业竞争力和地区吸引力的发展思路上，这一方面反映了我国现阶段确实存在着充分发挥比较优势同资源长期合理利用的现实矛盾，另一方面也表明我国的自主创新能力弱，还不能主要通过技术创新来解决我国资源禀赋特征与工业化的技术路线之间的矛盾。

8. 共同富裕目标与收入分配机制不健全的矛盾。改革开放初期，让一部分人先富起来的政策是完全正确的，它对于打破平均主义分配格局，调动人们通过勤恳劳动和守法经营致富的积极性，创造更多的社会财富起到了巨大的推动作用。随着经济体制和经济运行机制的变化，在国民经济快速增长的同时，社会产品的分配格局也发生了重大变化，即出现了财富向一部分人集中，社会不同阶层贫富差距扩大的问题。

导致贫富差距扩大的原因是多方面的，一是所有制结构的变化，国有经济和集体经济的比重显著下降，原来在国有或集体企业就业的职工大量下岗、失业或提前退休，出现了一大批低收入群体。私人经济的迅速发展，一部分人占有了较多的生产资料，并通过这种占有积累了较多的财富。二是市场机制在分配过程中的自发作用，虽然机会是均等的，但由于每个人的客观条件和主观努力程度事实上存在着很大差异，在市场竞争的条件下，不同阶层和不同的个人在社会产品的分配结果中出现了较大差别。三是在向市场经济转轨过程中，由于经济体制、机制和法律法规不健全，一些人利用经济体制迅速变化的机会，通过合法的和非法的手段获取了大量财富。总之，改革开放以来，社会财富有了巨大增长，为实现共同富裕创造了一定的条件，但是由于收入分配机制不健全，产生了收入分配差距扩大的突出问题。

9. 保持和增强竞争活力与社会保障体系建设的矛盾。市场经济的活力在于竞争，通过竞争实现效率和进步是现代经济发展的基本道路，而竞争就有强者和弱者，胜者和败者。市场经济承认和鼓励优胜劣汰，但也要保证弱者和失败者生存的权利。因此，市场经济的发展必须建立同其相配套的社会保障体系。我国近三十年来，市场经济有了长足的发展，竞争关系日趋成熟，期间，社会保障体系也在逐步构建起来。但是，迄今为止，我国社会保障体系建设明显落后于市场经济的发展。这不仅是因为我们在认识上的不足，更重要的是，一个13亿人口的国家如何建立完善的社会保障体系，完全没有先例。其困难程度和复杂程度是极其巨大的，社会为此必须承担的代价也是难以预计的。所以，在中国工业化过程中，形成市场经济的有效竞争制度以保持和增强活力，同建设社会保障体系的矛盾将是一个长期存在的问题。

三、实现科学发展观需要处理好的基本关系

1. 构建实现科学发展观的有效机制必须要深刻认识和正确处理好四个基本关

系：速度与效益的关系、市场与政府的关系、中央与地方的关系、发展与改革的关系。

2. 速度与效益的关系。20 世纪 80 年代以来我国实现了持续的高速经济增长，但效益不尽如人意。这不仅表现为经济效益不高，而且表现为社会效益、环境效益、资源利用效率、结构质量水平较低。因此，处理好速度和效益的关系，既保持经济平稳较快增长，避免大起大落，又能不断提高结构、质量和效益水平，实现又好又快、好中求快的发展，是全面落实科学发展观的本质要求。

3. 市场与政府的关系。在社会主义市场经济的大背景下，科学发展观必须依托市场机制来实现。市场经济能够释放出强劲的经济活力，激发人民的创造力和责任感；能够通过价格机制、供求关系和优胜劣汰的竞争，实现资源配置的动态优化；能够促使生产要素在不同企业、不同行业、不同地区之间，乃至各国之间合理流动和组合；能够把供给与需求直接联系起来，促进消费结构升级，更好地满足人们日益增长的物质文化需求；并且能够通过竞争推动技术创新和管理创新，不断降低生产成本，提高劳动生产率。所有这些都是实现科学发展观所要求的基本条件。

从更深层次上看，市场经济能够按照生产力发展的内在要求，把创业权、竞争权、交易权、组织权、创新权、财产权等一系列经济权利落实到每一个公民。权利的落实会激发出公民的创造力和责任感，从而促进生产力的快速增长；并且逐步形成新的价值观，如自由平等、互惠互利、诚信守约、公开透明、平等竞争、开拓创新等，促进人的全面发展和社会的全面进步。

但是，市场不是万能的，市场机制也有其缺陷，特别是不健全不完善的市场机制会带来一些严重的后果，例如，恶性竞争、短期行为、道德缺失、环境污染、生态破坏、收入失衡、经济波动，等等。消除这些现象，一是要靠不断完善市场竞争秩序，二是要由政府来进行调控和必要的管制。因此，落实科学发展观不是要抑制市场机制的作用，而是要完善市场经济制度，并且科学定位政府的职能。政府职能应主要集中在以下三个方面：第一，政府要集中精力履行好自己的核心职能。政府要把自己所支付的经济资源和社会资源集中投入到治安、司法、市场秩序、社会保障、教育、医疗、生态、基础设施建设、落后地区发展等领域，构建服务型政府。而在市场机制能够有效发挥作用的领域，则要充分发挥市场机制的作用，减少政府的干预。第二，政府应着力培育市场，消除市场机制发挥作用的体制、机制障碍，特别是要尽快消除由行政性垄断、地区分割和不适当市场管制等行政行为造成的市场功能障碍。第三，加快建立与市场经济相适应的财税体制，特别是要尽快改革不适应科学发展观的税收制度，形成公平竞争的税收制度环境。

4. 中央与地方的关系。中央和地方政府对落实科学发展观都负有重大责任。但在现行的体制下，经济发展是地方政府表现政绩的主要指标之一。地方政府具有促进经济增长的强烈动机，它们想方设法通过上项目、招商引资、开办经济技术开发区、开发矿产资源和土地资源、拉动房地产市场发展等手段来提升地方 GDP，实现富民强省（市、县）的目标。从总体上看，地方政府发展经济的积极性推动了经济社会发展，应该给予充分的肯定。

但是，也必须看到，由于中国是一个区域经济发展不平衡的大国，现有的中央地方关系架构也存在明显的缺陷，中央与地方的经济权限划分往往陷入"一管就死，一放就乱"的两难处境。这主要表现在，一是中央政府因承担综合平衡和协调发展的责任，往往容易过度扩张自己的权力和所控制的资源，从而限制了地方政府的积极性和灵活性，加上信息不充分、不及时，所控制的资源和财力运行效益也不高；二是地方政府出于区域竞争的需要，不仅更倾向于粗放的、外延型的经济增长方式，从而造成资源浪费和生态破坏严重，削弱了持续发展能力，而且由于不承担总量平衡的责任，更容易"大干快上"，形成过度竞争，给国家的综合平衡和协调发展造成困难。

要按照科学发展观的要求调整中央和地方的关系。

第一，要提高中央政府的权威性。一个具有强有力的宏观调控能力的中央政府是保证我国现代化建设和落实科学发展观的前提。提高中央政府的权威性，要注意两个问题：一是要保证中央决策的严肃性和切实有效地执行；二是要保证中央决策的科学性和可行性。中央决策和宏观调控也要遵循市场经济的客观规律，而且要考虑到政策执行成本，还要预计到可能产生的副作用。

第二，要科学划分中央政府与地方政府的事权与财权，使责、权、利相对称。中央政府负责宏观经济政策，统筹整体发展，提升全民福利，修建跨地区基础设施等全国性公共品的提供，地方政府则负责地方性公共品的提供。在确保中央权威的前提下，仍然要授予地方政府以充分的权力，强化地方政府的责任，以调动地方政府改善当地民生的积极性。目前，地方政府普遍反映，希望中央与地方财权的划分要与事权的划分相对应。1994 年分税制改革后，财力层层向上集中，与此同时，科学的财政转移支付制度没有建立起来，致使基层政府没有足够的财力来履行应有的公共职能，由此产生了许多不规范的地方政府行为。

第三，建立科学的政绩考核制度和领导干部任免晋升制度。按照建立公共服务型政府的要求设定地方政府政绩考核指标体系，把经济增长、居民收入、公共服务水平、环境保护等涉及居民福利的重要指标纳入到政绩考核范围。在政绩考核和干部任免晋升过程中，倾听群众的意见至关重要。人民群众是科学发展观的实践者和受益者，群众的意见和选择是评判地方政绩的最可靠标准。要加强这方面的具体制度建设，使人民群众的意见和选择能够真正反映到政绩考核和官员晋升的过程之中，起到约束政府官员行为的作用。

5. 发展与改革的关系。发展过程是生产关系不断调整以适应生产力发展，上层建筑不断变革以适应经济基础的过程。通过深化体制改革，建立健全实现科学发展观的体制机制，是贯彻落实科学发展观的必要条件。坚持社会主义市场经济的改革方向，推动经济社会发展加快转入科学发展观的轨道，加快实现经济增长方式的转变和加快消除不利于经济稳定运行和社会和谐的体制因素，是实现科学发展观的根本保证。特别要认识到，科学发展观的落实归根结底要靠创新，使中国真正成为一个创新型国家。所以，充分发挥全社会的创新活力也是实现科学发展观的本质要求。而创新活力的发挥需要有自由、宽松的制度和政策环境，有鼓励想象力和创新思维的管理体制，有支持首创和探索并且容许错误和失败的文化氛围。同时，创新也必须有法治和秩序。个人自由不能侵害他人和社会的利益。因此，通过改革，形成尊重自由、尊重个性、有利创新，同时又能保持良好行为规则和公共道德的体制环境和社会秩序，是实现科学发展观的基本条件。

四、贯彻科学发展观的政策思路

1. 对于如何实现科学发展观的理解，总是通过形成具体的政策思路而得以体现。科学的认识必须具体化为实际的行动，才能成为改造世界的力量，而从正确的理论认识到成为现实可行的政策安排，需要经过深入的研究和实践检验。

2. 关于集中审批。强调节约资源和环境保护等社会利益往往需要通过提高政府行政审批的层级来进行政策操作，例如由更高级的政府环保部门组织环境评价或由更高层级的政府调控部门进行投资项目审批。但是，一般来说，提高行政审批层级只是在法规不完善的情况下不得已采取的管制措施，高层级的部门尽管可以有更具全局性的标准，但层级越高信息处理成本也越高，大量的审批责任集中到高层级部门是难以确保管制效率的，而且可能会引发更多的"寻租"行为和腐败现象。所以，从总体政策思路来说，应更注重法规制度的完善和有效执行，而不应过分依赖行政审批，特别是企望以高层级的行政审批来更有效地实现社会目标。

3. 关于政府集中控制资源。贯彻落实科学发展观往往需要集中财源和加大政府直接分配资源的功能，即增税和增加政府收入，以形成增加公共支出和增加财政转移支付的更多财源。为了实现科学发展观的目标，在政策操作上确实需要由政府集中一定的资源来进行符合公共目标的配置。问题是，政府集中资源的必要逻辑条件是，同样数量的资源由政府直接分配能够比市场配置更有效率，包括更有利于实现公共政策目标。但是，实际上，政府部门分配资源的效率并不总是有效率的。所以，政府集中资源进行直接分配的前提是，政府进行资源配置的机制必须能够保证做到科学、透明、公平，并且要求从政府直接分配渠道获得的资金能够得到真正有效的使用。所以，从总体政策思路来说，在政府更多集中资源进行直接分配的问题上必须十分慎重，以防止由于政府效率缺陷而导致集中配置资源反而事与愿违。

4. 关于提高资源价格。科学发展观要求节约和有效利用资源，这意味着必须和必然要提高资源产品的价格。但是，提高资源价格不能不考虑大多数企业和居民的承受能力，也就是说，在多大程度上可以运用价格手段（提高资源价格）的方式节约资源，同现阶段我国产业和居民可以承受多大程度的资源价格提高的能力直接相关。所以，使用价格手段（涨价）实现资源节约目标的着眼点是，不仅要激励企业和居民的节约行为，更重要的是激励提高承受高价格资源的能力。特别是，资源价格的提高不应导致资源产品供应部门（特别是垄断部门）巨大获利和资源使用部门严重受损，而要更多地有助于资源使用者提高资源使用效率和竞争力，使其消化高价格的技术进步过程有合理的回旋空间。

5. 关于提高产业进入门槛。按照科学发展观的资源节约和环境友好要求，势必要提高产业进入门槛，即限制或禁止技术水平较低、经济势力较弱、规模较小，因而难以达到资源利用和环境保护的较高标准的企业进入相应产业。特别是，重点行业要实施强制性资源、能源、环境消耗标准，建立高耗能、高耗水、高污染的落后工艺、技术和设备强制淘汰制度。但是，在实施这一政策时必须考虑到对产业竞争格局所产生的影响。如果导致民营和中小企业将受到更大限制，而更有利于大型企业特别是大型国有企业和外国跨国企业的市场优势，甚至进一步形成和维持资源垄断开发和经营的格局，将可能不利于有效竞争市场秩序的形成，损害相关利益主体特别是广大消费者的利益。我们认为，从长期看，公平的市场竞争秩序是保证资源有效利用和环境有效保护的制度基础，垄断经营、政府管制和行政性筛选（具有自由裁量权的审批），最多只能在短期内治标性地解决资源浪费和环境破坏问题，而且必须付出很大的代价。所以，当采用提高产业进入门槛的方式达到资源节约和环境保护标准时，必须同时考虑激励竞争和促进有效竞争的制度安排，防止垄断特别是主要依靠行政壁垒所维持的垄断性产业结构的强化和固定化，特别是要采取扶持中小企业的政策，给中小企业的成长留下更大空间，以增加更多有实力的市场竞争者数量，形成大、中、小企业合理分工的产业格局。

6. 关于提高劳动者报酬和保障的法定标准。为了实现科学发展观必须更重视劳动者的权益，提高劳动者的收入水平和保障条件，包括提高法定最低工资水平、提高解雇条件和解雇补偿、增加雇主（企业）承担的劳动保障责任等。这样的政策安排无疑是必要和合理的，也符合我国经济发展进入更高阶段的现实国情。但同时也要认识到，这样的政策意味着在一定程度上降低了劳动市场的弹性（限制了雇主的用工自主权），也会产生一定的副作用。如果缺乏科学论证而实施过度，有可能导致适得其反的后果，例如反而抑制了就业，而并未实质性地提高员工的工资和劳动保障水平。因此，必须遵循科学精神，从实际国情出发，平衡企业效率和员工利益的关系，将两者的统一性置于企业竞争力持续提高的基础之上，为实质性地提高工资和劳动保障水平创造能够长久维持的条件。

7. 关于环境生态补偿机制。科学发展观要求更高标准地保护环境和生态平衡，这是关系到全社会、全民族乃至全人类的善事。问题是，生态环境保护和建设，具有明显的外部性。多数情况下，生态环境保护者、建设者与生态环境保护的受益者不一致。解决和平衡环境保护和生态平衡的贡献者与受益者之间的利益协调问题，是形成持久的环境保护动力机制的关键之一。为了促进生态保护与建设，遏制生态破坏行为，解决跨区、跨界污染问题，尽快改变低成本使用环境并将环境成本转嫁给社会的做法，需要按照国际通行做法建立和健全我国的环境生态补偿机制。

8. 关于收入分配调节。科学发展观要求能够让全体人民共享发展的成果，特别是实现更公平的收入分配。这当然意味着政府要担负调控收入分配的功能。需要政府通过加大二次分配（税收）力度的方式来实现高低收入者之间的收入转移。但是，也必须认识到，以税收等手段来对收入差距进行二次调节的作用是有限的，因此不能过高估计其效果。目前，导致收入不公平的最重要原因是市场竞争不公平，而且，现行的一些制度和政策不是促进公平竞争而是人为扩大竞争的不公平性。例如，我国的教育制度和政策，政府的作用往往是把资金无偿拨付给"强者"，包括重点高校、重点中学、重点小学等，让强者更强弱者更弱。卫生资源的分配也往往是让医疗单位中的强者更强弱者更弱。再如，对内资企业不仅所得税税率高而且实行所谓"计税工资"制度，外商投资企业却实行另一套税制，而对垄断行业的收入则没有特殊的税收调节措施，任其坐享垄断利润。这些制度和政策使得人与人、企业与企业之间在竞争的起点上就不公平，其结果必然是不公平的收入分配结果。而事后的税收调节所能起的矫正作用是很有限的。所以，调节收入分配应实行"治因为主，治果为辅"的政策，即将政策重点放在治理一次分配的不公平上，而以税收等方式进行的二次分配只能起辅助性的调节作用。

9. 关于治理宏观经济中的不合理现象。中国经济社会发展具有深厚而广泛的基础，即个人、企业、地方政府等各方面十分高涨的积极性。这种积极性不仅产生于内在动机，而且形成于相互竞争。正因为这样，中国经济的发展势头才会如此强劲而且持续不衰。对此我们首先应有积极肯定的评价。当然，充分调动和焕发起来了的地方政府、企业和亿万人的积极性可能产生的一些"过度"现象，从而发生高投资、高增长、争上项目、重复投资、房地产热、地方间过度竞争等"过热"现象，必须进行宏观调控，才能保证经济不脱离健康发展的轨道。而在实施宏观调控的时候，我们也必须清醒地认识到，"过热"现象大多主要不是产生于不正当的动机，而主要是现行制度和政策中的非科学性因素。所以，对于宏观经济中不合理现象的治理，更应从制度改革和政策优化入手，特别是要改革和完善财税体制、政绩考核制度、行政管理体制等，使完善的制度成为规范经济行为和保证健康发展的可靠保障。

10. 关于政策的统一性和区别性。如何处理全国统一宏观调控政策和各地具体情况的差异所产生的矛盾是一个比较突出和普遍存在的问题。中央实行全国宏观调控政策必须要有统一性和严肃性，各地原则上应无条件执行。但各地的具体情况千差万别，又不能无视现实搞"一刀切"。各地政府往往强调的是自己的特殊情况，"宏观调控对全国是必要的，但我们这里情况特殊，应该区别对待"是地方政府的普遍心态。当前，特别是对于土地供应控制、环境保护标准、投资项目审批等，各地方更多地强调具体省情、市情、县情。如果分别来看，每个地方的要求似乎都有道理，但如果各地都强调特殊，中央的宏观政策就失去了贯彻的基础。总之，中央的宏观调控政策与各地企望加快发展经济的要求之间往往存在现实的矛盾和认识差距。处理这一问题，除了要求地方应服从大局，坚决执行中央有关政策之外，还要在制度上调整地方之间的竞争关系。通过立法明确规定，地方政府在哪些方面必须服从全国统一的制度和规定，在哪些方面拥有自主决策权。特别是，中央政策要保持稳定性和可预见性，避免引发地方政府的争先恐后"赶车"现象，即赶上车的占了便宜，赶不上车的就吃亏；而且，什么时候有车、什么时候停车、什么时候再来车没有规则，这势必会诱发地方政府的短期竞争行为。因此，增强政策体系的科学性，形成长期化、稳定性和可预见的政策环境，是解决政策统一性和地区差异性矛盾的重要原则。

11. 关于培育内生发展能力。落实科学发展观，必须加快转变发展方式。发展方式粗放、资源约束和环境压力加大，是我国经济社会发展中的突出矛盾和问题。贯彻科学发展观的资源战略是，使技术创新、制度创新和管理创新成为经济发展更重要的推动力量，采取重大政策措施，开发人力（智力）资源，而减轻对自然资源和环境的压力。使我国产业和企业竞争力的源泉从主要依靠自然资源、物质资源和低工资转到主要依靠技术创新优势和人力（智力）资源开发优势上来。

中国改革开放的基本经验和
新阶段的重点任务

中国社会科学院经济学部课题组[*]

始自 1978 年的中国改革开放，取得了举世瞩目的经济增长绩效和社会全面进步，也积累了极其丰富的经验。本调研报告分为三大部分，第一部分试图总结和概括我国改革开放的若干基本经验，并说明在新阶段进一步推进改革开放的主要任务是加快形成有利于贯彻落实科学发展观的体制机制保障，而其中的一个突出重点或关键环节是深化行政管理体制改革，加快向服务型政府转型。第二部分具体说明向服务型政府转型的有关政策建议，包括政府职能定位的转型；地方党政领导的职责区分和定位问题；财政、金融、农村和对外开放等方面相关的配套改革问题。第三部分提出加强对改革的综合领导和协调问题。

一、中国改革开放的基本经验和新阶段

（一） 中国改革开放的基本经验

中国改革开放的基本经验可以概括为以下六个方面：

1. 在改革的理论基础和指导方针上，坚持以理论的创新和突破为先导

中国每一阶段的改革，都是由理论上的重大创新和突破开启的。

中共十一届三中全会（1978 年）充分肯定"真理标准"问题的理论大讨论，拨乱反正，重新确立了"解放思想、实事求是"的思想路线，使党和国家的工作重点由"以阶级斗争为纲"转为"以经济建设为中心"，拉开了中国改革开放的序幕，改革从农村开始，并很快取得明显成效。

中共十二大（1982 年）提出"计划经济为主、市场调节为辅"的改革原则，认定市场对计划的"补充"作用，打破了长期以来将计划和市场视为水火不相容的传统观念，推动了农副产品市场和价格的逐步放开，并为随后展开的整个改革铺平了道路。

---

[*] 课题总负责人：陈佳贵；执行负责人：刘树成、张卓元；主要成员：高培勇、王松奇、党国英、冯雷、赵京兴、韩朝华、张平、常欣、张凡等。

中共十二届三中全会（1984 年）提出社会主义经济是"有计划的商品经济"，首次在经济体制改革基本目标上实现了一次重大的理论突破，它促使以城市为重点的整个经济体制改革全面推开。

中共十三大（1987 年）进一步提出，在社会主义的有计划商品经济中要建立"国家调节市场，市场引导企业"的新型经济运行机制，从而进一步在认识上提升了市场机制的地位。

1992 年邓小平同志的南方谈话深刻地澄清了许多长期束缚人们思想的重大认识问题，并最终解决了市场经济并非资本主义专有属性这样一个带有根本性的理论问题。在此基础上，中共十四大（1992 年）明确提出，中国经济体制改革的目标是建立社会主义市场经济体制，将经济改革导入了全面制度创新的阶段。

中共十五大（1997 年）在社会主义市场经济条件下的所有制结构和分配制度等重要问题上大胆创新，作出了"公有制实现形式可以而且应当多样化"，"按劳分配和按生产要素分配相结合"的重要判断，为进一步深化国有企业改革、加快推进国有经济战略性调整、大力发展非公有制经济，重新塑造市场主体和微观基础提供了新的动力。

进入新世纪后，中共十六大（2002 年）提出 21 世纪头 20 年建成完善的社会主义市场经济体制和更具活力、更加开放的经济体系的基本任务，旨在为全面建设小康社会提供强有力的体制保障。随后，中共十六届三中全会（2003 年）提出以人为本、全面协调可持续的科学发展观；中共十六届五中全会（2005 年）提出加快行政管理体制改革是全面深化改革和提高对外开放水平的关键；中共十六届六中全会（2006 年）提出社会和谐是中国特色社会主义的本质属性。这些为加快改革开放，全面推进社会主义经济建设、政治建设、文化建设、社会建设注入了强大动力。

可以说，中国改革开放的进程就是一次又一次思想解放、理论与实践互动的过程，是马克思主义中国化不断发展的过程，是中国特色社会主义理论的形成和完善的过程。

2. 在改革的性质和方向上，坚持"第二次革命"和"社会主义制度自我完善"相统一，以建立社会主义市场经济新体制为目标

中国的经济体制改革，不是单纯的资源配置方式或表层经济运行机制的转换，从其根本性质和作用来说，是要革除那些不适应生产力发展要求的生产关系和上层建筑，解放被旧体制束缚的生产力，因而是一场全面而深刻的社会经济变革。从这个意义上说，它是中国的第二次革命。同时，中国的改革开放又要求坚持社会主义的基本制度，因而也是社会主义制度的自我完善和发展。

28 年来，依据"第二次革命"与"社会主义制度的自我完善"这两种性质相

统一的原则，中国坚定不移地坚持市场取向改革，努力寻求市场机制与社会主义制度的有机"对接"。无论是 20 世纪 80 年代初期农村改革中推行家庭联产承包责任制和大力发展乡镇企业，还是 80 年代中后期城市改革中放松对价格管制，以及放松对国有企业生产经营和分配的控制，其实质都是在经济活动中逐步引入市场调节的基本要素。20 世纪 90 年代初期社会主义市场经济体制目标模式的确立，肯定了市场在国家宏观调控下对资源配置的基础性作用，进一步放大了市场机制的作用空间。在此基础上，市场取向的体制改革在微观经济基础、市场体系、政府管理、收入分配，以及社会保障等方面整体推进。

经过 28 年的改革，中国已经从一个传统的计划经济体制国家转变成初步建立社会主义市场经济体制的国家，市场机制因素在经济生活中的作用有了相当程度的增强，在许多领域已经能够发挥对资源配置的基础性作用。中国的改革实践表明，社会主义市场经济模式是一种既符合现代市场经济一般要求，又符合社会主义本质和方向的制度模式，它能够同时发挥社会主义制度和市场经济的优势，实现社会主义与市场经济的有机结合。

3. 在改革的路径和时序上，从中国国情出发，采取渐进的方式，从"外"到"内"、从"易"到"难"，稳步推进

从"外"到"内"是指，既包括从传统体制外到传统体制内，又包括从传统体制内的外围到内核。中国的改革不是遵循市场原教旨主义，简单复制所谓西方"标准化"的市场经济模式，而是遵循本国特定的国情，独立自主并创造性地进行制度选择和制度安排，使市场经济制度的一般规律与中国的具体国情相契合，形成内生诱致性和自适应性的制度变迁轨迹。由此，中国的改革避免了强制性制度移植和输入以及制度上的外部依附所带来的灾难性后果。中国改革因其举世瞩目的成就和独立自主、独树一帜的鲜明特点而在国际上获得了"中国模式"的美誉。这也从一个侧面体现了中国改革的成功。

中国改革的独特之处突出地表现在其渐进式的改革策略上。具体而言，就是由在"体制外"培育非国有、非公有制的市场主体，向在"体制内"建立现代企业制度和现代产权制度推进；由一般竞争性领域向行政垄断性领域推进；由放权让利的政策调整和局部制度创新向全面制度创新推进；由发展商品市场向发展资本、土地、劳动力、技术和管理等要素市场推进；由计划价格和市场价格并行的双轨制向单一市场价格制推进；由单纯的"按劳分配"向"按劳分配与按要素分配相结合"推进；由微观企业制度和市场运行机制改革向政府行政管理体制改革推进；政府宏观经济管理由直接管理为主向间接管理为主演进。这种"分治"、"序贯"的"增量改革"战略，在保证原有利益格局不受根本性和急剧性冲击的前提下，使市场制度能通过"边际演进"的方式不断生长壮大。在这一渐进型制度变迁过程中，市场

因素及其益处借助"涓滴"效应和"墨渍"效应，在整个社会经济体系中逐步渗透和扩散开来，为最终向社会主义市场经济的全面转型创造了水到渠成的条件。

4. 在改革与开放的关系上，坚持两者相互促进，市场化与国际化相互推动

28 年来，中国积极地通过对外开放来促进国内改革，用国际经济竞争的新因素来撞击国内的传统体制。这方面的标志性事件是中国加入 WTO，它标志着中国的对外开放由原来的政策性开放转入了体制性开放的新阶段，它推动着中国进一步根据经济全球化和国际竞争的要求来深化国内的体制改革，从而进一步锁定了中国改革的基本方向，使中国走上了发展现代市场经济的"不归路"。无论是构建统一、开放、竞争、有序的市场体系，还是国内微观经济主体在国际竞争压力和国际示范效应下的学习和适应，抑或在开放环境下行政管理体制的创新和政府宏观调控能力的增强，都增进了市场机制在资源配置上的基础性作用。

另一方面，中国又坚持在改革的基础上实现开放，恰当地应对经济全球化中的机遇和挑战。通过主动改革国内原有的经济体制，中国经济在更大范围、更广领域和更高层次上融入了经济全球化的进程中。中国作为一个负责任的经济大国，开始在国际经济事务中具有了举足轻重的地位和影响力。

5. 在改革、发展与稳定的关系上，注意保持三者之间的良性互动

中国在改革开放过程中，一方面坚持"发展是改革的根本目的"，始终以经济建设为中心，围绕经济发展进行改革，通过制度变革为经济发展提供动能，并坚持将是否"三个有利于"作为衡量改革得失成败的标准；另一方面又反复强调"稳定是改革的基本前提"，注意把握好各项改革措施的出台时机、推进力度以及协调配套，注意保持宏观经济的稳定，并充分考虑社会各阶层的承受能力。28 年来，通过保持政治、经济和社会的稳定，为改革创造了良好的社会条件。由于较好地协调了改革的力度、发展的速度和社会的可承受度之间的关系，我们成功地避免了一些转型国家所遭遇的严重经济衰退和剧烈社会震荡。

在保持改革、发展、稳定三者的良性互动方面，我们高度注重在改革中推动经济由不平衡发展向平衡发展的转变，并在此基础上构建一个稳定、和谐的社会。在改革的过程中，通过财富创造方面的体制、机制创新和一些有针对性的政策倾斜，鼓励一部分地区和一部分人先行发展和致富，使改革首先在局部领域获得多数支持，并为进一步的全面改革创造了有益的社会动力。在此基础上，我们借助已形成的增长点或增长极的带动、辐射、反哺机制，以及相关政府转移支付和对受损者的适当补偿，使更多的地区和民众从改革中获益，从而在相当程度上保证了改革的"帕累托改进"性质（使所有人都能从改革中获益或至少无人因改革而受损）和"一极化"趋势（使所有人不同程度地分享到改革发展的成果）。由此进一步扩大改革的社会基础，使改革获得了继续深化的动力，形成了改革→发展→进一步改

革→进一步发展→稳定→再进一步改革的良性循环机制。

6. 在改革的领导和中坚力量上，既依靠强有力的中国共产党以及党领导下的政府权威，又尊重基层和人民群众的改革首创精神

在中国的改革开放进程中，作为执政党的中国共产党发挥了"统揽全局、协调各方"的核心领导作用。在中国共产党的领导下，政府凭借自己的政治权威，有力地推动、调控和引导着中国的改革开放。在改革和开放导致社会经济结构和利益结构迅速多元化的过程中，这样的改革领导和推进体制有效地保证了国家的统一和社会的整合。

向地方放权和调动地方的积极性始终是中国推进改革的一个主要策略。地方不但是许多重要改革政策自下而上产生的源泉（如安徽的农村承包制改革和四川的企业承包制改革），而且是自上而下改革的先行者和实验田（如广东和福建引进外资和建立经济特区的改革），同时也是支持市场化改革的主要政治力量。考虑到中国的大国特征和地区间的不平衡性，分权化改革能够促使各地领导针对当地的具体情况进行制度创新，避免"一刀切"和僵化。同时，地方积极性的激活有利于推动各地区在改革和发展上展开竞赛，并促使成功的改革和发展经验向全国扩散。

（二） 中国改革开放的新阶段

尽管中国前一阶段的改革成就为世界所公认，但也应看到，改革推进的速度、力度、深度和协调度尚不尽如人意，与完善社会主义市场经济体制的要求相比尚有一定距离，有些改革的任务还较紧迫。特别是行政管理体制改革和政府职能转换明显滞后，这已经成为当前整个经济体制改革的"短边约束"。在新的历史阶段，面临着社会利益结构和国际经济环境的深刻变化以及全面建设小康社会的宏伟目标，进一步推进改革开放的主要任务是，加快形成有利于贯彻落实科学发展观的体制机制保障，而其中的一个突出重点或关键环节是深化行政管理体制改革，加快向服务型政府转型。

目前来看，政府转型滞后突出表现在两个方面：

一是政府的职能"越位"。这主要表现在政企不分、政资不分、政事不分、政府与市场中介组织不分，即本应由企业、市场、事业单位、社会组织等承担和决策的事情，被政府"越俎代庖"。特别是在某些方面，政府过度从事生产经营活动，不适当地直接参与、干预和包办微观经济活动，包办企业决策或代替企业招商引资。目前，政府特别是地方政府仍然保持着很大的资源配置权力，在某些竞争性、营利性领域中仍然扮演着投资主体的角色。由于存在着强烈的经济政绩冲动，一些地方政府以牺牲资源、污染环境、破坏生态平衡为代价，单纯追求 GDP 增长，过度投资，导致经济增长方式的粗放化和增长的不可持续性，也在一定程度上增大了中央政府宏观调控的困难。

二是政府的职能"缺位"。这突出表现在广大社会成员公共需求的全面快速增长与应由政府和公共部门提供的基本公共服务或公共品供给不足且配置失当之间的矛盾。由于对公共服务职能重视和发挥不够，公共服务投入严重不足，造成人民群众最关心的一些现实利益诉求得不到有效解决和满足，部分人民群众未能充分分享改革开放的成果，并诱发了一些较明显的结构失衡和发展差异，有时甚至加剧了社会矛盾，放大了社会风险。

鉴于行政管理体制的现状和新阶段改革所面临的严峻挑战，下一阶段需要实现三个根本性的转变：一是在资源配置上，由政府主导型转变为市场主导型；二是在政府职能定位上，由全能型转变为公共服务型；三是在改革重点上，由塑造市场主体、以国有企业改革为中心转变为以加快行政管理体制改革为关键。

二、新阶段改革开放的一个重点任务：加快建设服务型政府

（一）政府职能的分类和定位

1. 现有政府职能的分类

现有的政府职能可分为三大类：

第一，商务性经营职能。这主要是指政府出于发展经济的目的，运用财政资金和其他资金进行投资、建设、经营并获取利润的活动。这方面的具体体现就是在各级政府的管辖范围内形成了一批国有经济实体，积累起了大量的国有经营性资产。

第二，经济调节和市场监管职能。经济调节职能主要是指政府借助财政政策、货币政策、产业政策、收入分配政策等经济性和非经济性手段，从宏观层面上调节国民经济的运行，保障宏观经济的平稳运行，引导经济发展的战略方向和战略重点。市场监管职能则主要指政府出于维护公众利益和经济秩序，以及提高经济效率的需要，依据法律和法规，运用经济性或行政性手段对各类经济主体的市场行为实施规范和监管的相关职能。

第三，社会管理和公共服务职能。这主要是指政府向社会提供各种公共服务的相关职能。这又可以分为两大类：一类是基本的公共服务，如义务教育、公共卫生和基本医疗、基本社会保障、就业再就业服务、公共基础设施、公益性文化、环境保护、抗灾和应急救援、社会治安等；另一类是其他的公共服务，如外交、国防、治安、国家安全、司法等。

2. 现有政府职能定位中的突出问题

在计划经济体制下，政府的职能涵盖了上述所有三个方面。但这种由行政系统包揽一切的行政管理体制和政府职能定位已越来越不适应社会主义市场经济发展的需要。这主要表现为以下三个方面：

第一，在市场经济条件下，政府同时承担这三种职能，在具体履行过程中必然

会发生摩擦甚至冲突。例如，在政府直接承担大量商务性经营职能、从而政府本身要追求利润最大化目标的情况下，当政府机构的商业利益与其他商务主体的利益发生矛盾时，政府很难充当超脱的利益仲裁者。因此，在市场经济中，政府过多卷入商务经营活动，难免妨碍经济领域中的公平竞争。又如，当宏观调控的要求与政府机构追求收益最大化的需要相冲突时，政府也很难真正从保障宏观经济平稳运行的角度出发实施宏观调控。目前，在地方政府和中央政府之间围绕宏观调控所发生的种种摩擦就是这种职能角色冲突的典型表现。这两类问题从根本上来讲，都反映了政府在社会经济活动中既当运动员又当裁判员的尴尬处境。

第二，第三类公共服务中的多数职能（除国防、外交、国家安全等职能外），在计划经济体制下是由各类政府机构、公有企事业单位或集体经济组织来承担的。随着改革开放的推进和经济市场化程度的提高，这样的公共品供给体制已难以为继。因为，城镇居民中个人对单位的稳定依赖正趋于消失，而城乡分隔的状况也在迅速改变，一个高流动性的社会需要一个不依托具体单位的社会化公共服务体系与之相匹配。目前，恰恰是在这些方面，体制创新严重不足，这导致相关公共服务方面出现了日益明显的供给缺口。目前，广受社会关注的医疗保障、义务教育保障、住房保障、弱势群体保障等方面的诸多问题就是这类公共服务严重短缺的典型体现。

第三，社会对于政府履行各类职能的活动缺乏有效的监督和约束，导致政府施政行为的非规范化和随意性。这表现为，在某些方面，政府部门的有关政策或改革方案在出发点上虽然是为了改变原有体制、扩大公共服务，但在具体实行过程中却背离了初衷，甚至有损公众利益。

3. 政府职能转型

以上情况说明，从计划经济时代沿袭下来的行政管理体制和政府职能定位已无法适应中国经济改革和对外开放的需要。转变政府职能，建立服务型政府势在必行。行政管理体制的这一转型要求调整政府的职能定位，把能由市场承担的职能转给市场，同时积极支持由社会组织来承担部分公共品供给职能，而政府则主要承担不宜由市场和社会组织来承担的公共品供给职能和责任。这涉及以下三个方面：

第一，政府行政系统逐步摆脱商务性经营职能。让市场机制和企业竞争在经济增长和资源配置上更好地发挥基础性作用，使政府行政系统腾出精力和资源更好地履行其经济调节、市场监管和公共品供给职能。

第二，完善政府的经济调节和市场监管职能。这方面，需根据相关职能的性质和特点，在中央政府和地方政府之间进行适当分工。宏观经济调节的主要职责和权限应集中于中央政府，而地方政府在这方面的职责主要是通过具体的政策和措施落实中央的调控方针。在市场监管职能方面，原则上应较多采取垂直集中的管理模式，由中央机构自上而下地对全国实施统一监管。但考虑到中国国土辽阔、人口众多的国情，在有些方面（如金融、环保等需要跨地区合作或省际协调的监管活动），需要在合理划分中央和地方监管职责的基础上，赋予地方监管机构较大的自主权，必要时还可以考虑设立统筹数省的大区型监管机构。

第三，强化和健全政府的第三类职能，特别是其中的基本公共服务职能。这是目前政府职能中最弱、问题最突出、公众意见最集中的方面，也是现有行政管理体制和政府职能中最不适应市场经济发展需要的方面。这方面的迫切任务是尽快调整政府的职能范围和政府资源的投入重点，将政府资源中的更大一部分转入第三类公共服务领域，加快这些领域中的制度创新，尽快改变这些领域中的公共品供给不足状况，并逐步实现基本公共服务的均等化。

第三类职能涉及的社会领域多，且每个公共服务领域都各有其具体特点，需要不同的体制和机制来与之匹配，而迄今为止我们在这些方面的改革尝试和实践又相对薄弱得多。要想推进这方面的制度创新和体制转型，需要根据不同公共服务的特点和性质，在中央政府和地方政府之间做出划分和定位。例如，国防、外交、国家安全无疑是中央政府的职能，但基础教育、基本社会保障、公共卫生服务、环境保护等则可能更适宜主要由地方政府来负责。而像重大基础设施的建设和管理、抗灾和应急救援、司法、治安等则可能需要由中央政府和地方政府通过恰当的方式来分担。

（二）　与政府职能转型直接关联的其他配套改革

行政管理体制改革和政府职能转型并不局限于政府行政管理本身，它还与其他领域的重要体制改革和转型密切相关。要想顺利实现政府职能转型，建立服务型政府，必须同时推进其他相关领域的配套改革。用行政管理体制改革来带动各领域的改革，以各领域中的体制转型来策应政府行政管理体制的转型，将是改革开放新阶段的一个重要特点。这里主要论及与政府职能转型直接关联的、最具紧迫性的财政、金融、农村和对外开放四个领域。

1. 建立健全公共财政制度

实现由全能型政府向服务型政府转变需要伴随财政体制由非公共性向公共性的转变，建立和健全公共财政体制。在中国，尽管公共财政制度的框架已初露端倪，但与建设服务型政府的要求相比，仍有不少亟待矫正和完善的地方。中国的财政体制要真正达到公共财政的境界，还有许多问题需尽快解决。

第一，以公共性为取向，以均等化为主线，进一步加快政府财政活动所提供的公共服务效益覆盖与惠及非国有经济和农村、农民、农业的进程。以此为基础，逐步缩小不同所有制之间、城乡之间、区域之间在享受基本财政服务方面的差距，让财政的公共服务效益惠及所有国内企业和居民，也就是说，在财政上要对所有国内企业和居民实行并坚持"国民待遇"。

第二，财政投资逐步退出竞争性经济领域，让财政腾出手来专注于各类公共服务性支出，尽快消除一些基本公共服务长期供给不足的状态。在当前，尤其要确保新增财力全部或绝大部分投向义务教育、公共卫生、文化、就业再就业服务、覆盖全社会的基本社会保障、生态环境保护、公共基础设施、社会治安等基本公共服务领域，使财政收支活动逐渐摆脱与公共服务属性不相容的商务牟利倾向。

第三，以建立健全财政预算法制为基础，进一步规范财政收支行为及其机制。要将财政收支行为纳入法治轨道，坚持依法理财。要逐步将各级政府的预算外收支纳入预算内管理，形成一个覆盖全部政府收支活动的财政预决算体系。要将所有的政府收支统归财政部门管理，杜绝其他政府职能部门的财政性活动，从根本上铲除"以权牟钱、以权换钱"等腐败行为的土壤。

第四，加强各级人民代表大会对财政收支活动的监督，使政府收支行为，包括经常性的财政收支、非经常性的财政收支和超出预算框架的财政收支，都始终处于人代会和公众的监督之下。

第五，按照"以支定收"的原则，严格界定政府有效履行公共服务职能所需要的财政支出规模，并在此基础上，重新估算和界定政府收支额占 GDP 的比重，实现政府公共服务能力发展与民间经济发展之间的统筹和协调。要站在全局高度，以宏观利益作为税制改革的取舍标准，加快以"两法合并"和增值税转型等为主要内容的新一轮税制改革，尽快实现税收体制与经济社会发展需要的协调。

2. 实施"新金融政策"

自 1997 年以来，通过一系列的改革和调整，中国金融领域的系统性风险已大大降低，但仍没有解决好运行效率低的老问题。要想在金融改革和发展方面取得长足的进步，需要提出系统的新金融政策。这大致涉及三个方面：其一，着眼于打造世界一流强国的战略目标，创建能适应创新型国家建设的市场化金融体系；其二，发挥金融体系在调节资源配置上的重要功能，解决实体经济部门中长期存在的结构性浪费和增长失衡难题；其三，运用金融手段加大对县域经济、落后地区经济和"三农"的扶持力度，为建设和谐社会服务。具体建议有以下八个方面：

第一，以放松金融管制作为下一阶段金融改革的基调，鼓励金融机构的业务拓展、产品创新和服务创新，推动金融业的混业经营。同时，加快对金融控股公司监管问题的研究，尽早出台相应的法规和实施方案。

第二，进一步发展多层次、多元化的资本市场，为支持创业投资、扶持创新型中小企业、推动国家创新体系建设提供重要的市场化融资平台。国家应规定各类金融机构必须将资产的一定比例用于创业投资。同时，政府应通过财政和税收政策向这类创业投资提供必要的支持。

第三，采取多种措施进一步改善县域经济和农村金融服务，解决农村资金过多流入城市（据统计，近年来每年约有6000亿货币资金通过各种渠道流入城市），致使农村发展"资金失血"的问题。加快中国农业银行的财务重组和股份制改革，将其目标市场锁定在为县域经济提供金融服务的范围内。降低金融机构进入县域经济和"三农"金融服务的准入门槛，以吸引民间资本和外资的流入。应允许民间资本在县域经济和"三农"服务领域内自由选择机构名称、服务内容、产品设计、收费标准等，监管部门只侧重于对机构高管人员的资质审查、合规性管理和风险监管。

第四，加快外汇管理制度和汇率形成机制的改革，调整贸易结构，促进国际收支平衡。应进一步深化人民币汇率形成机制的改革，允许人民币汇率在市场供求关系的引导下更灵活地变动。可加快强制结售汇制向意愿结售汇制转变，进一步放宽企业、居民的换汇限制，逐步做到"藏汇于民"。同时，支持国内企业向国外的能源、资源类领域投资。

第五，着力解决国内资本市场发展中的结构性矛盾。从目前来看，这方面突出的问题是国内公司债券市场在规模、品种及发行速度上都远不能满足实体经济部门的需要（2004年年末，中国公司债券余额占GDP的比重仅为0.9%，为国债余额的0.5%；而同期美国公司债券余额占GDP的59.7%，相当于国债余额的1.7倍）。应立即从发行制度、市场结构、中介服务等方面采取有效措施，将现行的发行审批制度改为真正的核准制，将发债管理权移至证券监管部门，允许发债主体自由定价、定发行规模和期限，并尽快提高公司债券在债市总额中的比例。

第六，尽快建立存款保险制度。随着存款类机构所有制形式的多元化，原来由国家对各存款类机构提供"隐性担保"的传统惯例必须改变，建立功能完善的存款保险制度势在必行。目前，可在实施国有商业银行、地方商业银行及农村信用社改革的同时，建立覆盖全部存款类机构的存款保险系统，并赋予其恰当的监管督察职能。

第七，继续深化国有及国有控股商业银行的改革。目前，除中国农业银行外，各地方还有一大批尚未进行财务重组、股份制改革的中小银行，应敦促这些银行加快改革进程。对那些已完成股份制改革甚至已完成上市的国有控股银行，应督促它们进一步完善现代企业制度，改善公司治理，真正实现运营机制的根本转变。

第八，调整现有的金融监管模式。中国金融领域中现有的"一行三会"监管体制始于2003年。三年多来，随着金融微观基础和市场条件的显著变化，这一监管体制开始面临协调成本增大、监管效率下降等问题。为适应我国金融业由分业经营向混业经营的转变，在金融监管体制上可参照美国"伞型功能监管"的经验（即美联储对金融控股公司实施监管，各金融机构的专业性业务活动则由相关监管部门实施监管），改变目前机构分业式监管模式，由中国人民银行监管各类金融控股公司，银监会、证监会、保监会则对相关的业务活动实施监管。为保证监管效率，可在金融监管高层设立一个常设的专司协调、监督和金融改革战略设计的机构，同时对官方金融监管机构的监管活动和社会中介机构的补充性监管活动建立严格的问责制。

3. 加快农村改革

政府公共服务"缺位"问题在农村表现得尤为突出，加快农村改革对于政府职能转型和服务型政府的建设意义重大，同时也是建立服务型政府的难点之一。在这方面，当前亟待解决的改革任务涉及以下四个方面：

第一，完善国家支援农业政策，建立国家支援农业的长效机制。这包括：（1）建立国家财政、金融和保险三足鼎立的支农体系，进一步开放农村金融市场，鼓励各类资本进入农村金融业；（2）大力培育涉农保险企业，制定具体的农业保险扶持政策；（3）完善省以下的分税制，建立健全省市政府对农业主产县的财政支持机制，进一步扩大县乡两级的财政自主权，使县乡政府的财权、事权相互匹配（据我们调查，县乡政府对这方面的问题反映强烈，有关决策部门应予高度重视）；（4）为改变支农项目过多过小、资金细碎分割的状态，建议放宽县级政府统筹使用支农资金的自主权，改进中央政府支农资金的拨付办法。

第二，坚持公共财政均等服务原则，逐步使公共财政服务范围全面覆盖农村社会。（1）持续加大农村义务教育投入，合理布局教育机构，使农村义务教育尽快达到城市水平；（2）应进一步提高政府财政对农村新型合作医疗的补贴，并建议将农村新型合作医疗的管理权由卫生部门转移到社会保障部门，为逐步统一城乡医疗保障事业创造条件；（3）需要统筹安排现行的农村"五保户"和特困户扶助政策，农村最低收入保障政策以及国家扶贫政策，使之相互衔接，并逐步建立以农村基本医疗保障、基本养老保障和最低收入保障为三大支柱的农村社会保障体系，最终建立起城乡统一的基本社会保障体系。

第三，完善乡村治理结构，提高乡村治理水平。（1）尽快修订"村民委员会组织法"，完善选举程序和罢免程序。建议由各级党委的有关部门直接负责村民自治工作（据我们调查，天津武清区由区纪委主抓村民自治工作的做法有利于协调各方面关系，促进了农村中和谐社会的建立，全国其他一些地方也积累了许多村民自治工作的新经验）。（2）积极培育包括农民合作社在内的各类农村民间组织，支持其发展部分公共服务职能，以扩大农村公共服务的供给并降低国家财政的支农负担。

第四，建立能有效拓展政府公共服务的微观基础。（1）深化农村土地制度改革，将土地权属管理事宜从村民委员会职能中分离出来，实行农村土地管理的社会化和法治化；（2）可考虑延长土地承包年限至100年，待条件成熟以后，再进一步深化地权改革；（3）实行更积极的城市化政策，加速农业剩余劳动力的转移，减轻农村隐性失业压力，如在不适于发展农业的生态脆弱地区，逐步将当地农村人口转入城市；（4）实践表明，"市管县"体制已不适应城乡社会经济统筹协调发展的需要，建议尽快取消。为此，有必要调整设市标准，在目前2600多个县级行政区域内发展5000座左右的小城市，改善县以下地区的人口布局形态，推动县域经济发展。

4. 进一步扩大和完善对外开放

随着经济的进一步开放，中国的产业和企业正在享受着经济全球化的巨大利益，同时也面临着空前的竞争和挑战。要想使中国的产业和企业更好地融入全球经济，并成为经济全球化中的赢家，需要中国政府实施一系列体制和政策转型，并成为中国企业和产业走向世界的坚强后盾。这方面的当务之急涉及以下四个方面：

第一，为中国产业和企业降低交易成本、赢得国际竞争提供必要的服务。（1）建立和完善高容量的国际产业信息系统，为国内企业及时了解他国贸易规则、贸易业务程序、经济发展态势、需求变动趋向、技术和产品创新动态等信息提供便利。（2）创建和扶持各类为外向型贸易而服务的中介组织，在信息提供、市场开拓、业务扶持、企业沟通、风险规避、应诉投诉、争端解决等方面为中国企业和产业提供高效率、低成本、全方位的服务。

第二，建立经济和产业安全预警机制，为开放的中国经济规避国际经济风险提供服务。尤其是在涉及能源供应、金融稳定等重大战略问题上，更需要政府设立专门的权威机构，实施长期监测和研究，并制定完善的应急预案和战略设计。

第三，中国政府要更自觉、主动地参与国际经济中的秩序变革和规则调整，在国际经济事务中争取更大的发言权，为中国产业和企业在国际竞争中把握机遇和规避风险提供服务。（1）更积极有效地参与多边贸易体制的制度框架调整，推进区域性经贸合作体系的建立，在农业及非农产品的市场准入规则等方面掌控话语权。（2）通过在进出口规模和结构、外商投资政策、汇率政策等方面的政策调整，影响国际经济的运行态势和走向，逐步获取影响重要战略物资（如石油、粮食、铁矿石等）国际价格的国家能力。

第四，转变政府在外经贸领域中的体制和职能。（1）在政府的外经贸政绩评价上，要降低贸易额、招商引资额等总量指标的权重，提高信息服务、中介保障、制度建设、增进效率、维护国家经济安全等方面的权重；（2）改变以往外经贸政策上的所有制倾向和规模倾向，从重点支持国有企业、外资企业或大型企业的外向经济活动转而面向所有企业，为中小企业、民营企业参与国际经贸活动提供更多的支持。

三、加强对改革的综合领导和协调

中国的社会利益结构已经多元化，今后面临的改革任务中，多数改革任务已不太容易获得全社会一致的同意，改革的推进将难免遇到不同利益群体的博弈甚至抵触。当前，在改革的设计和实施上经常面临的一个突出难题是，部门利益和地区利益有可能会干扰、扭曲甚至阻碍改革方案的有效制定和实施。一些部门的有关改革措施之所以偏离社会主义市场经济改革的总方向，引起公众的不满，大都是由于改革方案的设计和实施被部门利益或地区利益所左右，使改革后形成的体制或政策偏离了社会多数成员的基本利益。

中国经济体制改革进入了新的阶段，加快行政管理体制改革成为进一步深化改革和提高对外开放水平的关键。这意味着，在今后的一个时期内，政府行政系统将面临自己改革自己的困难任务。为了不使事关全局的改革因部门利益、行业利益或地区利益的左右而遭扭曲，保证各项改革既能坚持正确的方向，又能兼顾社会各利益群体的利益得失，必须使行政管理体制改革遵循合法性、参与性、透明性、责任性和有效性等政府善治（good governance）原则。

要做到这一点，必须改变由各行政主管部门自己负责其所管领域中改革设计和实施的惯例（据统计，近20年来，在人大通过的法律中，由国务院各相关部门提交的法律提案占总量的75%至85%），在政府中建立一个利益相对超脱、专司改革方案设计的议事、决策和督察机构——综合改革委员会。这个机构专门负责事关全国性改革的政策研究，以及改革方案的制定、审批、督察和问责。

2006 年 12 月 30 日

学 部 委 员

警惕人口城市化"拉美陷阱"

田雪原

　　进入 21 世纪以后，由于信息化、经济全球化的加速推进，也由于目前世界城镇人口比例接近50%，使得越来越多的国家和地区的人口城市化推进到以大城市为主的第二阶段。从总体上看，目前我国人口城市化也已开始了由第一阶段向第二阶段的过渡，即由以发展小城镇为主过渡到以发展大城市和超大城市为主导的发展阶段。但是，以大城市和超大城市为主导的城市化道路怎么走，则是一个需要认真总结我们自己的经验，研究和吸取国际人口城市化正反两方面的经验和教训，尤其要研究和吸取人口城市化"拉美陷阱"的教训。这是中国人口城市化发展到第二阶段能否取得成功的关键。

一、总体判断：中国人口城市化步入第二阶段

　　人口城市化是经济发展和社会进步在人口地理分布上的体现，当前世界人口城市化趋势仍在继续，中国作为世界人口最多和发展最快的发展中国家，正驶入人口城市化"快车道"。一般认为，人口城市化可粗略地分为三个阶段：第一阶段，农村人口主要向中小城镇转移和集中，亦称之为乡村城市化；第二阶段，乡村和中小城镇人口主要向大城市转移和集中，形成以超大城市组带为主导的人口城市化；第三阶段，大城市中心区人口向郊区和其他乡村迁居，称之为逆城市化。从总体上观察，目前中国人口城市化已步入第二阶段，超大城市的发展主导着人口城市化的性质和进程。

　　第二次世界大战后，由于以微电子技术为前导的新技术革命的兴起，发达国家开创了后工业化时代，发展中国家工业化采取传统工业与现代工业并行发展的方针，大大加快了人口城市化进程。据联合国人口司估计，1950 年世界城镇人口所占比例为 29.8%，1980 年上升到占 39.6%，2005 年上升到占 49.3%（United Nations，2002），城乡人口差不多平分秋色。中国人口城市化经过 20 世纪 50 年代的较快发展，60 和 70 年代的徘徊不前，改革开放以来的快速推进，城镇人口比例已由 1950 年的 11.2%，上升到 1980 年的 19.4%、1990 年的 26.4%、2005 年的 43% 左右，达到发展中国家的平均水平。半个多世纪以来，中国和世界、发展中国家人

口城市化比较，如图 1 所示。

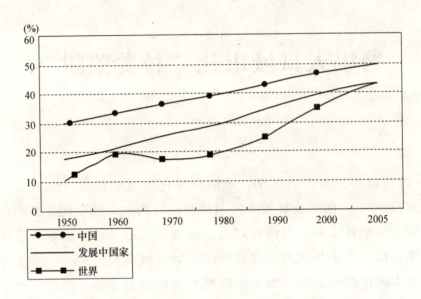

图1　中国与世界、发展中国家城市化比较

资料来源：《中国人口统计年鉴》（2001），第 200 页；《中国统计年鉴》（2005），第 93 页。

图 1 显示，中国 1950～2005 年人口城市化变动与世界、发展中国家比较，最大的不同在于世界和发展中国家呈斜线平稳上升，中国则经历了 1960～1980 年 20 年的徘徊之后，才呈加速上升的趋势。分析当前中国人口城市化态势，最值得重视的两点是：

一为改革开放以来，人口城市化驶入"快车道"。城镇人口比例由改革开放初的 18% 提高到目前的 43% 左右，27 年提升 25 个百分点，年平均提升 0.93 个百分点，目前已驶入加速发展轨道。这是因为，一方面农村尚有 3 亿左右剩余劳动力，需要在半个世纪内转移出去，转移到城镇是主渠道；另一方面，实现"新三步走"发展战略，城镇也需要相当数量的劳动力投入到工商业中来。因此，在经济持续较快增长和社会不断进步条件下，在全面建设小康社会历史阶段，上述人口城市化速度有望保持下去，国际社会人口城市化发展的历程也证明了这一点。

二为当前人口城市化正处在历史的转折关口，步入以大城市和超大城市为主导的发展阶段。20 世纪 90 年代以前，总体上中国人口城市化走的是积极发展小城镇、适当发展中等城市、严格限制大城市规模"重小轻大"的城市化道路。强调农民工进城"离土不离乡"，对"小城镇，大问题"的诠释是：发展小城镇解决了城乡发展和农业剩余劳动转移的"大问题"。80 年代乡镇企业异军突起，乡村城市化成为人口城市化的突出特点。但是随着资源、环境问题的日趋严重，高耗低效的乡镇企业难以继续飙升下去，对"小城镇，大问题"的诠释变为：小城镇的发展真的成了

"大问题"。代之而起的，是向以大城市为主导的城市化道路的转变。参见图2。

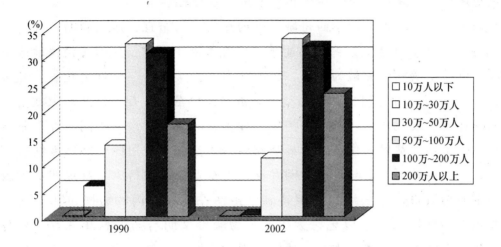

图2　1990年与2002年比较城市规模结构变动

资料来源：《中国人口统计年鉴》（2004），第255～262页；《中国统计年鉴》（1991），第653页。

　　图2显示，1990年与2002年比较，50万人以下城市人口比例均有较大幅度下降，尤以10万～30万人下降5.5个百分点为最大，30万～50万人下降2.42个百分点；50万人以上人口城市均有较大幅度增长，以200万人以上增加5.74个百分点为最大，100万～200万人增加1.2个百分点次之，50万～100万人增加不足1个百分点。这种情况说明，在中国人口城市化率超过40%以后，迎来以大城市为主导的人口城市化第二阶段新的发展时期。我国城市化方针政策的制定，必须适应这一新阶段的发展规律，把发展大城市放在"领头羊"的位置。

二、"拉美陷阱"：当前人口城市化面临的主要危险

　　考察世界人口城市化发展的历史，以大城市和超大城市组带为主导的城市化，大致有四种类型：

　　第一种为欧洲文化型，以巴黎、巴塞罗那为代表。这些超大城市发展以欧洲文艺复兴为文化底蕴，以18世纪中叶产业革命的兴起为经济和科技背景，形成既有欧洲民主、平等文化色彩，又有先进科技、产业支撑的大城市圈。

　　第二种为经济集约型，以纽约、东京为代表。即在科技进步和产业结构升级中形成的以制造业、金融和商业等为支柱产业的超大城市组群，具有很强的中心、主导、辐射功能。

　　第三种为美国中西部散落型，以洛杉矶、盐湖城为代表。是在美国西部开发中，随着东部移民向西部迁移而形成的松散型超大城市组群。这三种类型的超大城市，或以特定的文化为凝聚力，或以现代产业、现代科技为核心，走出市场经济和

人文理念相结合、城乡之间和城市内部结构比较协调的城市化发展道路，没有因此而产生更多的社会矛盾，有不少值得借鉴的成功经验。

第四种为拉美畸形，以墨西哥城、里约热内卢、布宜诺斯艾利斯以及孟买、德里（旧德里）等为代表。这些城市主要集中在发展中国家，残留着殖民地或半殖民的烙印，以拉丁美洲国家最为突出，故称之为"拉美畸形"的城市化。其基本特征可用"三个畸形"并存概括：一为畸形先进与畸形落后并存。这些超大城市，有先进的科学技术、现代化的产业、高档住宅和相应的现代化设施；同时存在着原始手工作坊式的生产、贫民居住区缺少最基本的公共设施、被边缘化到城乡结合部的大量贫民窟。二为畸形富裕与畸形贫困并存。大企业家、银行家、高级职员等收入丰厚，可谓腰缠万贯；而生活在贫困特别是生活在贫民窟内的居民，几乎是一贫如洗，相当多的贫民不得不以乞讨为生。三为畸形文明与畸形愚昧并存。教育、卫生、文化等资源主要被富人占有，他们的现代文明与发达国家没有什么两样；穷人却与这些资源无缘，上不起学、看不起病、不能享受这个时代应当享受的文明生活。拉美国家的人口城市化是贫富高度两极分化的城市化，目前10%的富人占到总收入的60%以上，贫困人口占到总人口的40%以上，其中60%以上居住在城市特别是超大城市中。这就形成了城市中大量无业和失业的人口群体，城市失业率超过10%，为全球各洲之冠；社会冲突加剧，治安等社会问题成为影响政局稳定的重要因素；政府财政拮据，城市治理不得不在很大程度上依赖国外援助，造成国家债台高筑；城市公共设施严重不足，交通运输和水、煤气等的供给紧张，环境污染加剧；城区地价大幅度上涨，失业人口和流入的农民纷纷向郊外转移，逐渐形成大面积的"农村包围城市"的贫民窟，与现代化的城市中心区形成鲜明的对照。拉美国家人口城市化的畸形发展，不仅没有给城市的健康发展注入活力，也没有给农村和农业经济的发展创造新的生机，而且成为整个城乡经济发展的绊脚石，成为国家财政的累赘和社会发展的障碍。因此，各国在推进人口城市化过程中，都十分警惕"拉美陷阱"；然而由于经济发展水平、政府调控能力、国民价值取向等多种因素影响，还是不同程度地跌入"拉美陷阱"，最终制约着经济的发展和社会的进步。

中国与拉美国家情况不同，迄今为止中国人口城市化并没有落入"拉美陷阱"，这是一件颇得国际社会称赞的了不起的成就，有学者称之为可同美国科技进步并论的21世纪最伟大的两项成就。然而仔细研究一下世纪之交转入第二阶段的中国人口城市化发展，发现情况正在发生变化，如不采取科学的城市化发展战略和得力的措施，则有落入"拉美陷阱"的危险。

人口城市化都市圈理论，源于20世纪中期法国和意大利地理学家和经济学家，尤以戈特曼的"大都市圈"理论和佩鲁的"增长极"理论为代表，提出并论证了像美国东部纽约经济中心圈，中部芝加哥五大湖经济中心圈，日本东京东海道经济中心圈，英国伦敦经济中心圈，法国巴黎经济中心圈，这些由超大城市主导同时吸纳了相当数量的大城市、中等城市组成的城市产业链经济带，一般占到本国 GDP 的 65%～80%，成为最重要的经济"增长极"，称之为"都市圈"式城市化。然而由于该理论被看做是对发达国家经济发展过程中的一种区域性解说，并没有引起更多的注意；20 多年过后正当我国"乡村城市化"诸多问题暴露出来、寻求新的城市化理论的时候，这一理论迅速在学术界升温并作为"重大轻小"城市化道路的理论依据，获得广泛传播。在这一理论和思想指导下，开始了小城镇向中等城市、中等城市向大城市和超大城市的过渡和升级，造成如图 2 所示 1990 年与 2002 年相比大城市和超大城市人口所占比例迅速提升的情况。大城市特别是超大城市一圈又一圈"摊大饼"式的向外扩张，急于圈土地、造草坪、盖高楼、修广场、拓宽道路等，一个个亮丽工程纷纷登场，凸显发展"政绩"效果。结果违法圈占农村土地屡有发生，失地农民大量增加。这些因城市圈地而失去土地的农民与第一阶段乡村城市化进城农民不同，他们断了回到农村重新种地当农民的退路，变成只能在城市求职的边缘化市民。如果不能得到相应的职业和较稳定的住所，就只能聚集在公共用地、山头、河滩或更远郊区居住，形成"新疆村"、"浙江村"等农民工集中居住区。虽然这些农民工聚集区与拉美贫民窟有本质差别，我们的农民工多是城市市场经济的积极参与者；但就住房条件、生产性质、卫生状况、本人和子女教育等说来，则有颇大相近之处，有些已发展为具有较大规模的棚户区。还要注意到，大城市旧城改造、基础设施建设和各种广场、草地一类形象工程大量占地，拆迁户居民得不到应有补偿，引发不少新的矛盾和问题；城市下岗和失业人口收入和生活水平低下，城市中一批新的贫困阶层有可能被边缘化为失地农民的同盟军。恰在此时，在降低农民工进城门槛、打破城乡二元结构等压力下，原有的一套城市管理制度和办法削弱甚至取消了，新制度和办法建立的原则又理不清楚，使得政府调控和管理的职能大大弱化了。所以当目前城市化进展到以发展大城市和超大城市为主导的第二阶段时，堕入"拉美陷阱"的危险性增大了。而这与保持经济持续、快速、健康地发展，与全面建设小康社会和构建和谐社会是不相容的，必须拿出治本的方略和行之有效的解决办法。

三、决策选择：变农民为市民的基本思路

防止人口城市化"拉美陷阱"，最根本的一条是使进城务工经商的农民真正成为城市市民；而变农民为市民是因为进城农民已经成为事实上的市民，不是不加任何区分的一律将进城农民转变为市民。因此，首先要对我国当前人口城市化进程有一个清醒的估计，然后再在这一大的发展趋势下，确定相应的决策选择。

1. 准确定位城市化内涵，适当加快人口城市化进程

从人口学角度观察城市化，是农村人口向城镇转移的一种过程，是人口的城乡

结构问题；从劳动学角度观察，是就业在一、二、三次产业之间的分布，是就业结构问题；从经济学角度观察，是农业、加工业、服务业等三次产业结构的变动问题；从社会学角度观察，是工业社会取代农业社会的生产和生活方式，用工业文明取代农业文明的问题。因此，城市化不仅是变农村人口为城镇人口纯人口地理迁移的过程，而是人口转变、产业结构升级、现代社会文明进步的本质体现，城市化进程要同这种转变、升级和进步的步伐相适应，城市化水平要同社会经济发展水平相适应。如果城市化发展滞后，就会拖经济、社会发展的后腿；相反，如果超前也会造成这样那样的社会问题，二者均不利于人口、经济、社会的协调发展。就总体上观察，当前我国矛盾的主导方面，还是人口的城乡结构落后于三次产业就业结构，三次产业就业结构落后于按产值计算的三次产业结构。参见图3、图4、图5。

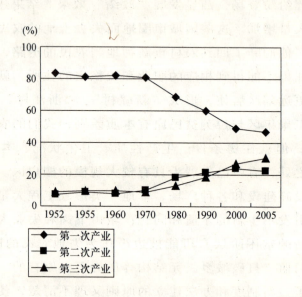

图3　中国三次产业就业结构变动

资料来源：《中国统计年鉴》（2005），第34页，其中三次产业结构和三次产业就业结构为2004年数。

　　按照赛尔奎因（Syrquin，M.）、钱纳里（H. B. Chenery）理论模型，在2004年我国GDP三次产业结构达到15:53:32情况下，三次产业就业结构应为40:25:35，人口城乡结构应在60:40上下；实际上，三次产业就业结构和人口城乡结构都要落后许多。所以，至少在全面建设小康社会的20年间，要继续适当加快农村人口向城镇转移的步伐，推进人口城市化进程。但是要吸取拉美国家人口过度城市化的教训，人口城市化速度要同经济、社会发展相适应，同构建社会主义和谐社会相协调。既不能一提"拉美陷阱"就放慢脚步，推迟人口城市化进程；也不能置拉美过度城市化的苦果于不顾，把握好加快人口城市化步伐的速度和节奏。

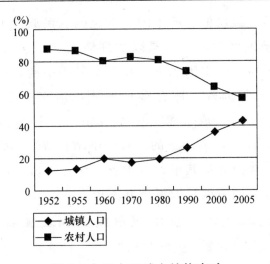

图4 中国人口城乡结构变动

2. 准确定位城市化方针，谋求大、中、小城市和乡村的协调发展

如前所述，20 世纪 90 年代中期以前奉行的是"重小轻大"以发展小城镇为主的城市化方针；世纪之交发展大城市呼声日高，逐渐走上"重大轻小"和以超大城市为主导的"都市圈"式城市化道路。从我国人口多、耕地少的基本国情和工业化处于由重化工阶段向现代工业转型，以及城镇人口超过 40% 的实际出发，21 世纪走以超大城市为龙头的"都市圈"式城市化道路，是发展的必然选择。据测算，同样城市化水平小城镇占地面积大约是大城市的 1 倍，大城市具有的中心、主导、辐射等功能是中小城镇所不具备的，积聚效应更是中小城镇无法比拟的，目前珠三角、长三角、海三角（笔者称谓，因为河北省的主要河流都汇集到海河注入渤海，一般称之为京津冀或环渤海）三大都市圈面积占不到全国的 5%，人口约占 12%，GDP 已经占到 40% 以上。在信息化和经济全球化过程中，大城市在科学、教育、信息、文化方面显示出来的比较优势，更是多少中小城市相加所不能取代的。但是要明确，一是我国是世界人口最多的发展中国家，未来全国人口还要增加 2 亿左右才能达到零增长，在全面建设小康社会近 20 年时间里，笔者仍然坚持农村人口"三三制"转移方略：以农业种植业为主的农村人口向城市转移 1/3，向包括乡镇企业在内的林、牧、副、渔业转移 1/3，农业种植业留下 1/3。如能实现这样的人口转移，到 2010 年城镇人口所占比例可达 50% 左右，2020 年可达 60% 左右，达到世界平均水平。当前在加速城市化和"都市圈"式城市化升温情况下，切忌人为炒作的"加速"，一哄而起地打起城市"升级战"。即使是走以大城市为主的"都市圈"式城市化道路，也不意味着城市规模越大越好，而是要有大有小，大、中、小城市要有一个合理的结构。不错，从发展上看珠三角经济最具活力，长三角经济最具实力，海三角经济最具高科技潜力，可以认定三大三角洲经济将有一个相当巨大

的发展；然而受自然的、经济的、政治的、文化的、民族的等多种因素限制，三大三角洲"都市圈"经济发展再快，也难以达到像发达国家大"都市圈"那样 GDP 占到全国 2/3 以上。而且由于中国经济、社会发展不平衡，走以超大城市为主导的城市化道路，除三大三角洲外，还有多种形式：两座中心城市如济（南）—青（岛）、沈（阳）—大（连）、成（都）—渝（重庆）构成的双向"增长极"式，一座中心城市（主要为省会）带动下的区域经济增长等。不管哪种形式，都有一定数量的中小城市和若干乡镇囊括其中，寻求大、中、小城市的合理结构和城乡一体化的经济社会结构，盲目地发展特大城市并不可取。

3. 准确定位农民工地位，谋求城市建设和发展新思路

"拉美陷阱"是发展中国家"大城市病"的一种典型，直接的原因是没有给进城以后的农民以应有的地位和待遇，没有使其成为真正的市民。结合我国实际，对已经取得城市常住人口资格的农民，需要解决的主要问题是：

（1）给农民工同城市居民一样的地位和权利。目前农民工进城务工经商所受限制有所减少，但是许多城市尤其是大城市和特大城市，还是设置着一道道门槛。如一些招工限于本市户口，将农民工拒之门外；买房尤其是经济适用房要职工单位出具证明，农民工被排斥在外；青少年入学限于本街道常住人口，农民工子女被剥夺进入城市国民教育的权利等。然而居住、劳动就业、上学等是人人应当享有的基本权利，进城务工农民不能享有这些权利，很容易被边缘化。

（2）给农民工更多的居住和就业的机会。居住和劳动是农民工进城最基本的两大需求，也是维持劳动力再生产的基本条件。拉美国家城市化"陷阱"的一个最主要的教训，就是农民进城后，由于收入低或者长期失业，租用不起城市一般的住宅，只好强占山头或公共用地，用废旧砖瓦搭建起简易住房，形成缺少安全用水、缺少公共卫生设施、缺少必要的通讯设备、封闭和半封闭式的贫民窟，成为犯罪率高甚至成为黑社会窝点，对社会治安构成严重威胁。我们要防止拉美式贫民窟现象发生，就要运用"看不见的手"和"看得见的手"，即市场和政府两种力量、两种机制，帮助农民工解决居住问题。居住同就业密切相关，就业问题解决得好就可以为居住问题的解决创造必要的条件，解决不好就很难保证居住问题。当前尤为突出的是，由于一般农民工文化教育素质较低，没有受过专门的技术训练，一个时期以来城市里在出现有活无人干的"民工荒"的同时，也出现农民工进城无活可干的尴尬局面。避免"拉美陷阱"，必须把吸纳农民工就业放在首位，要通过职业培训等方式，尽力为农民工就业多创造一些机会。

（3）农民工来去自由开辟绿色通道。拉美贫民窟形成和扩大的一个带有根本性的原因是，农民进城后彻底失去了土地，断了他们的归路。我国城市尤其是大城市的急剧扩张，已经造成不小数量的失地农民，成了必须依靠城市为生的准城市市

民。因此，在城市化过程中，要尽量少占用农村耕地，进了城的农民依然为他们保留一定时间的责任田，一旦他们在城里无法生存下去，还可以打道回府，返回故乡重新种田，保持一定期间内的来去自由。在城市征用土地过程中，对那些失地的农民，一要给予合理的补偿，不能采取不等价交换剥夺农民；二要安排好失地农民的就业，要签订劳动就业合同，确保失地农民在城里有较稳定的劳动就业岗位和相对稳定的收入。

（4）把农民工生产生活纳入城市发展规划。要想实现城市人口与经济的可持续发展，就要从长计议，将农民工在城市的劳动就业、住房建设、学校教育、文化生活、社区管理等纳入城市建设规划。政府在组织规划实施时，在力所能及范围内还应向进城农民工及其家属作必要的政策倾斜，使他们分享城市建设的成果，坚定他们融入城市政治生活、经济生活、文化生活的信心，努力提升他们成为合格的市民。

4. 准确区分管理与歧视的界限，打造防止落入"拉美陷阱"的安全阀门

过去对进城农民存在设置门槛过高、要求过严和不同程度的歧视问题，现在这些问题许多已经得到解决和正在解决。当前，一方面要继续研究和解决没有解决好的问题，给符合条件的进城农民以一视同仁的市民待遇；另一方面，应该加强管理的地方，政府要实事求是、科学大胆地管理，为避免"拉美陷阱"打造保险系数颇高的安全阀门。农民进城变市民应有一定的条件，如果没有任何条件进城农民一律变为市民，农民进城后就有房子、有工作、有社会保障，这在我国人口和劳动力过剩、农民占人口多数的情况下，是根本没有可能做到、做到也会引发严重社会问题的。这个限制条件，主要是进城农民要在一定时间内（例如半年），有相对稳定的工作和收入、相对固定的住房和没有刑事犯罪三条。满足这三个条件，即可取得市民待遇，确定为该城市的常住人口。超过限定时间又不具备上述三项条件者，就要进行收容和清理整顿，请他们回到流出地从事农业生产劳动。要打造不落入"拉美陷阱"的可靠安全阀门，就不能让长期没有工作、没有住房和扰乱社会秩序者继续留在城市之中，因为这样的流民最容易聚集起来，发展成为类似拉美贫民窟式的棚户区。这样的处理是公平和公正的，留出半年时间使进城农民在劳动、居住、收入等方面融入城市生活，也是合理的；长期流入城市的农民找不到适当的劳动岗位和比较固定的住所，就连西方发达国家也是要对这样的流民进行必要的处置的。这里没有歧视之意，一个城市特别是超大城市，不可能长期保留较大数量的无所事事的流民。对他们进行规范化的处置，不仅是城市建设和发展的需要，是避免"拉美陷阱"所要打造的安全阀门；同时也是这部分盲目流入城市的农民未来自身发展的需要，是对他们负责任的表现。

参考文献：

1. 联合国环境与发展会议（1992），国家环保总局译：《21 世纪议程》，中国环境科学出版社。

2. 《中国 21 世纪议程——中国 21 世纪人口、环境与发展白皮书》，中国环境科学出版社，1994。

3. 邓楠主编：《可持续发展：人类生存环境》，电子工业出版社，1999。

4. 科技部农村与社会发展司、中国 21 世纪议程管理中心：《中国可持续发展科技报告 2002》，中国农业出版社，2003。

5. 中国现代化战略研究课题组、中国科学院现代化研究中心：《中国现代化报告 2003》，北京大学出版社，2003

6. 田雪原、王国强主编：《全面建设小康社会中的人口与发展》，中国人口出版社，2004。

7. ［美］赫尔曼·E. 戴利：《超越增长——可持续发展的经济学》，上海译文出版社，2001。

8. ［美］莱斯特·R. 布朗：《B 模式：拯救地球，延续文明》，东方出版社，2003。

9. World Resources Institute, 1992. World Resources 1992 - 93. New York: Oxford University Press.

10. United Nations. World Population Prospects the 2003 Revision, New York, 2003.

11. United Nations. World Urbanization Prospects the 2001 Revision Data Tables and Highlights pp. 26 - 27, New York, 2002.

原载《宏观经济研究》，2006 年第 2 期，收入文集时略有修改

坚持正确的改革方向

——读锦涛同志 3 月 7 日讲话有感[*]

刘国光

　　最近读到胡锦涛主席参加全国人大上海代表团会议时的讲话，强调"要深化改革，毫不动摇地坚持改革方向"，感到十分振奋。同时想到，现在人们讲坚持改革方向，其实各有不同的含义。锦涛同志的含义是什么呢？我体会，他讲的"坚持改革方向"，毫无疑问，是邓小平开拓的社会主义自我完善的改革方向，是坚持四项基本原则的改革方向。这个改革方向，能够保证我们国家走向繁荣富强，人民走向共同富裕，因而能够获得广大人民群众的拥护和支持。所以，邓小平曾说"改革不是一个派，是全民赞成改革，全党赞成改革，如果说是一个派，那就是百分之九十以上人的派。保守的人是有，但作为一个派别，中国没有。中国有一些人有这样那样对改革的某些问题、内容、步骤持有不同意见，但这些人中他们大多数也是赞成改革与开放，有意见也是正常的"。

　　邓小平赞誉全国人民和全党支持改革，讲得多好呀！怎么最近某些同志却说：现在出现了"一股反对改革，否定改革的浪潮"，据说"民间和上层都有"。什么人反对改革呢？他们说"贫困群体"和"既得利益集团"都有份，他们"结成联盟"来反对改革。这个估计与邓小平热情对待中国人民拥护改革的态度，何其相反。他们把一大批拥护改革但对改革有这样那样不同意见的群众和学者，统统推向反对改革否定改革的阵营，打成反改革派或保守派。这种做法同当前要团结动员人民群众一道进一步搞好改革，是背道而驰的。胡锦涛同志这次讲话强调要"使改革兼顾各方面利益，照顾各方面的关切，真正得到广大人民群众的拥护和支持"，这才是我们应该做的。

　　一些人士讲现在出现了"一股否定改革反对改革的浪潮"，其实不过是在改革取得巨大成功的同时，遇到了一些问题，人们在反思改革时，对改革的某些问题、内容、步骤有不同意见，这本来是很正常的。反思改革无非是总结改革的经验教训，小平同志一再强调对改革开放要认真总结经验，因为"我们的全面改革是一种

＊ 本文写于 2006 年 3 月 11 日。

试验，中间一定会有曲折，甚至大大小小的错误，那不要紧，有了错就纠正"。"对的要坚持，错的要纠正，不足的要加点劲。"小平同志说的话，多么充满辩证法的精神，多么符合世情事理。最近那些大嚷出现反对改革浪潮的人士，迫于陷入不符合事实的窘境，不得不追赶形势，也讲起"反思改革"来了。但他们讲"反思改革"的时候，首先把矛头对着与他们意见不同的同志，说后者的反思改革是"想恢复计划经济，把人们引向反市场化改革的方向上去"，还是"借反思改革来反对改革"那一套，真是武断霸道到了极点。

改革开放已经28年了。因为年头不少，成就多多，积累的矛盾问题也就不少。因此，现在反思改革的人群范围，和反思改革对象所涉及的范围，都比过去大大地扩展了。就反思改革的规模而言，确实是前所未有。这是随着改革的广度、深度向前推进的结果，没有什么令人惊诧的地方。那么现在倒要认真地探讨一下，为什么改革会从过去"全民赞成，全党赞成"，变成今天却有那么多的反思和疑问，以致某些人士惊呼要警惕出现所谓"反对改革的浪潮"。

究其原因，我认为，不外乎以下两点：第一点是改革中利益关系起了变化；第二点是改革中意识形态关系发生了变化。

关于改革的利益关系的问题，邓小平说过，"虽然明确表示反对改革的人不多，但一遇到实际问题，就会触及一些人的利益，赞成改革的人也会变成反对改革的人"。大家都不否认，改革初期，人们普遍受到改革之惠，所以出现"全民赞成，全党赞成"的局面。但是20世纪90年代以来，随着改革进程的深化、曲折化和复杂化，中国社会的利益关系格局起了变化。一些人富起来了，少数人暴富，许多人收入、生活有了改善，相当一部分人则改善不多，相当一部分人的利益受到损害，一部分人沦为贫困弱势群体。这种利益格局的变化，不能不反映到人们对改革问题的态度上来，不反映倒是很奇怪的。生活水平和社会地位相对下降或者绝对下降的人群，不满意导致他们利益受损，引发贫富差距过分扩大的改革举措，希望得到克服改进，他们并不是反对改革本身。这些人群包括弱势贫困群体，多是我们工农基本群众，是共产党建党立党的社会基础。他们会成为反对党的改革开放政策的力量，这真是难以想象的事情。把他们同"既得利益集团"划到"结成反市场改革的联盟"中去，如同一位我们尊敬的著名经济学家所声称的那样，这实在是一种不负责任的信口开河。

至于说到改革中受益人群对改革的态度，那也需要具体分析。受益群体中包括日益成长的知识层、技术层、管理层的中产阶层，包括对我们经济建设做出重要贡献的勤劳合法经营的私营企业家，他们都是社会主义建设的参加者，毫无疑问也都是改革开放的拥护者，尽管他们对改革中妨碍他们利益的一些事情有一些意见。受益群体中还包括"既得利益集团"。如果"既得利益集团"是指以非法手段，用潜规则来获得财富的少数暴富分子，他们利用改革的缺陷，利用市场的扭曲和种种伪改革行为来发财致富，他们未必反对这种令他们迅速富起来的"改革"氛围，而毋宁说是顶礼膜拜欢迎这种"改革"。只是当改革深化到以人为本，以促进和谐社会为目的的阶段，当改革进一步强化市场经济的社会主义方向的时候，他们眼见财路来源可能中断，甚至要被绳之以法，他们才反对真正的改革。所以简单地说"既得利益集团反对改革"，只能掩盖他们在需要利用的时候拥护"改革"，不过此改革与彼"改革"的性质含义完全不同罢了。而且在他们反对真正的改革时，由于他们是实力集团，他们构成为改革的真正阻力，需要我们认真地对付。一些搞官商勾结，权钱交易，权力资本化的人，也都属此类。而其他改革中的不同利益群体的人们，尽管他们对改革有这样那样不同的意见，都属于人民内部矛盾，都是我们坚持改革要团结的对象。只要按照胡锦涛同志"增强改革措施的协调性，使改革兼顾到各方面利益，照顾到各方面的关切"，就能"真正得到广大人民群众的拥护和支持"。对于这一点，我是深信不疑的。

另一点是改革中意识形态关系的变化。就是两种改革观的较量。这是一个意识形态问题，事实上是回避不了的。邓小平的改革观是社会主义的改革观，是我们要坚持的。但是确确实实还有一种非社会主义的或者资产阶级自由化的改革观，则是我们必须反对的。邓小平指出："有些人打着拥护改革开放的旗帜，想把中国引导到搞资本主义，这种倾向不是真正的拥护改革政策，它是要改变我们社会的性质。"我们实行对外开放，当然要借鉴吸收一切外国先进的东西，包括反映社会化生产和市场经济一般规律的思想、知识、经验，结合我们的实际，为我国经济发展和经济改革所用。我们对西方先进的东西求之若渴。但在西方先进的东西引进来的同时，糟粕也进来了。那些想"引导中国搞资本主义，改变我们社会性质"的意识形态，就是这样的糟粕。

资产阶级自由化思想一旦在中国出现，就要假借中国改革开放的旗帜，同中国正确的改革观，即邓小平的改革观进行较量，同马克思主义进行较量。20 世纪 80 年代，已经有过几次交锋，错误的改革观被正确的改革观所击退。但是 90 年代以来，由于种种原因，主要是小平同志所说的"政治思想教育一手弱"的原因，以新自由主义为主要内容的资产阶级自由化思潮逐渐滋长蔓延。什么追逐私利的经济人假设的人性论，什么唯一符合市场经济要求的私有制永恒论，什么泛市场化的市场原教旨主义，什么政府只能执行"守夜人"职责的政府职能最小化论，等等，不一而足。

这些新自由主义思潮，虽然没有能够达到他们臆想的主导中国经济运转的能耐，但是它正在向我国社会经济文化各个领域渗透，对我国经济发展与改革的实践施加影响，则是一个不争的事实。只要看看国有企业改革中出现的问题，看看教改、医改、房改、城改等领域出现的问题，即可窥见一斑。一股将中国改革引向资本主义私有化的暗流，已经呼之欲出。理论突破的阵地，在意识形态领域，在经济学的教学和研究部门，西方资产阶级经济学在我国的阵地逐渐扩张，马克思主义逐渐边缘化。某些市场化了的媒体也成了新自由主义的营盘，拒绝传播马克思主义和维护四项基本原则的声音。这是一个重要的危险信号。这种情况，加上对中国经济在大好形势下出现的令人忧虑的一些现象的观察，激发中国许多学人和学者，首先是马克思主义者对新自由主义和资产阶级自由化改革观的义愤，在不同领域广泛地自发地发动了对新自由主义的反击。这样我们就看到如此规模对改革的反思和对新自由主义的质疑了。

有人说，批判新自由主义就是"反对改革"。不错，中国人民要反对的正是这种导向资本主义方向的"改革"，要坚持的正是邓小平的以社会主义自我完善为方向的改革。胡锦涛同志此次在上海代表团就改革开放发表了全面完整的重要意见，强调指出要毫不动摇地坚持改革方向，表明了党中央的原则态度，受到全国人民的热烈欢迎。锦涛同志话音刚落，就有某方面的代表人物出来，继续散布有人否定改革，宣称要把"改革以来的第三次大争论进行到底"等蛊惑性言论。这也好，挑战书已经抛出，真理不怕争论。试看今日之域中，竟是谁家的天下！

原载《刘国光文集》（第十卷），中国社会科学出版社，2006

我国改革的正确方向是什么？不是什么？
——略论"市场化改革"*

刘国光

近期以来，对于中国改革问题的讨论日趋热烈，有人说是改革开放以来第三次大讨论。前两次讨论是什么时候，说法也不一样。且不论怎么划分三个争论，单就这一次来说，争论激烈的程度不亚于前两次。这次有一个奇怪的现象，就是争论的一方的意见，可以在主流媒体上发表，而另一方意见，主流媒体上基本看不到，倒是在互联网上广为流传。目前还有一个现象，就是争论的一方一面抛出自己的论点主张来攻击对方，一面又拼命叫不争论，就是不准别人争论、别人回应；而争论的另一方却不买这个账，说真理不怕争论。实际上前一方是想只让自己讲话，而不让人家讲话。恐怕改革开放到了今天，互联网又这么发达，堵人开口的企图大概是办不到了。主流媒体基本上只刊登一方的言论，也值得我们玩味，深思。想一想为什么会出现这种偏颇的情况，当然这种偏颇，因为有互联网这个东西，给校正了一点儿。

关于这次大争论的性质，大家的认识也是尖锐分歧的。有些人说，这次争论是反对改革同坚持改革不动摇的争论。这种说法遭到驳斥。你不能把那么多反思改革的群众、学者，推到"反改革"的阵营中去，说成是"一股反对改革，否定改革的浪潮"。这不符合胡锦涛同志最近讲的要"使改革真正得到广大人民群众拥护和支持"的要求和精神。

那么，这次争论的实质是什么呢？许多群众、学者都认为，这次争论的核心问题不是坚持不坚持改革的问题，而是坚持什么样的改革方向的问题，是坚持邓小平开创的社会主义自我完善的改革方向，还是假借"拥护改革开放的旗帜，把中国引导到搞资本主义"的改革方向？是坚持社会主义基本经济制度，即公有制为主体，多种所有制共同发展的改革方向，还是采取资本主义私有化的改革方向？是坚持社会主义市场经济为目标，还是以资本主义市场经济为目标或名曰"市场化改革"的改革方向？

＊ 本文写于 2006 年 5 月。

"又是姓资姓社的争论。""又是意识形态的争论。"但这是回避不了的。想回避是天真。人家用资产阶级的意识形态来攻你，又用"非意识形态化"来麻痹你，叫你回避社会主义的意识形态，可以吗？在关系国家人民命运的大问题上，提倡"非意识形态化"，"非政治化"，只能骗骗没有马克思主义常识的人。

我现在要讲讲为什么争论的一方要把争论的另一方裁赖为反对改革，否定改革，而把自己打扮成"坚持改革"的角色。其实道理很简单，第一，在今天实行改革开放的中国，反改革是罪大恶极的帽子，类似"文化大革命"时讲你"反文革"，就可以置你于死地。今天至少是把你放在被动挨打的地位。第二，这样做是为了掩盖某些人借拥护改革开放的旗子把中国导向完全私有化、完全市场化和两极分化的资本主义的意图。如最近"新西山会议"一些人讲的，现在"不好明说"，"说不得"，"亮不出来"，只能"遮遮掩掩"，"躲躲闪闪"，"畏畏缩缩"地说出来。其实"西山会议"某些人暴露的野心比这更大，不只经济领域，还有政治领域，是要颠覆共产党的政权，这里不能详细讲了。

有人问我，为什么现在出现这么多反思改革，是不是因为改革搞不下去了。我说不是，改革还是一往直前地在进行，但是受到一些干扰，出了一些问题。有一位尊敬的官员说，现在改革中出现这样那样的问题，但不是改革方向出了问题，所有问题都与改革方向无关。这些话也对也不对，总体上党中央是坚持改革的社会主义方向的，总体上没有背离社会主义方向。但具体地讲，改革方向在许多重要方面受到干扰，如在所有制问题上，公有制为主体问题受到干扰；如在分配问题上，社会公平问题受到干扰；等等。中央提出科学发展观与建设和谐社会方针，力求扭正这些干扰，但是还没有完全扭正过来。这种对改革的正确方向即社会主义方向的干扰，是客观存在的，群众和学者对此进行反思，提出改进的建议，实属正常，完全必要，不能动不动就说这是反对改革。

再说20世纪90年代以来，随着改革过程的深化和复杂化，中国社会利益关系格局起了变化。一部分人群的收入水平、生活水平和社会地位相对下降或者绝对下降，这些人群对导致他们利益受损，引发贫富差距过分扩大的社会现象不满，对背离社会主义方向的现象不满，希望得到克服，他们并不是反对改革本身。这些人群包括弱势贫困群体，他们多是工农基本群众，不能把他们推向反改革阵营，即使他们当中有一些过激情绪和片面言论，也是我们教育帮助的对象，要团结他们一致拥护和支持改革。怎么能够把他们划到"反市场改革的联盟"中去？如同我们一位尊敬的著名经济学家所讲的那样，这实在是一种不负责任的信口开河。

有人问，一些人认为改革过程出现诸多问题，是因为"市场化改革"不够，要加大"市场化改革"的力度，你对"市场化改革"的提法怎么看？

一些人把中国改革叫"市场化改革"，如果是"市场化"作为改革的"简称"，这勉强可以接受，但要注意这种提法有很大的毛病。如果不是作为简称，而是把它作为中国改革的全称，把中国改革定义为"市场化改革"，那是绝对错误的。

我们改革的目标，是邓小平说的社会主义制度的自我完善，包括建立社会主义市场经济体制。中国的改革，包括政治改革、经济改革、社会改革、文化改革、政府改革，等等，不能都叫做"市场化改革"，而是社会主义制度在各领域的自我完善。这应该是明白的。国家机构改革，也只能说要适应建立社会主义市场经济的要求来进行，而不能按"市场化改革"的原则来进行。就是在经济领域，也不完全是"市场化改革"，而是"建立社会主义市场经济体制"，是在国家宏观调控下让市场起资源配置的基础性作用，并不是简单的"市场化改革"所能概括的。这里在"市场经济"的前面，有一个"前置词"，还有一个"前提条件"。"前置词"是"社会主义"，"前提条件"是"在国家宏观调控下"。这是党的十四届三中全会文件中白纸黑字定下来的，不是一句空话，有它的实质内容。

先说"社会主义"前置词。有些人鼓吹"市场化改革"的口号时，故意不提这个前置词："社会主义"。有些人为了打扮自己，掩盖真实面貌，假装提一下"社会主义"，但把"社会主义"置于可有可无的地位，或给予任意歪曲的解释。我说"社会主义"不能当成一句空话，它有准确的内涵。邓小平说过社会主义有两条根本原则，第一条是公有制为主体，多种经济共同发展；第二条是共同富裕，不搞两极分化。一些人在鼓吹"市场化改革"道路的时候，故意把这两条去掉，抽掉，扼杀掉。特别是最根本的涉及社会主义基本经济制度即所有制的一条："公有制为主体"，故意根本不提，倒是民营经济（即私有经济）已经成为"国民经济的基础"或"主体"的字样，越来越充斥于某些媒体、某些会议。这大概就是"深化市场化改革"的真实含义（私营经济是要在公有制经济为主体的前提下与公有制共同发展的，但中央没有"民营为主体"一说）。

还有一个"前提条件"："在国家宏观调控下"。之所以要这一条，非常重要的一条，就是因为市场经济虽然在资源配置上有重要的作用，特别是在竞争性的资源配置上，有很大的优越性，但市场经济在宏观经济综合平衡上，在竞争和垄断的关系上，在资源和环境保护上，在社会分配公平上，以及在其他方面，也有很多的缺陷和不足（关于市场经济的优点和缺点，我过去说得很多，教科书上也不乏叙述，我不再重复了。"市场化改革派"只睁眼看到市场经济好的一面，却闭眼不看市场经济不好的一面，我也不去说了），不能不要国家的干预、管理、宏观调控来加以纠正、约束和补充，所谓用"看得见的手"补充"看不见的手"。特别是加上我国还是一个社会主义国家，社会主义国家的性质，社会主义公有制经济为主体的地位，以及社会主义社会实行统一计划的客观可能性与集中资源力量办大事的优越性，等等，决定了要更加加强国家的宏观调控和政府调节。市场在资源配置中起基础性作用，是在国家宏观调控的前提下起这个作用的；而且在资源配置中起基础性作用，也不是一切资源都完全由市场来配置，有些关键性资源还要国家来配置，这也是很明白的。总之，我们要尊重市场，但却不可迷信市场。我们也不要迷信计划，但也不能把计划这个同样是人类发明的调节手段，弃而不用。在"市场化改革"的口号下迷信市场成风，计划大有成为禁区的态势下，强调一下社会主义市场经济也要加强国家对经济干预管理和计划调节的作用，怎么就会成为"想回到计划经济旧体制"？"市场化改革"鼓吹者硬要加人家这一顶帽子，想堵人家开口，恐怕不能成功。

我再补充几点，国家的宏观调控主要包括这几项：计划调控、财税调控、金融调控等内容，最近在我国还加上"土地调控"，其实"土地调控"也属于计划调控。这些调控都应是自觉性的、集中决策的事先调节，都是有计划性。这与市场调节不同，市场调节是自发性的、分散决策的事后调节，这种盲目的滞后调节所带来的种种消极后果，必须要用自觉的、集中决策的、事先的宏观调控和计划调节来校正，要由政府行为来校正。所以邓小平说计划和市场都是手段，资本主义和社会主义都可以用。为什么社会主义市场经济就不能用自觉的、集中决策的、事先的计划手段，来校正市场经济的种种缺陷和不足？有人想把经济生活的一切交给市场去管，都"市场化"，把社会生活、文化生活、国家政治生活也都推向"市场化"，把计划排除在社会主义市场经济之外，排除在经济社会一切领域之外，把它视为禁区，加以摒弃，我说这不仅是迷信市场的幼稚，而且是别有用心。

当然，过去早已指出，社会主义市场经济下的计划调节，主要不是指令性计划，而是指导性、战略性计划。"十一五"计划改叫规划，但规划也是计划，是指导性、战略性的计划。市场经济下计划的指导性和战略性，过去早已明确讲过。现在"计划"改"规划"，一字之差就大加炒作，真是"市场化改革"过程中的产物和笑话。还要指出，社会主义市场经济下的计划，虽然主要是指导性、战略性计划，但它必须有导向的作用，有指导的作用。如果不去导向，不去指导，放在那里作摆设，我国每五年花那么大力气编制讨论审查通过五年计划，还有什么意义？所以一定要强调计划、规划的导向作用和指导作用。这样的计划，除了政策导向的规定外，还要有必要的指标、项目和必须完成的指令性任务，如中长期规划中的巨大工程的规划，尖端科技突破的规划，环境治理规划，等等，短期计划里的反周期的投资计划，熨平周期的各种调控措施（很多财政税收金融货币等政策措施属此类）都必须带有指令性或约束性。所以，指令性计划也不能完全排除。现在计划工作中有把计划规划写成一本政策汇编的苗头，很少规定必须完成的和可以严格检查问责的指标和任务，很多东西可以执行也可以不执行。这样的计划工作，有改进的必要。

　　总之，中国的社会主义自我完善的改革，以建立社会主义市场经济体制为目标的改革，绝对不是简单的"市场化改革"。查一查中央文件，查一查宪法党章，哪里说过我国要实行"市场化改革"？文件中讲到改革开放，总是同坚持四项基本原则联系起来；在"市场经济"前面，总是加上"社会主义"的前置词；而且"社会主义"一词的内容，总是强调"公有制为主体"。而那些鼓吹市场化改革口号的人，几乎无例外地不提这些关键词。有些政府官员偶尔讲过"市场化改革"，我理解那是简称，不是全意。但这会误导改革方向，给"市场化改革"的鼓吹者所利用。所以我认为，今后党政领导不要再受人蒙骗，不要再用这个提法。

原载《刘国光文集》（第十卷），中国社会科学出版社，2006

2006年中国经济发展的背景条件分析

刘树成

从当前国内经济走势与国际经济环境的背景条件看，2006年中国经济发展的有利条件很多，但制约发展的矛盾也不少，还有一些不确定因素。本文拟对此进行一些具体的分析。

一、经济发展的有利条件

2006年中国经济发展的有利条件很多，我们从短期波动态势到中长期发展背景，从经济发展指导思想到宏观调控政策环境，从需求条件到供给条件，从国内到国外等七个方面进行分析。

1. 从经济周期波动的年度短期态势看

当前我国经济正处于本轮经济周期的适度高位平稳运行阶段，这为2006年继续保持经济平稳较快发展打下了年度之间上下衔接与协调的良好基础。

在我国1991～1999年的上一轮经济周期中，谷底年份（1999年）的经济增长率为7.6%（经济增长率为国内生产总值增长率，采用国家统计局第一次全国经济普查后的新数据口径，全文同）。随后，2000年、2001年的两年，经济增长率分别回升到8.4%和8.3%，从而进入新一轮经济周期。到目前，本轮经济周期经历了三个时段：2000年和2001年的两年，是本轮经济周期上升阶段的初期；2002年、2003年和2004年的三年，经济增长率逐步上升，分别为9.1%、10%和10.1%，这三年是本轮经济周期上升阶段的加速增长期；接下来，2005年，经济增长率在高位略有微调，为9.9%，可算作本轮经济周期加速增长后的适度高位平稳运行期。总起来看，本轮经济周期已连续六年在适度经济增长区间（8%以上，至10%左右）的范围内快速而平稳地运行（见图1），这在新中国成立以来的经济发展史上还是从来没有过的，这为今年继续延续经济平稳较快发展的良好势头打下了基础。

2. 从中长期的发展阶段看

目前我国正处于工业化和城镇化加快发展阶段，消费结构和产业结构正处于新的升级过程中，这为2006年经济在适度高位的快速发展提供了中长期背景条件。

改革开放以来，我国消费结构和产业结构的升级可以分为四个阶段：第1个阶

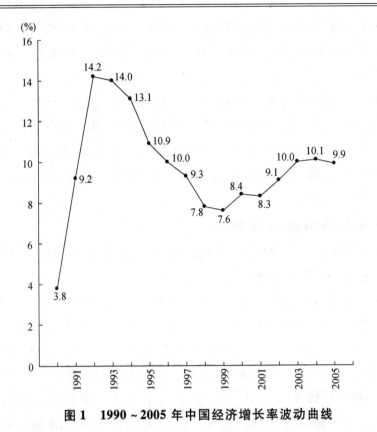

图 1　1990～2005 年中国经济增长率波动曲线

段是 20 世纪 70 年代末～80 年代初，当时，有代表性的领先增长行业是手表、自行车、缝纫机和收音机，被称为"三转一响"的"四大件"。第 2 个阶段是 80 年代中、后期，当时，有代表性的领先增长行业让位于彩电、音箱、洗衣机和电冰箱，被称为家用电器"新四大件"。第 3 个阶段是 90 年代初、中期，当时，有代表性的领先增长行业转向房地产和轿车。第 4 个阶段是 21 世纪初期，这时，房地产和轿车的发展进入了一个新时期；同时，微型电子计算机、集成电路、程控交换机、移动电话机等 IT 产业的发展也进入了一个新时期。房地产、轿车、IT 产业成为这一时期有代表性的领先增长行业。

　　当前，我国消费结构升级的特点是：由满足温饱需求的"吃、穿、用"阶段，向满足小康需求的"住、行"阶段升级；由百元级的小型耐用消费品向千元级的中型耐用消费品升级之后，又向万元级，特别是数十万元级的大型耐用消费品升级。消费结构的升级，推动了产业结构的升级，直接推动了房地产业和汽车制造业的发展，进而又带动了各种相关产业的发展。以房地产为例。房地产投资的周期较长，其产业关联度很高，所带动的产业链很长。在房地产投资与钢铁、水泥、有色金属、化工产品等原材料及电力之间，以及进一步与金属矿石、非金属矿石、煤炭、石油等矿产品之间，产生相互推动的产业循环。就汽车产业来说，与其直接相关的产业有合成材料工业、轮胎制造业、钢铁工业（以薄钢板和钢带等汽车用钢为主）、机械工业中的机床工业（特别是数控机床）、石油开采及加工业、仪器仪表产业等，此外还有围绕汽车发展起来的服务业群体，如高速公路、加油站、快餐、汽车修理等。

消费结构和产业结构的升级，是我国人均收入水平提高的结果，是我国工业化和城镇化进程加快的结果。这一发展趋势，符合发展中国家消费结构和产业结构升级的一般规律，对整个经济增长具有广泛的和持久的推动力。以房地产业来说，2005 年在宏观调控中更加理性化地向前发展；2006 年，房地产业仍将是支撑经济持续快速发展的一个重要增长点。

3. 从经济发展的指导思想看

科学发展观不断深入人心和进一步贯彻落实，这为 2006 年继续保持经济平稳较快发展奠定了重要的思想基础。

过去，在我国经济发展中经常出现大起大落。究其原因，一个重要问题就是在经济发展的指导思想上总是急于求成，片面追求高速度。科学发展观是我们党对新中国建立以来经济发展正反两个方面经验教训的深刻总结，是我们党在新世纪对社会主义现代化建设指导思想的新发展。2003 年 10 月，党的十六届三中全会首次提出科学发展观。2005 年 10 月，党的十六届五中全会进一步提出，以科学发展观统领经济社会发展全局。科学发展观的要义，一是要坚持发展，发展是硬道理，坚持抓好发展这个党执政兴国的第一要务，坚持以经济建设为中心，坚持用发展和改革的办法解决前进中的问题；二是要科学发展，要以人为本，转变发展观念、创新发展模式、提高发展质量，落实"五个统筹"，把经济社会发展切实转入全面、协调、可持续发展的轨道。

科学发展观是对经济社会发展一般规律认识的深化，是指导发展的世界观方法论的集中体现，是推进社会主义经济建设、政治建设、文化建设、社会建设全面发展的指导方针。科学发展观将贯穿于全面建设小康社会和社会主义现代化建设的全过程。当前，从中央到地方、到各部门，都在认真学习、加深理解和全面贯彻落实科学发展观，并以科学发展观为指导、为统领制定了各级的"十一五"规划，正在努力转变经济增长方式，提高经济增长的质量和效益，大力建设资源节约型、环境友好型社会，这为 2006 年——"十一五"规划的开局之年，乃至今后更长时期经济社会的全面、协调、可持续发展，提供了重要的思想保证。

4. 从宏观经济政策看

我国宏观调控不断加强和改善，这为 2006 年继续保持经济平稳较快发展提供了最基本的政策支持。

近三年来，我们不断加强和改善宏观调控的成功实践，使我们加深了对社会主义市场经济规律的认识，增强了驾驭经济社会发展大局的本领。在宏观调控中，在充分运用以往宝贵经验的基础上，我们又得到了许多新的经验和启示。2005年12月召开的中央经济工作会议总结了这些新经验，主要是：（1）坚持把又快又好发展作为搞好宏观调控、促进科学发展的根本要求；（2）坚持把区别对待、分类指导作为搞好宏观调控、促进科学发展的重要原则；（3）坚持把着重运用经济手段和法律手段作为搞好宏观调控、促进科学发展的主要方式；（4）坚持把推进结构调整、转变增长方式、实现总量平衡作为搞好宏观调控、促进科学发展的重要着力点；（5）坚持把深化改革、完善体制机制作为搞好宏观调控、促进科学发展的重要保障；（6）坚持把维护群众利益、提高人民生活水平作为搞好宏观调控、促进科学发展的出发点和落脚点。这些经验对于保持我国经济平稳较快发展，具有重要指导意义。2006年，在继续搞好宏观调控中，将保持宏观调控政策的连续性和稳定性，继续实施稳健的财政政策和稳健的货币政策，继续把握好宏观调控的方向和力度，这为2006年经济的平稳较快发展提供了重要的政策保证。

5. 从国内需求看

投资需求将继续保持适当规模，消费需求将进一步扩大，这为2006年继续保持经济平稳较快发展提供了必要的需求拉动条件。

立足于扩大国内需求，是我们必须长期坚持的重大战略方针。我们既要继续扩大投资需求，保持固定资产投资以合理的规模和速度增长，更要注重扩大消费需求，进一步发挥消费对经济增长的拉动作用。

我国全社会固定资产投资增长率在1999年处于一个谷底，为5.1%；随后，从2000年到2003年这四年，逐年上升，分别为10.3%、13%、16.9%和27.7%；接着，2004年和2005年，在高位调整，稳中微降，分别为26.6%和25.7%。2006年，对固定资产投资的宏观调控将继续坚持"区别对待、有保有压"的原则，保持投资的适当规模与适度增长，着力优化投资结构。由此，2006年投资对经济的增长仍将起到重要的拉动作用。

我国社会消费品零售额增长率（当年价）在1999年也处于一个谷底，为6.8%；随后，从2000年到2002年这三年，逐年上升，分别为9.7%、10.1%和11.8%；2003年受"非典"影响，降为9.1%；2004年又上升为13.3%；2005年保持在12.9%的平稳高位。2006年，在扩大内需中，重点是扩大消费需求；同时，把增加居民消费，特别是增加农民消费作为扩大消费需求的重点。国家将采取一系列措施，增加农民和城镇中低收入者的收入，不断完善社会保障体系，减轻居民增加即期消费的后顾之忧，拓宽消费领域和改善消费环境，规范和发展消费信贷，这将有利于增强消费对经济增长的拉动作用。

6. 从供给条件看

煤电油运的"瓶颈"制约将继续缓解，这为2006年继续保持经济平稳较快发展提供了重要的物质保障。

过去，在我国经济快速增长中，煤电油运一直是严重的"瓶颈"制约。近三年来，煤电油运加快发展，其对经济增长的制约不断缓解。2005 年，全国拉闸限电的省份，1 月份是 26 个，到 12 月份减少到 12 个。2006 年，我国发电供应能力将进一步增强，电网建设进一步加快，电力供需矛盾将继续趋缓。我国新增发电装机容量，2004 年突破 5500 万千瓦，2005 年为 6600 万千瓦，2006 年预计为 7500 万千瓦。2005 年底，全国发电装机总容量达到 50841 万千瓦。2006 年，从全国和全年看，电力供需在总体上将基本平衡，部分时段和部分区域的缺电程度及范围将大大降低。预计全年全社会用电量增长率将在 12% 左右。由于枯水期水电出力不足，全年最大电力缺口将出现在一季度，缺口在 900 万千瓦左右，是 2005 年最大缺口的1/3，主要发生在南方电网和华中地区；夏季最大电力缺口 600 万千瓦，将比 2005年下降 70%，主要发生在华东和华北地区。据预计，2007 年我国电力紧张局面将全面缓解。

2006 年全国煤炭供应也将由前几年的十分紧张状况，转为供需总量基本平衡。预计 2006 年全国煤炭产量将达到 22 亿吨，而煤炭需求量约为 21.5 亿吨。2005 年末，直供电厂存煤 2483 万吨，处于正常水平。就不同地区看，2006 年煤炭的供应紧张与供大于求的情况可能会同时存在，部分地区的部分煤种仍将偏紧。铁路运输方面，2006 年，华中、华南、华东和华北等部分地区相对趋缓，而西北、东北、西南地区仍较紧张。原油和天然气的供应 2006 年仍然会偏紧。

7. 从国际看

世界经济和贸易将继续保持稳定增长，这为 2006 年我国经济的平稳较快发展提供了良好的国际环境条件。

我们要正确处理内需和外需的关系。在立足于扩大国内需求、主要依靠国内需求推动发展的同时，要继续拓展国际市场，扩大国外需求。要把扩大国内需求和合理利用国外需求很好地结合起来，促进经济平稳较快增长。

2006 年我们所面临的国际环境仍然较好，世界经济和贸易的基本态势不会发生大的变化。据国际货币基金组织的统计和预测，世界经济的增长（实际 GDP 增长率）在 2001 年是一个谷底，为 2.4%；2002 年、2003 年和 2004 年这三年逐年上升，分别为 3%、4% 和 5.1%；2005 年，保持了 4.3% 的增长；预计 2006 年与2005 年持平，继续保持 4.3% 的增长。据国际货币基金组织的统计和预测，世界贸易量的增长在 2001 年亦是一个谷底，为 0.1%；2002 年、2003 年和 2004 年这三年，也逐年上升，分别为 3.4%、5.4% 和 10.3%；2005 年，保持了 7% 的增长；预计 2006 年增长 7.4%，略高于 2005 年。这些情况表明，2006 年我国经济增长的外需动力仍然较强。

二、制约发展的矛盾与不确定因素分析

从继续保持经济平稳较快发展的角度来分析，长期看，制约我国经济发展的矛盾主要有四个方面：

1. 资源环境制约问题

当前，我国的经济增长方式在很大程度上仍然是"四高一低"（高投入、高能耗、高物耗、高污染、低效率）的粗放型经济增长方式。这种增长方式受到土地、淡水、能源、矿产资源和环境状况的严重制约，难以为继，亟待转变。2004 年，我国 GDP 占全世界 GDP 总量的 4.4%，而原油、氧化铝、钢材、铁矿石、原煤、水泥的消费量则分别占世界消费总量的 7.4%、25%、27%、30%、31%、40%。目前，我国主要矿产资源的对外依存度迅速上升，原油的 40%、铁矿石的 50% 以上、氧化铝的 60% 以上都要依靠进口。有的矿产资源低品位超量开采，如我国铁矿石的平均品位只有 32%，现在连含铁量 15% 的矿石也在开采，而选矿过程的电耗又极高。有的矿产资源又回采率极低，如我国煤矿回采率平均只有 35%，一些乡镇煤矿回采率仅为 15%，有的甚至低到 10%。从环境污染看，2003 年，我国二氧化硫排放量达 2159 万吨，位居世界第一，其中 90% 的排放源自于烧煤。如我国小机组发电的比例很高，其耗煤量很大，粉煤灰和二氧化硫排放量就很多。2005 年初，瑞士达沃斯世界经济论坛公布了最新的"环境可持续指数"，在全球 144 个国家和地区的排序中，中国位居倒数第 12 位。

2. 投资与消费的比例关系问题

我国投资率（资本形成总额占支出法国内生产总值的比重）从 2000 年的 36.4%，一路上升，到 2004 年达 44.2%，为历史最高水平；相应地，消费率（最终消费占支出法国内生产总值的比重）从 2000 年的 61.1%，一路下降，到 2004 年为 53%，成为历史最低水平（见图 2）。

投资与消费的比例关系是社会再生产能否顺畅运行的最基本、最综合的比例关系。在社会再生产中，投资的作用，其在当期是需求，而在后期是供给，即形成新的生产能力。就当期说，投资作为需求，若其规模过大、增速过高，一来会遇到能源、原材料、交通运输等供给面的"瓶颈"制约，二来会挤压消费。就后期说，投资作为供给，由于消费被挤压，将使新增生产能力过剩，使新增产能失去消费基础而不能实现，这又进一步影响到投资的扩大。投资率过高、消费率过低，一时虽能使经济高速增长，但难以持久，难以形成经济的良性循环。

3. 收入差距问题

收入差距包括城乡间的收入差距、地区间的收入差距、行业间的收入差距、不同群体间的收入差距、不同体制单位间的收入差距。改革开放以来，我国居民收入

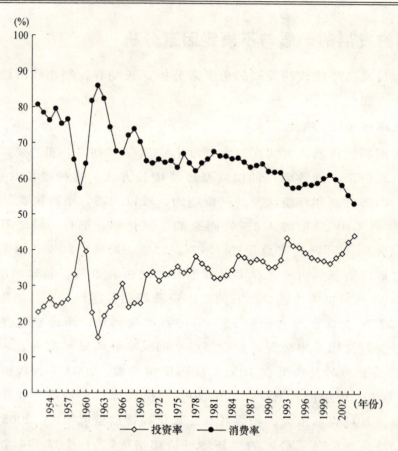

图 2　1952～2005 年中国投资率与消费率曲线

普遍提高，居民基本生活普遍改善，但各种收入差距在客观上具有一定的扩大趋势。以城乡间收入差距为例，1978 年，城镇居民人均可支配收入为 343.4 元，农村居民人均纯收入为 133.6 元，前者是后者的 2.57 倍。2000 年，城镇居民人均可支配收入上升为 6280 元，农村居民人均纯收入上升为 2253.4 元，前者是后者的 2.79 倍。2005 年，城镇居民人均可支配收入又上升为 10493 元，农村居民人均纯收入上升为 3255 元，前者是后者的 3.22 倍。我们要合理调节收入分配，更加注重社会公平，缓解收入分配差距扩大的趋势，不要使差距的扩大影响社会稳定，影响居民消费的增长。

4. 体制机制问题

目前，制约我国经济平稳较快发展、导致经济出现大起大落的体制性机制性障碍还远远没有消除。要加快政府自身改革，大力推进行政管理体制改革，切实转变政府职能，已成为当前我国全面深化改革的关键。要继续推进政企分开、政资分开、政事分开、政府与市场中介组织分开。各级政府要加强社会管理和公共服务职能，不得直接干预企业的生产、投资等经营活动，不要成为推动经济过热的根源。

要继续深化国有企业改革，引导民营企业制度创新，解决目前国有企业和民营企业都存在的软预算约束问题和自主创新能力不强的问题。推进生产要素和资源性产品的价格改革，建立反映市场供求状况和资源稀缺程度的价格形成机制，更大程度地发挥市场在资源配置中的基础性作用，提高资源配置效率。长期以来，我国的生产要素价格和资源性产品价格受到国家管制，严重偏低和扭曲，极不利于资源节约和经济增长方式的转变。

从继续保持经济平稳较快发展的角度来分析，短期看，特别值得关注的是制约我国经济发展的两个突出矛盾和经济运行中的三个不确定因素。

两个突出矛盾是：

1. 产能过剩问题

"短缺"是我国原有计划经济体制下供求关系的常态。改革开放以来，随着我国经济的供给面活力的增强，共出现三次生产或生产能力相对过剩现象。第一次"过剩"出现在 20 世纪 80 年代末，当时被称为"市场疲软"；第二次"过剩"出现在 90 年代中后期，当时被称为"告别短缺"、"买方市场形成"；第三次，即这次"过剩"出现在 2005 年至现在。第三次"过剩"与前两次"过剩"相比，有所不同。

前两次"过剩"都是在经济周期波动中经济增长率的低谷阶段出现的。当时，投资需求和消费需求均从前期的过热膨胀中被大幅度压缩下来。第一次"过剩"时的 1989 年和 1990 年，GDP 增长率已分别降为 4.1% 和 3.8%，全社会固定资产投资增长率已分别降为 -7.2% 和 2.4%，社会消费品零售额增长率已分别降为 8.9% 和 2.5%。第二次"过剩"时的 1998 年和 1999 年，GDP 增长率分别降为 7.8% 和 7.6%，全社会固定资产投资增长率分别降为 13.9% 和 5.1%，社会消费品零售额增长率同降为 6.8%（见表 1）。由此，当时解决"过剩"的办法就是全面启动需求。

表 1 中国三次产能过剩比较　　　　　　　　　　　　　　　　单位:%

类别	GDP 增长率	全社会固定资产投资增长率	社会消费品零售额增长率
第一次：			
1989	4.1	-7.2	8.9
1990	3.8	2.4	2.5
第二次：			
1998	7.8	13.9	6.8
1999	7.6	5.1	6.8
第三次：			
2005	9.9	25.7	12.9

　　而第三次"过剩"是在经济周期波动中经济增长率的高位运行阶段出现的。2005 年，GDP 增长率处于 9.9% 的高位，全社会固定资产投资增长率处于 25.7% 的高位，社会消费品零售额增长率处于 12.9% 的高位。因此，这次解决"过剩"问题的办法就不能像前两次那样简单地启动需求，需求启动的空间已有限，而应将需求面的扩大与供给面的调整相结合，特别是重在供给面的结构调整。

　　我国当前的产能过剩，主要分为两类：一类是以钢铁为代表的原材料投资品以及汽车的产能过剩。这类产能过剩主要是近两三年来在我国经济周期上升阶段，在消费结构和产业结构升级中，房地产、汽车、钢铁、电解铝、水泥等部分行业投资过度所引起的。投资过度不仅会遇到一定时期内有购买力的消费需求的制约，而且更重要的是遇到各种资源（矿产资源、能源资源、土地资源、水资源等）的制约。另一类产能过剩是以家电为代表的一般工业消费品的产能过剩。这类产能过剩是延续了 20 世纪 90 年代中后期所出现的产能过剩。其主要形成原因，就城市讲，是由于在经济体制改革不断深化和体制转轨过程中，一方面，供给面有了活力，且家电等工业消费品已处于一定的饱和状态，另一方面，居民社会福利的商品化和市场化使得居民增强储蓄而即期消费不足，难以进一步扩大消费，难以及时对消费品更新换代；就乡村讲，则因为广大农民收入提高缓慢和基础设施不完善等原因，影响了消费的扩大。"短缺"是原有计划经济体制下供求关系的常态，但"过剩"却不是市场经济的常态。市场经济的常态应该是供求基本平衡或供略大于求。产能过剩会使相关产品的价格下降、利润下降、库存增加、亏损增加，使企业经营困难，并加大潜在的金融风险。

　　2. 粮食增产和农民增收的难度加大

　　2003 年，我国粮食总产量为 8614 亿斤（43070 万吨），比 2002 年减产 5.8%，引起粮食供求关系紧张。2004 年，粮食总产量大幅增长，达 9389 亿斤（46947 万吨），比 2003 年增产 9%。2005 年，粮食总产量达到 9680 亿斤（48400 万吨），又比 2004 年增产 3.1%（见图 3）。若在此基础上进一步增产，则难度加大。

　　农民人均纯收入的增长，在 2000 年处于一个谷底，仅比 1999 年增长 2.1%。随后，2001 年、2002 年、2003 年，连续三年增长率上升为 4.2% ~ 4.8%。2004 年，农民人均纯收入大幅增长，比 2003 年增长 6.8%。2005 年，农民人均纯收入又增长 6.2%。在此基础上进一步增加农民收入，难度亦加大。

　　经济运行中的三个不确定因素是：

　　1. 投资走势的不确定性

　　目前，固定资产投资增速存在着过度下滑与向上反弹的两种压力。下滑的压力主要来自一些行业的产能过剩和企业利润的增幅下降。反弹的压力主要为：在近期的一至三年，有几件"大事"，如 2006 年是"十一五"规划的第一年，各地、各

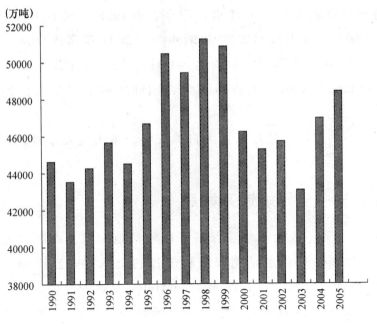

（万吨）

图3 1990～2005年中国粮食总产量

部门上项目的积极性很高；2007～2008年又逢党政换届；2008年在中国举办奥运会等，这些因素集中起来有可能推动投资增长的新一轮"大起"。以上"下滑"与"反弹"的两种压力都需要重视，但主要是防止投资反弹。总的来看，在宏观调控继续保持政策的连续性和稳定性，继续坚持"区别对待、有保有压"原则的情况下，2006年，固定资产投资仍会保持一定的速度和规模，不一定会出现大的起落。

2. 价格走势的不确定性

与上述投资走势不确定性相联系的是，2006年，价格走势也存在着通缩与通胀两种压力。通货紧缩的压力亦主要来自于一些行业的产能过剩和企业利润的增幅下降。通货膨胀的压力亦主要来自于投资反弹。近两三年来，我国生产资料类的上游产品的价格上涨，没有传递到下游的最终消费品，或者说，上游产品价格上涨的成本推动压力没有完全释放出来，主要是因为两点：一是一些工业消费品一直处于供大于求的市场格局，二是在宏观调控中，控制住了价格总水平上涨的源头——投资规模和信贷规模。总的来看，2006年价格总水平仍会保持基本平稳，而不会出现通货紧缩，也不会出现严重的通货膨胀。

3. 国际经济环境的不确定性

在国内经济发展态势良好和经济波动趋于平缓的情况下，防范国际外部冲击是一个需要高度重视的问题。2006年，国际经济环境中存在的不确定性主要有：一是国际原油价格居高不下，持续高位运行，会给世界经济带来不利影响，尤其是对发展中国家的冲击影响更大。二是我国面临的国际贸易摩擦逐渐增多。目前，我国外贸依存度（进出口总额占 GDP 的比重）很高，由 1978 年的不到 10%（9.8%），上升到 1990 年的 30%，又上升到 2000 年的 44%，2004 年高达 60%，2005 年仍会高达 60% 以上。2005 年，我国外贸顺差达 1019 亿美元，年末国家外汇储备 8189 亿美元。我国经济增长对外贸的高度依赖隐含着国际风险。三是人民币升值压力仍然很大。

一般说来，不确定因素还包括重大自然灾害、重大突发事件的发生等，这里不再展开分析。

三、为"十一五"规划开好局

对于 2006 年中国经济能否继续保持平稳较快地发展，在国内外经济界均有不同意见。有一种代表性的观点是美国摩根士丹利全球首席经济师史蒂芬·罗奇于 2005 年 5 月 23 日和 10 月 21 日，在 MorganStanley 网站上发表的两篇文章。前一篇文章的题目是《假如中国减速》，提出"中国经济在年内有很大可能将进一步减速"，"我们有理由相信世界已初步踏上由中国领头的全球性减速轨道"。他说："在过去 8 年，经常有人预言中国增长后劲不继，事实证明看法错误。在追求增长的世界里，目前大部分人都相信中国的繁荣会持续下去。然而今天，中国要避免实质性的减速将比以前更为困难。世界需要认真考虑这样的一个可能性了。"

然而，事实是中国经济并没有像罗奇所预测的那样大幅度减速。于是，罗奇先生第二篇文章的题目是《对中国经济减速的错判》。他坦诚地承认自己原先的预测错了。他说："期待已久的中国经济放缓并没有出现。在过去的一年里出现过一些短暂的停顿期，但是并没有出现我所预测的大幅度的周期性下滑。"但是，他又说："目前来看，我是错了，但我仍然认为失衡的中国经济可能会在 2006 年受到严峻的考验。"他认为，"对中国经济减速的预测可能只是早了一点"，"商业周期的规律并没有被摒弃，中国也没有作为特例而不遵循这些规律"。

罗奇先生坦诚地承认自己原来的预测错了，这是科学的态度，值得推崇；然而，他根据经济周期波动规律，说 2005 年中国经济虽然没有发生大幅度的周期性下滑，但 2006 年却会大幅度下滑。如果事实是 2006 年中国经济仍然没有发生大幅度下滑的话，那么，罗奇先生又会说，根据经济周期波动规律，中国经济在 2007 年或者早晚会大幅度下滑。这就不是科学的态度了。因为根据经济周期波动规律，我们也可以预测说，中国经济 2006 年会出现一个高峰，如果没有出现，我们还可以说，2007 年或 2008 年中国经济迟早会出现一个高峰。在经济周期波动中，高峰和低谷是周期性交错出现的，你只要盯住一个，说早晚会出现，那总是会碰上的。但这就不是科学的态度了。科学的态度应该是实事求是地进行分析和预测，而不是拿着"经济周期波动规律"去乱套。

罗奇先生提出中国经济要大幅度下滑的两个理由——过度依赖投资和出口，还是值得我们重视的。从以上我们对中国经济发展的国内外背景条件的分析来看，2006年是实施"十一五"规划的第一年，我们要积极营造和充分利用一切有利条件，对制约发展的矛盾和不确定因素要有清醒的认识和正确的对策，紧密跟踪经济走势，在保持宏观调控政策连续性和稳定性的基础上，针对经济发展中出现的新情况、新问题，适时适度地进行必要的微调，努力保持经济平稳较快发展，为"十一五"规划开好局、起好步。

参考文献：

1. 刘树成：《把握宏观调控的来龙去脉》，载经济蓝皮书春季号《中国经济前景分析——2005年春季报告》，社会科学文献出版社，2005。

2. 刘树成、张晓晶、张平：《中国经济周期波动态势分析》，载经济蓝皮书《2006年：中国经济形势分析与预测》，社会科学文献出版社，2006。

3. ［美］史蒂芬·罗奇：《假如中国减速》，MorganStanley网站，2005年5月23日。

4. ［美］史蒂芬·罗奇：《对中国经济减速的错判》，MorganStanley网站，2005年10月21日。

原载经济蓝皮书春季号《中国经济前景分析——2006年春季报告》，社会科学文献出版社，2006。

多次性微调：使经济增长率不"冒顶"

刘树成

笔者在《经济学动态》2004年第9期发表的《我国五次宏观调控比较分析》一文中，曾将我国改革开放以来的五次紧缩型宏观调控进行了比较分析，指出2003年下半年至2004年上半年的宏观调控具有见事快、动手早等新特点。现在，在本轮经济周期中，宏观调控又表现出一个新特点，即宏观调控的多次性或多阶段性特点。本文试对此特点及其政策含义进行一些分析。

一、本轮经济周期中三次比较集中的宏观调控

在我国上一轮经济周期中（1991年至1999年），谷底年份1999年的经济增长率为7.6%。随后，2000年、2001年经济增长率分别回升到8.4%和8.3%，从而进入新一轮经济周期；2002年至2005年，经济增长率又分别为9.1%、10%、10.1%和10.2%；今年，2006年，预计经济增长率仍为10%略高。这样，从2000年到2006年，本轮周期已连续7年在适度经济增长区间内（8%～10%）平稳较快地运行。这在新中国成立以来的经济发展史上还是从未有过的（见图1）。

在本轮经济周期中，针对投资和经济增长偏快而比较集中地出台一系列宏观调控措施，已进行了三次。

第一次比较集中的宏观调控是2003年下半年至2004年上半年，重点是2004年4月至5月。主要针对钢铁、水泥、电解铝等部分行业固定资产投资过热，出台了清理固定资产投资项目、治理整顿土地市场等一系列宏观调控措施。

第二次比较集中的宏观调控是2005年上半年，重点是2005年3月到4月。主要针对房地产投资规模过大等问题，出台了"国八条"、"新国八条"、"七部委八条"等一系列宏观调控措施。[①]

第三次即目前这次比较集中的宏观调控，是2006年4月至9月。主要针对房地产业发展中仍然存在的突出问题，以及针对固定资产投资增长过快并呈加剧之

---

① "国八条"是指2005年3月26日国务院办公厅发出的《关于切实稳定住房价格的通知》。"新国八条"是指2005年4月27日国务院常务会议提出的加强房地产市场调控的八条措施。"七部委八条"是指2005年4月30日建设部、发展改革委等七部委联合发出的《关于做好稳定住房价格工作的意见》。

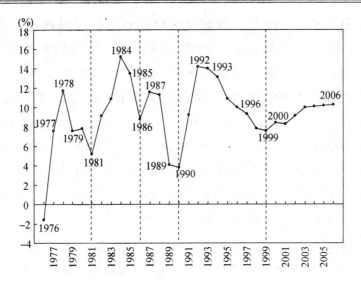

图 1　1976～2006 年中国 GDP 增长率波动曲线

势，出台了"国六条"、"九部委十五条"等措施，[1] 央行于 2006 年 7 月和 8 月两次上调存款准备金率，等等。

　　一般说来，宏观调控是针对经济运行中的过热或过冷，为熨平经济波动而不断进行的。但是，就针对经济运行中投资和经济增长偏快而比较集中地出台一系列宏观调控措施而言，在我国改革开放以来的前四个经济周期中，都是一个周期对应一次比较集中的宏观调控。如在 1977 年至 1981 年的周期中，对应着 1979 年至 1981 年的宏观调控（见图 1）；在 1982 年至 1986 年的周期中，对应着 1985 年至 1986 年的宏观调控；在 1987 年至 1990 年的周期中，对应着 1989 年至 1990 年的宏观调控；在 1991 年至 1999 年的周期中，对应着 1993 年下半年至 1996 年的宏观调控（1997 年至 1999 年是抵御亚洲金融危机的冲击和克服国内需求不足）。在这几个周期中，通过宏观调控，经济增长率由周期波动的上行道立即转入下行道，由经济过热转入经济调整。

　　为什么在我国以往的经济周期中，比较集中的宏观调控都是一次性的，而在本轮经济周期中，却呈现出多次性或多阶段性的特点呢？

二、以往周期中宏观调控是一次性的

　　在我国以往的经济周期中，比较集中的宏观调控都是一次性的，这主要是因为，以往经济周期中，宏观调控都是在经济增长已陷于全面过热而难以为继时，才不得不进行被动调整。

---

　　① "国六条"是指 2006 年 5 月 17 日国务院常务会议提出的促进房地产业健康发展的六条措施。"九部委十五条"是指 2006 年 5 月 24 日建设部、发展改革委等九部委联合发出的《关于调整住房供应结构稳定住房价格的意见》。

　　总结中外历史上经济波动与宏观调控的经验教训，可以得出一些带有规律性的认识。就经济波动的一般规律而言，经济增长过热，即我们常说的"大起"，必然导致随后的"大落"。因为在"大起"中，造成对资源的高消耗，对环境的高污染，造成对经济正常运行所需各种均衡关系的破坏，这就必然引起"大落"。"大起大落"的要害在于"大起"。宏观调控的目的正是为了防止"大起大落"，平抑经济波动，而其中的关键又在于及时地防止"大起"，也就是及时地防止经济增长由偏快转为过热，或由局部过热转为全面过热。这就要求及时地"削峰"，使经济增长率的"峰位"处于适度增长区间的可控范围内，不致因经济增长过热而损害资源和环境，损害经济的全面、协调、可持续发展。

　　我国以往经济波动中经常出现的"大起大落"，就是因为没有很好地认识和把握上述经济波动的一般规律，没有及时地防止"大起"，没有及时地进行"削峰"，而是等到经济增长率已冲出 11% 的上限警戒线，经济增长已陷于全面过热而难以为继时，才不得不进行被动调整。如 1978 年经济增长率高达 11.7%，1984 年经济增长率高达 15.2%，1987 年经济增长率高达 11.6%，1992 年经济增长率高达 14.2%。在这种调整中，需要集中地、大力度地出台一系列宏观调控措施，较大幅度地收缩经济增幅，以迅速扭转过热局面，也因此呈现出峰谷落差明显、一个周期对应一次比较集中的宏观调控的情况。

三、本轮周期中宏观调控呈现多阶段性特点

　　在本轮经济周期中，比较集中的宏观调控呈现出多次性或多阶段性的特点，这主要是因为在本轮经济周期中，出现了一些新情况。

1. 宏观调控水平的提高和经济波动态势的变化

　　2003 年下半年至 2004 年上半年所进行的、本轮周期中第一次比较集中的宏观调控，不像以往那样在经济增长率已突破 11% 之后，才来进行被动调控，而是在钢铁、水泥、电解铝等部分行业出现局部过热时，就适时、适度地进行了主动调控。这一主动调控，由于见事快、动手早，防止了局部过热转为全面过热，避免了我国历史上多次因"大起"而导致"大落"的局面，由此延长了经济周期在适度高位的运行。

　　2005 年上半年，针对房地产投资规模过大等问题所进行的、本轮周期中第二次比较集中的宏观调控，又一次防止了局部问题转为全局问题，进一步延长了经济周期在适度高位的运行。

　　由于宏观调控水平的提高，以及由此形成的经济周期在适度高位的延长，即经济波动态势的变化，就有可能在一轮 10 年左右的中程周期内，出现几次经济运行的偏热或偏冷，几次小峰或小谷。因此就要针对一轮周期内的不同阶段和问题，适

时、适度地多次进行相应的微调。2006 年第 1 季度和上半年（第 2 季度累计），经济增长率分别上升到 10.3% 和 10.9%（见图 2）。2006 年第 2 季度单季与上年同期相比，经济增长率高达 11.3%。经济运行再次出现偏快倾向。为了防止经济增长由偏快转为过热，使经济平稳较快发展的良好势头继续保持下去，在本轮周期中实施了第三次比较集中的宏观调控。

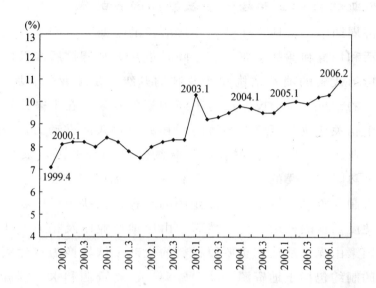

图 2　1999 年第 4 季度到 2006 年第 2 季度 GDP 增长率（累计）的波动曲线

2. 宏观调控的体制基础的变化

随着我国社会主义市场经济体制的初步建立，在本轮经济周期中，宏观调控的对象自主化、市场化了。过去，在计划经济体制下，经济的扩张与收缩主要取决于中央政府自身的行为。中央政府用财政政策或货币政策进行扩张，又用财政政策或货币政策进行收缩，自己调控自己。从中央政府到地方政府、到企业，大家"齐步走"。在控速降温的宏观调控中，经济增长率很快就会降下来。而现在，宏观调控的体制基础已发生很大变化。宏观调控的对象、市场经济的主体——企业，其投资和经营行为已自主化、市场化了；宏观调控的另一个重要对象——地方政府，它们的一些经济行为也自主化、市场化了。企业和地方政府对中央政府的宏观调控政策有一个观望、认识、理解、消化的过程。与此同时，我国目前的经济运行仍带有原有计划经济体制下的一些特点，如一些地方政府盲目大干快上的扩张冲动而又缺乏必要的约束，一些企业包括民营企业的投资实际上只负盈不负亏的软预算约束等；此外，还带有不成熟市场经济的一些特点，如企业行为的非法制化、非理性化等。在这种情况下，与经济增长的"高温"降下来很慢相对照的是，经济在"升温"时却又升得很快。特别是遇到"十一五"规划开局（2006 年）、党政领导班子换届

（2007 年、2008 年）、举办奥运会（2008 年）等一些推动因素，经济增长很容易趋向过热。这表明，在本轮经济周期的适度高位运行中，宏观调控主要是防止经济增长由偏快转为过热。而在目前体制环境下，这不是一次性的比较集中的宏观调控就能万事大吉的，而要不断紧密跟踪经济形势，针对经济运行中出现的新问题，适时适度地多次进行微调。

3. 房地产业的特殊性和经济增长制约因素的变化

在本轮经济周期中，房地产业既是经济增长的主要支柱产业，又是直接涉及广大人民群众生活和切身利益的重要产业，同时也是宏观调控所涉及的重点产业。目前，我国以住房为代表的消费结构和产业结构升级，是工业化、城镇化、市场化、国际化进程加快的结果，是居民购买力不断积累的结果。在未来二三十年内，房地产业的发展对于相关产业乃至整个经济的增长具有持久的推动力。当前，在以房地产业以及相关产业所带动的经济增长中，制约经济增长的因素发生了新变化。过去，每当经济过热时，主要的"瓶颈"制约是煤电油运和重要原材料的短缺。而现在，随着市场机制在资源配置中基础性作用的发挥，这些短缺因素已逐步缓解，这有利于经济在适度高位的持续运行。然而，由房地产业以及相关产业所带动的经济增长中，制约因素由煤电油运和重要原材料的生产短缺转换为自然资源和环境的制约，自然资源的制约包括土地资源、能源资源、矿物资源和水资源等的制约。如果房地产业以及相关产业发展过热，引起自然资源的大量消耗和环境的严重污染，仍然会给整个经济的健康发展带来危害。因此，对房地产业的调控需要慎重操作，既不能力度太大使其一蹶不振，也不能力度不足使其盲目扩张。特别是对住房这种特殊商品，我们的调控经验还比较欠缺，需要一系列法律法规和管理规则的不断完善。这也决定了对房地产业以及相关产业的调控不是一次性就能完成的，而要不断地、有节奏地进行。

四、政策含义

为延长经济的适度高位运行，在一轮周期中，针对经济运行中的问题多次进行微调，并不意味着前一次微调没有起作用，也不意味着这次之后不再需要新的微调。国际上也有这种在一轮周期中多次进行微调的先例。如美国 GDP 增长率在 1991 年 3 月至 2001 年 3 月，经历了长达 120 个月的超长增长。以年度 GDP 增长率看，这个经济周期的适度高位运行历时 9 年，其中就出现了 4 个小峰（见图 3 中的虚线圈）。美联储针对经济运行中几次出现的过热苗头，多次进行微调，保证了美国经济的持续超长增长。

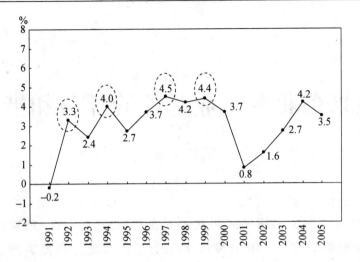

图3 1991～2005年美国GDP增长率波动曲线

在多次性微调的情况下，宏观调控的目标取向或评估宏观调控的效果就不像过去那样是使经济增长率大幅度地压缩下来，而是使经济增长率不"冒顶"，即不要突破适度经济增长区间的上限（从我国目前国情看，大体为11%左右），从而使经济在适度高位平稳运行的时间尽量延长。

参考文献：

1. 刘国光等主编：《中国经济前景分析——2006年春季报告》，社会科学文献出版社，2006。

2. 王洛林主编：《中国战略机遇期的经济发展研究报告》，社会科学文献出版社，2005。

3. 刘树成：《我国五次宏观调控比较分析》，《经济学动态》，2004年第9期。

4. 刘树成主编：《中国经济周期研究报告》，社会科学文献出版社，2006。

原载《经济学动态》，2006年第10期。

振兴东北老工业基地的任务和措施

吕　政

　　党的"十六大"决定实施振兴东北老工业基地战略。这一战略的主要目标和任务是按照科学发展观的要求，充分发挥东北老工业基地在自然资源、工业基础、农业生产规模、科技队伍等方面的优势，解决好传统计划经济体制下遗留的问题，建立起社会主义市场经济新体制，增强东北地区资本和技术密集型产业以及现代农业在国内外市场的竞争力，把东北建设成为我国重要的现代化的能源、原材料生产基地、先进装备制造业基地、优质农产品的生产与供应基地，大幅度地提高高新技术产业在经济构成中的比重，并运用高新技术加强对传统产业的改造，从而实现东北经济的持续、稳定和协调的快速增长。实现振兴东北老工业基地的战略目标，既要通过深化体制改革，推进制度创新，完善社会保障体系，转变思想观念，以解决上层建筑不适应经济基础、生产关系不适应生产力发展的各种矛盾，同时要调整和优化产业结构，依靠科技创新，推进技术进步，提高产业竞争力。

一、东北老工业基地的优势

1. 东北老工业基地经济的发展基础

　　东北具有全国大多数地区发展经济难以企及的条件。该地区的经济优势主要表现在：

　　（1）自然资源丰富。在目前全国已探明的主要矿藏储量中，东北地区的铁矿石储量占22%，石油储量占45%，原煤储量占10%，镁矿、金矿、钼矿、镍矿和铝土矿都居全国前列；东北地区的森林面积8.67亿亩，约占全国森林面积总和的50%。

　　（2）具有完整的重化工业体系和配套能力。石油开采、石油化工、钢铁和有色金属冶炼、重型机械制造、发电设备制造、造船、机车、汽车和飞机制造、机床制造等资本与技术密集型工业在全国都占有重要地位。

　　（3）具有发达的交通运输条件。铁路营业里程占全国的18.3%，铁路的密度是全国平均密度的2.17倍，公路通车里程占全国公路总里程的8.8%，大连港和营口港的货物吞吐量占全国沿海主要港口吞吐能力的8.8%。

（4）教育事业发展水平和科技力量也高于全国平均水平。具有初中以上文化程度的人口占该地区人口总数的48%，比全国平均水平高出近10个百分点。东北地区有高等院校142所，占全国高等院校总数的11.6%，每万人中在校的高等院校学生比全国平均水平高40%。东北地区共有自然科学研究机构700多个，国有及国有控股企事业单位的专业技术人员为215.18万，占全国的9.9%。截至2004年底，东北三省的总人口为10743万人，东北的人口城市化程度要比全国平均水平高10个百分点。

2. 东北老工业基地的产业优势

（1）在工业领域的优势主要集中于与资源有关的重化工业领域。无论是从资产占行业的比重还是从销售额占行业的比重来看，东北三省的石油和天然气开采业、石油加工和炼焦业、交通运输设备制造业、黑色金属冶炼及压延加工业、通用设备制造业、医药制造业、专用设备制造业、煤炭开采和洗选业、化学原料及化学制品制造业、黑色金属矿采选业在全国都占有比较重要的地位。

（2）东北装备制造业在国内外市场占有率较高，其中，辽宁省的轴承系列国内市场占有率为15%左右，铁路轴承为26%，汽车轴承为29%；冶金矿山轴承为21%；轻型客车、车用柴油发动机系列产品市场占有率分别为24%和21.6%；中央空调和冷冻冷藏系列国内市场占有率为30%以上；铁路内燃机车，累计总产量占全国总拥有量的40%以上，内燃机车中速柴油机国内市场占有率为50%；数控机床国内市场占有率为10.6%，组合机床为35.5%，自动生产线占70%；航空发动机市场占有率为60%。吉林省的铁路客车市场占有率为50%，城市轨道客车市场占有率为85%。黑龙江省生产的冶金设备市场占有率为44.7%，大型锻压机械设备市场占有率为35%，矿山设备市场占有率为100%，石化容器（锻焊结构）市场占有率为95%，大型铸锻件市场占有率为40%，专项产品市场占有率为100%，60万、30万千瓦发电设备的市场占有率为30%，铁路货车市场占有率为33%。

（3）有着完整的材料工业体系，其中石化、冶金等材料体系形成了从上游原材料到最终消费品的完整产业链，石油化工和黑色金属冶炼及压延加工业的地位尤为突出，这两个产业工业增加值占全国的比重分别在20%和10%以上。

（4）拥有石化工业发展所需要的煤、石油、天然气、油页岩、化学矿、海盐等丰富的自然资源，原油加工能力和加工量居全国第一。东北三省的原油加工量、汽油、柴油和燃料油产量占全国的比重均在25%以上，其中汽油、柴油接近1/3，塑料树脂、合成橡胶产量占全国的比重也超过15%。从原油开采、炼油、乙烯到化工产品已形成了较完整的深加工产业链；东北三省在产业布局上形成了以大庆、吉林、抚顺、大连、锦州、锦西、辽阳等一批大石化产业基地，拥有一批位居全国前列的化工企业，其中有8家企业排在全国化工行业前20位。东北石化工业产能大，所占市场份额居国内前列，在国内起着不可替代的作用。

（5）冶金工业在全国具有重要地位。一是东北地区拥有丰富的矿石资源，例如，鞍山地区已探明铁矿石储量约占全国储量的 1/4。二是东北的冶金工业以辽宁为主，已形成包括勘探、矿山、冶炼及加工等门类比较齐全、配套能力较强的完整冶金工业体系。三是具有一批位居全国前列的冶金企业。如钢铁行业的鞍山钢铁集团公司、本溪钢铁公司、辽宁特殊钢集团、凌源钢铁集团有限责任公司、通化钢铁集团公司 5 家钢铁企业位居中国 500 强企业之列；有色金属行业的东北轻合金有限公司是中国最大的铝加工基地。

（6）在材料工业领域，一些非金属产品国内市场占有率居于全国前列，例如，营口大石桥的镁质材料，菱镁制品国内市场占有率达 90% 以上，出口量占国际市场交易量的 55% 左右；牡丹江地区的碳化硅、碳化硼材料，硅硼粉体材料占国际市场的 40%，占国内市场的 80%，工业制成品占国际市场的 15%，占国内市场的 80%，成为国际绿碳化硅粉体材料的最大出口基地，年出口量达 2 万多吨，占国际市场的 60%。

（7）一些新材料产业集群已初具规模。例如，长春在激光材料、显示材料、半导体发光材料，牡丹江在碳化硅、碳化硼材料，大庆在新型化工材料，大连在发光材料，鸡西在石墨材料，长春在汽车材料等领域形成了产业集群或产业集群的雏形。

（8）东北三省以平原为主，土壤肥沃，耕地面积和农作物播种面积分别占全国总量的 17% 和 12%，水田面积占耕地总面积的 13% 左右。东北的农业在全国具有重要地位，是实现国家粮食安全的重要保障。东北三省粮食产量约占全国粮食总产量的 15%，是我国第三大粮食主产区；人均粮食产量 580 公斤，比全国平均水平高出 247 公斤，粮食商品率高达 60% 以上，居全国首位。

二、东北老工业基地主要产业振兴的任务[①]

振兴东北老工业基地的战略目标与我国其他区域的发展战略和目标有着显著区别。认清这种区别，是明确和制定振兴东北老工业基地战略任务的前提。资本和技术密集型的重化工业仍然是东北老工业基地的优势所在。振兴东北老工业基地的产业发展目标不是"截长补短"，即加快劳动密集型的轻纺工业的发展，降低重化工业的比重，甚至听任重化工业的自然衰退。而是要通过深化改革、结构调整、技术进步和扩大开放，提高东北资本与技术密集型产业的竞争力。东北老工业基地的产业构成与长江三角洲、珠江三角洲的产业构成有显著区别，东北的能源、原材料工

---

① 国务院振兴东北地区等老工业基地领导小组办公室编：《振兴东北地区等老工业基地 2004 年度报告》，中国财政出版社，2005，第 33～47 页；第 90～131 页；第 143 页。

业和重型机械装备制造业具有的显著优势，是以劳动密集型产业为主导的长江三角洲和珠江三角洲在短期内难以替代的战略性地位。振兴东北的能源和原材料工业、装备制造业、高新技术产业、国防科技工业和现代大农业，把东北建设成我国能源、原材料的供应基地、现代化的装备制造业和国防科技工业基地、优质农产品的供应基地是振兴东北老工业基地的主要任务。

1．辽宁省工业振兴的重点

振兴辽宁工业的重点是以增强国际竞争力为目标，通过结构调整、企业改组和技术改造，把辽宁建设成为现代化的装备制造业和原材料生产基地。

（1）加速发展交通运输设备制造业。汽车工业重点发展中高档轿车、轻型客车、大中型客车、载货车、矿用自卸车和专用汽车、汽车发动机和具有竞争优势的汽车零部件；船舶工业重点发展超大型油轮、大型多功能化学品船舶、超大型集装箱、大型滚装船等附加价值高的船舶，使辽宁的造船工业达到国际先进水平；轨道交通设备制造业重点发展时速 200 公里以上客车、重载货运交流内燃机车和电力机车、城市轨道交通车辆及柴油机等，以满足高速铁路和城市轨道交通发展的需求；航空工业重点发展新一代航空飞行器、航空发动机及核心部件、开发和制造通用飞机，加快研制开发具有自主知识产权的新产品。加强航空工业基础科研能力建设，加大对航空工业基础、共性技术投入力度，在吸收国外先进技术的基础上研制一批具有自主知识产权的新产品，提高直升机、支线飞机及飞机发动机等核心部件的设计制造能力。

（2）机床行业要突破一批关键技术，提高尖端和高档数控机床的研发和制造能力。到 2010 年重点发展高速数控车床、数控铣镗床、高速立式加工中心、龙门五面体加工中心、多轴联动加工中心、车铣中心和柔性自动线、柔性制造系统、智能制造系统、工业 CT 系统产业化。

（3）重型机械要全面提升设计技术和制造工艺的信息化水平，研制一批高端产品和成套设备。开发的重点包括大型、连续、自动化的金属冶炼、轧制设备制造技术；全断面掘进机的制造设备；大型水泥成套设备、港口码头大型集装箱装卸搬运成套设备；矿山、码头散料装卸运输系统成套设备；大型自动化立体仓储成套设备及城市大型自动化立体停车设备；重型精密成型设备技术、轿车锻造线和冲压线设备；建成国内输变电设备的研发基地。

（4）机器人要在产业化生产和应用上取得更大突破。引导和促进制造企业加大研发投入力度，突破一批机器人共性技术，并朝着智能化和多样化方向发展。工业机器人重点发展点焊、弧焊、喷漆、切割机器人；特种机器人，包括仿人机器人、水下机器人、医用机器人、军用机器人。

（5）石化工业重点是提升现有装置与技术水平，降低能耗与生产成本，提高产品质量与经济效益；促进重大关键技术的突破，推动石化工业向集约化、大型化、高级化和系列化发展。产品重点发展成品油及相关产品、乙烯及三大合成材料、基本有机化工原料、精细化工产品、专用催化剂等，把辽宁建成具有国际先进水平的大型石化生产基地。

（6）按照建设具有国际先进水平精品钢材生产基地的要求，钢铁工业要突破和应用一批重大关键技术，积极开展汽车板生产过程中的控轧控冷技术的应用开发，促进汽车板性能大幅提高，以此带动相关钢铁材料性能、品质的全面提升。以中厚板和棒线材为主要对象，大力开展超级钢的开发研究，逐步完善不同规格和品种的超级钢生产技术、超级钢生产企业关键设备的改造；大力加强超级钢应用研究，尽快实现超级钢产品在汽车、机械制造以及建筑行业中的应用。开发新一代钢铁制造流程技术，重点开发钢铁生产的共性平台技术、界面优化技术以及工程化新技术，包括大吨位薄板坯连铸—连轧技术、冷热薄板轧机集成技术、熔融还原—薄带连铸集成技术、钢铁工业内部产生废弃物再资源化及社会大宗废弃物的物质循环技术等。

（7）建设以化学建材为重点的新型建材基地。发展 PVC 型材、铝型材、新型墙体材料、防水材料、装修材料、装饰材料、自发光材料等新型建筑材料。

（8）积极发展高新技术产业，使之成为辽宁工业的支柱产业，2010 年高新技术产业增加值占 GDP 的比重应达到 12% 以上。重点发展应用软件、网络建设与安全的支撑软件、与数字化设备相匹配的嵌入式软件，把沈阳、大连、鞍山的软件产业建成国内一流的软件产业基地；建设电子信息产品制造业基地、生物工程与制药产业基地；加快推进产业链建设，包括汽车电子产业链、现代中药产业链、IC 装备产业链、数字城市交互平台产业链、光电通信产业链、机床数控系统产业链、传感器及智能仪表产业链和镁制品产业链，形成高新技术产业集群。

2. 吉林省工业振兴的重点

吉林省工业振兴的重点是依托现有支柱、优势产业，以扩大国内市场为主，建设五大产业基地，通过体制创新和技术创新，改造传统产业，培育新兴产业。

（1）汽车生产基地。依托一汽，支持一汽，服务一汽，加快发展汽车工业，扩大整车规模，增强零部件配套能力，促进汽车贸易和服务，形成具有国际竞争力的汽车产业基地。

大力发展汽车零部件产业。以一汽集团为龙头整合现有零部件企业资源，加快对外合资合作和技术改造，引进国外零部件企业和技术，提高关键零部件整体竞争能力，形成汽车电子电气、发动机附件、底盘、转向及传动等七大配套系统，培育一批成长性好的企业。

汽车产业技术领域重点围绕安全、节能、环保等前沿技术，研究环保型清洁汽车技术研发，重点进行电动汽车关键技术研发、汽车用固体氧化物燃料电池辅助电源系统和用于电动汽车的 SOFCS 的研制、汽车主动安全控制系统的研发、车辆监控调度系统研发与车载嵌入式实时操作系统研制在内的汽车电子等关键技术。同时，加强消化吸收引进的先进技术，提高整车研发技术，并在此基础上提升汽车产业的自主创新能力。

（2）石油化工产业基地。以吉化、吉林油田为龙头，优化结构，扩大规模，提高效益，发展精细化工、高性能合成材料和特种材料，提高加工制成品比重，逐步改变长期形成的基本化工原料基地产品结构，建设国内重要的综合性石油化工产业基地。

化工产业技术领域重点研究开发环境友好技术，攻克一批新型催化剂、新型反应工程、聚合物改性与加工、苯酚烃化合成苯二酚生产等显著提高产品附加值的关键技术，开发精细化工产品。

（3）农产品加工基地。依托丰富的农产品资源和生态优势，大力发展玉米大豆精深加工、畜禽乳精深加工、长白山生态食品三大产业，建设生态型绿色农产品加工基地，把农产品加工业建成第三个支柱产业。

在农产品深加工技术领域，要将玉米深加工技术研发与产业化放到农产品深加工产业技术升级的首要位置。围绕玉米资源优势的转化，加强淀粉基高吸水性树脂、醚化淀粉和酯化淀粉、黏合剂及淀粉基可生物降解聚氨酯等在内的淀粉高分子树脂的研究和开发，变资源优势为高科技产品优势。以产业化和订单农业等多种形式组织好专用玉米生产基地，通过政府引导、市场选择和企业运作，尽快建立起饲料、酒、糖、可降解塑料等现代玉米加工体系。

（4）现代中药和生物药基地。依托长白山中药资源和吉林省在现代中药、生物制药技术、人才及产业方面的比较优势，大力发展现代中药和生物药产业。加强基础设施和公共技术平台建设，切实提高新药研发能力和持续创新能力；加强标准化和规模化建设，积极利用现代化科学技术改进质量控制指标、方式和方法，建立从中药种植、新药研发、临床实验到规模生产的完整产业链条和标准化产业体系；加快与国际接轨，提高和扩大中药和生物药产品的出口能力。中医中药产业技术领域重点围绕"中药现代化科技产业基地"和"长白山现代化中医药研发化学平台"的建设，实施医药现代化产业建设工程。

（5）光电子信息等高新技术产业基地。以长春国家光电子产业基地为核心，发挥信息技术的先导作用和产业化基础，重点发展光电子信息及软件产业，形成国内领先的高新技术产业研发和生产制造基地。

光电子信息产业技术领域要紧跟国际光电子信息产业的发展步伐，重点研究能带工程技术，开发新型人构改性半导体材料（异质结构、量子阱和超晶格材料），加强光电集成化技术和红外探测器阵列技术的研究与开发，研制光电子集成芯片。

在光显示和光存储领域，重点加强蓝光 LED 技术的开发与产业化，完善平板液晶显示技术，为争夺高清晰度显示屏市场提供技术支撑。进一步完善光纤通信和光子连接技术，注重微电子与光电子的结合技术研发，开展大规模、多功能、高速化、大容量的光电子集成电路和高性能半导体激光器、新型光电系统集成技术的研发。

3. 黑龙江省工业振兴的重点

（1）推进装备制造业产业群的现代化。以数字化技术改造为重点，以重大项目为依托，采用高新技术和先进适用技术改造大型骨干企业，加快重点产业专业配套协作生产体系建设，增强自主开发和创新能力，实现以哈尔滨、齐齐哈尔为重点的装备制造产业集聚。重点发展水电、火电、核电等电站成套装备，建设国内一流、国际上占有一席之地的电站设备制造基地；发展重型机械装备、重型数控机床，建设我国重要的重型装备制造基地；发展新型微型汽车、轿车及发动机，快速、重载铁路货车及铁路起重机，支线客机、新型多用途飞机和直升飞机，走国际化合作的道路，建设我国一流的交通运输装备制造基地；发展数控量仪、精密复杂刀具、精密高速重载低噪声轴承，新型农业装备和农产品加工装备、焊接技术与装备；增强军品核心研制能力，发展高新技术武器装备，形成现代化的武器装备研制基地。

（2）围绕石化工业产业群，建设国家一流的石化工业基地。充分利用石油、天然气、玉米、煤炭等资源优势，积极开发在国内外具有竞争力的核心技术、核心产品。实施"以化补油"战略，延长产业链，发展精细化工，加速构建以大庆为龙头的哈尔滨、大庆、齐齐哈尔、牡丹江石化产业带，将大庆建成国内一流、在国际上占有重要地位的大型石化基地。重点提高炼油企业集中度，推行炼油化工一体化，扩大乙烯及合成材料生产规模。加快发展有机原料、化肥、精细化工、合成材料加工、轮胎及橡胶加工。加快发展煤化工产业，推进煤炭液化项目。

（3）发展能源工业产业群，建设东北地区能源基地。加大原油勘探力度，寻找外围油气资源，研究推广采油新技术，提高原油采收率，努力增加原油产量。稳定东部煤炭生产规模和接续产能，加快西北部煤田勘探开发，加快建设高产高效矿井，加强煤矿安全技术改造，提高原煤洗选率，加快洁净煤技术产业化进程。进一步优化电源结构，争取建设一批大型坑口电站，加快建设中心城市大型热电厂项目，建设一批常规水电、抽水蓄能电站及大型风电场项目，建设和完善 500 万千伏电网骨干网架，继续改造城乡电网，增加国网覆盖面，保证东北地区用电量增长的需要。

（4）发展绿色、特色食品工业群，建设全国重要的食品工业基地。发挥生态资源优势，加快食品工业产业升级步伐，大力发展农产品深加工产业，延长产业链，提高农产品转化程度和精深加工比重。健全以有机食品、无公害农产品等绿色、特色食品为主导的新型食品工业体系和食品安全检验检测体系，建设全国最大的绿色、特色食品工业基地。

（5）发展医药工业产业群，建设我国"北药"生产基地。以哈药集团为龙头，以医药园区为重点，推进医药企业规模化、集群化发展。加大北药开发力度，增强自主开发能力，强化知识产权保护，发展特色医药，建成医药强省。重点发展现代中药、抗生素、生物制药、化学药品、新型药物制剂和制药器械。

（6）发展森林工业产业群，建设我国重要的森林工业基地。加快林业管理体制改革，培育林业生态和林业产业两大体系，调减天然林资源采伐量，大力发展以纸浆原料林、大径级用材林为主的速生丰产林。加大市场开发力度，壮大优势企业，培育知名品牌，加快发展林区接续产业和替代产业，重点发展林板、林纸一体化和家具制造。壮大林区绿色、特色食品和林药深加工等新兴产业，建成国内最大的山特产品生产加工基地。

三、振兴东北老工业基地的途径和政策

1. 继续发挥国有大型企业在资本与技术密集型产业领域的骨干作用

由于东北地区国有企业的数量多，在传统计划经济体制条件下形成的问题如企业冗员问题、多年累积的欠银行的债务问题、企业办社会问题、企业运行机制不适应市场经济要求问题还没有彻底解决。但是，东北的主导产业主要集中在资本与技术密集型的大型企业，如重型机械制造、大型发电和输变电设备制造，汽车、飞机、铁路机车和大型船舶等交通运输设备制造以及高技术武器装备制造，这些企业有机构成高，资本总量大，迄今仍然是我国工业的骨干和脊梁，国有大型骨干企业仍然是发展资本和技术密集型产业和高新技术产业的主要依靠对象。

从理论上讲，民营企业的产权与利益关系明晰，但是在实践上，我们必须看到，民营企业主要集中在劳动密集型产业领域，而且大多数是独资的中小企业，资本社会化程度低、总量小，技术人才也比较少。尽管国家在产业准入政策上已经放宽，但是短期内民营企业还难以大规模进入资本与技术密集型的基础产业和装备制造业。

另一方面，我国大多数民营企业在剩余资本的投资倾向上，更愿意投向资金回报率高、周期短的房地产行业，对于资金利润率低、建设周期长、技术创新风险大的资本与技术密集型产业的投资意愿和倾向普遍较低。因此，必须继续推进国有企业改革，增强对国有大企业的信心。应当鼓励外资和民间资本参与国有企业的改组改造，但试图依靠外资和民营资本来替代国有大企业是不现实的。

2. 深化国有企业改革和改组，增强国有企业的竞争力

由于历史的原因，东北地区国有企业的比重高，在经历了多年的改制之后，目

前国有企业的资产及其产出的份额仍然在 60% 以上。积极推进国有及国有控股的大型企业的改革、改组和改造，仍然是现实的选择。深化国有企业改革的途径主要有以下几个方面：一是引进战略投资，稀释国有企业的资本结构，实现国有控股或参股的股权多元化；二是改革对企业经营者的激励和约束机制，提高企业经营者的待遇；三是调整企业的组织结构，龙头骨干企业的产权实行国有控股，大量的零部件加工配套生产按照专业化的原则从大企业分离，民营资本可以从这些环节进入；四是完善社会保障体系，中央财政对社会保障资金的缺口给予适当的补助；五是对符合破产条件的企业，依法按程序实行破产，核销银行呆坏账。

3. 推进企业主业与辅业分离，改变企业"办社会"的状况

国务院国有资产监督管理委员会于 2004 年 2 月关于加快东北地区中央国有企业调整改造指导意见提出：企业要根据战略性调整的需要，切实解决企业摊子过大、经营范围过宽、主业不突出、缺乏核心竞争力的问题，进一步精干、壮大主业，放开搞活辅业；要抓住辅业实现产权多元化、职工转变身份、转换经营机制等环节，重点解决分离改制企业的产权关系、劳动关系和隶属关系，使辅业改制后真正成为面向市场、自主经营、自负盈亏的经济实体；要妥善解决厂办"大集体"企业的问题，有步骤地剥离企业办社会的职能，中央企业分离办社会职能的费用由中央财政给予适当补贴。

4. 调整税收政策，增强企业自我积累能力

2004 年 9 月 1 日，财政部、国家税务总局印发了《东北地区扩大增值税抵扣范围若干问题的规定》，对东北三省从事装备制造业、石油化工业、冶金业、船舶制造业、汽车制造业、农产品加工业的产品年销售额占全部销售额 50% 以上的生产企业，扩大其增值税的抵扣范围，以增强企业自我积累能力。同时，财政部、税务总局还决定对东北老工业基地的企业所得税实行优惠政策，一是工业企业固定资产折旧，可在现行折旧年限的基础上，按不高于 40% 的比例缩短折旧年限；二是缩短无形资产摊销年限；三是提高计税工资税前扣除标准；四是对低丰度油田和衰竭期矿山在不超过 30% 的幅度内降低资源税适用税额标准。

5. 设立专项资金，加快东北老工业基地的技术改造和结构调整

2003 年开始运用国债资金支持齐齐哈尔车辆集团、沈阳机车车辆有限责任公司、哈尔滨航天风华科技公司、渤海船舶重工有限责任公司、大连船舶重工公司等一批大型骨干企业的调整改造、企业信息化建设和高新技术产业化。

6. 推进国防科技工业产业组织结构的调整

由于东北地区是我国重要的国防科技工业基地，加快东北地区国防科技工业的改革、改组和改造，是振兴东北老工业基地的战略性任务。必须坚定不移地贯彻

"军民结合、寓军于民"的方针，推进军民结合、寓军于民的国防科技工业新体系的形成，继续改变军民创新体系分割的局面。以"小核心、大外围、适度竞争"为目标重组军品科研、生产体系。武器装备系统总体、关键分系统和专用配套零部件、特殊元器件和原材料的科研生产能力，构成体系核心，对武器装备发展发挥主导作用；军民通用分系统、零部件、元器件和原材料的科研生产，面向社会化大协作，亦军亦民、寓军于民，成为体系协作层。核心层与协作层相互协调、密切配合，形成主体精干、结构优化、水平和效能高的军品研制、生产体系。打破军工生产自成体系的格局，对重复专业、重复产品、重复厂点，进行跨行业调整。逐步建立起围绕市场化采购方式，面向全社会工业基础组织资源、实现配套，由主承包商、分系统（部件）转包商和零部件供应商组成的生产组织结构。把现代军事工业植根于整个社会化大生产的产业基础和技术基础之上，形成开放的、合理分工、寓军于民的国防科技工业体系。

7. 促进资源枯竭型城市的产业转型

通过调整改造和产业转型，改变过去长期形成的以资源开采为主的单一经济结构，逐步建成产业适度多元化、市场竞争力较强、人居环境良好的新型产业基地。重点是要以扩大就业和提高竞争力为核心，大力发展接续产业，积极培育新兴产业，走适度多元化的道路。一是依托资源优势，搞好资源精深加工和综合开发利用，不断延长产业链条，逐步形成一批优势主导产业群；二是以市场需求为导向，大力发展接续产业，使之成为未来支撑地区经济增长的新一代主导产业；三是积极培育高新技术产业，使之成为地区经济发展的先导产业。通过新老主导产业的顺利交接，逐步实现资源型城市的产业转型和地区经济持续稳定快速发展。

专栏：东北三省"十五"期间国民经济发展主要指标

年 份	2000	2005
国内生产总值（亿元）	9743.25	17129.92
人均国内生产总值（元）	9081.00	15924.00
工业增加值（亿元）	4434.92	7065.97
固定资产投资（亿元）	2703.83	7800.58
社会消费品零售总额（亿元）	3752.50	10562.71
进出口额（亿美元）	245.87	571.11
实际利用外资（亿美元）	26.77	57.01
财政收入（亿元）	584.80	1816.53
城镇居民可支配收入（元）	5184.59	8722.10
农民纯收入（元）	2193.21	3401.95

资料来源：根据黑龙江、吉林、辽宁三省的统计年鉴和统计月报整理。

原载《中国工业发展报告》（2006），经济管理出版社，2006。

立足节约资源保护环境推动发展

吕　政

节约资源和保护环境是我国的基本国策。"十一五"规划纲要明确了立足节约资源保护环境推动发展的思路，并提出了单位国内生产总值能耗降低 20% 左右等具体目标。然而，从今年上半年的经济运行来看能源生产和消耗的增长速度均快于经济增长速度，能源消耗过多、环境压力增大等突出矛盾还没有得到有效解决，实现节能目标面临很大压力，节能形势仍然十分严峻。

人口众多，人均占有自然资源低于世界平均水平，是我国的基本国情；资源性产品供给不足与日益增长的社会需求之间的矛盾，是制约我国经济社会发展的突出矛盾。解决这个矛盾，有三种思路可供选择：一是有水快流，加大开采强度以增加供给，但这种做法以牺牲环境和子孙后代的利益为代价，不具有可持续性；二是扩大进口，但进口的增加不完全取决于我们的外汇支付能力，还要受国际能源、原材料市场供求关系以及国际政治关系的制约；三是提高资源利用效率，千方百计地节约资源，在资源供给紧约束的条件下，实现工业化和现代化。显然，第三种思路是解决我国资源性产品供求矛盾的现实选择。立足节约资源保护环境推动发展，是贯彻落实科学发展观的重要内容，必须贯穿于资源开采、加工、流通、消费和回收再利用的全过程。

提高可采资源的回收率。我国大型煤矿的资源利用率一般为 60%～70%，小煤矿的资源利用率只有 30% 左右。据对全国 845 个矿山的调查，矿产资源综合利用率达到 70% 的仅占 7%，达到 50% 的不足 15%，矿产资源综合利用率比国外先进水平低 20%～30%。提高开采过程的资源回收率，应在放开不同经济主体的产业准入限制的同时，实行统一的开采准入标准，达不到资源回收率指标的企业不能取得资源开采权。还应通过提高资源占用税等经济手段，限制挑肥拣瘦、丢弃可采资源的行为。针对采矿造成的地面环境及建筑物破坏等问题，建立规范的环境保护补偿机制，由开采者承担地面治理的经济责任和社会责任。

抑制部分行业低水平重复建设。所谓低水平重复建设，就是新建项目的规模和生产技术水准低于合理生产规模和先进技术水准的要求。这些新建项目从局部看，有可能增加地方的财政收入；但从全局看，则会进一步加剧一般性产品供大于求的矛盾，引起污染环境、浪费资源等外部不经济，还会导致企业间的恶性竞争，降低生产要素的综合配置效率。当然，在市场经济条件下，微观经济主体的自主决策应当得到尊重和保护，但这并不意味着投资者愿意上什么项目就可以上什么项目。现代市场经济是有规则的经济，改革政府的行政审批不等于取消市场准入规则。市场准入规则包括各个行业先进的技术经济指标、环境保护指标、企业起始规模的标准等。只有当新建项目比同行业先进企业的技术经济指标更先进时，在经济上才具有扩大投资的合理性。当微观经济主体的投资活动有可能造成外部不经济时，就需要由政府或行业协会运用市场准入规则加以限制。为了减少和避免低水平重复建设，还需要解决信息不对称问题。统计部门和行业协会应经常发布现有企业生产能力利用率、主要产品产销率、企业景气或破产的比例、同类企业主要产品国际竞争力状况等指标，作为投资主体投资决策时的依据或参考。商业银行应提高对贷款对象的分析判断能力，按照政府有关部门和行业协会发布的市场准入标准及市场信息，加强对投资项目的可行性研究，以避免信贷决策失误。

优化资源密集型产业组织结构。资源密集型产业的生产要素集中化，是提高资源利用效率的有效途径。因此，应努力形成以大型企业为主导的产业组织结构。例如，石油化学工业的大型企业可以做到上下游一体化，使各种原料得到充分利用，并集中治理"三废"，减少污染；大型火力发电机组的发电煤耗比小型电厂低25%；大型钢铁企业可以采用工艺技术先进的大型装备，降低能源和水资源的消耗。当前，我国小型钢铁企业的产量占总产量的30%，但消耗的能源却占全行业的50%。在资源密集型产业，逐步淘汰工艺技术和装备落后的小企业势在必行。这种调整将会带来不同地区利益格局的变化，因而需要通过调整财政和税收政策来协调地区之间的利益关系，以保证建设资源节约型和环境友好型社会以及可持续发展目标的实现。

积极推进产业升级。在继续发展劳动密集型产业的同时，应积极推进产业升级，促进技术密集型产业和现代服务业的发展。从1978年到1995年，我国消费品工业实现了从短缺到基本适应不断增长的市场需求的转变。1995年以来，我国工业结构明显向资源密集的重化工业倾斜，2005年轻工业与重工业增加值的比例为31:69。工业化进程的经验表明，无论工业发达国家还是战后新兴工业化国家，产业结构的演变都经历了从劳动密集到资本和资源密集、再到技术和知识密集的发展阶段。我国生产力发展的不平衡性，决定了我国产业结构的变动既具有工业化过程中结构演变的一般特征，又具有二元经济结构的特殊性，即劳动密集型产业的比较优势需要继续保持，资源密集型产业在国民经济中仍具有基础性地位，同时又要不失时机地推进产业升级，大力发展技术和知识密集型产业。发展技术和知识密集型产业，既可以降低单位国民生产总值的资源消耗，又能够用高新技术及其装备改造传统产业，降低传统产业的资源消耗。

发挥市场机制的调节作用。自然资源进入社会再生产过程，分为勘探开发的上游市场和加工利用的下游市场两个环节。在勘探开发的上游环节，应建立公开、公平、公正的资源交易市场，规范市场主体和市场交易行为，加强市场监管。一是依法明确资源的所有权主体；二是坚持资源的有偿占用，以招标、拍卖和挂牌出让的方式替代行政审批，避免开采、占用权出让过程中的不规范行为；三是合理确定资源价格，保证资源勘探、环境保护、生态补偿等各项成本的支出需要，并有合理的市场利润回报以及必要的社会扣除，使资源所有者的经济权益能够得到保障。通过市场调节的手段，改变资源开采者不承担外部社会责任的状况。在加工利用的下游环节，价格应当反映资源的稀缺程度，充分发挥价格对资源加工和消费的引导作用。逐步调整稀缺资源定价偏低的状况，通过价格杠杆调节供求关系，抑制资源性产品的浪费。

加快科技进步。科技进步在节约资源、保护环境方面的作用十分巨大。例如，光导纤维的发明和应用使电信传输材料发生了革命性的变化。1 磅重的光纤通信电缆的通信负载量超过 1 吨铜线电缆的负载量，而生产 100 磅光纤电缆消耗的能源只相当于生产 1 吨铜线电缆消耗能源的 5% 。实证研究表明，单位国内生产总值消耗的资源与产业结构水平有密切关系。随着高技术产业比重的上升和人口的低增长，资源消耗的相对量将呈下降趋势，甚至可以实现资源消耗的零增长或负增长。高技术产业的发展，取决于技术创新能力的提高。我国高技术产业的技术创新能力不强，技术来源主要依靠引进和跨国公司投资，这是限制我国高技术产业发展的“瓶颈”。因此，只有增强自主创新能力和对引进技术的消化吸收再创新能力，才能克服高技术产业发展的“瓶颈”，通过技术进步推动替代技术和替代产品的发展，降低资源消耗。当前，应注重依靠技术进步改造传统产业特别是提高装备制造业的水平，用先进的技术装备改造高耗能的装备和工艺，替换技术落后且耗能高的炉窑、交通运输设备以及家庭消费器具，并通过强制性的技术标准和设计标准，推广使用节能降耗的材料、工艺和产品。

大力发展循环经济。发展循环经济，是节约资源和保护环境的战略举措。发展循环经济主要有三个途径：一是在生产过程中采用新的工艺和设备，将各个环节产生的废弃能源、原材料进行回收再利用，降低主产品的资源消耗并生产出新的副产品，实现废弃物的减量排放或零排放；二是对产品消费之后的废旧物进行回收再利用，目前全世界钢产量的 45% 、铜产量的 62% 、铝产量的 22% 、纸制品的 35% 来自废旧物资的回收和再生利用；三是对种植业、养殖业的废弃物通过回收处理或生物工程的方法，转化为对生产和生活有用的资源，改善生态和生活环境。为了发展循环经济，应建立符合市场经济规律的经济机制，使发展循环经济成为企业的自觉行动。通过提高污染物排放的技术标准和购买污染排放权的收费标准，促使生产经营者加强对生产过程废弃物的治理和回收利用，实现清洁生产，降低排放成本，增加企业收益；加强有关资源循环利用的技术开发，并通过税收和信贷支持政策，鼓励推广发展循环经济示范工程的技术成果；建立以社区为基础的网络化的废旧物资回收体系、相对集中的分拣体系以及鼓励生产企业利用废旧物资的经济机制，促进废旧物资的利用。

提倡符合现代文明、有利于节约资源的生活消费方式。发展经济的目的，是为了满足人民群众日益增长的物质文化需求，但需求的满足程度必须立足于我国的资源供给条件。如果我国人均能源消费量达到美国目前的水平，在 2030 年我国人口总量超过 14 亿时，就需要 145 亿吨标准煤，是 2005 年能源消费总量的 6.2 倍。显然，我国的资源供给能力和环境容量决定了这是不可能的。可耕地的有限性也决定了我国城乡居民住房的占地面积不应照搬人少地广的发达国家的模式。因此，应采取经济手段，引导人们选择有利于节约资源的消费方式。比如，在住的方面，用向消费者征收土地占用累进税的办法，限制别墅的建设和消费；在行的方面，既发展私人轿车，又把发展公共交通体系放在更为优先的位置；在饮食方式上，移风易俗，以保证营养、卫生和健康需要的同时又能节省资源和时间为前提，革除大吃大喝甚至暴殄天物的陋习。

原载《人民日报》，2006 年 8 月 23 日

关于深化国有企业改革的几点看法

张卓元

一、认真总结二十多年改革的经验教训以便今后更好地深化国有企业改革

改革开放以来，国有企业改革是各项改革中争论最多、最激烈的。在改制过程中，包括 1997 年推行股份合作制，1999 年用多种形式放开搞活国有中小企业，2002 年国有资产管理体制改革，2003 年加快实施股份制改革和经营者收购等，的确出现了许多不规范行为，侵吞国有资产或瓜分国有资产，触目惊心的案例不少。但是，能不能把国有企业改革就概括为"瓜分国有资产的盛宴"呢？显然是不能的。因为一方面，中央关于国有企业改革的一系列部署和方针政策是正确的，是符合建立社会主义市场经济体制的总目标的；另一方面，国有企业改革过程中出现的问题，主要是极少数人侵吞国有资产的问题，完全是非法的或不规范的行为，中央和有关部门不断在总结经验，建立健全法规，完善政策，下大力气纠正偏差，力图使改革沿着规范的轨道前进。比如，对国有中小企业可以实行管理层收购，但设立了五条"禁令"：对企业业绩下降负有责任的企业负责人不得购买股权；改制方案要由产权单位委托中介机构制订，严禁自买自卖；必须通过产权交易所进场交易，出让价通过市场竞价确定，经营者购买股权与其他受让者必须同股同价；经营者不得向包括本企业在内的国有及国有控股企业借款，不得以企业产权或实物资产进行抵押；除国家规定外，不得将有关费用从借款中事先抵扣，等等。

考虑到国有企业改革过程中出现问题较多，争议较大，而今后国有企业改革任务又比较重，所以，有必要认真总结过去 20 多年近 30 年改革的经验教训，目的是为了提高认识，完善政策，做好规划，以便今后更好地深化国有企业改革。

二、国有企业改革虽然不再是经济改革的中心环节，但任务依然很重

自 1984 年明确国有企业改革是我国经济改革的中心环节以来，国有企业改革取得了巨大进展，总体上是成功的。不能因为在改革进程中出现这样那样的问题，

就否定 20 多年国有企业改革的成效。

国有企业改革取得的主要成效有:

一是从战略上调整国有经济的布局和结构取得重大进展。国有企业的数量已从 20 世纪 90 年代的 30 万个左右,减少至目前的 10 万个左右,但国有资本的总量并没有减少,而是有所增加。全国 500 强企业中,国有和国有控股企业 349 家,占 69.8%;资产占 94.9%;利润占 88%。

二是国有大中型企业的股份制、公司制改革已取得初步成效。在理论上政策上已明确股份制是公有制包括国有制的主要实现形式,一大批国有大型企业通过规范上市、中外合资、企业互相参股、资产重组等实现了投资主体多元化。在不断改善股权结构的基础上,逐步完善公司治理,健全委托代理关系,改进激励与约束机制。

三是开始推进垄断行业改革,逐步引入竞争机制。不仅明确在非自然垄断性业务方面要引入竞争机制,而且对自然垄断性业务方面也在探索,如特许经营权拍卖等方式,使其具有一定的竞争性。

四是逐步建立同社会主义市场经济相适应的国有资产管理体制,实行国家统一所有,由中央和省地两级政府分别代表国家履行出资人职责,享有所有者权益,权利、义务和责任相统一,管资产和管人、管事相结合的国有资产管理体制。各级国资委正在逐步减少非出资人职责,以便较好地承担出资人的职责,并在积极探索国有资本有效的经营。

尽管中国国有经济、国有企业正在逐步走上同社会主义市场经济相适应的轨道,但是,上述改革远未达标。国有企业的数量特别是地方国有企业的数量还是太多,国有资本仍需向能发挥优势的重要行业和关键领域集中,向大企业集中。国有大中型公司的股权结构仍有待完善,治理水平亟待提高。垄断行业改革才刚刚开始,已逐渐成为国有企业改革重点。国有资产管理体制改革也刚搭起架子。最重要的是,国务院国资委前一段用了大量精力处理过去改革遗留的问题,很难集中精力履行好出资人职责。国有金融资产、自然资源资产、非经营性资产的管理框架还没有很好搭起来。总之,今后国有企业改革任务还很重,仍需抓紧做好。

党的十六届五中全会确定加快行政管理体制改革是今后全面深化改革和提高对外开放水平的关键。这是一项正确决策。推进行政管理体制改革,主要是推进政府改革和政府职能的转换,将有力地推进国有企业改革。作为政府改革重要内容的"四分开"(即政企分开、政资分开、政事分开、政府与市场中介组织分开)首先是政企分开,这是使国有企业成为具有独立的法人财产权、经营决策权、自负盈亏和独立承担风险的法人实体和市场主体的关键。当前政府仍然通过各种方式干预微观经济活动,影响市场在资源配置中基础性作用的发挥,也使许多企业包括国有企业一只眼睛盯着市场，另一只眼睛盯着政府，影响了国有企业的市场化经营，以及国有企业市场主体地位的确立。所以，推进行政管理体制改革，推进政企分开，同深化国有企业改革是完全一致的。

三、尽快建立国有资本经营预算制度，以利于国有经济布局和结构的战略性调整

党的十六届三中全会提出，要建立国有资本经营预算制度。这意味着 1994 年以来国有企业利润全部留归企业的做法将发生改变。国资委成立后，作为各级政府出资人代表，要履行出资人职责，享有所有者权益，自然应当有权支配国有企业的利润，更好地对国有经济的布局和结构进行战略性调整，使国有资本逐步集中到能发挥自己优势的行业和领域的大企业中，从一般竞争性领域逐步退出，放活中小企业。经过几年的酝酿，有关部门正在编制国有资本经营预算制度，有些地方如江苏省已开始实施国有资本经营收益制度，规定省属国有独资企业和公司必须以当年可供分配利润为基数，按省政府确定的比例于次年 5 月 31 日前全额缴清上一年度应缴的利润，省属国有控股、参股公司应上缴国有股权应分的红利。

建立国有资本经营预算制度的必要性，还在于国有企业这几年来利润额已相当可观。2005 年，单是中央企业利润就达 6000 多亿元，亟须统筹考虑，很好使用，特别是要更好地用于补充重点企业发展的资本金和用于困难企业作为改革成本等。还可考虑，在国有企业上缴的利润中，拿出一部分补充社会保障基金，或建立对老职工的专项补偿基金。因为国家对老职工过去的贡献是有欠账的，现在企业利润多了，拿出一部分来补偿他们是无可非议的。

建立国有资本经营预算制度，各级国资委要收所属国有企业的利润，可以减少公司的储蓄，这也有利于中国经济的平衡发展，抑制投资过热。中国的储蓄率过高，消费率过低，这几年储蓄率占 GDP 比重高达 40% 以上，而在储蓄总额中，公司储蓄占了很大一部分，有人估计这几年比居民储蓄还多。公司储蓄中，国有企业（公司）的储蓄比重很大。公司储蓄额大，往往用于投资，扩大生产经营。这几年特别是 2006 年上半年投资增速达 30%，其中大部分钱是自筹的（包括留利、折旧等），并不是主要靠银行贷款（有一份报告说，企业投资来自银行的中介投资和证券市场的投资，最近几年为 25%，近年更降到 19%），原因也在于公司储蓄很高。今后，建立起国有资本经营预算制度，国有企业利润要缴交国资委。如果这笔钱能拿出一部分充作改革成本和用于充实社会保障基金，并很快转为消费，则将有利于抑制投资增速过快，也有利于改善投资与消费的关系，从而有利于促进宏观经济的平衡。

四、国有企业要努力转变经济增长方式，承担好社会责任

进入 21 世纪以来，特别是经过 2003~2005 年中国经济以两位数的超高速增长后，人们已逐步认识到，继续实行高投入、高消耗、高排放、低效率的粗放型扩张的增长方式，已难以为继，也将对当代人及子孙后代的生存和发展构成严重的威胁。从根本上转变经济增长方式，建设资源节约型和环境友好型社会，已成为刻不容缓的紧迫任务。党的十五届五中全会关于制定"十一五"规划的建议，明确提出必须加快转变经济增长方式的任务。这是实施"十一五"规划，实现经济平稳较快发展的关键。2006 年以来，经济增速进一步提高，GDP 增速上半年达 10.9%，而单位 GDP 能耗和主要污染物排放总量则不降反升，说明 2006 年上半年中国经济运行偏离了"十一五"规划纲要，也进一步说明转变经济增长方式，提高经济增长的质量和效益更显重要和紧迫。

转变经济增长方式，是一个长期的艰巨的过程，需要多方面共同努力，才能奏效。最重要的有：建立健全促进经济增长方式转变的法律法规，严格执法；完善方针政策，特别是财税和价格政策；调整产业结构，提高自主创新能力，发挥科技进步对经济增长的巨大推动作用；深化改革，形成推动转变经济增长方式，促进全面协调可持续发展的体制机制。可见，推动转变经济增长方式，主要靠企业外部的政策等因素，但是，企业作为微观经济活动主体，并非是完全无能为力的。国有企业在推动经济增长方式方面，要发挥应有的带动作用。

国有企业特别是其中的大型骨干企业，首先在节能、减少主要污染物的排放方面，应带头作出成绩。2006 年上半年，煤炭、石油石化、有色金属、电力等行业能耗水平均有所上升。在这些行业，国有大型企业均占有举足轻重的地位。如果这些行业的国有大型企业能着力降低能耗，必能带动整个行业能耗水平降下来。又如，要提高自主创新能力，就要建立以企业为主体、市场为导向、产学研相结合的技术创新体系，形成自主创新的基本体制框架。国有大型企业资产实力雄厚（中央大型企业有些资产已达几千亿上万亿元），技术力量强，具有较强自主创新能力。但是，过去这方面既重视不够，投入也不够，比许多民营企业差，更不像外国大企业技术研究与开发费用占销售收入的 3% 以上。所以，这方面的潜力是很大的，国有企业今后应在提高自主创新能力方面很好起带头作用。

国有企业还要承担好社会责任。国有企业不要把财务效益作为唯一目标，要处理好同利益相关者的关系，特别是同职工的关系，以及承担好其他社会责任。

原载《光明日报》，2006 年 11 月 6 日

适当放缓经济增速　切实转变经济增长方式

张卓元

《中华人民共和国国民经济和社会发展第十一个五年规划纲要》（以下简称《"十一五"纲要》），传达了一个重要的信息，即中国经济经过 2003～2005 年跃进式发展后，需要适当放缓增长速度，并切实转变经济增长方式，使中国经济社会发展转入以人为本、全面协调可持续发展的轨道。

一、适当放缓经济增速，提高经济活动的质量和效益

《"十一五"纲要》确定"十一五"期间 GDP 年均增速 7.5%，十届人大四次会议《政府工作报告》中提出 2006 年 GDP 增速 8%，表明中国经济增长需要适当放缓。我认为，确立这样的预期性指标是切合中国实际的。

按照国家统计局最新公布的数字，2003～2005 年，我国经济连续三年平均增速达两位数（10%），整个"十五"期间平均经济增速也达 9.5%，国民经济连年异常高速地增长，一方面使中国经济上了一个台阶，总量已超过英国、法国，成为世界上第四大经济体，经济实力和竞争力、综合国力、抗风险能力大大增强，财政收入超过 3 万亿元。这是应当充分肯定的。另一方面，我们也要清醒地看到，经济的迅速扩张也付出了不小的代价，主要带来了三大问题。一是部分行业由于过度投资出现生产能力过剩，钢铁、电解铝、焦炭、电力、汽车和铜冶炼等行业产能过剩问题突出，水泥、电力、煤炭和纺织行业也存在着产能过剩的问题。产能过剩使许多企业出现亏损，且亏损企业亏损额有增加的趋势。二是资源消耗过度，特别是能源消耗过度，环境污染越来越严重。能源消费弹性系数"十五"期间超过 1，其中 2003 年达到 1.53、2004 年达到 1.59。由于资源过度消耗，我国主要矿产资源的对外依存度已从 1990 年的 5% 上升到目前的 50% 以上（其中石油 40% 以上）。我国资源利用效率低，从资源投入与产出看，2004 年我国 GDP 按当时汇率计算占全世界 GDP 的 4%，但消耗了当年全球消耗总数 8% 的原油、10% 的电力、19% 的铝、20% 的铜、30% 的钢铁和 31% 的煤炭。伴随着经济的快速增长，环境恶化状况令人担忧。2005 年初，达沃斯世界经济论坛公布了最新的"环境可持续指数"评价，在全球 144 个国家和地区的排序中，中国位居第 133 位。在全世界污染最严重的 20

个城市中，有 16 个在中国。中国科学院 2006 年 2 月发布的《2006 中国可持续发展战略报告》，对世界上 59 个国家的资源绩效水平进行排序，我国位列绩效最差的国家之一，排在第 54 位。三是扩大了收入差距。近年来，一些小煤窑主、房地产商、钢铁企业老板发大财，一夜暴富，而普通老百姓增收不多，引发了上学难、看病难、住房难等老百姓关心的日常生活问题。反映居民收入差距的基尼系数，目前已达 0.45，超过公认的 0.4 的警戒线。

以上情况表明，"十五"期间特别是 2003～2005 年的中国经济仍以粗放型扩张为主，这种粗放型扩张到"十五"期末已难以为继。"十一五"时期，转变粗放型增长方式，提高经济增长的质量和效益，对中国经济的持续快速健康发展具有根本性意义和深远的影响。为了在"十一五"时期切实转变经济增长方式，摒弃多年来拼资源、拼能源、先污染后治理、一味粗放扩张的做法，需要适当放缓经济增速，引导全社会主要依靠科技进步和劳动力素质的提高实现经济增长，致力于调整和优化经济结构，提升产业水平，提高经济增长的质量和效益，处理好经济增长同人口、资源、环境的关系。

遏制粗放扩张势头，转变经济增长方式，主要靠深化改革，使经济社会发展真正转入科学发展的轨道。适当放缓经济增速，遏制攀比之风，也是实现上述转变的一个重要条件。经验证明，粗放扩张只能实现短期的高速增长，而要切实提高经济活动的质量和效益，则要做长期艰辛的努力。比如，一项比较重要的科技发明并转化为现实的生产力，一般需要六七年甚至更长的时间，超过五年一届政府的任期。如果指标定得较高，实际上是鼓励人们的短期行为。适当放缓增速，则能促使大家逐渐把注意力转移到提高经济活动的质量和效益上来。

二、当前需着重防止投资继续过快增长，而不是防止通货紧缩

我认为，当前中国经济面临的问题主要是防止投资继续过快增长。经济增速居高不下，继续粗放扩张，将对今后长远发展带来严重的不良后果。

2006 年是"十一五"的开局之年，地方政府为追求政绩，互相攀比，热衷于加大投资、上项目。在这种情况下，要落实《"十一五"纲要》，落实"两会"精神，中央政府的宏观调控不能放松。

鉴于我国固定资产投资增速过高，从 2003 年起，连续三年都在 25%（名义值）和 20%（实际值）以上，国家发展改革委员会提出，2006 年全社会固定资产投资总规模预期增长 18%。应当说，这是比较切合实际的，有助于抑制投资过热。但是，这一预期指标从一开始就被突破。2006 年 1～2 月，城镇固定资产投资增速居高不下，仍达到 26.6%（名义值）和 24.2%（实际值），说明投资增速还是过高。预计第一季度经济增速在投资高速增长带动下，将超过 8% 的预期目标，甚至

达到 9% 以上[①]。

针对当前部分行业产能过剩问题，有的经济学家认为已经出现了通货紧缩，为了避免通货紧缩，主张推动社会主义新农村建设等，以扩大消费和投资。这是值得研究的问题。

首先，在我看来，尽管部分行业产能过剩，2006 年不太可能出现通货紧缩。当前的产能过剩还是结构性的，而不是总量过剩，即有部分行业产能过剩，但问题并不突出，并没有出现总的生产能力过剩、总供给大于总需求的格局。第二季度以后的情况还有待观察。只有投资大幅度增长，出现更多行业和更严重的产能过剩，才会导致总供求失衡，带来通货紧缩。

其次，推动社会主义新农村建设以扩大内需是可行的，也符合把国家对基础设施建设投入的重点转向农村的要求。政府增加对"三农"的投入，不仅有利于提高农民收入，也能有效促进农村消费的增长，因为，农民收入的提高能在较大程度上转化为消费，从而活跃农村市场。十届人大四次会议《政府工作报告》提出，2006 年中央财政用于"三农"的支出达到 3397 亿元，比上年增加 422 亿元，增长14.2%，高于中央财政总收入、总支出的增长水平，占中央财政总支出的 15.3% 和支出增量的 21.4%，这是一个可喜的现象。同时，我们也要看到，我国农村人口占总人口的比重为 57%，现在中央财政用于"三农"的支出并不是很高的，今后需要继续提高。另外，3000 多亿元即使全部用于农村基础设施建设，在全国 8 万多亿元固定资产投资总额中只占很小的比重，大规模的农村基础设施建设主要靠社会投资，而由于当前农村基础设施建设投资效果不佳，市场吸引力不大，所以不能期望短时期内对扩大内需有很大作用，要经过比较长时期（一二十年）的努力才能有明显效果。

再次，通货紧缩意味着物价的持续下跌，看来 2006 年内不太可能出现。在推进粗放型经济增长方式转变过程中，各种资源产品价格偏低的扭曲现象将逐步得到纠正，水价、油气价、电价、地价、矿产品价格将上涨，从而将直接和间接导致居民消费价格的上涨，再加上国际市场油价和初级产品价格高位运行，都会提高国内相关产品的成本和价格，这将抵消一些消费品因产能过剩、供过于求而导致的价格下跌对居民消费价格指数的影响。2006 年 1～2 月，我国居民消费价格同比上涨1.4%，说明从 2003 年以来我国居民消费价格指数（CPI）不断小幅上涨的势头还在继续，短时期内还难以改变。国家发展改革委员会把 2006 年居民消费价格总水平上涨率控制在 3%，我想主要也是考虑到上述因素。3 月下旬，我国成品油提价只是调整资源产品价格的一个开端，远没有到位，成品油和原油价格倒挂还没有完

---

① 参见《CCER 中国经济观察》，2005 年第 4 期。

全纠正过来。预计今后各地方都将陆续出台提高公用事业服务价格的措施，从而使居民消费价格很难下跌。只要 2006 年粮价不出现大的波动，估计年物价上涨率将与上年（1.8%）持平。

三、"十一五" 时期最突出的任务：转变经济增长方式

推进粗放型经济增长方式转变，是《中共中央关于制定国民经济和社会发展第十一个五年规划的建议》（以下简称《建议》）的一个重要内容，是"十一五"时期我国经济发展面临的最严峻的挑战和最紧迫的任务。1995 年在制定"九五"计划时，曾经提出实行两个根本性转变，即从传统的计划经济体制向社会主义市场经济体制转变和从粗放型经济增长方式向集约型经济增长方式转变，并取得了一定成效，1980 ~ 2002 年，单位 GDP 能耗下降了 66.8%[①]，但由于原来经济增长的粗放程度很高，这一成效还不足以说明粗放型经济增长方式已有明显改变；社会主义市场经济体制还不完善，也影响着经济增长方式的转变。还有，20 世纪 90 年代末期，粗放型经济增长方式还有一定的空间，"十一五"时期则不同，粗放型经济扩张已走到尽头。"九五"计划提出的实现经济增长方式从粗放型向集约型转变，其含义还比较简单、抽象。经过 10 年的发展，我们对经济增长方式转变的内涵、要求的认识有了更深刻、更全面的理解，《建议》提出要从高投入、高消耗、高排放、低效率的粗放扩张的增长方式，转变为"低投入、低消耗、低排放和高效率"的资源节约型增长方式，并且明确了具体要求。我们要深刻理解《建议》的有关精神。

首先，突出资源能源节约。《"十一五"纲要》提出加快转变经济增长方式，是基于当前我国土地、淡水、能源、矿产资源对经济发展已构成严重制约，因此要把节约资源作为基本国策，发展循环经济，形成节能、节水、节地、节材的生产方式和消费模式，加快建设资源节约型社会。把节约资源提到基本国策的高度，可见其重要性与意义。

其次，着力自主创新。转变经济增长方式就要实现从主要依靠资金和自然资源消耗支撑经济增长，向主要依靠人力资本投入，提高劳动力素质和技术进步支撑经济增长转变，以"减量化、再利用、资源化"为原则，促进资源利用由"资源—产品—废弃物"流程，向"资源—产品—废弃物—再生资源"的循环型经济转变，真正走可持续发展的道路。为此，必须深入实施科教兴国战略和人才强国战略，把增强自主创新能力作为科学技术发展的战略基点和调整产业结构、转变经济增长方式的中心环节，大力提高原始创新能力、集成创新能力和引进消化吸收再创新能力。

---

① 王梦奎主编：《中国中长期发展的重要问题》，中国发展出版社，2005，第 6 页。

再次，强调保护环境和自然生态。切实保护环境和自然生态，是实现可持续发展、人与自然和谐的关键环节，越来越受到人们的高度重视。《"十一五"纲要》明确提出，要建设环境友好型社会，并提出了一系列具体要求，把主要污染物排放总量减少10%作为"十一五"时期约束性指标，可见其重视程度。从20世纪八九十年代起，随着经济的发展、社会的进步，绿色风暴席卷全球，保护环境和自然生态的呼声越来越高，人与自然和谐相处深入人心，经济发展要同人口、资源、环境相协调，实现节约发展、清洁发展、安全发展和可持续发展，成为转变经济增长方式的内在要求。转变经济增长方式，目的在于提高经济增长的质量和效益，在于使经济运行走上科学发展的轨道，从而使我国经济实现持续平稳较快发展。

《"十一五"纲要》除了突出转变经济增长方式这一战略任务以外，还作出了一系列具体规定。主要有以下几个方面：一是建立促进经济增长方式转变的法律法规、完善鼓励经济增长方式转变的方针政策；二是调整产业结构，提高自主创新能力，发挥科技进步对经济发展的巨大推动作用；三是深化改革，形成有助于转变经济增长方式，促进全面协调可持续发展的体制机制。而在这几个方面中，我认为最主要的是要深化改革，从体制、机制上推进经济增长方式转变。

四、深化改革，形成有利于转变经济增长方式的体制机制

"十一五"期间，要以转变政府职能和深化企业、财税、价格、金融等改革为重点，加快完善社会主义市场经济体制，形成有利于转变经济增长方式、促进全面协调可持续发展的机制。

第一，切实转变政府职能，政府从经济活动的主角转为公共服务型政府。真正实行政企分开、政资分开、政事分开、政府与市场中介组织分开，政府不再干预微观经济活动。政府要贯彻以经济建设为中心的方针，但不能因此就自认为是经济活动的主角，主导经济资源的配置。在社会主义市场经济条件下，经济活动的主角是企业。"经营城市"是政府职能的大错位。政府不能办企业，这是早就明确了的，怎么能以赢利为目的去经营城市呢？政府官员任期五年一届，每一届政府都要求有明显政绩，为此造成当政者追求短期效益最大化。2003年以来，地方政府为追求GDP的高速增长和树立形象工程，大搞开发区和市政建设，个个都要工业立市，铺摊子、上项目、外延式扩张的现象十分突出，从而引发了经济过热。政府通过廉价征用土地促成了城市化的高速发展和开发区的过度膨胀。在很多情况下，中央政府的宏观经济调控，主要是调控地方政府盲目扩张经济的行为，因而不得不采取一些行政手段，否则很难见效。政府改革和转换职能已成为今后深化改革的关键环节。今后，政府应当着力完善社会管理和公共服务职能。《促进中国的社会发展——联合国系统驻华机构对中国"十一五"规划的箴言》中提出，用相对适度的财政支

出政策，就可以大大改善弱势群体的社会生存状况，比如，便利地获取基本医疗保健服务及医疗保健信息，可以预防75%以上的孕产期死亡，5岁以下儿童的死亡率可以降低70%以上。要改变公共服务不平等状况，比如，在卫生保健领域，政府2/3的支出服务于40%的城市人口。上述意见是值得我们重视的。

与此相联系，要改革干部政绩考核和提拔任用体制。干部政绩考核不能只看GDP（包括绿色GDP）增速，更要看市场监管、社会管理和公共服务水平，包括就业、社会保障、教育、文化、环保、生态保护、医疗卫生以及社会秩序、信用、法治环境的改善等。政府职能没有很好转换或者转换不到位，关键是干部政绩考核和提拔任用制度不完善。不少地方官员，包括从事妇联、教育、卫生等工作的官员，也要完成"招商引资"指标。以贱卖土地（政府赔本进行土地开发）越权减免税收等办法争取外资，甚至不惜侵犯职工合法权益等。在片面追求GDP增速驱动下，无视资源的滥用、环境的污染、生态的破坏。不改革这种祸及子孙后代的干部考核体制，就无法建设资源节约型和环境友好型社会。

第二，深化企业改革特别是国有企业改革，形成转变经济增长方式的微观基础。产权归属清晰保护严格，作为市场主体的企业会主动地追求质量和效益型的经济增长，否则企业就没有竞争力。深化企业改革，就要使长期政企不分的国有企业和常常受到政策歧视的民营企业，都成为具有独立的法人财产权、经营决策权、自负盈亏和独立承担风险的法人实体和市场主体，并鼓励、支持非公有制企业参与国有企业改革改组。为此，既要引导民营企业制度创新，更要深化国有企业改革。许多国有企业由于其固有的机制缺损，资源利用效率低下，浪费严重。要继续推进国有经济布局和结构的战略性调整，使国有资本更好地集中在能发挥自己优势的重要行业和关键领域的大企业中，而从一般竞争性行业和中小企业中逐步退出，使资源得到更为有效的利用。对于仍需国有经济控制的领域，要积极推进股份制改革，实行投资主体多元化，以改善公司治理结构。垄断行业的改革需加快推进，积极引进竞争机制，允许新的厂商参与竞争，特别是非自然垄断性业务要放开。对自然垄断性业务则要加强监督，包括安全、环保、价格等监管。即使是自然垄断性业务，有的也可以通过特许经营权拍卖，即通过招标的形式，在某些产业或业务领域（如自来水生产和供应）中让多家企业竞争独家经营权（即特许经营权），在一定的质量标准下，由提供最低报价的企业取得特许经营权。这样，就能使自然垄断性业务也具有一定的竞争性并增进效率。垄断行业资源节约的潜力巨大，搞好垄断行业改革，能大幅度地提高资源配置效率，达到节约和合理使用资源、转变经济增长方式的目的。

第三，深化财税体制改革。前一段，主要是城市政府的土地收入和一些收费与基金等预算外资金，往往被地方政府用于搞开发区、市政形象工程、政绩工程等，造成土地和其他资源的滥用浪费。为了从根本上改变政府充当地方经济活动主角的不正常状况，必须从财力上防止上述不规范的政府行为的发生。实践证明，游离于预算的统一规范管理之外几千亿上万亿元的资金使用的不规范、不透明，不仅不利于政府转变职能，甚至成为腐败的土壤，而且必然助长追求短期效益的粗放式增长。因此，必须深化预算改革，完善预算制度，将所有政府性收入全部纳入预算管理统筹安排使用，接受人大和公众的监督，真正实现预算硬约束，使财政资金真正用于公共服务领域，促进经济增长方式的转变。

与此同时，我们还要设立和完善有利于资源节约、环境保护和经济增长方式转变的税收制度，包括调整和完善资源税，改变以往大部分矿山资源免费开采和即使征税（或收费）也是税费率严重偏低的情况；调整和完善消费税，新增高尔夫球及球具、高档手表、游艇、木制一次性筷子等税目，调整部分税率，包括扩大石油制品如航空煤油、溶剂油、润滑油、燃料油等的消费税征收范围，提高大排气量小汽车的税率，从而加强消费税促进节约资源和环境保护的作用，这方面文章今后还要做下去。实施燃油税，主要是我国汽油等消费税率太低，须尽快开征燃油税，鼓励节约汽油。稳步推行物业税，实行物业税将能抑制对房地产的过度需求，减少房地产市场的投机行为，有利于房地产业的健康发展。取消高耗能、高污染和资源性产品的出口退税，以利于节约能源资源和保护环境，提高能源资源的使用效率。对有利于转变经济增长方式的自主创新和技术改造，发展循环经济，节能节材产品的生产等，给予财政支持和税收优惠。

第四，深化价格改革，重点是使生产要素和资源价格能反映资源的稀缺程度。随着经济的快速增长，我国土地、淡水、能源、矿产资源的瓶颈制约越来越严重。造成这种状况的一个重要原因，是我国长期以来资源产品价格在政府管制下严重偏低，要转变经济增长方式，建设资源节约型、环境友好型社会，必须深化价格改革，提高土地和资源产品的价格，使其能反映市场供求关系和资源稀缺程度。在市场经济条件下，价格是一个最为强烈的信号，对企业和个人的生产、经营、消费有重大影响。

国外经济学家通过对 2500 家公司研究发现，能源使用量的降低，55% 归功于价格的调整，17% 是研究与开发的结果，12% 源于所有制形式的不同，其余则归结于工业所占份额的变化[①]。也要用价格杠杆来限制水的滥用浪费。美国的研究结果表明，水价从 1 立方米 7.9 美分提高到 13.2 美分，用水量减少 42%；从 15.9 美分提高到 21.1 美分，用水量减少 26%[②]。有限的水资源如何分配给企业，是政府分配，还是用公开拍卖给出价高者？我国东部一些城市的经验证明，用后一种办法能

① 世界银行：《中国"十一五"规划的政策》（2004 年 12 月）。
② 段治平：《我国水价改革历程及改革趋向分析》，《中国物价》，2003 年第 4 期。

最有效利用水资源。经国务院批准，自 2006 年 3 月 26 日起，汽油和柴油出厂价格每吨分别提高 300 元和 200 元。这是一个良好的开端，因为中国原油和成品油价格倒挂，进口原油价每桶 60 美元多，而国内加工后成品油销售价相当于原油每桶 43 美元左右。据国家统计局公布，2005 年我国石油加工业全年净亏损达 220 亿元。这次提价还未到位，需要在今后择机继续提价，改变价格严重扭曲状况。提高水、油等价格后，要注意对农民和城市低收入群体给予补助，包括适当提高最低生活标准等。

此外，深化金融体制改革，完善市场体系和市场秩序，逐步理顺分配关系，提高外贸的质量、效益和利用外资的质量等，都将使我国经济运行逐步走上转变增长方式、建设资源节约型和环境友好型社会的轨道，从而使我国经济持续地快速健康发展。

原载《天津社会科学》，2006 年第 4 期

浅析"后农业税时期"中西部地区的
农村改革与发展

张晓山

党的十六届五中全会上，党中央提出了建设社会主义新农村的重大历史任务，这是落实科学发展观、解决"三农"问题的重大战略举措。但我们应清醒地认识到，当前制约农业和农村发展的深层次矛盾还没有消除，解决"三农"问题的任务仍然相当艰巨。近年来开展的农村税费改革是农村经济社会领域一场深刻的变革，已经取得了积极成果。2005 年底，全国人大常委会通过决议，从 2006 年 1 月 1 日起废止 1958 年通过的农业税条例，中国的农业税由免征转为彻底取消。我一直认为，税费改革的真正内涵不是减轻农民负担，而是调整国民收入再分配格局①。免征或取消农业税是惠民利民的重大举措，但这只是农村税费改革迈出的第一步。免征农业税对于一些农业税在其财政收入中占比重较大的地区和县市，无疑会产生较大的影响。从了解到的一些地区的实际情况看，免征农业税解决的问题可能没有引发和凸显出来的问题多。这也就使得深化农村改革势在必行，同时为调整国民收入分配格局，转换基层政府和村民自治组织的职能，建设社会主义新农村提供了新的契机。现仅就一些地区免征农业税后引发和凸显出来的问题、根源及解决思路提出个人的看法。

一、一些地区免征农业税后引发和凸显出来的问题

1. 农业税占财政收入比重较大的地区陷入困境

免征农业税后，农业税占财政收入比重较大的地区，在总体财力中，上级补助收入占的比重不断上升，已从"吃饭财政"沦为名副其实的"要饭财政"。

西北某贫困县，2002 年当年可用财力为 13850 万元，其中省补助收入 11427 万元，占可用财力的 82.5%；2003 年当年可用财力 14968 万元，其中省补助收入 12559 万元，占可用财力的 83.9%；2004 年当年可用财力 17449 万元，省补助收入 15734 万元，占可用财力的 90.2%；2005 年预计当年可用财力 10983 万元，省补助

---

① 参看张晓山：《深化农村改革 促进农村发展》，《中国农村经济》，2003 年第 1 期。

收入 10529 万元，比重高达 95.9%。该县 34.93 万人，财政供养人口 8681 人，占全县人口的 2.49%。县级财政的所有收入远远不够发全县干部的工资，只能发 2 ~ 3 个月的工资。

该县 2004 年财政赤字 4869 多万元，如包括挪用的 1000 多万元的专款，赤字共 6000 多万元。2004 年底累积债务达 6836 万元。2005 年财政的实际支出预计为 18928.5 万元，支出的主要部分为：人头费（9435 万元），公用经费（2664 万元），上年结转的专项资金（3887 万元），税费改革的中央转移支付非支不可的农村中小学危房改造（301 万元）、村社干部报酬（191 万元）、乡村道路、优抚等（641 万元）；预算执行中要求县级财政负担的计划生育（462.5 万元）、封山育林、救灾、低保（城市）、防疫、口蹄疫防治、世界银行贷款本息、医疗保险等 1347 万元。收支缺口预计将达到近 8000 万元，还不算没有能力执行的农村新型合作医疗配套资金 118 万元。

免征农业税后乡镇一级的财政收支情况又怎样呢？在该县，乡镇一级的地方税收全部上缴县级财政，有的乡镇一年没有任何财政收入。镇上每年除了支付干部工资和办公经费外，无法再有其他支出。干部工资和正常办公经费（1 人 1 年 600 元的标准）完全靠县财政拨付。这种情况也不仅仅发生在欠发达地区，广东某镇，现在镇政府唯一可支配资金是超生子女社会抚养费 20 万元，市政府每月划拨给镇办公经费 4000 元，镇级收入大缩水，而各项支出依旧[1]。

一级政府，一级财政。现在财政全归县，乡镇作为一级政府的财政基础已经丧失殆尽。

2. "免税兴费"的倾向抬头

为完成财政收入的任务，弥补收支缺口，地方财政部门加大对行政性收费、罚没收入等非税收入的征收力度以增加入库数额，造成了非税收入的比重上升，"免税兴费"的倾向有所抬头。

我曾经认为，取消农业特产税和农业税这两个税种，免除了征税成本，也就铲除了"搭车"收费的根基和平台[2]，现在看来，这种认识过于主观，对形势的判断过于乐观。财政财政，有"财"才有"政"，为了保"政"，必须敛钱。税收收入没有了，只有在非税收入上做文章。上述西北地区某县，在财政收入中，非税收入占一般预算收入的比重不断上升，2002 年占 34.3%，2004 年占 45.6%，2005 年预计占 57.7%。

非税收入基本上都用于原收费单位的费用支出，形成了财政收入数字上去了，但可支配财力却上不去的状况。

---

① 引自杨正喜、唐鸣：《农村税费改革对基层政权的影响》，"后农业税时代如何建设新农村"研讨会论文。
② 参看张晓山：《关于深化农村改革的几点思考》，《新视野》，2005 年第 3 期。

收费当中的一种是行政性收费收入中的人口和计划生育行政性收费收入，即超生子女的社会抚养费，该县按当地人均纯收入比例的 30%，一对夫妇双方连征 7 年，2000 年一个计划外二孩应缴纳社会抚养费 5195 元，2001 年为 5485 元，2002 年 5859 元，2003 年 6098 元，2004 年一个计划外二孩应缴纳的社会抚养费增到 6388 元。2004 年该县全年共收缴社会抚养费 40 多万元，但在地区排名仍落后，于是 2005 年加大了清欠力度，到 7 月份已经收上了 180 多万元。其中收缴往年拖欠款 87 万元，新增 58 万元。2005 年以前，收缴的社会抚养费 10% 缴县计生局，乡镇自留 90%。2005 年后，不再上缴县，收支两条线，社会抚养费的 47% 用于农村独生子女户和二女户的养老保险，20% 为办公费用，30% 用于工作人员的奖金和补贴。

中部地区一个县，2004 年一个计划外二孩最少缴纳社会抚养费 21900 元。据当地的乡镇领导讲，在实际操作中，社会抚养费并没有及时全部缴入国库，坐收坐支现象突出，社会抚养费的最终使用权还是在乡镇，其中有镇村干部的奖金和村里的分成部分[①]。

另外，在一些地区，将"一事一议"变成固定收费，将"两工"强行以资代劳，农用车管理、生猪屠宰、农民建房、土葬村民缴纳土葬费的罚款等，成为农村"乱收费"的新源头，"免税兴费"的倾向有所抬头。

3. 专项资金被挪用，配套资金无法落实

有的地方政府连"要饭财政"也维持不下去，最后是挤占挪用专项款，有的县一年挪用上千万元专项款来发工资，第二年再用新的专项款来补上，来化解。

项目往往要求地方政府配套费用，但属于"要饭财政"的地方政府往往不可能提供配套资金。其结果不是作假，就是把项目放在不太贫困的地方。如真要配套，向群众筹，则必然增加群众负担；从银行筹，则形成新的挂账。

4. 围绕农村土地的利益问题成为焦点

地方财源的枯竭使得各个利益相关方都把目光集中在农村的土地上：农户通过各种方式来占取宅基地；据国土资源部统计，2004 年全国村庄用地 2.48 亿亩，按当年年度农业人口计算，人均村庄用地高达 218 平方米，约是特大城市人均用地面积的 2 到 3 倍，比我国城市人均用地面积最高限额还多 98 平方米。更值得关注的是，村和社以土地补偿费作为集体收入的来源，政府来征地，企业通过政府和村来占地。改变土地用途，借"地"生财，是目前许多地方财政走出"赤字"困境的绝招。这种行为已经对农村的社会秩序带来了很大的隐患。许多地方频繁发生围绕土地出让金产生的冲突，而矛盾的主要焦点就是土地征地款的分配问题，如果任凭这种情况发生，必将给社会带来不安。

---

① 引自王传师：《取消农业税后社会抚养费成为乡镇的宠儿》，载首届南方农村报"中国农村发展论坛"《三农研究创新论文奖获奖论文集》。

5. 对乡村治理结构的未来走向形成挑战

在税费改革前，农业税和其他收费是农民与国家之间的重要纽带，是政府与农民之间谈判的筹码。但在免征农业税后，农民不怕干部了，乡村干部失去了一个社会控制的最有力的手段。但另一方面，乡镇干部也不需要为收税费来求村组干部和农民了，似乎可以不干事了。实际上，乡镇和村有适合其规模的该为老百姓提供的基本的公共产品和公共服务，如果说税费改革的结果是影响基层政权和基层自治组织的正常运行，该履行的职能不再履行，该为老百姓做的事不做了，从而导致农村公共产品供给的短缺，影响农村公益事业的发展，这显然与税费改革的初衷相违。现在的情况是以往传统的干群关系发生了变化，乡镇和村级组织应由统治型的管理模式转为服务型，可是传统的管理模式和干部考核机制仍占据主导地位。从上到下，对各级政府的管理模式仍是沿用计划经济的办法，用行政命令的手段，把各种经济指标（GDP 增长率、财政税收任务、招商引资）和社会指标由上而下，层层分解，把完成任务和政绩、考核以及经济收益挂钩，带有很强的行政强制性。现在为构建和谐社会，地方上又把阻止上访、防止媒体曝光作为第一要务，中国传统的自上而下、"一竿子插到底"、管理型的治理结构还没有退出历史舞台。

二、一些地区免征农业税后引发和凸显的问题的根源

出现以上问题的重要原因大致可以归结为以下几个方面：

1. 国民收入分配格局扭曲

国民收入分配格局扭曲表现在"条条"与"块块"的关系、中央与地方、地方的上级层次与基层之间的利益格局严重失衡，突出表现为税收的分享结构严重向城市、向政府的上级层次倾斜。

1994 年通过分税制改革形成中央和地方权力的重新划分，随着这一改革的推进，大大地解决了改革之初财政分配关系中"两个比重"过低的问题，但也在一定程度上造成地方各级的财权和事权划分的扭曲。总的态势是财权上收，事权下放。上边对下边是光给政策不给钱，基层的财权和事权严重不对称。乡村公共产品的过度供给（各个垂直部门为做工作、实现政绩而布置下来的各项任务）和严重短缺（该干的事没有钱干）并存。政府各种部门由自身的利益驱动，向农民伸手，最终把负担转嫁到农民头上，触犯农民的利益，造成农民与集体、农民与地方政府的纠纷，甚至抗争。

从 2003 年起，几个主体税种实行省、市、县共享，并且提高了对县一级的上划比例。县级政府从国税中得到的分成比例，增值税从 25% 降到 20%。县级政府从地税中得到的分成比例，营业税从 100% 降到 50%；个人所得税从 50% 降到 15%；企业所得税从 50% 降到 15%；城市建设维护税从 70% 降到 50%，加之取消

农业税，使县级和乡镇的财源更趋薄弱，财政自给能力进一步降低。就目前的财政体制看，已不能被称作真正意义上的分税制，县级政府除了营业税、城市建设维护税外，几乎是一些没有什么发展潜力、税基窄小的税种，有增长潜力的所得税，先是被划为共享税，现在共享的比例又进一步向县以上调整。县及县以下的财力进一步减少，但要保障的方面越来越多。

县域经济，是统筹城乡发展的枢纽和联结点，是建设社会主义新农村的平台和主战场，它应是最有活力的经济。但一种几乎完全依靠上级补助维持运转的县域财政，靠挤占项目资金勉强度日的县域财政，是没有生命力和发展动力的财政体系，无法为县域的经济和社会事业的发展起到支撑作用。如果听任上述趋向发展，这显然与科学发展观、以人为本的可持续发展的思路相悖。建设社会主义新农村的战略目标也将难以实现。

2. 行政管理体制的改革滞后，部门既得利益固化的局面没有得到改观

迄今为止，我国中央财政的转移支付中，专项资金占很大比重，市场配置资源的比重在缩小。据从有关部门了解，中国 2004 年财政转移支付总额约 1 万亿元多一点，其中税收返还占 40%，实际转移支付约 6000 亿元。在这 6000 亿元当中，专项转移支付占 57%，财力性转移支付仅占 43%；在财力性转移支付中，一般性转移支付不到 750 亿元，占财力性转移支付的 29%，仅占实际转移支付的 12%。财力性转移支付的其余部分用于调整工资补贴、农村税费改革，以及县乡财政补贴、民族地区补贴等。专项转移支付的支配权掌握在中央各部门手中，一些部、委、办掌握着大量的专项资金，拥有资源的配置权，而且支配资源的权力越来越大。如：农口投资，都是投到一个县的一两千平方公里，但林业部门管林业投资，农业部门管农业投资，水利部门管水利投资，部门利益的影响和条块分割严重，条条专政导致地方事权的分割，市场配置资源的作用无法得到有效发挥。这种体制使得地方上要千方百计来争取项目。尤其是贫困地区，有项目才能生存。有的贫困县的县委书记沉痛地讲，"跑项目的学问太大，但不跑又不行。我们只有盯着项目，犯错误才有条件。没有项目，我们连犯错误的资格都没有"。

如果追求政府的各种优惠政策或资源成为许多部门或市场主体的重要目标，而政府部门控制的资源的投放又是"专项性"的，即把这部分专项资金给哪些地区、部门或市场主体的权力掌握在一些政府部门和一些人的手中，决策具有很强的随意性和人为的成分，那么，严重的设租和寻租行为也将不可避免。专项资金在某种程度上已经成为部门腐败的根源，为毁掉一些干部创造了条件。

3. 基层政府和村组出现的反自治化倾向强化了传统的管理模式

基层政府的走向应是从全能型、多功能的政府转向有限功能的政府；从自上而下、行政型的政府转向自治程度较高的政府，从统治型政府转向服务型政府。为此，深化农村改革就要进行制度创新。但在免征农业税后，许多乡镇和行政村的财政收入没有了来源，在很大程度上要靠上级的转移支付，这反而加重了它们对上级的依赖程度，固化了自上而下的管理模式。村干部的工资改由上面支付后，村干部民选化将变成村干部官僚化。以前在各地普遍推行"村账乡管"，现在则进一步提出"对一般乡镇，都要大力推行'乡财县管'财政管理方式"。既然村民委员会是村民自我管理的基层群众性自治组织，乡、民族乡、镇的人民代表大会的职权之一是"审查和批准本行政区域内的财政预算和预算执行情况的报告"，现在由外部的"上级"单位来管理"下级"的财务，实际上是一种无奈的、与提高自治程度相反的举措，必然强化自上而下的行政管理模式，反映出在乡镇和村这两级的本级层次上有效制约机制的阙如。

4. 现行的干部考核机制及相应的政绩观阻碍了政府职能的转换

温家宝同志曾讲到，政府要从原来很多情况下直接干预或者直接管理经济活动跳出来，要完整地认识并掌握政府的四项职能——经济调节、市场监管、公共管理和社会服务。我理解中央的精神是政府不应直接参与资源的配置、直接干预经济活动，而应充分发挥市场在配置资源上所起的基础性作用，着力创造一个有利于资源优化配置的良好的制度环境。但实际上传统的政绩观和干部考核机制仍占据主导地位。如东部沿海某省的一个县级市对乡镇书记、镇长的考核，共 100 分，分三部分：一是双引（引入民间资本、工商资本和外商资本），看固定资产投入，50 万元以上的项目要有 4 个，其中要有 1 个项目在 100 万元以上。这个指标占 40 分。二是农民人均纯收入，占 30 分。三是农村劳动力转移，占 30 分。后两个指标各乡镇之间差别不大，关键是招商引资，你超额 1 个，他超 2 个、3 个。最后看加分。尤其外商投资开发农业，比值相当大，一好遮百丑。

传统的发展观、政绩观和考核机制相结合，就导致政府直接操纵资源的配置，直接干预经济活动的主体（企业和农户），干了许多不该干的事。20 世纪 90 年代，政府出台不少兴办乡镇企业的地方政策法规，鼓励乃至强制基层政府推动乡镇企业的发展。在政绩压力以及财政收入的激励下，集体企业得到了非常规的发展，导致以后乡镇和村负债沉重。近年来，地方政府又为促进外资企业、合资企业或民营企业的发展，往往采取各种直接的经济干预手段，如为企业提供廉价的土地；减免税收；为企业寻找贷款，甚至提供贷款担保；帮助企业上市，甚至捆绑上市。在抓项目、组织劳务输出、结构调整等各项工作中，政府的不当干预往往引发各种矛盾。群众说，"不怕市场不发育，就怕政府乱干预"。

三、解决上述问题的思路

解决上述问题的思路是深刻领会胡锦涛总书记"两个趋向"的重要思想，明确一个前提，落实两个基点。

（一）明确一个基本前提

即把深化农村改革与深化宏观经济和政治体制的改革相结合，尤其是着力于中央和省一级的行政管理机构的改革和县级综合配套改革，转换政府的职能，更自觉地调整国民收入分配结构，协调"条条"与"块块"的关系，中央与地方以及地方的上级层次与基层之间的利益关系，建立一个更为公平的国民收入再分配体系。

应加速行政管理体制的改革，打好改革的攻坚战。国家应调整既得利益格局，大幅度地减少专项资金，从源头上削减中央各部门配置资源的权力，同时建立规范的横向和纵向财政转移支付体系。这样可以减少寻租行为和决策的随意性，有利于杜绝腐败，提高经济效率，真正使财政体制能具有平衡地区间提供基础性公共服务的能力。

政府职能能否改变，要看其行为能否受到有效制约。树立科学发展观和正确的政绩观则需要进一步深化政治体制的改革，通过制度创新，改革干部考核机制和选拔任用机制，改变各级政府对上负责而不是对下负责的局面，在工作中真正体现向人民负责和向党的领导机关负责的一致性。GDP的增长率仅是结果的一个衡量标准，重要的是五个统筹的实现程度，这将最终决定一个地区是否能有一个良好的制度和社会环境，是否能有一种建立在社会公正基础上的可持续的增长。

（二）落实两个基点

在深化宏观经济和政治体制的改革这个大的前提下，农村发展方面一是要建立农村公共财政体系；二是改革与完善乡村治理结构，在乡村两级建立起有效的、真正由农民群众参与的制衡机制。这应是后农业税时期建设社会主义新农村的两个基点。

1. 建立农村公共财政体系

为使县、乡镇及村的机构能正常运转，能履行为农民提供最基本的公共产品和社会福利的职能，必须有相应的财力作支撑，有一个健全的财政体系为基础。所需的财力可以通过以下渠道加以充实：

（1）调整分税制的结构，财政向地方让利，保证县及县以下有一定的税源；着眼于促进县域经济的发展，开发当地的资源优势，培植和涵养税源，逐步增加县及县以下的财政收入，形成县域经济的良性循环。

（2）增大体制性、制度性的转移支付，将事权与财权一起下放，使转移支付做到制度化、规范化、法制化，杜绝"上边点菜，基层买单"的现象。

（3）深化农村土地制度的改革，遏止地方政府以地生财、随意支配农民土地资源的权力。在严格限定国家征地行为符合"公共利益需要"的前提下，农村经营性用地不征为国有，在政府有关部门批准的农地转为非农用地的前提下，允许集体建设用地入市。让农民的集体经济组织通过土地市场平等地进行交易，发展二、三产业，从中获取土地级差收益。

2. 改革与完善乡村治理结构

在保证财力的同时，必须加速乡村治理结构的改革与完善，使资源能有效利用，防止资金的贪污挪用。

（1）在乡村两级的议政和行政之间建起一种有效的民主制衡机制。解决"老板（广大农民群众）缺位"的问题。可以借鉴有些地方的经验，做实村民代表大会制度，将其塑造成行政村的议决机关，而原来的权力机关村委会则成为具体的执行机构，村庄的重大事项由村民代表会议商议决定后，交由村委会实施。这样，村代表不仅成了联系村集体和村民的纽带，而且也是村民参政议政的代理人。由村代会对执行机构（村委会）进行有效的监督和制约，防止违背民意、权力腐败等问题的发生，有助于克服村级组织行政化的倾向。如果这种体制能够成功，就可进一步把乡镇人民代表大会做实，由它来监督和制约乡镇政府的决策和行政。只有在乡村两级建立起有效的制衡机制，农村的公共财政体制才能真正落实，民主决策、民主管理、民主监督才不至于流于形式。农村基层才能真正做到"有人办事，有钱办事，有章理事"。

（2）在有条件的地方推行农村社区股份合作制，在使村级组织有可用财力的同时，将包括土地增值收益在内的集体资产收益与社区农民的直接利益挂钩，使农民群众有动力去监督资源的使用。

（3）调整地方各级干部的收入分配结构。当前，不同地区之间，一个地区不同层级的政府之间，公务员的待遇差别极大，这种扭曲的干部收益分配体制必须改变。在欠发达地区，基层干部待遇低，任务重，财权与事权不对称，造成乡镇干部是"好人不想干，能人不来干，坏人抢着干"。乡镇干部可以使用的资源办好事远远不够，可以控制的资源办坏事绰绰有余。如果这成为一个趋势，即正直的人当乡镇干部无法维持生计，只得另觅他途，那么就会有人占据乡镇干部岗位，以权谋私，这必然造成干群关系的对立和冲突，这就是政权瓦解的潜在危险。有的基层干部反映，项目是从下往上跑，干部是从下往上调。路线确定以后，干部就是决定性因素。如果人人都不愿意去基层，不愿去欠发达地区，解决"三农"问题、建设社会主义新农村的宏伟目标也就难以实现。最近中央政府提出要改革现行公务员职级工资制，建立国家统一的职务与级别相结合的公务员工资制，这是正确的政策措施。但必须看到，在一些发达的省市已经提出自己的公务员工资制度的背景下，这项政策落实起来将有很大难度。

明确一个大的前提，落实两个基点，转换政府职能，自觉地调整国民收入的分配结构。通过调整税收分成比例、加大制度性转移支付和把农地转为非农用地的增值收益留在农村，使农村得以具备满足农民对社会公共事业基本需求的财力；通过改革和完善乡村治理结构，则使农村的财力能真正为民所用，从而逐步缩小城乡之间、发达地区与欠发达地区之间人均享受基本公共物品和社会福利的差距。这不仅是解决公平问题，构建和谐社会的要求，从近期看，农民不至于因病致贫，因子女上学致贫，可减轻农民负担，无异于增加农民收入，可以使农民有资金去发展生产，去消费，从而夯实发展农业生产的物质技术基础，启动农村消费市场；从长远看，能提高农民的人口素质，提升农村人力资本的质量，只有这样，才能最终解决效率问题，使国民经济的发展有一个坚实的基础，建设社会主义新农村的宏伟蓝图才能早日实现。

　　在党的十六届四中全会上，胡锦涛同志提出了"两个趋向"的重要判断，此后他又作了进一步阐述："我国现在总体上已到了以工促农、以城带乡的发展阶段。我们应当顺应这一趋势，更加自觉地调整国民收入分配格局，更加积极地支持'三农'发展。"调整国民收入分配格局，则必然要触动原有的既得利益格局，这只有靠深化改革才能实现。1986 年，邓小平同志在中央政治局常委会上的讲话中曾指出："只搞经济体制改革，不搞政治体制改革，经济体制改革也搞不通，因为首先遇到人的障碍。事情要人来做，你提倡放权，他那里收权，你有什么办法？从这个角度来讲，我们所有的改革最终能不能成功，还是取决于政治体制的改革。"[①] 在 20 年后的今天，重新学习小平同志的这段话，感受尤为深刻。

原载《农村经济》，2006 年第 3 期

---

① 《邓小平文选》第三卷，人民出版社，1993，第 164 页。

中国农村土地制度变革的回顾和展望[*]

张晓山

　　"三农"问题的关键点之一是农民的土地问题，而土地问题的核心是与利益相关方的利益关系紧密相连的土地产权制度的改革和完善。现仅对农村改革以来土地制度的演进做一个粗略的回顾和展望。

一、改革以来农村土地制度的变迁

　　改革以来，农村土地制度变迁的进程，实质上是在保留集体土地所有制的前提下，赋予并不断强化和保障农民土地承包经营权的产权制度改革过程，也是对农地集体所有制实现形式不断进行探索的过程。

　　（一）多元的集体土地所有制在法律上得到规范，但"集体"的边界发生了变化

　　人民公社时期，农村土地实行人民公社、生产大队、生产队"三级所有、队为基础"的体制，即在人民公社内部，土地以生产队所有为基础。其时，尚保留有部分社员的自留地。

　　农村改革后，1982年12月颁布的《中华人民共和国宪法》规定："农村和城市郊区的土地，除由法律规定属于国家所有的以外，属于集体所有；宅基地和自留地、自留山，也属于集体所有。"1986年颁布的《中华人民共和国土地管理法》规定："集体所有的土地依照法律属于村农民集体所有，由村农业生产合作社等农业集体经济组织或者村民委员会经营、管理。"同时规定："村农民集体所有的土地已经分别属于村内两个以上农业集体经济组织所有的，可以属于各该农业集体经济组织的农民集体所有。"1998年修改后的《土地管理法》在规范村、组所有的同时，还规定："已经属于乡（镇）农民集体所有的，由乡（镇）农村集体经济组织经营、管理。"根据历史上形成的农村土地占有现实，这些法律规定了包括组所有、

──────────

　　＊ 本文在写作中得到刘守英、秦晖、党国英、王小映、国鲁来等同志的指正，尤其王小映同志提出了具体的修改意见，在此一并致谢。但本文的观点由笔者自己负责。

村所有、乡（镇）所有的多元的农村集体土地所有制。其意义在于：①明确规范了由谁来发包土地以及在多大的社员范围内发包土地。②明确界定了因土地征用等原因引起的土地调整的范围。③明确了在多大范围内（村或组）实施征地补偿和劳动力安置。④明确了农村未发包土地的管理和使用。那些集体所有但没有发包到户的土地，实际上成为农村真正意义上的社区所有的土地。⑤有利于协调集体内部的土地经济关系。

但我们也必须指出，通过 1998 年修改后的《土地管理法》和同年颁布的《中华人民共和国民法通则》，农村土地集体所有制的"集体"边界已悄然发生变化。在一些地区，土地的最终权属已从生产队（村民小组）一级过渡为生产大队（行政村）一级。1996 年，全国土地归村（原生产大队）所有的数量已达 328219 个，占当年全国村民委员会数（740128 个）的 44%。当农民与集体之间只是土地承包与发包的关系时，这种土地权属的变迁并不会产生什么实质性的后果，但当农村土地的用途发生变化（如农地被征用）时，这种所有制变迁的后遗症往往就会凸显出来。

（二）农民部分地享有其承包土地的使用权、剩余索取权及转让权

农村土地属于集体所有，但谁来代表集体？农村集体土地的控制决策权由谁来行使？这是一个理论、法律及政策上都尚未得到明确的问题。

以家庭联产承包为主的责任制使土地的所有权与使用权相分离，原来由生产队代表农民群众集中占有的土地（包括耕地、山林、果园、草场、水面等）大都以人头或劳动力为依据承包给了农户，而且承包期限在 15 年（自 1994 年起又进一步扩大到 30 年）。这样，农户只要按照承包合同，承担法律规定的各项义务，就有权以市场为导向，以经济效益为依据，自行安排作物的种植品种和种植面积。也就是说，农民部分地拥有了对于这一部分土地的经营决策权。

同时，随着农村经济的发展和非农产业的蓬勃兴起，农业劳动力不断地从土地上转移出来。在这种情况下，国家也鼓励农户根据自己的实际转包或转让土地。相关文件规定，在权利的变更不损害国家与社区集体利益的前提下，承包农户可以有条件地享有处置承包土地的权利。他们在不违背有关规定的前提下，可自定条件，自行选择土地的转包、转让对象。

应该指出的是，农户对其承包土地的使用权仍受到一定的约束。在实践中，由于社区组织在某种程度上已成为政府机构的延伸和代理，因此各级政府通过社区组织来行使控制决策权，而农民只对于日常生产活动享有一定程度的经营决策权，部分地享有其承包土地的使用权、剩余索取权及转让权。尽管受市场导向的影响，农户的经营活动程度不同地要以效益最大化为目标，但当时受国家计划指令的控制，农民还必须按照定购合同的规定，保证完成合同所必需的种植品种和种植面积。

　　在法规条例方面，当时中央制定的土地政策虽然对某些问题做了原则性的规定，但土地承包经营权的含义、权能范围以及实行办法，对土地使用权的转让、出租、入股、抵押等都没有严格的法律规定，各地在理解、执行上存在很大的差异，往往引起纠纷。

　　在开展和完善第二轮土地承包的同时，面对农村集体和村干部随意调整土地、变更土地合同、随意收回承包地、土地流转秩序混乱等问题，中央政府开始运用法律手段界定和规范集体和农民之间的土地经济关系，农民在农村改革后实际获得的土地承包经营权得到了法律的直接界定和保护。《中华人民共和国土地管理法》在1998年修订后，补充了新的条款，将过去随意的土地调整限制在一定的条件之下。但也应指出，这部法令仍然存在明显的缺陷，因为只要2/3以上村民或村民代表同意，其他村民受到法律保护的土地承包经营权就可以被剥夺，显然，这是一种"合法的剥夺"。该法使社区组织依法享有农村集体土地的发包权，并能依法通过一定的程序调整农户的土地承包经营权，这种集体所有的、以前没有明确界定产权的土地制度和土地承包经营权的不稳定导致乡镇政府和村社区组织掌握了土地产权束中的让渡权和处置权，即调整土地资源的权利和对外交易土地资源的权力。

　　由于社区集体与农户签订的承包合同规定的农民的权利和义务不规范、不统一，合同缺乏可操作的自我实施机制和外部监督机制。为了保护农民的利益不受侵犯，2001年12月30日，中共中央发布了《中共中央关于做好农户承包地使用权流转工作的通知》，并规定该《通知》一直要传达到村一级。《通知》指出，中央的政策十分明确，不提倡工商企业长时间、大面积租赁和经营农户承包地。同时还明确："不能用少数服从多数的办法强迫农户放弃承包权或改变承包合同。"2002年11月5日，《人民日报》在头版刊登了该《通知》，即通过中央文件的形式公开对现行法律进行了修正。2003年实施的《中华人民共和国农村土地承包法》对土地发包方和承包方的权利和义务、承包期限和承包合同、土地承包经营权流转等做了严格规范。第26条规定："承包期内，发包方不得收回承包地。"第27条规定："承包期内，发包方不得调整承包地。承包期内，因自然灾害严重毁损承包地等特殊情形对个别农户之间承包的耕地和草地需要适当调整的，必须经本集体经济组织成员的村民会议2/3以上成员或者2/3以上村民代表的同意，并报乡（镇）人民政府和县级人民政府农业等行政主管部门批准。承包合同中约定不得调整的，按照其约定。"第33条规定："土地承包经营权流转应当遵循以下原则：（一）平等协商、自愿、有偿，任何组织和个人不得强迫或者阻碍承包方进行土地承包经营权流转；（二）不得改变土地所有权的性质和土地的农业用途。"但是，在土地流转形式上，土地抵押仍然受到限制。

　　《中华人民共和国农村土地承包法》的目的是规范农村集体经济组织内部土地

发包方（村组干部）和承包方（普通农户）之间的经济关系，保护农户的承包经营权。但对农用土地被征用、转为非农用地的过程中，如何保护农民的经济权益这一重大问题，该法并未涉及。

（三）在土地征收和农地转用环节，农民的土地产权仍然没有获得公正待遇

在国家对农民土地利用的指令性计划控制，如种植面积控制等解除的同时，国家对农村土地利用的规划管理和土地用途管制逐步得到加强。对土地利用进行规划管制是市场经济国家的通行做法。可以说，改革开放后，我国城乡建设用地市场的发展使土地利用规划管理和土地用途管制变得越来越重要。但是，问题是中国长期实行农地统一征收的建设用地取得制度，在确立土地利用规划管理和土地用途管制制度后，农地统一征收制度与土地用途管制制度相结合，土地征收逐步成为政府统一控制农地转用的基本手段。

《中华人民共和国宪法》规定："国家为了公共利益的需要，可以依照法律规定对土地实行征收或征用。任何组织或个人不得侵占、买卖或者以其他形式非法转让土地。"按照现行法律，农民社区集体不拥有让渡土地权属的权利。在农地改变用途时，要先按照国家建设征用土地的规定对土地实行征收，将其收归国有，该社区的农民除按政策规定获得低的补偿外，不能分享农地转为非农用地所获的增值收益。但"公共利益"实际上很难界定，有些情况是以国家、社会、公共利益为名，实际上行的是部门或集团的既得利益之实。公共利益相对应的是公共产品，于是稀缺的生产要素土地就变成了廉价的公共产品，对农民的剥夺随之合法化了。

由于我国农地价格表现为具有政府强制性的征地费，征地费普遍较低，大约相当于真正的农地价格（即农地收益资本化的价格）的 50%，所以实际的城市生地价格与实际的农地价格（征地费）的差价不仅包括"农转非"增值，而且还包含了部分农地价值。这样造成的实际后果是，低价征用农地使农村集体利益受损，协议出让规划建设用地使国家利益受损，农村集体和国家损失的利益成了房地产开发公司的额外收益。

2004 年 10 月，国务院出台了《关于深化改革严格土地管理的决定》（国发〔2004〕28 号）。此后又规定，征地管理实行必须执行规划计划、必须充分征求农民意见、必须补偿安置费足额到位才能动工用地、必须公开征地程序和费用标准及使用情况的"四个必须"；要推进征地制度改革，完善征地补偿安置制度；落实国务院关于将部分土地出让金用于农业土地开发的要求，各地普遍加大土地开发整理力度。这些措施仍然停留在政策层面，特别是没有打破现行的农地转用统征制度。虽然《农村土地承包法》规范了农村集体经济组织内部土地发包方（村组干部）和承包方（普通农户）之间的经济关系，从法律上界定和保护了农民在土地承包、内部流转等方面的土地权益。但是，在农地转用和土地征收环节，农民的土地产权

仍然没有获得公正的待遇和严格的法律保护。

（四）最严格的土地管理和耕地保护制度仍然没有建立起来

中国作为发展中的人口大国，在城镇化进程中面临如何保护好农民特别是失地农民土地权益的挑战同时，将不可避免地面临保护耕地资源和林地、湿地等生态资源等方面的挑战。在政府主导型的经济下，地方政府具有转用农地的利益激励和操作便利，如何建立和完善最严格的土地管理和耕地保护制度是一个远没有解决的问题。在农地转为非农用地方面，土地市场管理的法律法规和各项制度未能有效落实，政府对土地市场的宏观调控还不够有效。一些地方违反规划和用地审批程序，擅自下放土地审批权，特别是开发商与乡（镇）、村违法私自签订用地协议，圈占土地搞房地产开发，严重影响和干扰了国家对土地供应总量的控制和耕地保护目标。不同区域之间，为创造政绩吸引投资，竞相压低地价，造成土地资源浪费、土地资产流失。

近年来土地市场突出的一个问题是地方违规乱设各类园区，严重冲击了土地供应总量控制和集中统一管理制度，扰乱了正常土地市场秩序。有的地区至今仍沿用计划经济时期的基建程序，通过计划立项、规划定点先行确定土地使用者，以计划立项取代土地审批。土地的后置审批，客观上造成了被动供地局面，影响了经营性土地使用权招标、拍卖、挂牌出让制度的有效实施。

一些地方的农民受利益诱导也变相违规私下转用农地或超占宅基地。《中华人民共和国土地管理法》规定，农村村民一户只拥有一处宅基地，其宅基地的面积不得超过省、自治区、直辖市规定的标准。有了这个法律，农民便想办法去积极地"分户"。于是出现了乡村人口的数量增长是负数，但农户的数量增长是正数的现象。

为什么对土地的开发管不住？一些学者早已指出问题的症结，认为对土地的管理就如同反腐败一样。腐败的收益很高，成本却很低。拿农民的地搞开发，将农地转为非农用地，收益高，成本却很低。地方政府追求政绩的冲动具体体现在投资冲动上。中国的经济仍是政府主导型的经济。地方政府主导型投资是中国前一段时期投资过度扩张的主要拉动力量。投资资本必然要与土地相结合，必然要占用农田。这就出现了"上有政策，下有对策"。如上项目，能促进经济增长，创造就业，增加财税收入；如搞房地产开发，政府可以分享土地的增值收益。地价偏低，一方面使开发商土地需求膨胀，导致土地在转用和进行基础开发后闲置以及商品房大量空置；另一方面使我国房地产开发利润率偏高，这不仅刺激了开发商不顾市场行情盲目开发商品房，而且增加了开发商对商品房空置的承受能力。而对地方政府来说，在现有的政治体制和政绩考核机制的背景下，他们最优的选择就是以地生财，经营城市。

二、解决农村土地制度问题的几种设想

农业税取消之后，相当一部分地方政府相应出现的财力拮据，使各个利益相关方更把目光集中在农村的土地上，无论是地方政府、村、组，还是农户，各方面都把眼光盯在农村属于农民集体所有的那点地上。改变土地用途，借地生财，这是很多地方试图走出财政困境的手段。这方面的行为对农村的社会秩序带来很大的隐患。2005 年，很多地方的群体冲突事件，多数集中在土地问题上，尤其是在征地问题上围绕土地出让金分配上的冲突，有的已酿成了恶性事件，这样势必给社会带来更大的动荡和不安。为解决农村土地制度问题面临的困境，研究者们提出几种思路：

（一）土地所有权归农民，真正做到"耕者有其田"

赞成土地所有权归农民的研究者认为，从长远看，如果农民能够作为土地所有者进入市场，将使政府获取土地资源的成本大幅度上升，这是从根本上遏制政府对土地资源肆意掠夺的治本之策。

（二）土地国有，农民有田面权

有的学者提出："建议改变土地集体所有制，实行土地国有，由农民长期使用的新体制。"（杜润生，2004）

有的学者提出总的设想："农村土地同城市土地一样，全部归国家所有，实行土地国有化；但农村土地的使用权和支配权应交给农民及其家庭，使其自行经营和支配，不规定年限，农民可以将土地使用权和支配权出租、转让、抵押、赠送、遗传。"（何炼成、何林，2004）

（三）在现有农村土地集体所有制的框架内进行改革

有的学者认为，在现有制度框架内，进一步弱化集体所有权，强化农户承包权，是一种既有效又稳妥的办法。这种承包权把占有、使用、收益和处分权都给了农户，农户成为实在的而不是名义上的土地主人。这就从根本上解决了保护农民在土地上的权益问题，也使耕地保护有了真正的主体。

在现有制度框架内的一些讨论集中在农村土地承包经营权的性质问题，也就是近年中央确定的新农村土地政策所带来的农村土地制度的变化问题。学术界对于农村土地承包经营权的性质的认识，存在着三种观点：一是物权说；二是债权说；三是由债权向物权转化说。占主流的观点认为，农村土地承包制合乎理论逻辑和实践要求的改进创新方向应当是积极推动农村土地承包经营权的物权化。

三、"战利品归谁"

变更土地所有权的思路面临一个关键问题：在现在的环境和背景下，土地所有

权归农民，会产生什么样的后果？农民是否能真正行使其所有权？是否真正能实现"耕者有其田"，究竟谁能成为农村土地的最终所有者并进入市场进行土地交易？

土地制度的变迁要估算变迁的收益和付出的成本；但另一个更重要的问题是谁能获得收益，谁将支付成本？中国改革以来老百姓最不满的最不公平的现象就是一部分人或集团只享受改革的收益而不支付成本，另一部分人或集团只支付成本却享受不到改革的收益。正如俄罗斯的改革所揭示的，"这场争斗的核心也是一切革命的核心：战利品归谁？"

突破原有制度框架的农村土地制度变迁的利弊现在还只是在理论上进行阐述。有的研究者以国有企业产权改革的后果来质疑土地私有化。实际上，更具有可比性的应该是 20 世纪 90 年代后期大力推行的乡村集体企业的产权改革。

在乡村集体企业产权改革的进程中，以集体企业领导人为一方，面对的不是全乡镇或村的社区成员，而是乡村干部，是双方的一种讨价还价的博弈过程，其结果取决于双方的实力、谈判地位。在谈判过程中，名义上的所有者（社区农民）往往是被排斥在这一进程之外的，最终的战利品也是在博弈的双方之间瓜分的（张晓山，1999）。

当前，尽管有法律为保障，但农民的土地承包经营权在一定程度上还是一种个人权利，而不是财产权利，也就是所说的社区集体的成员权。在承包期内调整土地的激励并不完全来自于村干部，也有的是来自于个人权利没有实现的人群。如农村土地制度有大的变革，错综复杂的利益格局将决定围绕土地的争斗将更为惨烈，战利品最终归谁？究竟谁能成为土地的最终所有者并成为土地市场的交易主体？

四、农村土地制度变革的展望

世上没有绝对的权利，权利总是与义务相连，所有权亦是如此。但在中国农村土地问题的现实却是，农民往往只有义务，权利并不与义务相连。由于较大和较激烈的农村土地制度变迁的制度收益与制度成本之间的关系，目前仍难确定，在深化改革的进程中，探索农村集体的成员对农村土地的财产权利的不同实现形式，是可行的具有操作性的制度变迁的方式。这种探索对农民来说既是至关重要的经济问题，也是政治问题。可以说，农民对土地的财产权利的实现过程，也就是土地要素逐步市场化的过程。

目前，中国农村的土地集体所有制实际上有乡镇、村、组这些不同的土地占有形式。农村集体土地的使用也可以大体分为两大类型：其一是农业用地，有耕地、林地、养殖用地及水面等。从经营方式上分，也可以分为承包地、自留地、买断使用权的"四荒"地，等等。其二是建设用地，包括宅基地、企业用地、水利用地、道路用地，也包括学校、幼儿园、养老院、公共娱乐设施等公益事业用地，等等。

既有乡（镇）集体所有，也有村（组）集体所有。所以，要依据农村土地的不同用途和用途的改变所涉及的人群来具体分析其财产权利的实现形式。

第一，征地作为国家的强制性权利，应严格限制于"公共利益需要"。经营性用地，不能动用国家的强制性的征地权。即使是强制性的征地，也必须遵守"征地按市价补偿"的基本原则，按市场形成的集体建设用地价格，给农民以补偿，以保障被征地农民的利益。

对失地农民的具体补偿措施已多有论述。有一种意见反对农用地转为建设用地的增值全部归于被征地农民的主张，认为"这种农用地转为建设用地的增值收益归于国家，用于社会，这是世界各国普遍采取的原则"。实际上，如果要把被征用土地的增值收益都留给当时作为交易一方的那部分农民，使他们暴富，成为食利者阶层，这也不符合社会公平原则。许多学者只是强调在土地的增值收益中应该给被征地农民以合理的补偿，对于失地农民来说，他们失去的既是他们赖以为生的生产资料，也是他们唯一的生活保障资料，所以补偿原则应是既要保障他们的生存权，也要保障他们的发展权，除了合理的补偿外，对于劳动年龄人口要给他们提供就业培训和就业机会，将他们纳入城镇失业和低保体系之中。无论劳动年龄人口还是老年人，都要纳入城镇养老保障体系之中。有的学者提出农地转非自然增值公平分配的基本政策原则，即"充分补偿失地农民，剩余归公，支援全国农村"。我赞同这一原则，当然如将其真正落实，仍存在许多难点。

第二，集体建设用地入市。对于农村集体建设用地的研究，目前尚未充分展开。随着农村市场经济的发展，农村建设用地中存在的问题也日益显现，由于农村集体土地的权利主体尚不清晰，土地所有人和土地使用权人之间的权利关系也非常模糊，导致农村建设用地在使用方面存在许多问题。有一种改革的思路是经营性用地不征为国有，在政府有关部门批准的农地转为非农用地的前提下，允许集体建设用地入市。让农民通过土地市场平等地进行交易，发展二、三产业，从中获取土地级差收益。2005 年 10 月 1 日起，《广东省集体建设用地使用权流转管理办法（草案）》（以下简称《办法》）正式实施。《办法》允许在土地利用总体规划中确定并经批准为建设用地的集体土地进入市场，方式可以是出让、出租、转让、转租和抵押。这意味着，广东省农民手中的农村集体土地，将以与国有土地同样的身份——同地、同价、同权，进入统一的土地交易市场。根据新的规定，农村集体建设用地使用权流转的收益，其中 50% 左右应用于农民的社会保障安排；剩余的 50% 左右，一部分留于集体发展村集体经济，大部分仍应分配给农民，并鼓励农民将这部分收益以股份方式，投入发展股份制集体经济。

但是，即使是主张集体建设用地入市的一些学者也清醒地指出，《办法》仍只是一项探索性方法。它要能真正贯彻实施，还需要出台一系列配套措施，而且，

《办法》可能引发新的利益调整。农地入市，实际上对村干部和农民都构成激励，谁来代表集体行使权力？村干部可能会规避规划、违规违法流转等，谋求增加自己和集体的收益，如果规划管理不到位就会导致耕地流失。集体出让土地容易拉大各村、组之间的收入差别，激化用地规划管理上的矛盾，因此，《办法》的实施还要解决好公平问题。《办法》在其他方面也还存在诸多缺陷。

第三，在农用地规模经营和集体建设用地入市的进程中，将农民的土地使用权股权化，探索土地股份合作制广泛推行的可行性。

五、"娜拉走后怎样"

挪威剧作家易卜生曾写过一个剧本《玩偶之家》，描写一个叫娜拉的家庭妇女不甘于在家庭中处于傀儡的地位而弃家出走。鲁迅为此写过一篇杂文，探讨娜拉走后会怎样？他的判断是：不是堕落，就是回来，因为她没有经济权。所以必须要经济权（《鲁迅全集》第 1 卷，158 页）。

农民对土地财产权利的实现形式的种种探索则必须要有农民政治上的民主权利的落实为保障。在村一级，需要通过制度创新，在议政和行政之间建起一种民主制衡的机制。正如有的学者指出的，为了真正保护好农民的土地权益，如何加强现阶段土地法律上的所有者——村、组集体的民意基础，使其成为真正代表农民利益的权利主体则是更紧迫的任务。村民代表会议制度如果得以推广，各地村集体的治理结构将逐步合理化。这将大大提高农民的集体谈判能力，成为农民抵制外来不合理剥夺的有力武器。没有村民代表会议或者村民全体会议的表决通过，任何集团和个人都不能剥夺农民的土地。做到了这一点，使村干部由和企业、地方政府合谋，转为受社区成员监督，这样才能保护农民的合理权益，缓解目前大量存在的被激化了的矛盾，维护农村社会的长期稳定。

农民对土地的财产权利的实现必须要与农民民主权利的实现相结合。农民的民主权利意味着群众对公共事务享有知情权、参与权和决策权，有较完善的法制，可操作的法律执行程序，低廉的打官司成本等，它与农民对土地的财产权利是一个问题的两个侧面。人们的物质利益要靠民主权利来保障。民主权利随着人们物质利益的实现而越来越受到农民的重视。当集体的财产（首先是土地）的处置方式，能与普通村民的利益直接挂钩，村民就有激励去参政、议政，参与决策。因为他们清楚地知道，没有政治上的民主权利作为保障，他们即使已经得到的经济利益、已经落实或将要落实的对土地的财产权利也很容易被剥夺。这种物质利益与民主权利的互动将是一个漫长的过程。

如果说，一个健全的并能保护民众合法权益的法治秩序、一个发育良好的公民社会、一个权力有限的服务型的政府是构筑好的市场经济的不可或缺的要素，那这些要素同样也是农村土地制度变迁能否取得成功的不可或缺的要素。在缺乏这些要素的坏的市场经济的条件下，无论是哪一种公平的起点（土地私有；国有永佃；土地集体所有，农户有承包经营权）所具有的农户的小规模均田制，通过较大和较激烈的农村土地制度变迁，都会到达不公平的终点（不是市场竞争的结果）。交易越容易，这种进程就越快，也就意味着对相当一部分农民的剥夺越容易。

参考文献：

1. 党国英：《当前中国农村土地制度改革的现状与问题》［M］，北京：社科文献出版社，2005。

2. 黄小虎：《论土地在社会主义市场经济中的宏观调控作用》［J］，中国地产市场，2004（2）：27。

3. 温铁军：《"市场失灵＋政府失灵"：双重困境下的"三农"问题》［J］，读书，2001（10）：22。

4. 李昌平：《我的困惑——"三农"寻思录之一》［J］，读书，2002（7）：3～10。

5. 杜润生：《为了农业增产，农民增收》［J］，读书，2004（4）：17。

6. 何炼成、何林：《实行农地制度国有化的设想》［J］，红旗文稿，2004（3）：28。

7. 张晓山：《乡村集体企业改制后引发的几个问题》［J］，浙江社会科学，1999（5）：21～27。

原载《学习与探索》，2006年第5期

国家目标、政府信用、市场运作
——我国政策性金融机构改革探讨

李 扬

随着中国改革开放事业的不断推进，按照市场化的要求来进一步改革和完善我国的金融体系已经势在必行，其中，积极推动政策性金融和政策性金融机构转型，是重要内容之一。

一、市场经济仍然需要政策性金融和政策性金融机构

从世界各国的情况来看，改革传统的政策性金融和政策性金融机构已成趋势。改革的方向也很明确：就是抛弃那种仅仅着眼于"社会效益"，不强调经营业绩，不按照市场规律运作，以及过分依赖财政性补贴和行政性运营的模式，转而让政策性金融机构和政策性金融活动在市场上寻求自己的安身立命之地。毫无疑问，我国政策性金融及政策性银行的改革，应当顺应这一世界潮流。

目前社会上关于改革政策性金融和政策性金融机构的各种讨论，比较多的还是集中在为商业性金融和政策性金融"划分地界"上：人们总是希望能有一种明确的界定，让商业性金融机构和政策性金融机构能够各负其责，各安其位。我们认为，这种划分当然有一定的必要，但是，考虑到我国经济的市场化改革逐步深入，以及几乎所有的投资领域的"准入"均已放开的具体条件，要清楚地找到这种界限恐怕十分不易。因此，在推动政策性金融机构转型的过程中，我们或许更需要讨论的是：完备的政策性金融体系究竟应当实现怎样一些功能，以及这些功能应当如何顺应市场经济体制的发展来寻找其适当的形式和载体——只有认真回答了这样一些问题之后，政策性金融的转型才有依据，否则仍有不得要领之虞。

我们认为，一个完备的政策性金融体系应当包括四个要素，即：开发性金融、支持性金融、补偿性金融和福利性金融。

所谓开发性金融，就是通过政府发起设立的金融机构的活动，一方面，以政府信用来弥补市场信用缺失、体制不完善、储蓄转化为投资的渠道不畅等"市场失灵"的缺陷；另一方面，依据商业性金融的原则来实施政策性金融活动，以最大限

度地淡化传统政策性金融的行政化色彩，避免"政府失灵"。在中国面临体制转轨和经济增长双重任务的时期，开发性金融应当主要定位于关系经济增长、国计民生与社会进步的基础设施建设、环境可持续发展、城市化与市政融资、居民住宅市场发展、推进科技发展、技术创新及其产业化等方面。

　　所谓支持性金融，就是通过政策性金融机构的活动，充分反映出政府期望促进发展经济体系中的特定部分、特定领域等的政策意图。支持性金融与开发性金融的定位有所不同：后者着眼于弥补各种客观存在的"市场失灵"，而前者则致力于实现政府对于经济社会发展的总体利益取向。根据国际经验和我国国情，我国的支持性金融发展应当更多考虑进出口业务、支持我国企业"走出去"的经济活动、高新科技产业化和中小企业发展等领域。

　　所谓补偿性金融，就是通过政策性金融机构的活动，来弥补某些弱势或幼稚产业的不足，并对特定弱势群体的经济活动进行利益补偿。补偿性金融与开发性金融的定位有所不同，后者强调了通过政策性金融手段来全面促进整体经济效益的提高，而前者则更强调对因产业结构的非均衡所造成的效率损失进行弥补，并以此来促进这些弱势产业的发展。在这个意义上说，补偿性金融是国家财政政策的有力补充。从目前情况来看，我国的补偿性金融应当集中于利用各种手段来促进"三农"问题的解决。

　　所谓福利性金融，就是指政府通过政策性金融手段，促进居民生活水平的普遍提高，为实现共同富裕奠定基础。与前三种政策性金融的职能相比，福利性金融更强调的是市场经济条件下的公平问题，即政府通过政策性金融手段来弥补主要追求效率的市场竞争带来的社会福利损失。例如，设立专门的政策性金融机构，为特定人群，如失业下岗人员、退伍军人、伤残者等弱势群体的再就业提供资金支持，鼓励其创业行为，用以缓解基本社会保障体系的压力。

　　如果从上述角度来认识政策性金融的功能，那么，正确的命题就显然不应是随着社会主义市场经济的发展而逐步取消政策性金融，而应是在新的条件下推动政策性金融转型，使之成为市场经济条件下多样化金融体系中的一个有机组成部分。

　　推进我国政策性金融及政策性金融机构的转型，是一个相当复杂的问题。为了有所借鉴，在下文中，我们不妨首先分析国内外的两个案例。

二、案例一：美国政策性住宅金融体系的发展

　　在人们的印象中，美国是一个市场化程度极高的国家，据此，人们很自然地认为，在那里，根本不应有任何政策性金融和政策性金融机构的存在。这是一个极大的误解。事实上，在美国，只要涉及国计民生（如农业、居民住宅）和国家对外发展战略（如进出口、对外投资）的领域，都有十分强大的政策性金融体系或政策性

金融活动存在着。限于篇幅，以下我们仅以住宅金融为例来做说明。

众所周知，住宅市场是一个特殊的市场。一方面，住宅在性质上属于"私人品"，因此，从理论上说，公民应当使用自己的收入来购买或租用住宅，以满足自己的住宅消费需求；另一方面，住宅又是基本的民生品，"居者有其屋"因而成为每个公民的基本权利，国家则有义务保障公民的这一权利。基于这种多重性质，在世界各国，住宅市场均成为政府积极参与和干预的市场之一，因此，住宅金融也顺理成章地成为各国政策性金融机构活动的主要领域。

各国政府之所以积极地参与和干预住宅市场的运行，是还因为住宅市场是一个蕴涵多种风险的市场。概括地说，其中的主要风险包括：信用或违约风险、抵押物或财产风险、流动性风险、期限"不匹配"风险和提前支付的风险等。应当说，以上所列种种风险，或多或少为所有的金融活动所共有，然而，由于住宅金融（特别是抵押贷款）具有规模大、期限长的特点，流动性风险便成为其最大的风险。因此，通过政策性金融活动来稳定市场，通过一系列金融创新来提高抵押贷款的流动性，便成为防范和化解房地产金融风险的主要任务。提高抵押贷款的流动性的根本途径，是为抵押贷款创造发达的二级市场。美国的经验显示：开拓抵押贷款二级市场的最富有创造性的制度和工具创新，就是推行抵押贷款证券化。从本质上说，所谓抵押贷款证券化，就是将缺乏流动性但其未来现金流可预测的住房抵押贷款进行组合建库，以贷款库内资产所产生之现金流作为偿付基础，通过风险隔离、资产重组和信用增级，在资本市场上发行住房抵押贷款债券的结构性融资行为。

鉴于"让每一个美国家庭拥有体面的住房"是公民的基本权利，而住房市场又是个风险极大的市场，美国政府便把促进并稳定住房市场作为其政策性金融活动的重点领域之一，并为此设计了一套精巧的制度安排，且投入了巨资。

早在1938年2月，美国政府就在"重建金融公司"的旗下，由政府全资出资1000万美元成立了联邦国民抵押贷款协会（FNMA，房利美），专事抵押贷款的买卖和抵押贷款证券化业务。用任何标准来衡量，房利美都是一个典型的政策性金融机构。在最初运行的几十年里，该公司扩充资本金的主要来源有二：一是向财政部发行无投票权的优先股，二是向私营机构发行普通股。20世纪中期以后，发行债券则成为另一个主要的资金来源。

基于稳定住宅市场的目的，房利美在抵押二级市场中最初的运作便集中于贷款的批发买卖，继而集中于抵押贷款的证券化。房利美在抵押贷款市场上的买卖活动与一般商业性机构不同，它是"逆风向而动"的，即当市场利率走高、私人住宅信贷机构资金短缺时，房利美以债务融资方式筹集资金并购进抵押贷款，从而向金融机构注入流动性；而当市场利率下降、金融机构资金充裕时则出售抵押贷款，以抵押贷款买卖的"差价"来清偿债务。历史事实显示，由于房利美的有效活动，美国住宅抵押贷款市场的流动性得以大大提高，市场波动也因此大大降低。而且，由于拥有资金规模大、期限长、成本低的优势，房利美很快就成为一个获利丰厚的政府设立金融机构。

特别值得注意的是：通过房利美上述买卖抵押贷款及相应的证券化活动，美国政府创造出一种通过间接手段来调控房地产市场的有效机制。这归因于房利美的特殊的运行模式。同一般私营机构相反，房利美的经营模式是"逆风向而动"，其经营方式则类似中央银行的公开市场操作。即在市场萧条时，它通过自己的购买行为向市场"注入"资金；而在市场繁荣时，它则通过自己的销售活动从市场中"抽回"资金。基于这种经营模式，房利美便有了调控房地产市场的独特功能。从理论上分析，这种功能与中央银行在整个金融市场中的"最后贷款人"功能有异曲同工之妙。

由于政府机构的先导作用，美国的住房抵押市场有了长期稳定的发展。从20世纪70年代开始，大量私营金融机构逐渐进入抵押贷款二级市场，它们主要致力于以大额住房贷款为基础进行抵押贷款证券化。

顺应住宅市场及住宅金融体系的发展变化，美国政府"与时俱进"，从70年代初期开始，对有政府背景的抵押贷款证券化公司进行了较大的改革。其内容主要包括：第一，根据《住宅与城市发展法》，房利美被分拆为两大公司：一个是政府全资的公司——政府国民抵押贷款协会（GNMA，吉利美），另一个是以盈利为目的的私营股份制公司，但仍沿用房利美的名称；第二，1970年，根据《紧急住宅金融法》，美国又成立了联邦住宅抵押贷款公司（FHMLC），该公司通过发行无投票权普通股筹集资本金，主要负责节俭型机构（如住房信贷协会、储蓄贷款协会等金融机构）住宅抵押贷款的证券化。

经过多年的发展，目前美国的住宅抵押二级市场便形成了三足鼎立的市场格局，即：政府机构（GNMA，专营政府担保的抵押贷款证券业务）、两家政府发起设立的私营机构（FNMA、FHMLC，专营常规抵押贷款证券）和私营机构（专营大额抵押贷款证券）。截至2003年底，全美国住房抵押贷款证券余额为53091亿美元，其中，政府国民抵押贷款协会（GNMA）占11.1%；联邦国民抵押贷款协会（FNMA）占42.3%；联邦住宅抵押贷款公司（FHMLC）占31.1%；各私营金融机构占15.3%。显然，政府机构和准政府机构在市场中占据绝对统治地位，其市场总份额达到84.7%。

特别值得注意的是：FNMA和FHMLC虽然在产权上已成为私人机构，但依然享受着政府提供的一系列优惠政策。例如，两公司发行的抵押贷款证券可减免美国证券交易委员会的登记审批，收益可减免州和地方税；两大公司发行的证券是联邦监管机构合法的投资工具；它们的证券可以获得央行提供的记账、发行、清算服务；两公司发行的证券的风险资本权重为零等，尤其重要的是，在必要的情况下，两大公司可以分别得到最高达到 25 亿美元的财政资金支持。换言之，尽管已经基本上在产权上完成了从纯粹的政府金融机构向私人金融机构的转变，这两家公司依然是美国政府的政策性金融机构。

这种政策性主要体现在：与政府持续提供一系列政策性支持相对应，这两大公司必须完成政府设定的三大住宅政策目标：

1. 为中低收入家庭住宅信贷服务。在这两大机构每年购买的抵押贷款中，购房者收入等于或低于当地中等收入水平的贷款应占一定的比率。该比率由联邦住宅与城市发展部审定，1993～1995 年，中低收入户贷款所占比率为 30%，1996 年为 40%，1997～1999 年为 42%。

2. 为特定地区的住宅信贷服务。所谓特定地区，是指少数居民聚集且私人抵押信贷拒绝率较高的地区。政府要求两大机构增加购买和持有这类贷款的比重。这类贷款占公司业务的比重 1993～1995 年为 30%，1996 年为 21%，1997～1999 年为 24%。

3. 为特殊群体实现可支付住宅目标服务。两大公司按规定购买的住房贷款中，低收入住宅抵押贷款和低收入多户出租房屋贷款应占一定的比例。其中，低收入住宅抵押贷款中，借款人收入等于或低于当地中等收入 60% 和 80% 的贷款应占一定的比例。

从美国住宅金融体系演变的经验中，我们可以得出一些重要启示：

第一，为了推动抵押贷款的证券化，借以实现"让每一个美国家庭都有体面的住房"的政府目标，美国政府直接创造出一种政府通过间接手段（类似公开市场操作）来调控抵押贷款市场的有效机制。而这种间接调控机制的关键之点，在于依法设立若干由政府出资或有政府背景的金融机构。

第二，由于这些机构是以政府信用为背景的，这使得它们能够以最优惠的条件从市场上筹集必要的资金；这种机构又是完全按照市场原则来经营的，它像一般的金融机构那样在市场上从事正常的经营活动，并从中获取应有的利润；这种机构的经营又是服从国家总体目标的，那就是，其市场运作完全以为全体公民获得体面住宅的国家目标服务。

我们认为，在美国政策性住宅金融机构发展变化中体现的上述基本原则，可以成为改革我国政策性金融体系的借鉴。

三、案例二：国家开发银行的转型

恐怕无人否认，即便用纯商业性的标准来衡量，国家开发银行都是一家"好银行"。当然，很多人也因此诟病开发银行，说它抢走了商业银行的生意，完全脱离了政策性银行的发展轨道。我们无意介入这种争论。在我们看来，国家开发银行之所以成为"好银行"，关键在于它比较早地意识到传统政策性银行的弊端，并且比较好地实现了向现代政策性银行的转型。

我们认为，为了实现这种转型，国家开发银行在如下六个方面的努力是值得称道的。

第一，全面推行现代银行的一套经营理念、经营机制以及组织体系。这是开发银行的一个非常突出的方面。比如说，长期以来，在我国传统的银行管理中，受到强调的是两张表，即资产负债表和损益表，据我们所知，正是国家开发银行率先在这两个表的基础上引进了现金流量表，而现金流量表对于现代金融机构的运行来说，其重要性无论怎样强调都不过分。再如，在中国的金融机构中，还是国家开发银行率先引进了以风险管理为核心的管理理念，并以此来统领各项业务。我们知道，从1961年开始到1998年的几个巴塞尔协议（其中最著名的是1988年的《关于统一国际资本衡量和资本标准的协议》和1998年的《资本计量和资本标准的国际协议：修订框架》），以及2002年我国银行监管当局提出的银行管理的新理念，都是以管理金融风险为核心的。但是，在中国，在绝大多数银行那里，以风险管理为核心的管理理念，直至今天还不能说已经牢固地树立，更遑论成为银行管理的核心。而国家开发银行早在20世纪末便引入了风险管理的理念，并较早就建立了以管理风险为核心的管理机制，不能不说是走在了我国银行业改革的前列。

第二，在整个经营过程中加强制度建设，特别强调信用制度建设。银行的任务不应只是贷款，而应是通过贷款，推动贷款对象的制度变革。特别是在中国现有条件下，后一任务可能更为重要。认识及此，开发银行十分注意对项目的评估，并且很早就确立了一套针对借款性质、用途和使用情况相对应的偿还机制。不仅如此，透过贷款安排，该行还致力于帮助借款者熟悉这套理念和机制。这种做法也值得称道。

第三，贷款的对象紧紧扣住中国工业化和城市化过程中最主要的经济领域。无论是"两基一支"，还是城市基础设施的建设，都是中国工业化、城市化过程中最主要的经济内容。由于容易受到经济周期的强烈影响，这些领域中的融资活动风险既大，融资安排也相当复杂。历史显示，在这些领域中，依然还是开发银行率先进入。当然，自2002年底以来，这些领域已经炙手可热，有人更据此认为开发银行占据了商业银行的领地。对于这些批评我们不愿置评。但是，回顾历史应当能够看到这样的事实：在开发银行大规模进入这些领域时，几乎没有商业性金融机构敢于厕身其间，也是一个不可否认的事实。

第四，坚持按照市场规则在市场上筹集资金。众所周知，国家开发银行的主要资金来源于其发行政策性金融债券的收入，尽管发行政策性金融债券最初是一种排他性的行政性安排，有一定的优惠含义，但是，毕竟我国债券发行利率的市场化改革是从开发银行的债券市场上起步的。

第五，充分挖掘政府在整个信用体系建设中的作用。从理论上说，政府比较多地介入金融活动不应成为我们的目标模式。但是，如果考虑到中国的国情，考虑到政府管理经济的格局恐怕再有十年、二十年都很难改变的前景，我们就必须充分认识到，在保证企业守信和构建地方诚信体系的过程中，我们必须设法让各级政府发挥积极的正面作用。这意味着，在今后的一个相当长时期中，主动、积极并及时地同各级政府进行沟通，利用他们对地方经济的熟悉和管理能力来控制融资过程中的风险，应当是各类金融机构花精力去探讨的重要事情。

第六，不断推动融资技术的创新。应当承认，在过去一段时期中，在融资技术创新方面，开发银行在国内也是走在前列的。例如，在对地方政府的基础设施贷款中推行"打包贷款"，就是在中国特殊制度条件下的一项金融创新。尽管对这种业务活动至今仍有诸多争议，但是，如果从现代金融学的观点出发，从"打包"的安排下所体现的"结构性金融"的理念出发，我们就应当承认，这是一种值得肯定的具有中国特色的金融创新。须知，打包贷款以及类似的安排，正是体现了现代金融中所谓"结构金融"的要点，它通过一个"贷款池"的安排，对各单个贷款的风险和收益特征进行了重组，从而从根本上保证了贷款的整体安全和流动性。我们看到，正是诸如此类的创新，使得开发银行得以进入一个潜力极大的融资领域。如果考虑到在我国目前的体制条件下，一些在市场经济国家中惯常的融资工具（如市政债券）不能被采用的具体情况，这种创新就更有意义了。

我们认为，国家开发银行在 1998 年以来的实践中，在组织上强调现代治理结构的完善，在贷款对象选择上紧紧扣住国计民生，在内部管理上强调风险管理为核心，在资产负债业务中较早进入市场化的轨道，在融资技术上突出金融创新，等等，使得它事实上已经开始并部分地完成了从传统政策性金融机构向现代政策性金融机构的转型。他们的经验是值得肯定的。

四、国家目标、政府信用、市场运作：政策性金融机构改革的方向

通过以上两个例子，我们事实上已经对我国政策性金融机构的转型方向及主要内容进行了探讨。

我们主张用"国家目标、政府信用、市场运作"来概括市场经济条件下政策性金融和政策性金融机构的改革方向。所谓国家目标，指的是政策性金融活动和政策性金融机构不应像商业性金融机构那样以股东利益为立足点，从而也不应以利润最大化为其经营目标，而应以政府设定的着眼于全社会的结构调整、经济发展、社会

安定和金融安全为立足点，以追求社会利益最大化为目标。所谓政府信用，一方面指的是政策性金融活动和政策性金融机构的信用地位是从政府那里自然衍生而来的情况，同时也指的是它们不应像纯粹商业性金融机构那样完全在市场上竞争性地取得资金，而应有公共的资金来源，或者，依凭政府的信用去获取低成本的商业性资金。所谓市场运作，指的是它们的管理应当完全脱离开政府行政管理的轨道，而应像一般商业性机构那样，建立完善的内部管理机制，并按照市场经济规律去开展各类业务。

在确认上述基本原则的基础上，我们认为，推动我国政策性金融和政策性金融机构的改革，至少需要解决好如下三个方面的问题。

其一，政策性金融发展的领域。借鉴世界各国政策性金融体系发展演变的经验，考虑到我国今后一段时期工业化和城市化发展的需要，我们认为，我国政策性金融发展的主要领域似可包括："两基一支"贷款、资产证券化和抵押贷款证券化、市政建设贷款、中小企业贷款、高新科技产业融资、支持"走出去"的金融安排、"三农"专项贷款、教育助学贷款、再就业贷款、环境卫生贷款、金融稳定业务、国际金融合作业务等。

其二，政府信用保证。为了保证政策性金融机构完成上述国家目标，需要继续给予它们以政府信用的支持。当然，支持的形式不应仅限于，而且不应主要依赖财政拨款，应当全面鼓励政策性金融机构面向市场筹资。但是，政策性金融机构面向市场筹资，应当获得国家信用等级。这是因为，政策性金融机构是政府设立的机构，是完成国家特殊任务的特殊公法法人机构，其信用自然是国家信用或国家信用的一部分。而且，如果政府希望这些机构从事那些商业性机构不愿意从事的金融活动，同时又不愿意直接出资给予支持，若不在信用上对这些机构给予支持，将会使得这些机构陷入无法运转的窘境，最后还需要国家出面用公共资金来收拾局面。

其三，法律保障。从发达市场经济国家的惯例看，政策性金融机构尤其需要法律的规范和保护，而且，对于政策性金融机构而言，通行的做法是"一行一法"。因此，对于政策性金融机构的立法，需要分别在它们的定位、宗旨、性质、任务和义务、资本构成及补充机制、资金来源与资金运用、赋税减免和其他优惠、内部治理机制、主要领导人的任免、董事会的组成与权力、与政府各相关部门的关系、外部监督等方面，给予明确且具体的规定。值得说明的是，在"一行一法"的体制下，将政策性金融机构等同于一般商业性机构进行监管，可能是不合理的安排，这意味着，建立专门针对政策性金融机构的监管框架，也是我国政策性金融和政策性金融机构改革的内容之一。

原载《经济与社会体制比较》，2006 年第 1 期

全球经济失衡及中国面临的挑战

李 扬 余维彬

一

在刚刚过去的 2005 年中，中国经济发生的最显著变化之一就是：中国同国际经济社会的联系越来越密切，中国在全球经济体系中的地位和作用也得到越来越多的国家认可。大量的事实可以证实这一点。例如，不久前，美国副国务卿在谈到中美关系时，称中国是国际经济社会中的一个 stakeholder，该词的原意，指的是在赌场中掌握很多筹码的人，引申来看，则指的是中国在国际经济社会中已经举足轻重。这个用词表明，尽管美国还不肯承认中国的市场经济国家地位，但实际上已经把中国作为全球市场经济体系中的一个不可或缺的重要参与者。

既然中国已经成为全球市场经济体系中的一个积极的成员，在研究中国的经济发展问题时，我们显然必须具备全球眼光。我们需要研究：全球经济发展的现状及其走势如何，这种态势对中国产生了怎样的影响，以及中国应当如何应对。

最近几年来全球经济发展中最具有全面影响的事态，首推全球经济失衡。2005年 10 月 16 日，第 7 届 20 国集团财长和央行行长会议在中国河北省香河闭幕。引人瞩目的是，围绕"全球合作：推动世界经济平衡有序发展"这一主题，会议联合公报强调：不断扩大的全球失衡风险正在蔓延，这将加剧不稳定性并进一步恶化全球经济的脆弱性；这一局面的改观需要保持全球经济的强劲增长，并充分考虑各方担负的责任；在牢记各方担负之责任的基础上，各方决心实施必要的财政、货币和汇率政策，加快结构调整，从而解决失衡问题，化解风险。上述声明显示，全球经济失衡已经成为当前全球经济发展的一个突出现象，并已引起国际社会的广泛不安。

全球经济失衡是国际货币基金组织近期提出的新概念。2005 年 2 月 23 日，国际货币基金组织总裁拉托在题为"纠正全球经济失衡——避免相互指责"的演讲中正式使用了全球经济失衡（global imbalance）一词。[①] 拉托在演讲中指出，全球经济失衡是这样一种现象：一国拥有大量贸易赤字，而与该国贸易赤字相对应的贸易

[①] 2005 年 2 月 23 日，拉托在 Foreign Policy Association 主办会议上的演讲（会议在纽约召开）。

盈余则集中在其他一些国家。拉托还进一步明确表示：当前全球经济失衡的主要表现是，美国经常账户赤字庞大、债务增长迅速，而日本、中国和亚洲其他主要新兴市场国家对美国持有大量贸易盈余。表 1 记录了 1990～2003 年包括日本在内的东亚各国（地区）对美国经常项目交易的差额。显然，拉托的分析是有依据的。

表 1　东亚各国（地区）对美国经常项目交易净额占各自 GDP 比重　单位：%

	1990	1991	1992	1993	1994	1995	1996	1997	1998	1999	2000	2001	2002	2003
日本	1.45	1.96	2.97	3.02	2.72	2.10	1.40	2.25	3.02	2.57	2.52	2.11	2.83	3.2
新加坡	8.45	11.32	11.87	7.24	16.17	17.67	15.16	15.58	22.59	18.60	14.48	19.00	21.50	30.9
中国台湾地区	6.96	7.11	4.14	3.14	2.66	2.07	3.91	2.43	1.29	2.78	2.63	6.36	9.09	10.0
印度尼西亚	-2.61	-3.32	-2.00	-1.33	-1.58	-3.18	-3.37	-2.27	4.29	4.13	5.32	4.88	4.52	3.9
韩国	-0.79	-2.82	-1.25	0.29	-0.96	-1.74	-4.42	-1.71	12.73	6.03	2.65	1.93	1.28	2.0
马来西亚	-1.97	-8.51	-3.67	-4.46	-6.06	-9.71	-4.43	-5.92	13.19	15.92	9.41	8.28	7.58	11.1
菲律宾	-6.08	-2.28	-1.89	-5.55	-4.60	-2.67	-4.77	-5.28	2.37	9.48	8.24	1.84	5.38	2.1
泰国	-8.53	-7.71	-5.66	-5.09	-5.60	-8.07	-8.07	-2.00	12.73	10.13	7.60	5.40	6.05	5.6
中国	3.13	3.32	1.36	-1.94	1.28	0.23	0.88	4.09	3.30	2.11	1.90	1.46	2.86	2.1
中国香港地区									1.53	6.40	4.28	6.11	8.50	11.0
美国	-1.36	0.06	-0.76	-1.23	-1.66	-1.42	-1.50	-1.54	-2.34	-3.14	-4.19	-3.90	-4.59	-4.9

　　资料来源：IMF，IFS 相关统计。

　　对于全球经济失衡现象，国际货币基金组织表示了高度忧虑。2005 年 3 月 15 日，国际货币基金组织研究局局长罗杰在题为"全球经常项目失衡：软着陆或硬着陆？"的演讲中就曾指出：如果协调措施不能到位，贸易赤字可能引发的美元破裂性贬值会严重冲击世界经济。[①] 在罗杰看来，为使全球经济恢复平衡，需要有关各方共同做出努力，其要点是：美国应削减财政赤字，欧元区和日本应加速结构改革，中国和亚洲新兴市场国家则应加快向更具弹性的汇率制度转移，等等。然而，在我们看来，这个解决方案（如果可以称作方案的话）只是个大而化之的治标之策。正如本文以下将分析的那样，"全球经济失衡"概念所描述的现象，事实上自布雷顿森林体系产生以来就已存在，而且并未因该体系的崩溃而消失，只是近年来有所恶化而已。因此，关于全球经济失衡的根本原因、经济影响、可持续性以及矫正的条件，等等，都需要认真加以讨论。我们更为关注的是，尽管全球经济失衡已经延续多年，但是，中国作为一个正在逐渐融入全球经济体系的发展中国家，显然只是近年来方才真切感受到它的影响，而且，在我们尚未在这个失衡的世界中找准自己的位置并思考应对之策时，便已被强加了矫正失衡的责任。这对我们来说，这显然是一个严峻的挑战。

---

　　① 2005 年 3 月 15 日，罗杰在 Crédit Suisse First Boston 主办会议上的演讲（会议在香港召开）。

二

不久前，国际货币基金组织在其 2005 年 9 月的《世界经济展望》中，用了整整一章的篇幅（第二章）从储蓄与投资的对比关系上探讨了全球经济失衡问题，并且回顾了 20 个世纪 70 年代以来的情况（图 1）。如果我们把工业化国家和新兴市场经济国家及石油输出国（以下简称"其他国家"）作为两组国家加以研究，就可看出这种失衡的特征及其发展演变的轨迹。图 1 显示：1970～1974 年，工业化国家基本上是投资缺口（储蓄过剩），而其他国家则是储蓄缺口（储蓄不足），而且，这两个缺口的规模也大致相当。那时候，全球经济的平衡格局是：工业化国家输出产品同时输出资本，而其他国家则输入产品同时输入资本。但是，1974 年《牙买加协议》之后，亦即布雷顿森林体系正式解体之后，情况就开始发生变化。那时，世界货币体系处于比较混乱状态，而各国经济发展也参差不齐。大致说来，工业化国家普遍进入经济结构调整时期，其他国家则有的发展迅速（例如 80 年代的南美各国以及东亚各国），有的则发展停滞（例如欧洲各国及非洲各国）。与此对应，全球的储蓄和投资的对比状况就比较混乱，工业化国家的储蓄缺口和其他国家的投资缺口互相交织，而且没有特别明显的趋势，这种状况一直延续到 1998 年。然而，1998 年之后，情况出现了趋势性变化。从图 1 可以明显看到，从 1998 年开始，工业化国家出现了储蓄不足，因而它们从别国输入产品同时也输入资本，并因此成为债务国；而其他国家则出现了储蓄过剩，因而它们既向外输出产品，同时也向外输出资本，并因此成为债权国。

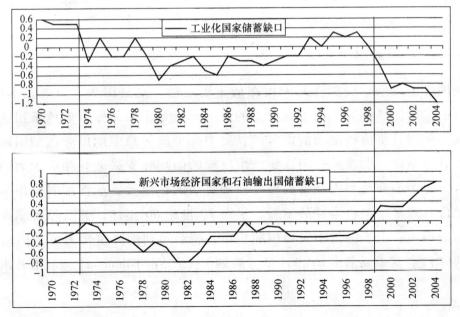

图 1

资料来源：《世界经济展望》，2005 年 9 月。

　　从全球经济发展来看，不同国家错落地出现贸易顺差或贸易逆差，本属正常情况，因为世界本就是在互通有无的格局下寻求平衡的。问题在于，1998 年以后的情况是，其他国家通过顺差的形式，既从实物上补贴了发达国家，还从资金上支持了发达国家——由穷国补贴富国，而且有愈演愈烈之势，在经济上缺乏合理性。

　　美国对外贸易数据集中体现了上述不合理的经济格局。由图 2 可见，从 1971 年开始，除了 70 年代中的少数年份，美国基本上处于贸易逆差状态，而且，进入 90 年代以来，其逆差是逐步扩大的。问题的复杂性在于，由于美元在全球经济中处于关键货币地位上，因而，不断增长的全球贸易，以及世界其他国家不断增长的对国际储备资产的需求，客观上都需要美元及美元定值资产的供应不断增加；而美元供应的不断增加，唯一的只能依赖美国不断出现贸易赤字才能实现。在这个意义上，美国持续地产生贸易逆差，成为全球经济正常发展的必要条件之一。这就是已经延续几十年的国际经济和国际金融秩序。有些研究者，例如著名经济学家罗纳德·I. 麦金农，将这种国际金融秩序概括为"美元本位"，[①] 并据此认为，布雷顿森林体系在当今世界特别是在东亚地区事实上仍然在延续。

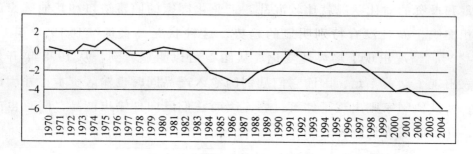

图 2

　　资料来源：《世界经济展望》，2005 年 9 月。

　　这种国际金融秩序当然存在着内在的不稳定性。这是因为，在美元本位制下，国际经济的发展固然需要不断增加美元的供应，但是，美元要有效地承担这种本位币的功能，须以其价值稳定为前提条件，而美元价值的稳定则以美国的国际收支保持平衡为基本条件。然而，美国连年产生巨额的国际收支逆差并相应积累起巨额的国际债务，将影响到其国内经济的稳定性和货币的稳定性，从而削弱其作为国际本位币的地位。这是一个根本性的矛盾。早在 20 世纪 60 年代，美国经济学家特里芬就曾敏锐地指出：由一国货币充当国际货币，将会遇到国际清偿力不足的问题（特里芬，1961），[②] 这就是著名的"特里芬难题"（Triffin Dilemma）。不难看出，如今

---

　① 罗纳德·I. 麦金农（2005）：《美元本位下的汇率——东亚高储蓄两难》，中国金融出版社，2005 年。
　② 罗伯特·特里芬（1961）：《黄金与美元危机——自由兑换的未来》，商务印书馆，1997 年 12 月。

被作为新问题提出的所谓全球经济失衡问题，事实上可视为"特里芬难题"的又一种表述。

但是，深入思索便不难得出这样一个无可奈何的推论：如果这个世界一时还找不到一种能够替代美元的国际货币和国际储备资产，我们恐怕还得容忍，在一定程度上还须维护这种美元本位制度。这就是问题的复杂性。这种复杂性使得我们很难简单地用"不合理"来评价这种美元本位的国际金融制度。

问题还有复杂之处。鉴于中国越来越深地卷入全球经济体系，鉴于中国同美国的贸易和资金联系日益密切，中国的宏观经济运行，包括金融系统的运行越来越多地受到美国经济、美国金融运行和美国货币政策的影响。这应当是不争的事实。问题在于，基于这种联系和这种认识，有些研究者可能做出一些简单化的推论。例如，近一两年来，由于美国持续不断地提高其国内利率水平，国内就有研究者宣称，中国也已"进入加息周期"。于是，伴随着每一次美联储加息，国内就会出现一轮关于人民币利率的讨论。这种认识固然看到了中美经济之间的密切联系，但是却看漏了中美经济之间在基本面上存在的重大差异。这种差异就是：在美国那里，存在的是持续扩大的储蓄缺口以及相应的物价上涨压力；为了弥合其储蓄缺口和抑制物价上涨压力，美国自然应选择不断提高利率水平。中国的情况则完全相反。储蓄大于投资在我国已经持续多年，相应地，中国物价水平的长期趋势是平稳或下滑的。在这样的宏观经济背景下，认为中国的利率水平将随美国的调整步调而亦步亦趋，显然失去了全面性。众所周知，当前美国的联邦基金利率已经上升至 4.25%，而且还有进一步提升的趋势；而我国的银行间同业拆借利率在年底仅为 1.6% 左右，而且还有进一步下降的压力。这种走势的差异，明白无误地揭示了国民经济的基本面对于诸如物价和利率之类"价格"变量的决定作用。

再进一步，如果承认中国经济和美国经济存在着完全相反的储蓄投资缺口，并导致利率走势背道而驰，中美之间的资本流动格局便会受到强烈影响。研究显示，尽管中国引进外资的规模十分巨大，但是，自 20 世纪 90 年代初期以来，除了少数年份，中国实际上是向外输出资本的。这种状况，势将因美国的利率水平大大高于中国的利率水平而进一步加剧。这样，如果从利率平价角度来分析中美汇率，人民币的升值压力将大打折扣。换言之，中美经济基本面的差别，势将对中美汇率产生较为复杂的影响，因而，人民币兑美元汇率的走势并非简单地只有升值一种前景。毫无疑问，对人民币和美元汇率的分析，完全可以推广到人民币与其他主要货币的关系上，这就使得判断中国人民币汇率的走势增加了极大的复杂性。

总起来看，全球经济失衡作为一个概括性的描述，为我们勾画了全球经济体系的轮廓及其运行态势。在这个分析框架中，我们可以观察并分析各国间贸易的差额及其相互关系，同样可以观察并分析全球的资本流动、外汇储备在各国的积累及其分布，以及汇率的动态，进一步，我们还可以观察并分析各国利率的动态。显然，这样一个概念是值得我们继续深入研究的。

三

毫无疑问，如果全球经济是失衡的，那么，参与全球经济活动的所有国家的国内经济也都是失衡的。于是，所谓"纠正全球经济失衡"，便内在地与各国国内经济结构和发展战略的调整密切联系在一起。

前已述及，在全球经济失衡的总格局中，中国属于储蓄大于投资，因而对外贸易长期顺差、相应地外汇储备规模不断扩大的一方。处于这种状况，中国的经济运行便面临极其严峻的挑战。我们可以从宏观经济平衡状态、货币政策操作面临的环境，以及作为总需求重要组成部分的投资问题等三个方面来分析这种挑战。

1. 宏观经济平衡：供应大于需求

图 3 记录了 1978～2004 年中国的储蓄率、资本形成率[①]和净出口率的动态。分析这三个主要的宏观经济变量的走势，我们可以比较全面地理解二十余年来中国经济发展中的几个主要趋势。

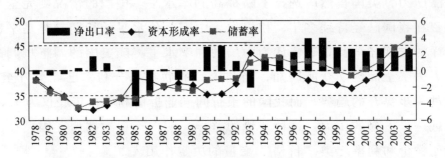

图 3　1978～2004 年中国的储蓄率、资本形成率和净出口率

资料来源：根据《中国统计年鉴》相关年份数据计算。

首先，可以看到，自 1982 年开始，中国的储蓄率和资本形成率都是逐渐上升的。这种现象，对于中国经济长期持续的高增长给出了比较充分合理的解释。因为，无论可能有多少因素发挥作用，较高的储蓄率和较高的投资率都是实现较高经济增长率的必要条件。

其次，进一步分析储蓄率和资本形成率的对比关系，我们则可看到：以 1989 年为界，我国的经济失衡大致可以区分出两个趋势相反的阶段。1978～1989 年为第一阶段。此间，除了 1982 和 1983 两年，投资大于储蓄是我国经济的常态。这种状

[①]　资本形成率与投资率是两个关系十分密切的宏观经济变量。大致说来，投资是资本形成的必要条件，而资本形成则是投资的结果。一般而言，资本形成率要低于投资率。

况反映了发展中国家经济成长的实际状态，也符合发展经济学的经典范式：作为发展中国家，资源短缺（储蓄缺口）是我们的主要矛盾，因此，引进国外资源（相应地出现贸易赤字）是我国谋求快速发展的重要途径。1990 年至今为第二阶段。此间，除了 1993 年的例外，储蓄大于投资成为我国经济运行的常态。换言之，尽管此期间我国的投资率已经高到令人不安的程度，但依然没有高到能够将国内储蓄完全吸收的程度。此时，必须引进一个外部的需求（净出口），方能弥合国内投资缺口并保持经济的持续快速增长。因此，就 20 世纪 90 年代初期以来的情况而言，如果说我国经济失衡的原因来自投资方面，那也应归因于国内的投资率还不够高，以至于不能完全吸收掉逐渐提高的国民储蓄。

由于储蓄大于投资等价于总供应大于总需求，所以，尽管中国的经济增长率之高始终令人担心，但是，自 20 世纪 90 年代初期以来储蓄率高于投资率的态势的延续，并没有对中国的物价水平形成较强的向上压力。具体而言，在这十余年中，中国只是在投资率高于储蓄率的 1993 年前后真正出现过通货膨胀的压力，其余年份的物价始终处于可以接受的范围内，而在 1998 ~ 2002 年，则出现了显著的物价下行的压力（图 4）。

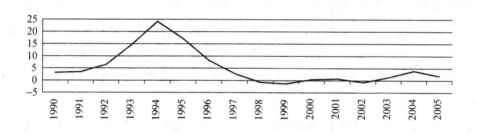

图 4　1990 ~ 2005 年中国的物价变动

资料来源：根据《中国统计年鉴》相关年份数据计算。

论及中国的物价形势，我们必须注意一个颇具中国特色的事实，这就是，由于中国经济结构严重不平衡，由于经济体制改革、城市化和工业化等多种因素同时并存并交织影响，我国不同领域、不同部门、不同地区的商品和劳务的供求态势是不尽相同的，因此，这些领域、部门、地区的物价走势可能不尽相同。而且，由于存在着领域、部门和地区的分割，物价的变化并不能在整个国民经济中顺畅传导从而形成全国较为一致的趋势。鉴于此，我们很难简单地用通胀、通缩这些适用于完全市场经济国家的概念来刻画中国的物价走势和经济形势。换言之，我们应当将更多的注意力放在中国的经济结构不平衡、城市化、工业化和经济体制改革等多种因素同时并存的特殊性上，并以此为基础来分析宏观经济形势和物价形势。在这方面，我们提请大家注意经济学理论中刻画物价走势的三个概念，即通货膨胀（inflation）、通货紧缩（deflation）和物价止胀（disinflation）。对于中国来说，自从 20 世纪 90 年代中期以来，物价的这三种情况在中国始终同时存在，只是各个时期占主导地位的因素有所变化。具体地说，1998～2002 年，是通缩和止胀占主导地位；2002～2004 年，是通胀和止胀占主导地位；从 2005 年下半年开始，情况又反转过来了。然而，无论物价变动的态势如何交替，由于中国的宏观经济平衡总体上处于储蓄大于投资的状态，通货膨胀便不会成为中国的主要危险。如何在物价水平总体难以上涨但却不时发生局部性通胀或通缩问题的国民经济背景下实施宏观调控，是我国政策当局面临的挑战之一。

2. 货币政策的实施环境

储蓄率长期高于投资率的状态反映在金融领域，就是资金供应大于需求成为我国的长期态势。

从理论上说，国民储蓄既可采取实物形式，亦可采取金融形式；在金融形式的储蓄中，举凡债券、股票、基金、保单、外汇、人民币存款，等等，均为储蓄者的选择对象。但是，在中国的金融体系中，银行占据着绝对的主导地位，因此，我国居民储蓄的主要部分是以存款形式存放在银行之中的。由于储蓄主要集中于银行体系，我国的投资也主要由银行贷款来支持。因此，银行体系中存款和贷款的动态及其对比关系，大致上反映了我国资金的供求状态，进一步也反映了我国储蓄与投资的对比关系。图 5 记载了 1991 年以来我国银行业存贷款的变动情况。可以明显地看到：自 1991 年以来，我国银行总体存贷比是逐渐下降的，尽管其间有过 1993 年前后和 2003～2004 年的贷款膨胀，但存贷比下降的趋势依然未见逆转。在存款与贷款的相对关系以及储蓄与投资的相对关系两者之间，我们看到了惊人的相似性。

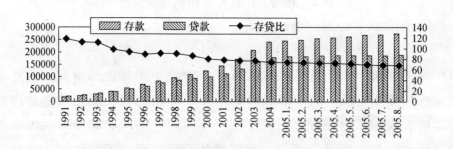

图 5　1991～2005 年中国银行业存贷款变动

资料来源：根据《中国人民银行统计月报》相关资料计算。

资金市场中供大于求的局面，在利率走势上有更为直观的反映。图 6 绘出了 1999 年以来我国债券回购加权平均利率、同业拆借加权利率以及央行超额准备金存款利率的走势。

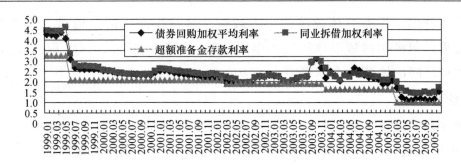

图 6　1999～2005 年我国债券回购等利率走势

资料来源：根据《中国人民银行统计月报》相关资料计算。

在分析这三个利率走势时，我们强调两个要点。

首先是超额准备金利率。这是中央银行对存款货币银行存放在央行中超出其法定准备金率要求的准备金存款支付的利率。这个利率是中国特有的。众所周知，存款准备金制度发挥作用的基本原理是：通过提取准备金的安排，货币当局事实上对存款货币银行吸收的存款课征了"税收"。既然功能与课税相仿，不对存款准备金提供利息便是其发挥作用的必要条件。我国的情况则不是这样。长期以来，我们是对存款准备金提供利息收入的，目前的利率为 0.99%。实践显示，这种制度扭曲了存款准备金的功能。其机理是：它客观上为存款货币银行提供了"倒吃"央行利息的便利，从而弱化了准备金作为央行"课税"的经济意义。我国商业银行的超额准备金率一直较高，尤其是，每当经济发展处于不够活跃的水平，因而发放贷款的收益下降或（和）风险加大时，我国银行体系的超额准备金率便会迅速上升（2005年底超过 4%），其主要原因就在于，对准备金提供利息，事实上相当于央行对存款货币银行提供了某种补贴。基于此，我国存款准备金制度的效率自然就大打折扣了。不仅如此，从利率体系角度分析，正的较高的超额准备金利率还使得我国的利率机制发生了"变异"，即：存款货币银行从央行获取的超额准备金利率事实上构成我国市场利率的底限。这是因为，如果市场利率低于央行给付的超额准备金利率，任何理性的商业银行都会毫不犹豫地把资金反存至央行账户上。

其次，经过若干年的市场化改革，我国利率体系中的大部分利率事实上已经市场化了，其中最为突出的就是银行间同业拆借市场利率和债券回购利率；多年来，它们事实上已经构成各种市场化金融交易的基准利率之一。观察这两个利率的走势就不难看到，一方面，它们的波动紧跟超额准备金利率的变动亦步亦趋，另一方面，它们的水平一直是紧贴着超额准备金利率的。这说明，考虑了超额准备金利率作为中国零利率水平的事实，中国的利率水平多年来一直是离零水平不远的。

市场利率的走势给予我们的提示是，在储蓄大于投资的总格局未能改变的条件下，中国的利率水平即便没有陷入"流动性陷阱"，也离之不远了。换言之，在未来的一些年份中，作为总体政策的货币政策，其发挥作用的余地将受到严重限制。这就需要我们积极探讨货币政策发挥作用的新领域和新条件，同时积极探讨各种宏观经济政策之间的协调配合问题。

3. 投资问题

长期高悬的储蓄率和投资率，同时就意味着我国的消费水平较低，因此，从20世纪90年代末期以来，提高消费水平就一直成为我国宏观经济政策的立足点之一。

但是，几年来的实践一次又一次证实：增加消费并非易事。这几年来，在增加国内消费方面，我们几乎可以说是无所不用其极了，但是收效甚微。现在，随着党中央提出了建设社会主义新农村的目标，很多人又把增加消费的目光投向了农村。确实，中国农村人口众多，潜在的需求也很大，但问题是，经济学中的消费是有支付能力的消费，而所谓支付能力，首先需要有收入。而增加农村人口的收入问题近年来一直在困扰着我们，迄今恐怕还难说找到了有效的方法和途径。总之，大量的贫困人口是不能形成有支付能力的需求的，这是我国经济的一个长期性问题。我们必须正视这个事实。

不妨总结一下。由于储蓄大于投资（供应大于需求）的局面长期持续，增加需求便成为保持我国经济长期持续增长的必要条件。在需求构成的三大要素中，国内消费率一时间难以提高，出口看起来将受到各种各样贸易摩擦的约束，恐怕不能指望有大的增长，于是，我们最终恐怕还得在投资上投入较大的精力。这样看，保持相当规模的投资，在必要时还须刺激投资，可能还是我们的一个长期政策。当然，投资的方式、投资的领域，特别是支持投资的金融机制，都应当认真分析研究。这是一个大题目，需要我们进行深入的分析。但是，如下两点似乎是可以肯定的。

其一，从投资领域来看，鉴于国内已经出现，而且将有越来越多的产业出现产能过剩的问题，那些可能增加产能的投资肯定不能继续进行。这就需要我们寻找新的投资领域。总起来看，社会基础设施领域、整个第三产业，都是符合这一新需要的投资领域。当然，在这些领域，特别是基础设施领域，传统上都是公共投资或者是政策性金融的投资领域，商业性投资不大能够维持。但是，随着市场经济的深入发展，随着社会生活社会化的逐渐深入，随着定价体系的逐渐完善，这些领域已经逐渐可以容纳商业性投资了，我们必须大力开发这些领域。在这方面，我们想特别强调居民住宅投资问题。住宅投资，是兼有消费和投资功能的一个特殊领域，同时又是一个关系国计民生的领域，而且，与住宅相关联的建筑业又是国民经济的支柱产业。因此，在理顺机制的条件下加强对居民住宅的投资，应当成为我们的重要任务。

其二，迄今为止，我国的投资主要是由银行贷款来支持的。这种状况不能继续下去了。总结起来看，由银行贷款来支持投资，其主要问题有三。首先，储蓄与投资的期限结构严重"错配"。我们知道,"借短用长"是银行运筹资金的基本格局。但是,用流动性甚强的储蓄存款来支持流动性很弱的中长期贷款毕竟有其限度;一旦出现银行存款期限缩短以及(或者)银行贷款方出现期限拉长的趋势,银行的资产负债表中就会积累大量的流动性风险;一有风吹草动,潜在的流动性风险就会变成支付危机。问题的严重性在于,我国最近几年恰恰出现了银行存款的平均期限逐渐缩短,而银行贷款的平均期限却逐渐拉长的趋势。其次,在银行间接融资为主的体系下,金融风险的分担机制也是不对称的。在我国的情况下,一方面,银行必须履行其对存款者的全部提款责任;另一方面,它们还须承担贷款违约的所有风险。所以我们看到,20 世纪 90 年代初期投资膨胀的全部恶果事实上都以不良资产的形式累积在银行的资产负债表中。同理,2002 年以来我国投资领域的各种风险,一样也会在银行中形成新的不良资产。再次,从运行机制来看,银行贷款的盈缩天然是"顺周期"的,因而存在着放大经济波动的倾向:当经济扩张时,在实体经济领域高利润的诱引下,银行贷款可能迅速膨胀,并推动经济迅速走向过热;而在经济紧缩时期,同样也是受制于实体经济领域的普遍衰退,银行贷款也会加速收缩,从而加大经济的紧缩程度。

认识到银行间接融资存在上述缺陷,尤其是认识到依托银行间接融资来支持投资存在极大的金融风险,应对之策也就十分清楚。具体而言,我们可有机制对策和体制对策两条基本思路。

所谓机制对策,指的是建立或完善并严格执行已有的约束投资盲目膨胀的金融机制。在这方面,严格执行"三率"最为重要,即:详细规定并严格执行投资项目的资本金率制度,限制投资项目无限制地依赖银行贷款的不良倾向;严格执行银行的资本充足率制度,从根本上改变银行只要吸收存款便能发放贷款的传统痼疾,限制银行的放贷行为;逐步提高企业的自有资本率,从根本上改变企业高度依赖银行贷款来发展的财务投机行为。

所谓体制对策,指的是从根本上改变银行间接融资为主的金融结构。这显然需要进一步深化金融改革。具体而言:①应当大力发展股票市场、债券市场(特别应注意与市政建设相关的市政债券市场),以及各类基金市场,等等,以便为各类投资提供长期资金。②应当大力发展诸如保险、养老基金等契约型金融机构以及像国家开发银行之类拥有长期资金来源的金融机构,以便解决金融机构的"借短用长"的期限结构错配问题。③应当大力推行金融创新,支持通过证券化(抵押贷款证券化和资产证券化)等方式来解决金融机构(特别是商业银行)的资产负债表流动性不足的问题。

原载《国际金融研究》,2006 年第 2 期

中国文化产业发展的现状与走势及政策选择

李京文

一、文化产业的内涵及发展文化产业的重大意义

1. 文化的内涵

"文化"一词，古今中外有许多种解释，我国最初出自《周易上经》，里面说："观乎大众，以化成天下"，即以"文"来"化成"，天大近似以"文"来"教化"。西方"文化"一词来自拉丁文，原为"耕作"、"栽培"，即经过劳动得到的成果。英国学者泰勒（1832～1917）的《原始文化》一书对"文化"作了如下定义：所谓文化或文明，也包括知识、信仰、艺术、道德、法律、习惯以及其他为社会的成长之花的能力、习惯的一种复合整体。所以我认为文化作为人类的思想化成果和行为方式，它涵盖了语言文字、文字艺术、科学技术、伦理道德、政法制度、文物典章、宗教习俗等诸多方面。当今世界上文化已成为综合国力的重要组成部分，文化已成为改变世界历史的重要力量，在全球化的进程中，文化产业及其国际贸易快速增长，成为当代世界竞争与合作的核心内容之一。对于发展中国家来说，面对西方文化产业的强势冲击，必须采取争取的战略，才能从容应对并借此发展自己。

2. 文化产业的内涵

从国内外有关研究看，文化产业的概念和分类至今尚无定论，甚至采用的名称都有很大差别，主要有文化产业、创意产业、文化创意产业、版权产业等。

联合国教科文组织（UNESCO）对文化产业的定义是："结合创作、生产等方式，把本质上无形的文化内容商品化。这些内容受到知识产权的保护，其形式可以是商品或是服务。"中国、韩国、德国、法国、芬兰、西班牙等国家采用"文化产业"概念。其中，西班牙文化及休闲产业范围较广，包括了运动、赌博。法国将文化产业界定为"传统文化事业中特别具有可大量复制性的产业"。韩国的文化产业也称"内容产业"，指的是"与开发、生产、制造、分销与消费文化内容有关的服务产业"，包括动画、音乐、游戏、出版漫画、卡通形象、电视、电影等内容，近年来随着数码技术的兴起，行业范围进一步拓展到电子书籍、互联网信息和手机内

容等具有高附加值和高增长潜力的领域。中国国家统计局则将新闻服务等9类列入"文化产业"的范围。

英国用的是"创意产业"概念，也是最早（20世纪80年代）提出"创意产业"的国家，其定义为："源于个人创造性、技能及才干，通过开发和运用知识产权，有潜力创造财富和就业机会的活动。"在创意产业范围的界定上，英国政府把就业人数多或参与人数多，产值大或成长潜力大，原创性高或创新性高三个原则作为标准，选定了13项产业列为创意产业的范畴。新西兰、新加坡、日本、中国香港等仿效英国，采用了"创意产业"的名称，但在分类及研究方法上与英国又有很大不同。

美国从版权保护的实际需要出发，提出了"版权产业"概念。早在1990年，美国国际知识产权联盟已使用这一概念，1997年美国宣布新的产业分类系统，将版权产业分为核心版权产业、部分版权产业、边缘版权产业和交叉版权产业4个小类。目前，澳大利亚、新加坡等已采用美国的方法，评估本国版权产业的经济贡献。

我国台湾地区则使用"文化创意产业"的名称，将其定义为："源自创意或文化积累，透过智慧财产的形式与运用，具有创造财富与就业机会潜力，并促进整体生活提升之行业。"其范围包括文化艺术产业、设计产业、文化设施和创意生活产业，如茶馆及婚纱摄影等13类。从2005年开始，中国香港也采用了"文化创意产业"的名称，用以代替先前采用的"创意产业"概念。

3. 各种概念的共同点

上述四种概念及其分类，体现了各个国家和地区不同的发展战略和价值取向。但这些概念和分类之间也有许多相通之处。

首先，以创意为核心。"创意产业"的创意，实质上就是文化创意，它和科技创新是提升产业附加值和竞争力的两大引擎。科技创新在于改变产品和服务的功能结构，为消费者提供新的更高的使用价值，或改变生产工艺以降低消耗和提高效率；而文化创意为产品和服务注入新的文化因素，如观念、感情和品位等，为消费者提供与众不同的新体验，从而提高产品和服务的观念价值。可以说，作为文化产品，要有创意的内容，也要有创意的形式，否则就难以产业化。

其次，产业关联度高。上述每一种概念和分类方法涉及的具体行业或门类，都涵盖了从内容创意、内容制作、生产复制到交易传播等多个环节，并且各个环节具有内在的利害相关性，体现了产业链的内涵。这种高度关联，是新兴产业及其相关产业整体推进的先天优势，在带动区域经济发展的同时，还可以辐射到社会生活的各个方面，全面提升人民群众的文化素质；这种关联，也常使单一的环节无法赢利，必须走业务增值、集群发展的道路。

再次，技术融合性强。文化产业是在现代信息技术条件下发展起来的新兴产业，是经济、文化、技术等相互融合的产物，与信息技术、传播技术和自动化技术等的广泛应用密切相关。如电影、电视等产品的创作是通过与光电技术、计算机仿真技术、传媒等相结合而完成的。

鉴于上述分析，文化产业可以理解为：以"文化创意"为核心，融合现代技术，以产业化运作方式制造、营销文化产品和服务，具有高关联度的产业群。这个定义，明确了"文化创意"在文化产业中的地位，厘清了文化产业与文化创意产业的关系，在文化产业指导上便于抓住重心，找准着力点；明确了现代技术的发展与文化产业内在的密切联系，便于人们研究把握文化产业发展的基本要素；揭示了文化产业的基本特性，便于人们在实践中确立集群发展、谋求综合效益的观念。

4. 文化产业正在崛起为一种战略产业

在人类历史发展过程中，经济与文化是相互联系，相互促进的两大领域，而且呈现一种由低到高、由浅入深、相互促进的螺旋式上升趋势。从纵向看，经济是人类发展的基础，也是文化发展的基础；从横向来看，文化对经济起决定作用，文化的发展促进经济的发展。人类在满足生理要求之外，要着重要求满足精神需求，因此，文化是在纵向、横向交错的发展中，不断满足人类对它的创新要求，以适应发展变化的经济基础。文化产业就是伴随着社会经济结构的重组、演化以及物质领域的技术革命而出现并发展的。当19世纪中叶主要资本主义国家完成了产业革命，人类的生产方式也就迎来了崭新的时代。从这时起，不但物质生产的工业化运动风起云涌，而且精神生产的产业化也在酝酿、生发。然而，精神生产严格意义上的产业化是从现代才开始的。从20世纪三四十年代开始，社会经济的飞速发展，特别是六七十年代以来高科技产业的重力推动导致了文化领域的革命性变革。美国正在大规模建造、欧洲奋力追赶仿效的信息高速公路，以及在世界各地迅速发展起来的多媒体技术就是这种变革的突出体现。文化经济和经济文化的双向作用，造就了一个新兴产业——文化产业，它以现代科技为依托的特征，从根本上改变了传统的文化形态及其观念，使文化彻彻底底地大众化了。可见，在市场经济条件下，文化的主导作用已体现于生产过程的各个环节之中。借助于工业和商业及高技术手段，文化已经成为世界范围内的超级利润产业。

西方文化产业化真正形成和蓬勃发展始于20世纪50年代以后，尤其是80年代之后，由于电子技术等新技术的运用，以及资本的大规模介入，西方国家的文化产业获得了空前快速的发展。用现代高科技手段增加物质产品的文化内涵，或用先进的物质生产方式生产文化产品并提供高质量文化服务，已成为当代经济发展的主要方向。仅就文化产业本身而言，如美国不但是经济强国，更是文化产业大国，1996年文化产业营业总额高达1957亿美元，其中电影电视营业额为525亿美元，音像制品 295 亿美元。其视听产品出口额名列其出口项目的前茅，仅次于航空业和食品业。从事艺术及其相关工作的人数达 1700 万人。1995 年日本仅娱乐业生产经营收入高达 35 万亿日元，超过当年日本汽车工业的产值。

5. 我国文化产业发展还比较缓慢

由于历史和政策等原因，我国一直比较重视物质生产领域，而对于非物质生产领域，包括为生产服务和为个人服务的各种服务业，多年来一直发展缓慢，如服务业在 GDP 中的比重，2000 年世界平均为 63%，我国明显低于世界平均水平，而在服务业中，我国的文化产业比重又显著偏低。

6. 文化产业需要战略性产业政策

文化产业作为一种战略产业，从国家层面上看，国际间的竞争日益表现为文化的竞争，文化作为一种软力量正成为改变世界历史的关键因素。从全球经济结构的变迁看，文化产业正崛起为一种主导性产业。在发达国家那里已经成为现实，而对于发展中国家来说这就是一种征兆。

正在迅速走向现代化的中国，在追求传统工业化的过程中必须迎头赶上这一世界潮流，将文化产业作为一种战略产业。这也是落实科学发展观的一个要求，那就是转变传统经济增长方式，重新认识人、资源与发展的关系。文化作为一种最根本的资源构成了一种新的增长点，发展文化产业是改变传统粗放型的增长方式、实现发展转型的战略举措。

7. 在全球化进程中的文化贸易

在市场经济条件下，文化从产品变为商品需要通过贸易来实现，在走向市场的过程中文化形成一种产业。伴随着全球化进程的加速，文化贸易成为国际贸易的重要组成部分，而且比重越来越大。从区域发展的角度看，文化贸易促进了区域内信息的交流、经济的发展和精神生活的丰富。加强区域合作，通过贸易自由化进程推进各方文化的交流与融通，是发展文化产业的重要条件。

同时，文化又因为附加了诸多包括意识形态等内容，不同于一般的商品。在当今世界格局中，西方文化占据了强势地位，对于非西方文化构成强大的冲击。在国际经济秩序的现行规则下，西方国家通过文化贸易力图控制话语权，非西方文化总体上处于不利地位。如何在国际文化贸易中合理定位，既吸收世界文化的优秀成果，通过参与国际贸易推动自身的发展，同时又保持自己文化的个性并培育自身前进的动力，在维护国家文化安全的过程中推动文化的发展，成为发展中国家制定文化贸易战略必须考虑的问题。

战略性贸易政策选择在这样的国际文化产业发展的大背景下，发展中国家必须制定正确的战略。推行战略性贸易政策，就是其中一个重要选择。

事实上，就是在发达国家之间，在文化领域也没有实现完全的自由贸易。各个国家出于对自身文化的强烈认同，千方百计地保护自身的文化传统和现实格局。发展本民族、本国家的文化产业不仅关系经济增长，而且关乎一个共同体生存的根基，所以必须从战略上予以考虑。

战略性贸易政策理论论证了政府干预的合理性，提出适当运用关税、补贴等战略性贸易政策措施，将有助于提高一国贸易福利。一般而言，各国都从自身利益出发，选择贸易保护主义政策。因为在这种情况下，无论对方采取何种政策，都不会使自己的情况更糟。国际贸易政策的博弈是一个复杂的过程。在博弈的过程当中，各国通过选择适当的贸易策略，对刺激本国产业的国际竞争力尤其是外贸出口起到了促进作用。因此，战略贸易论主张对本国的战略产业部门或国际竞争激烈的其他产业部门提供产品生产和出口的补贴。

战略性贸易政策的具体实施方式，主要包括四个方面：第一，用出口补贴为本国寡头厂商夺取市场份额。第二，用关税来抽取外国寡头厂商垄断利润。第三，以进口保护作为出口促进的手段，如法国 1993 年通过的一项法律，规定调频台至少播放 40% 的法国歌曲，法国电视台也必须遵守在黄金时间限量播出非法语电影，对外国歌曲的播放采取限额制。第四，政府对该产业的国内厂商提供适当的支持和保护，如法国为了使其名牌产品更多地占领世界市场，制定了一整套保护法国名牌产品的法律和措施，目标就是保护本国名牌，推销本国名牌。

二、中国文化产业发展现状，问题与政策措施

中国经济的快速发展和人民群众文化需求的提高，为文化产业的发展提供了内驱力。中国共产党十六大将发展文化产业作为改革发展的重要目标提出来，为发展文化产业提供了政策保障。近年来，全国文化产业迅速发展，试点改革不断取得新成效，并向全面推开过渡，文化产业发展的前景十分广阔。

1. 文化产业进一步发展的基础已经具备

据统计数据显示，2004 年，我国共有文化产业单位 34.6 万个（其中法人单位 31.8 万个），个体经营户 36.2 万户，从业人员 996 万人（其中个体从业人员 89 万人）；文化产业从业人员占我国全部从业人员（7.52 亿人）的 1.3%，占城镇从业人员（2.65 亿人）的 3.8%。文化产业当年实现增加值 3321 亿元（其中法人单位 3102 亿元，个体经营户 219 亿元），占 GDP 的 2.15%。属于文化产业的法人单位共有资产 1.83 万亿元，个体经营户共有固定资产 235 亿元；全年共实现营业收入 1.72 万亿元，其中个体经营户收入 426 亿元。

从产业结构分层看，传统的新闻服务、出版发行、广播影视、文化艺术等"核心层"文化产品，仍是文化产业的主体；近年来发展较快的网络文化、文化休闲等"外围层"文化产品，已具一定规模。2004 年，文化产业"核心层"从业人员 278

万人（不包括个体经营户），实现增加值1210亿元；"外围层"从业人员154万人，增加值627亿元；"相关层"从业人员475万人，增加值1383亿元。核心层、外围层和相关层的从业人员之比为31∶17∶52，增加值之比为38∶20∶42。

从注册类型看，我国文化产业仍以内资单位为主。2004年，内资单位占法人单位总数的96%，港澳台商投资单位占2%，外商投资单位占近2%；内资单位占从业人员的75%，而港澳台商投资单位和外商投资单位仅占15%和10%。从实现的增加值和营业收入来看，内资单位分别占72%和63%，而港澳台商投资单位占12%和15%，外商投资单位占16%和22%。从总体上看，外资单位的经济效益好于内资单位。

我国文化产业发展已初具规模，为进一步发展奠定了一定基础，对于推动整个产业结构优化升级将发挥越来越重要的作用。但相比之下，其对国民经济的贡献和影响还远远低于发达国家。2000年日本文化产业的规模为85万亿日元，占国民生产总值的7%。美国文化产业产值占GDP总量的18%～25%，400家最富有的美国公司中，72家是文化企业，20世纪90年代，美国消费视听技术产品出口达到600亿美元，美国已经抢占国际性产业升级运动的制高点。随着经济全球化的进一步发展和国际竞争的加剧，如何使文化产业的发展跟上经济发展的步伐，提高中华文化的国际影响力和市场竞争力，还是非常艰巨的任务。

2. 区位优势日益凸显

目前，我国主要中心城市人均GDP已经超过3000美元，北京、上海、深圳等大城市人均GDP均超过5000美元。从国外发展经验看，城市人均GDP达到这一水平后，国民经济开始进入持续稳定增长、结构快速升级、城市化水平迅速提升的新阶段。社会消费结构将向发展型、享受型转变，部分居民的消费重心开始向教育、科技、文化、旅游等领域转移，为文化产业的发展提供更广阔的成长空间。上海、北京、广东、浙江等经济发达地区凭借资金、人才、资源等优势，积极开展试点改革，文化产业快速崛起，势头强劲，在全国处于领先地位。

上海：着力打造特色创意产业基地。上海是我国文化产业发展较早的地区，具备相当的发展基础。上海的影视、出版、时尚设计、广告等行业曾一直处于全国领先地位。2004年10月，上海首家文化科技创意产业基地正式在浦东张江高科技园区成立。2005年上海政府工作报告及《上海2004～2010年文化发展规划纲要》已经明确提出发展创意产业。据统计，上海市已有18个创意产业基地，近30个国家和地区的400多家各类设计创意企业入驻，集聚了1万多名创意人才。目前，文化创意产业产值已经占到上海GDP的7.5%。

北京：重点培育八大文化创意产业中心。北京作为全国政治文化中心，历史文化积淀深厚，人才集中度高，科技创新实力突出，具有发展文化创意产业的独特优势。北京市"十一五"规划中也明确提出要加快推动文化创意产业发展，使之成为首都经济的支柱产业。《2004～2008 年北京市文化产业发展规划》中提出重点培育六个文化创意产业中心，不久前又调整为"八大中心"，并且即将出台促进文化创意产业发展的扶持优惠政策。北京文化创意产业发展态势良好，据初步测算，2005年产值达 960 多亿元，占北京市 GDP 的 14% 以上。北京现有 2 万多家工业设计、服装设计、广告设计等领域的文化创意企业，从业人员达 10 万人。

深圳：积极构建"创意设计之都"。在国际、国内城市竞争日趋激烈的情况下，深圳市 2004 年推出了《深圳市实施文化立市战略规划纲要》，并提出建设"创意设计之都"的目标，重点发展动漫、建筑设计、装饰设计、印刷、服装设计等产业。深圳市还规划建设了文化创意产业园区，建筑面积 8 万多平方米，具备研发、投资、孵化、制作、培训、交易等功能。深圳设计业近几年保持 40% 以上的高速增长，拥有一支 2 万多人的设计队伍，2003 年设计业总产值已达到 85.06 亿元。

此外，南京、青岛、大连、成都、杭州等其他城市，也纷纷依托各自优势，建设各具特色的文化创意产业基地或文化创意产业示范园区，积极推动文化创意产业发展。这些中心城市的快速发展，在积聚自身实力的同时，也为全国文化产业的改革和发展积累了经验。

3. 体制改革在探索中前进

自 2003 年 6 月全国文化体制改革试点工作会议以来，北京、上海、重庆、广东、浙江、深圳、沈阳、西安、丽江 9 个省市和 35 个文化单位进入文化体制改革试点。经过两年多的实践，各试点地区和单位在体制改革和机制创新上都取得一定进展，在文化市场体系和政策法规体系建设上取得了新的成就。比如，上海成立了文广集团，并成功进行了机构和资源整合；北京广电体制进行了两轮改革，向政事分开、政企分开、管办分离迈出了重要一步；湖南、广东、浙江等省，也不同程度地进行了文化体制的调整。

在市场主体的塑造上，进行了可经营部分的剥离改制。如上海新华书店在上海联合产权交易所开标，通过市场竞价转让股权进行产权改革，成为通过市场机制实现混合所有制的第一家企业；《北京青年报》将广告等可经营资产剥离，组建了北青传媒股份有限公司，并在香港上市；北京儿童艺术剧院成功进行了转企改制和股份制改革。这些改革，促进了管理机制和运营模式的创新，增强了文化单位的活力。2005 年湖南卫视的"超级女声"节目可谓创新商业模式的典范，它将电视、电台、报纸、杂志、手机、网络等媒体充分融合，实现了多种营销渠道的整合和营利模式的多元化，改变了以往电视台主要依靠广告创收的单一营利模式，各环节的参与者所获得的直接经济回报累计超过 7.6 亿元，品牌商业价值超过 20 亿元。

上述改革，推动了一批重点产业的发展，形成了一批产业基地和大型产业集团，并使一部分综合改革试点地区的文化产业成为国民经济的支柱产业。同时，由于改革还处在起步阶段，一些问题还有待解决。

宏观管理有待进一步改善。统一、高效的组织管理体系还未形成。文化产业的高度关联性，要求各行业之间进行有效协同，实施统一管理，以保持产业链条的完整和自然延伸。从目前来看，中央与地方各级之间、部门与行业之间，条块分割还未打破，壁垒分割还未消除，市场配置资源的基础性作用还得不到充分发挥。政府职能转变还不到位，产业发展服务体系还不完备，信息流动不畅，创业辅导机制缺乏，导致文化创意不能及时转化为产业实践；政府管理以行政手段为主，政策风险较大，缺少法律的稳定性，影响资本进入的积极性。市场要素体系还不完整，产业中介机构还不健全，行业协会的职能还不完善，诚信、维权等问题都制约着产业的发展。

市场主体塑造有待进一步加强。20世纪90年代初明确改革目标模式后，文化体制改革几乎与经济体制改革同时起步，但一直在"事业单位企业管理"这一双轨制模式下运行，企事业单位市场主体的身份一直未能明确。经过两年试点，"分类改革"的基本原则已经确定，大批经营性文化事业单位以不同方式实现整体转制，但作为"新型市场主体"的体制和机制设计远未完成。首先是产权不清晰，国有文化资产出资人还处于缺位状态，所有权与经营权的分离、法人治理结构的建立、激励约束机制的完善等进一层的问题更是无法落地。其次是职责不清还普遍存在，事业、产业、公共服务等概念分割不清，行为主体的职责划分比较模糊，与事业、产业主体改革相适应的事业发展和公共服务机制还未形成，甚至有些上市公司还要直接承担部分事业职能。最后，"剥离转制"后的企业经营自主权还存在疑问，业务发展常常受到与主业相关的多方面制约，上市公司很难完全按照行业规范操作以获得资本市场的认可。另外，受传统事业体制的长期影响，人事、保障制度等方面的改革还需要一个过程。

地区差别有待缩小。统计资料表明，我国文化产业发展与经济发展格局基本相同，呈现东高西低的态势。从文化产业单位数量、从业人员数量和拥有资产的地区分布看，东部地区分别占全部的66%、69%和78%，远高于中西部地区；从收入情况看，东部地区的营业收入占全部的82%，而中西部仅占18%；从实现的增加值看，东部占74%、中西部占26%；从对GDP的贡献看，东部地区实现的增加值占2.56%，中西部地区分别为1.28%和1.35%。文化产业从业人员数超过50万人的有广东、浙江、山东、江苏、北京和上海，六省市占全国文化产业从业人员的56%；年营业收入超过1000亿元的有广东、上海、北京、山东、江苏和浙江，六省市占全部收入的72%；实现增加值超过100亿元的有广东、北京、山东、浙江、上海、江苏、福建、湖南和河南，九省市占全国文化产业增加值的73%。文化产业增加值占 GDP 的比重高于全国水平的有北京、广东、上海、福建和浙江。如果这种文化发展上的不平衡继续下去，将使东、西部经济社会发展的不平衡进一步加剧，差距拉大的速度进一步加快。如何突破恶性循环的桎梏，是急需筹划解决的重大战略问题。

4. 法律法规建设有待进一步加强

由于文化领域长期处在管办合一的事业体制，管理主要靠行政手段，法律法规建设严重滞后，建设完善的法律法规体系，营造公开、公平、公正的文化市场环境，还任重道远。就拿知识产权的保护来说，舆论支持、制度保证、法律保护都不够，进行内容原创的企业常常损失惨重，致使培育的品牌中途夭折，产业链条脆弱断裂。据有关材料显示，2004 年 7 月盗版 DVD 压缩碟（容量是普通 DVD 的 5～7 倍）入侵音像制品市场后，北京、上海、广东三个国家级音像批发市场的音像制品发行数额都出现较大幅度下降，广东音像城 2003 年曾达到 16 亿元的销售高峰，而 2005 年截至 11 月份，销售额仅 2.15 亿元，上海市 2005 年上半年正版音像制品的销售额仅为 2.07 亿元，同比下降 70% 左右。这是业界强烈呼吁，需要下大力解决的问题。

中国文化产业急需战略性贸易政策支持。由于关税壁垒的作用已越来越受到世贸规则的限制，通过法律、政策等形成的限制进口的非关税贸易壁垒便成为开展国际贸易竞争的主要手段。技术标准是检验产品是否符合标准和法规的依据，拥有完备的技术标准体系，就能够有效地掌握市场竞争的主动权。而我国拥有自主知识产权的技术及产品很少，尤其是核心技术的命脉基本上都掌握在他人手中，除了汉字编码字符集和 VCD 等少量标准被纳入国际标准外，至今尚未在文化技术的核心领域和关键部位拥有自己的标准系统，从而在大多数情况下我们的文化产品在进入国际市场时只能被动地受制于人。以美国为首的西方发达国家，凭借着部分文化产品或文化产品生产设备的技术标准，不仅把自己的产品大肆销往中国，在占领市场的同时，而且又用这些标准保护本国利益，将中国的文化产品挡在门外。因此，在文化产业领域里，急需运用战略性贸易政策，来保护和促进中国文化产业的发展。

三、中国文化产业发展走势

随着我国经济、技术的快速发展和改革的进一步深化，文化生产力将进一步得到释放，文化产业必将进入一个快速发展时期。

1. 产业生长空间将进一步扩大

根据国家统计局最新预测，我国经济发展速度将进一步加快。按照 GDP 年均 8.5% 的增长率计算，"十一五"末 GDP 总量将超过 26 万亿元，人均 GDP 近 1.9 万元，折算美元将超过 2000 美元；2015 年将达到 3000 美元，提前实现小康；到 2020

年将达到 5000 美元，进入中等发达国家水准。权威部门提供的数字还显示，随着新一轮宏观调控经济政策效应的逐步显现，到 2020 年我国人均消费将可能实现年均 10.8% 的增长，新的消费高峰就要来临，消费结构将不断升级。文化消费将成为拉动消费结构升级的主力军。近两年经济增长的主要动力已由投资拉动转变为消费拉动，出现了以住房和汽车消费为代表的消费升级，在深圳、上海、北京、广州等城市，居民消费已由以实物消费为主走上实物消费与服务消费并重的轨道，下一轮消费升级的带动性项目将是教育、医疗、旅游、电信、信息和家庭娱乐，等等。考虑到"十一五"期间国家将重点加强教育、医疗等领域的公共服务体系建设，制约居民消费支出的因素将进一步减少，消费升级的速度将更快，从而为文化产业发展提供巨大的市场空间。文化产业若能抓住这一前所未有的战略机遇，加快体制改革和机制创新步伐，顺应经济社会发展的潮流，将对促进经济增长方式转变、调整经济结构、落实科学发展观、促进和谐社会发展，发挥举足轻重的作用。

2. 体制改革的步伐将进一步加快

促进体制改革的思想认识基础已经奠定。近几年的改革试点使人们认识到，在市场经济条件下，大多数文化产品和服务必须占领市场，才能占领阵地，才能更好地贴近群众，实现社会效益和经济效益的统一。革除体制弊端，充分发挥市场机制在文化资源配置中的基础性作用，进一步解放和发展文化生产力，"早改早主动，晚改就被动，不改没出路"等观念已深入人心。

推动改革的方针政策进一步明确。经过一段时间的改革和总结，文化体制改革和机制创新的经验开始向方针政策转化。2005 年，中共中央、国务院和有关部门陆续下发了《关于非公有资本进入文化产业的若干决定》（国发［2005］10 号）、《关于文化体制改革中经营性文化事业单位转制为企业的若干税收政策问题的通知》（财税［2005］1 号）等一系列文件，将深化改革与调整结构结合起来，将履行"入世"承诺放开准入和加强规范结合起来，将完善管理与促进发展结合起来，进一步明确了改革发展的目标、原则和方式方法，宏观思路更加清晰，方法举措更加配套，为进一步的改革提供了依据，指明了方向，使文化产业发展逐步进入有序推动的阶段。

政府职能转变已有良好开端。2003 年以来，试点地区积极推进政府职能转变，"党委领导、政府管理、行业自律、企事业单位依法运营"的文化体制改革目标模式已基本清晰，按照政企分开、政事分开、管办分离的改革思路，不断理顺政府与文化企事业单位的关系。宏观管理得到加强，"十一五"文化产业发展规划全面启动，已有大约 2/3 以上的省、自治区、直辖市提出建设"文化大省"和以"文化立市"的发展战略；有关国家机关和地方行业管理部门，在机构设置、力量调配等方面，也在着重加强宏观管理能力的建设。监管方式不断改进，审批事项和程序得以简化，管理工作更加科学规范；对文化国有资产监管的有关问题也进行了有效探索。试点地区政府部门的职能转变和改革思路的探索，将对其他地区产生很强的示范带动作用。

观念的转变、方针政策的出台、政府职能转变的良好开端，都将为宏观体制的改革增添新的动力，并进一步推动微观领域的体制改革和市场体系的发育，推动整体改革步伐的加快。

3. 在开放中发展文化产业

在全球经济结构调整的过程中，文化产业兴起并发展成为一种战略产业，文化贸易则是其中一个重要的推动力量。文化贸易不仅构成国际贸易的越来越重要的内容，而且也是塑造国际新秩序的重要力量。面对西方发达国家文化产业占据强势的现实，发展中国家必须采取正确的文化贸易战略，以推动自身文化产业的发展。

战略性贸易政策的推行并不是走向闭关锁国，而是在认识现实世界秩序和情形的基础上做出的理性选择。事实上，开放与贸易不仅是经济发展的重要推动力，而且也是文化繁荣的基本途径。历史上，正是文化之间的交流和融通，极大地改变了世界的面貌，推动了世界文明的进步。因此，对外开放是中国毫不动摇的国策，进行文化贸易也是中国文化产业发展的基本途径。只不过中国必须改变文化贸易中的绝对输入国地位，在自我发展的基础上更多地输出，从而实现一种相对的平衡和平等。

文化贸易的重要方面包括区域文化产业发展的合作与交流。中国与东盟各国都是发展中国家，大致说来都属于不同于西方文化的东方文化圈，因此有着诸多共同的价值取向和利益选择。历史上，各国之间的文化交流就是彼此发展的重要途径；今天，在共同面对西方强势文化的冲击面前，也有着诸多共同的立场和利益。因此，加强彼此之间的沟通与交流，发展文化贸易，是中国与东盟各国合作的重要内容。

在现实经济需要的条件下，战略性贸易政策理论应运而生。随着新贸易理论的产生，在不完全竞争贸易模型中才可以较好地考虑市场规模和收益递增的作用，才较好地从理论上证明了外部经济在国际专业化分工中的重要性和针对外部经济的贸易政策的合理性。新贸易理论所支持的"外部经济"政策理论认为，政府应当对那些能够产生巨大外部经济的产业给予适当的保护和促进，使之能够在外部经济的作用下迅速形成国际竞争能力并带动相关产业的发展。由于那些能够产生巨大外部经济的产业主要是人们通常所说的"战略性产业"（如高科技产业），促进这些产业发展的贸易政策也发挥着战略性变量的作用。

从新贸易理论中衍生出了两种不同的贸易政策理论，一种是主要以内部规模经济为基础的"利润转移"理论，另一种是主要以外部规模经济为基础的"外部经济"理论。"利润转移"理论主要包括三个论点：第一，用出口补贴为本国寡头厂商夺取市场份额。第二，用关税来抽取外国寡头厂商垄断利润。第三，以进口保护作为出口促进的手段。"外部经济"理论的论点则较为集中。该理论认为，某些产业或厂商能够产生巨大的外部经济，促进相关产业的发展和出口扩张，但由于这些外部经济不能够完全被有关厂商所占有，这些产业或厂商就不能发展到社会最优状态，如果政府能够对这些产业或厂商提供适当的支持和保护，则能够促进这些产业和相关产业的发展，提高其国际竞争优势，获得长远的战略利益。

由于认识到文化产品市场的争夺对一个主权国家民族文化的存在和发展会构成威胁，因此，世界贸易组织许多成员国都纷纷采取文化产业战略性贸易政策。如法国政府在关贸总协定乌拉圭回合 1993 年谈判中，就坚决反对美国将文化列入一般服务自由贸易范畴，提出"文化不是一般商品"、"文化例外"的新概念，拒绝美国的文化产品自由地进入欧洲市场。"文化例外"的概念有效地保护了法国的文化产业特别是影视业。欧洲各国为了抵制美国影视作品的侵入，还纷纷采取两项措施。一是对国产电影实行补贴，如法国政府规定对电影的票房收入加收 11% 的特别税，然后在有关机构的监督下，补贴到国产电影的制作当中。二是对电视节目实行配额制度，1989 年 10 月欧共体通过一项关于"无边界电视"指导政策，建议各国所有电视频道至少播放 50% 的"欧洲原产"电视节目。我国也应该根据国情和保护发展的需要，借鉴世界贸易组织成员抵制美国文化"入侵"的经验，确立以国家利益为最高利益的文化产业战略性贸易政策，制定出相应的文化保护措施，维护我国的文化主权。

4. 文化产业的区域特色将逐步显现

我国地域辽阔，各地尤其是经济欠发达地区，都有深厚的文化底蕴和颇具特色的文化资源，这为通过发展特色文化产业缩小地区差距提供了基础条件。从国家发展思路上看，已将区域协调发展列为"十一五"规划的重要指导思想，并将发展各个地区的文化产业作为重要着力点。继 2004 年深圳成功举办首届中国文化产业国际博览会之后，2005 年我国又先后举办了中国东北地区文化产业博览会和中国西部（昆明）文化产业博览会。通过发展各具特色的区域文化产业促进经济结构的调整和布局的优化，已成为国家超越传统产业更替的重要战略选择，将为区域特色文化产业的发展提供强大支持。

各地文化产业发展规划也在突出本地特色文化的发展，并制定了相应的发展战略。东部地区人均收入超过 1000 美元，珠三角、长三角、京津冀三大城市群已经开始进入 3000 ~ 5000 美元的中等发达国家水平，这些地区文化消费活跃，消费层次不断提高，不少省市力求通过大力发展创意产业推动文化产业升级，并力求走出去。中西部地区人均收入大部分在 500 ~ 1000 美元之间，文化消费刚刚起步，这些地区注重利用丰富的区域性文化资源，借助现代传播手段，面向全国市场，打造各具特色的文化品牌，开发特色文化产业。海南旅游卫视的成功运作，广西卫视"女性"频道的成功定位等，都彰显了区域特色文化的魅力和广阔的发展前景。

原载《沿海企业与科技》，2006 年第 10 期

完善资源价格，促进增长方式转变，
构建节约型社会

李京文

一、资源价格低估是阻碍我国经济增长方式转变的重要原因之一

按照马克思主义政治经济学的观点，生产是生产力在一定生产关系下作用于劳动对象的过程，生产力的基本要素是劳动者与劳动手段，劳动对象主要是燃料、材料等物质资源。按照流行的西方经济学的观点，生产要素包括资本、劳动力和科学技术，其中各种自然资源是资本的主要成分。自然资源是国民经济与社会发展的重要物质基础。随着我国经济的快速发展，自然资源的经济属性发生了根本变化，由普通物品转为稀缺资源的形势已经非常严峻，如何制定战略，调整布局，加大投入并发挥资本市场的资源配置功能，促进资源产业的现代化，实现资源可持续发展已成为政府非常重视的问题。由于我国的水、电、气、成品油、土地等生产要素价格受到政府的严格管制，远低于市场均衡水平，企业以超低价格获取生产要素。同时，由于社会性管制的缺失，许多企业在环境保护、生产安全、社会保障等方面的投入很少，大多数企业的相关设施未达到国家标准，规避了其应承担的社会成本。通过上述两个途径，国内企业至少不合理地节省了20%～40%的生产成本。如果这些成本被充分显化，并假设竞争因素使企业自身消化其中的50%，那么我国商品的价格至少会上升10%～20%。另外，前几年由于鼓励投资、招商引资使土地要素价格扭曲，使许多本来无利可图的项目变为有利可图。再有利率管制严格，价格较低，我国的储蓄利率在全世界是最低的。而劳动力市场则过度市场化，政府没有对劳动价格进行适当的保护，使得劳动力价格过低。总之，要素价格的过低已到了我国的资源水平不能支撑的水平。

从工业化先行国家走过的工业化道路看，大致经历了两种增长方式。一是19世纪的传统工业化道路，即依靠大量的资源和资本投入支撑的粗放增长；二是20世纪的新型工业化道路，即依靠人力资本和效率提高的集约增长。我国工业化是从

20 世纪 50 年代后开始的。为了适应当时经济发展和已经建立的计划经济体制，我国采取了一条重工业优先发展的工业化战略。重工业是资本密集型产业，而我国当时的资本极其稀缺，相反，劳动力资源非常丰富、廉价。因此采取重工业优先发展的战略是和当时的资源禀赋状况相矛盾的、政府只有依靠计划手段强制性地压低资本价格，促使资本要素向重工业集聚。结果造成要素价格扭曲，资源未得到最佳配置。这一过程一直持续到改革开放后的 80 年代。从"九五"计划开始提出实现经济增长方式转变，但遗憾的是至今效果并不明显。其中最重要的原因是在传统工业化道路下，实现经济增长的便捷方式就是依靠要素、资源的投入；而目前要素市场化进程滞后，要素价格扭曲的低价状态，是导致粗放增长不断升级的重要诱因之一。因此，要素价格的扭曲，已成为走新兴工业化道路上的重大障碍。如这种状况得不到彻底改变，市场自身就不能对粗放增长进行有效抑制，宏观调控就永远走不出行政手段的迷宫，就会造成事实上的市场失灵和政府失灵并存。

资源、环境矛盾尖锐，使我国面临严峻挑战。即使国际市场能够弥补我国资源之不足，生态和环境破坏的沉重代价也难以承受。我国传统的高投入、高消耗、高成本、低产出的老路，已经走到尽头。所以中国当前如果还不尽快转变增长路径，继续按照破坏性模式来"高速增长"，则中国的资金、技术、资源、环境等条件将难以支持中国经济的列车高速持续地奔驰下去。

因此，我们必须坚持贯彻党的十六届五中全会"关于制订'十一五'规划的建议"的要求，必须加快转变经济增长方式，把节约资源作为基本国策，发展循环经济，保护生态环境，加快建设资源节约型、环境友好型社会。

二、国内资源价格被扭曲的根本原因

我国要素价格不合理的根本原因，在于市场扭曲。市场扭曲是指在经济运行中，价格这只"看不见的手"的市场机制没有充分发挥作用。在西方经济学教材中，常常用"市场失灵"反映这种情况，比如，经济外部性、垄断、信息不完全等。

在 1953 ~ 1978 年期间，在以公有制为主体的计划经济体制下，由于国际封锁和新生社会主义的生存问题，我国选择了一种"赶超"西方经济大国的发展目标。这种目标的确立，便决定了我国发展模式和道路的选择是走片面发展重工业的发展道路。"重工业作为资本密集型的产业所具有的基本特征与中国当时的经济状况相冲突，使重工业优先增长无法借助于市场机制得以实现。解决这一困难的办法就是做出适当的制度安排，人为地压低重工业发展的成本，即压低资本、外汇、能源、原材料、农产品和劳动力的价格，降低重工业资本形成的门槛。于是，适用于重工业优先增长的发展战略，一套全面扭曲产品和要素价格为内容的宏观政策环境就形成了。相应的制度安排是对经济资源实行集中的计划配置和管理的办法，并实行工商业的国有化和农业的集体化直至人民公社化，以及一系列剥夺企业自主权的微观经济基础。"① 这种发展目标和发展道路的选择以及必须达到目的的决心决定了与此相适应的手段和方法，从此就人为地造就了一整套政府直接干预经济的政策和整个价格体系的扭曲。

在计划经济时期，人为地扭曲了整个价格体系，具体表现为：

1. 农业资源价格的扭曲

国家通过大幅度压低农业资源价格的方式，结合配额方式建立起了工农业剪刀差基础上的"产品"交换秩序，为重工业的发展提供积累。这种农业资源价格被扭曲的状态长期保持了下来，将其加以制度化。

2. 工业品的价格扭曲

在片面进行重工业化的政策指令下，一切的经济活动紧紧围绕着重工业的轴心转动。从价格体系上分析，尽管党和政府在经济发展中，也注意过处理农业、轻工业和重工业之间的关系，但实际上仍然是"重、轻、农"的结果。在工业产品内部的价格扭曲特征表现为部分能源、原材料基础工业价格偏低。改革开放后，上述情况有了重大变化，农产品价格偏低和部分原材料价格偏低的状况已有了变化，但部分制造业工业品的价格偏高。即使在改革后价格进行了调整，基本格局也没有发生实质性的变化。生产基础工业品的企业中只有电力、成品油、有色金属材料和建材等产品价格较高，其余产品价格普遍偏低。基础生产资料的价格在改革后的市场价格上涨较大，大大高于计划价，有的甚至高于国际市场价格。

3. 生产要素价格的扭曲

和当时的工业化、赶超战略导致的计划经济体制相适应，生产要素价格扭曲十分严重。其中，资本市场在新中国成立后就演变为国家完全垄断和高度管制的形式。在建立了这种体制后，银行利率开始下调，并经过多次下调后，银行利率水平大幅度下降，停留在很低的水平上，以国有工业信用贷款月利率为例，1971 年维持在 0.42%（年利率为 5.04%）的水平。土地产权的国家所有制和集体所有制导致了土地生产要素以零价格进入生产经营活动，当时清一色的国有企业和集体企业由于可以不计成本地使用非常稀缺的土地要素资源，同样导致产品价格核算的不准确和扭曲。

由于在实行计划经济的后期大部分时间里，我国执行了一种城乡分离的二元经济体制，因此难以形成全国统一的劳动力市场，存在城乡劳动力市场的严重分割。在城市，反映劳动力要素价格的工资在 1950 年后实行了统一的工资制度，实行了

---

① 林毅夫等。

和劳动力的边际生产力没有联系的平均工资制：生产工人实行八级工资制，后又有国家统一制定标准和进行统一调整。工人的工资水平很低，据有关统计资料，直到1978 年的体制改革时期，职工年平均货币工资都在 600 元以下，但由于城镇居民得到的各种附加福利比较多。农村的劳动力价格或报酬更是低得可怜，工分制的报酬方式因为年终在完成国家低价格统购后剩余很少而"工值"很低。因此在低报酬的水平上，城镇和农村有着巨大的差别，城镇和农村劳动力市场壁垒难以逾越。根源于僵化的、强制性分类的户籍制度造成了以城乡分割为基本框架，由特大城市、大城市、中小城市、镇（含矿区、林区等）、市郊镇郊农村或国营农场、蔬菜队、经济作物区、一般农村梯次构成的等级制多层次分割。为重工业化战略服务的理念不仅导致了低农产品价格、低原材料价格，也导致了低生产力价格即低工资和低利率政策，而且为了满足工业化对资本密集型的技术设备低成本进口的需要，实行了低汇率政策（人为地高估人民币的币值）和外汇管制等。在外贸政策上实行国家统制下的对外贸易政策，通过汇率扭曲和关税、非关税的配额、许可证等措施以及国家垄断贸易、实施国内出口补贴等一系列措施将国内市场和国际市场隔离开来。在低汇率制下，廉价出口农产品换取工业化的物质基础，这就客观上造成了对农业劳动力的隐形、直接"剥夺"。

综合以上分析，在不同于市场机制的计划经济体制下，违背经济活动的规律，强制扭曲价格机制，使整个国内市场价格体系严重扭曲的经济后果造成了长期的短缺经济。计划经济条件下的国内市场扭曲是统一的市场扭曲，这种扭曲的价格体系在国内重工业化需要进口必要的技术和关键设备时，就对外贸利益产生了影响。当时建立的国家统制的外贸体制就是为国家经济政策目标服务的一个具体措施和工具。由于政府通过高估本国币值，实行低汇率政策，对于出口产品的生产者来讲，产品的出口和在国内市场销售所得利益几乎是一样的，都是被国家以一种价格统购去了；对于出口商来讲，出口得到的外汇换得本国货币较少，因此得到的利益非常少；对于进口商来讲，本币的高估则对进口有利，但这种贸易利益又是在严格进口配额指标审批管理下进行的，因此，也很难得到贸易利益。

由于每一个人或企业不能够自主和独立地谋取本单位的利益，贸易利益不再能够分解，只能从国家整体的宏观角度、从动态角度和对当时经济发展、赶超目标实现角度来进行评判，而这种评判带有更多的主观色彩，难以进行。进行贸易利益动态的外在性分析，短期内可能是积极的，毕竟建立起来了一个工业化的体系和培养了一大批较熟练的工人。然而从长期来看，随着时间的推移，没有自生能力的很多工业企业又陷入了破产境地，劳动力技术的不可储存性也使过去的经验逐渐消失掉了。

三、纠正要素价格扭曲的必要性

要素价格扭曲虽是旧体制的"遗产"，但在传统工业化道路强大的惯性之下，实现经济增长的便捷方式就是依靠要素、资源的投入；而为了完成增长指标的考核，各级政府和企业大都竭尽全力维持要素的低价状态，从而推动这种投入不断升级。要素价格扭曲积重难返。因此，在低价格要素的支撑下，企业圈地的热情远远大于对内部管理的关注；产业升级换代的欲望比不上平面扩张的冲动。

当前经济结构调整的观念已经深入人心，但是有两个问题没有解决。一是由谁来调整经济结构和如何调整经济结构；二是在现行干部考核制度和财税制度的压力下，许多政府官员把"结构优先"解释为大量投入土地、信贷等资源，实现产业结构的重型化。因此，要素价格的扭曲，不仅迷惑了官员也迷惑了企业，成为新兴工业化道路上最大的拦路虎之一。我认为要从根本上解决中国经济动不动就过热的关键，首先要理顺要素价格的形成机制，让市场供求来决定要素的价格水平。这样，当土地和资金的要素需求过旺时，要素价格的上涨抑制要素的过度需求，从而到达抑制过热的目的。因此，下阶段深化宏观经济调控的政策着力点应该放在促进各要素价格的归位上。尤其是我国矿产资源虽然丰富，但由于地质条件限制，在现有储量中只有 60% 可以开发利用，而又仅有 35% 可以采出，因而实际可利用储量很少。近 20 年来，由于经济的快速增长对矿产资源消耗的大幅度增加，地质勘察新增储量低于消耗储量，使我国矿产资源的保障程度和形势日趋严峻，进口数量不断增多。在此情况下如果不有效提升我国各类资源要素的价格，连目前供应较丰富的煤炭等也将供不应求。

四、纠正要素价格扭曲的对策

建立资源节约型社会是当前社会各界广泛关注的焦点之一。资源节约一方面要求减少粗放式的资源开采，一方面要求提高资源利用效率。事实上，近年来我国资源产业价格大幅度波动，相关产业的发展总体上呈不平衡态势，各资源产能与市场需求极不匹配，资源开采效率不高，资源使用浪费严重，这一问题应当引起我们的高度重视。

建立与社会主义市场经济体制相适应的资源调控机制，事关全面建设小康社会和推进现代化进程大局。我认为，根据我国的具体国情，在新的经济发展阶段，单纯依靠市场机制或单纯依靠政府调控都无法解决资源产业与经济社会协调发展的问题，必须建立"市场—政府"互相协调互相配合的复合调控机制。总体上看，至少包括如下四方面的内容：

1. 维持相对较高的资源价格，促进资源节约和提高开采效率

资源产业亦即自然矿产资源开采产业，是工业的基础原料和能源供应来源。国

内外经济发展的实践表明，维持较高的资源价格可以促使企业节约资源投入，同时有利于提高资源开采程度和利用效率。资源产业的产业特征是：市场周期性波动，产能间歇式扩张或减少。在经济发展的不同阶段，所消费的各类资源量是不尽相同的。以矿产资源的消费为例，工业化初期主要消费的矿产资源为铜、铁、铅、锌、锡和煤等，可称之为传统矿产资源；工业化中期，科技较为发达，某些矿产资源得到了广泛的使用，如铝、铬、锰、镓、钒、石油及天然气等，可称之为现代矿产资源；新兴矿产资源则主要是指在发达国家得到初步应用的矿产资源，如钴、锗、铂、稀土元素、钛及钠等。一般认为，我国已经从工业化初期逐步进入工业化中期阶段，资源需求较以往也发生了相应的变化，必须根据这一阶段的实际情况做出相应的制度安排。此外，资源产业还具有一次性投入大、日常开采成本相对较小的产业特征。特别是以自然资源开采为主的矿产资源产业，包括铁矿、煤矿、石油等，在勘探、建设期间或取得采矿权投入较大，而生产成本中包括能源投入和人员投入在整体产品成本中比例较小。一旦存在产能过剩，企业就有动力增加产量降低价格至可变费用附近，因此资源产业会存在低价竞争的态势。特别是当矿产品位不同，开采企业实力有明显差异时，无序竞争又容易导致市场处于价格低迷状态。再有，在一定时期内，由于自然条件的限制，如地理环境、探明储量等，矿产资源存在刚性较强的供给能力上限，短期内扩张产能的可能性不大。资源总体开采利用必然考虑世界的总储量、开采能力和替代产品的开发等，随着资源日渐消耗，其数量减少必然带来价格上升，从而不利于经济社会的可持续发展。维持较高的资源价格，利用市场机制可以实现节约资源投入，有利于维护资源相关产业长期稳定发展，从而有利于我国经济社会的可持续发展。

2. 优化产业结构，适当提高市场集中度

提高资源产业的市场集中程度，便于产业规范管理，提高技术应用水平和市场议价能力。我国的采矿企业是很分散的，经过多年的治理整顿，关井压产，注册的矿山企业目前仍有 15 万多家。为达到在国际竞争中维持稳定价格的目的，应该推动国内矿业企业联盟发展，提升矿产开采企业在世界上的市场份额、技术实力和谈判能力。在此方面，欧佩克（OPEC，主营石油产品）和戴比尔斯（DeBeers，主营钻石产品）的经验值得借鉴，他们建立了强大的生产和销售决策组织和决策机制，掌控了世界范围的相关产品产量和定价的权力。对我国而言，在部分资源储量大的矿产品上，如钨、稀土等，应建立类似的企业联盟或更紧密的股权合作机制。适当加大市场集中度，可以从如下两个方面入手：其一，逐年减少发给各类企业的开采许可证，推动矿山开采权向大型企业流动，从总量上减少资源企业数量；其二，在份额逐步集中的大型企业层面引进战略投资者，吸引愿意进入该领域的社会资本，壮大企业规模。

3. 合理配置产权，提高资源开采效率

资源产权的合理流动可以提高产权配置的效率。以资源产权的矿业权为例，我国将矿业权分为探矿权和采矿权两种，在此基础上对于取得探矿权的人赋予优先采矿权，并且允许将矿业权进行转让。完善矿业权转让市场的目的是鼓励合法的资源勘探，为储备和开采新的资源创造条件。矿业权流转方式有：出让、转让、出租、抵押，以及赠与、交换、继承等。我国实行矿业权流转的二级市场制度，登记机关代表国家有偿直接出让新设置的矿业权，允许原矿业权所有者依法转让矿业权给第三者或者在矿业权上设置限定物权（出租、抵押），并办理变更登记和缴纳相关的税金和费用，但同时规定采矿权转让必须经过相关的审批手续。国外许多勘探者正是以转卖采矿权作为动力，并且利用采矿权转让带来的预期经济利益在资本市场上进行融资，一方面降低矿产勘探的风险，另一方面有利于我国矿产资源的深度勘探。促进矿业权的流转，首先必须减少行政审批壁垒，加快审批效率；其次，可以参考公司股份制改造的方式，设立公开、统一、透明的矿业权市场，将矿业权分割成单位产权进行交易，在活跃交易氛围、维护资源统一开采、提高市场集中度的同时，吸引更多社会资本参与。再次，还必须改进矿业权评估办法，将矿业权评估价值作为企业的无形资产。

4. 制定经济、安全、协调发展的政策和规划

资源产业的发展为社会提供产品，同时也关系到安全、就业、环境等社会问题，因此，还必须制定经济、安全、协调发展的政策和规划。首先，应在所有的自然矿产资源中，区分不同矿产的可开采能力，重要程度和可替代程度，分类制定指导政策。该指导政策的核心是依据动态的需求模型，在较长的时间内，预测资源产品的可能需求总量、年度需求总量、可替代的程度，据此制定不同的探矿、开采规划、产业政策和其他配套政策，不搞"一刀切"。总量控制、优化布局、结构调整以及根据国家产业政策确定的鼓励、限制、禁止勘查开发的矿区和矿种等，都是其中的重要内容。其次，应建立短期应急的战略储备制度和相机开采的中长期规划。矿产资源受下游产业景气程度影响，价格大幅波动，需要矿产的战略储备来维持经济的稳定发展。另外，矿产价格仅由当期的市场供求决定，如果为实现矿产资源的价值优化，还必须建立相机开采的中长期规划，而不是立即投入开采。再次，资源枯竭的中晚期矿山的关闭转产，人员安置、尾矿开发利用和矿区环境污染治理，已经成为资源型城市普遍面临的重大问题，必须整体考虑，制定强制性的矿区开采后环境恢复制度，恢复准备金收取办法，矿区人员就业安排等。还有，要保证安全生产许可证政策的落实到位和企业准入的严格审查，加强日常突击检查，加大责任惩罚力度，让希望"节约安全生产成本"的企业承担更大的经济损失，以促进有效提高资源企业安全生产水平。最后，应利用高新技术发展矿业，同时，加强废旧物资

的再次利用可以增加资源可开采时间，而提高下游企业资源利用效率对目前我国企业节约资源也是非常必要的。

随着自然资源价格的普遍上涨，中国经济增长方式和经济结构在目前这种大背景下将被迫转型，连续多年的高速度、粗放型的经济增长方式再也不能维持下去了。经济的可持续发展需要政策和体制的支持，但根据经济学实证分析，计划经济只能制造短缺和浪费。因此，应尽量用市场的方法来解决能源、资源问题。历史证明，市场机制的充分发挥能解决很多事先想象不到的难题。

5. 通过调整财税政策促进资源价格的合理化

如上调资源税。我国的资源税是 1993 年开征的，覆盖范围小，只涉及原油、天然气、黑色金属矿原矿和盐等 7 个税目，属于矿藏资源占用税性质。2006 年 6 月 1 日，财政部和税务总局宣布提高河南、安徽等 8 省市的煤炭资源税标准。8 月中旬，两部委又联合发文，调整油田企业原油、天然气资源税税额标准。目前，进一步扩大资源税征税范围正在酝酿之中。事实上，2006 年以来，资源税已有所上调，但是上调的幅度并不是很大，远远赶不上资源价格上涨的速度，资源税在其中所占的比重相当小。因此，从一定程度上讲，资源税并没能体现出反映资源真正价值，促进资源节约的原始意图。

五、两个建议

最后，基于我国的实际和今后的发展考虑，提出如下两个具体的建议。

1. 建立国家能源基金

最近有的同志提议建立国家能源基金，我认为这是有道理的，也是有必要的。其必要性体现在：

（1）确立政府在能源安全保障中的主导地位。内外形势表明，能源安全是我国经济安全中最薄弱的环节，且危机因素在增加。建立国家能源基金，有利于实际确立和强化政府在国家能源安全保障中不可替代的主导地位。

（2）增强政府能源安全保障能力。除制定能源政策外，政府应拥有实施政策所必需的合理规模的物质基础。建立国家能源基金，有利于增强政府能源政策实施能力，确保能源政策的实施效率和效益。

（3）完善国家能源战略实施机制。国家能源决策机构、执行机构和国家能源基金构成国家能源战略实施机制。可经必要立法程序赋予国家能源基金管理机构对能源战略实施效果进行评估和监督的职能。

（4）确保实现国家能源战略主要目标。在油气勘探、核电建设、节能技术、新型能源、战略储备及境外投资等方面，需要以国家能源基金为投资主体或以基金对其他主体提供担保或贴息。政府与企业的合力，有利于实施主要战略目标和重大核心项目。

（5）增强国家应对能源危机的手段。导致能源危机的因素是，首先，目前国际石油交易市场的投机资本有相当部分源自前期投机获利。未来以获利资本进行的投机交易，会对石油进口国经济造成更严重影响。其次，欧佩克石油产量已接近产能极限，俄罗斯石油增产幅度也明显放缓，石油供需可能失衡。第三，国际政治中新的不稳定因素在增加，国际恐怖主义事件可能诱发能源危机。建立国家能源基金以应对危机，这对作为石油进口和消费大国的中国尤其重要。

（6）保护国家石油工业。国家能源基金的资金主要来自石油特别资源税，这将是对欲进入我国石油开采领域的外国资本设立合理门槛或提高其进入成本。如果实行浮动税率和级差税率相结合，则政府可对外资准入时机、规模和地域实施非行政主动调控。

（7）在特殊情况下，国家能源基金可为国防及其他国家安全需要承担隐性支出。

我觉得，在我国建立能源基金也具有可行性。可把石油特别资源税作为国家能源基金的主要资金来源，理由是：

（1）征石油特别资源税有法理依据。根据《宪法》和《矿产资源法》，我国领域及管辖海域的各种矿产资源均属国家所有，所以，征特别资源税与目前征收的一般资源税在法理上是相同的，其性质等同于对一般资源税税率的调整。当矿产资源生产成本低于进口成本，且该资源及其衍生产品的国内市场价格基本以进口成本为调节依据时，国务院有权以特别资源税将成本差所形成的超额利润纳入国库。

（2）征石油特别资源税的条件已经具备。2004年我国石油产量已达1.7亿吨，国内石油生产成本与进口成本之间存在足够大的成本差，征石油特别资源税有充分客观基础；近年国内石油生产企业靠成本差已经积累了相当超额利润，如石油特别资源税税率得当，不会对其扩大再生产产生消极影响；国内石油及其衍生产品市场价格已经与国际市场价格形成联动机制，征石油特别资源税不会对国内石油及衍生产品市场造成消极影响；目前执行的石油资源税税率为每吨8~30元人民币，由《中华人民共和国资源税暂行条例（1993年）》制定，当年国际油价约16美元/桶，目前约为50美元/桶。扣除国内石油生产成本上涨因素，仍有相当大征收石油特别资源税空间。

（3）国外有可参考实例。俄罗斯把石油超额利润纳入联邦预算的做法是，对内销石油征收矿产开采税，对外销石油征收出口关税。2005年4月俄乌拉尔牌石油均价46.86美元/桶，当月开采税8.13美元/桶，出口关税19.67美元/桶（注：对出口石油免征18%增值税）。2004年1月俄罗斯开始把征收的石油超额利润（出口关税部分）用于建立联邦稳定基金。2005年6月1日基金总额9540亿卢布，约335

亿美元。基金主要用于应对石油价格下跌可能对国家经济造成的风险、提前偿还外债和社会领域改革。

以我国内陆石油年产 1.2 亿吨计，如石油特别资源税为 180 元/吨，则年税额或国家能源基金年入额可达 216 亿元。

建立国家能源基金要考虑如下几个相关问题。一是举行跨部门论证。人大相关委员会、政府职能部、企业和研究机构，共同研究相关立法、实施与监督等方面的问题，制定国家能源基金条例提案，提出石油特别资源税税率方案。二是石油特别资源税可随国际油价按季浮动，如必要可实行级差原则。由于国内石油生产集中程度高，本着降低管理成本的原则，级差不宜过大过细。三是石油特别资源税计入国税，原石油资源税税种和税率不变，仍归地税。四是我国大型石油生产和化工主体为国有垂直一体化企业，承担着调控国内成品油市场的特殊职能，所以石油特别资源税初始税率不能过高。

2. 尽快建立我国的资源定价中心

全球经济目前仍沿用西方国家建立的殖民价格体系，中国在世界资源定价体系中尚无参与权。中国要通过自己的定价中心来对国内大批量生产、大批量使用的大宗基础性产品进行定价。

原载刘国光、王洛林、李京文主编：《2006 年中国经济形势分析与预测》，社会科学文献出版社，2006

马克思国际价值理论及其现实意义

杨圣明

马克思曾经打算写一部关于国际贸易和世界市场的理论著作。这个计划虽然没有实现，但也在这方面给我们留下了许多重要的理论成果，其中之一是关于国际价值理论。这个理论，随着世界市场尤其是经济全球化的发展，越来越显示出它的强大威力。当前，随着经济全球化的迅猛发展，它正在成为我们构建国际经济新秩序、实现国际关系中"双赢"和"多赢"的理论基础。本人不揣寡陋，将学习这个理论的一些体会写出来，欢迎批评指正。

一、国际价值理论的基本内容

马克思应用他的劳动价值理论考察世界市场时，创立了国际价值理论。这个理论有十分丰富的内容，涉及国际贸易学、国际金融学、哲学、数学等诸多学科。本文仅择其要者陈述之，可能挂一漏万。

1. 国际价值的成因

经济全球化和世界市场是国际价值形成的土壤和温床。关于经济全球化，马克思曾经有过极其精辟的分析与描述。例如，他写道："资产阶级，由于开拓了世界市场，使一切国家的生产和消费都成为世界性的了。不管反动派怎样惋惜，资产阶级还是挖掉了工业脚下的民族基础。古老的民族工业被消灭了，并且每天都还在消灭。它们被新的工业排挤掉了，新的工业的建立已经成为一切文明民族的生命攸关的问题；这些工业所加工的，已经不是本地的原料，而是来自极其遥远的地区的原料；它们的产品不仅供本国消费，而且同时供世界各地消费。旧的、靠国产产品来满足的需要，被新的、要靠极其遥远的国家和地带的产品来满足的需要所代替了。过去那种地方的和民族的自给自足和闭关自守状态，被各民族的各方面的互相往来和各方面的相互依赖所代替了。物质的生产如此，精神的生产也是如此。"① 在这样的国际环境和条件下，任何国家要生存和发展，都必须在世界市场上出口和进口大量的商品。而这些商品千差万别、五花八门、无奇不有。如何将这些商品进行比较

---

① 《马克思恩格斯选集》第 1 卷，第 254 ~ 255 页，人民出版社，1972。

和交换？它们比较和交换的基础是什么？比例关系如何确定？各自的盈亏又如何衡量和计算？诸如此类的问题迫使商品所有者去寻找他们都能接受的解决问题的办法。马克思总结了实践经验，从理论上找出了解决这类问题的根本法宝，即国际价值。所谓国际价值，简言之，就是各国的国别价值（又称国民价值）在世界市场上的转化形态。国内生产和交换中形成的价值称为国别价值，而国际生产和交换中形成的价值则称国际价值。它们二者既有分工，又有合作；既相互制约，又相互促进。对此，下面再作详细分析。

2. 国际价值的实体

国际价值的实体是生产某种商品所消耗的（凝结的）世界劳动或国际社会的人类抽象劳动。马克思写道："把价值看作只是劳动时间的凝结，只是物化的劳动，这对于认识价值本身具有决定性的意义。"[①] 这一点不仅适用于国内价值而且更适用于国际价值。马克思的劳动二重性学说在国际范围内也同样适用。具体劳动创造使用价值，而抽象劳动创造国际价值。这种抽象劳动是抽象范围更大抽象程度更高的劳动。不懂得劳动二重性学说，不理解世界劳动的抽象性，就根本不能理解马克思的国际价值理论。在一国之内，国民价值的实体是该国的正常质量或中等强度的抽象劳动。而"在以各个国家作为组成部分的世界市场上，情形就不同了。国家不同，劳动的中等强度也就不同；有的国家高些，有的国家低些"。[②] 这样，任何一个国家的正常质量的劳动或中等强度的劳动都不可能成为国际价值的实体。它们在世界范围内，只能处于个别劳动的地位。这些个别劳动，在全球范围内，在世界市场上，经过更高程度的再抽象，转化为世界劳动。这种抽象的世界劳动就构成国际价值的实体。各国的个别劳动如何转化为世界劳动？这要靠对外贸易和世界市场。马克思写道："只有对外贸易，只有市场发展为世界市场，才使货币发展为世界货币，抽象劳动发展为社会劳动。"[③] "在世界贸易中，商品普遍地展开自己的价值。"[④] 准确地说，在世界市场上展开的这个价值，就是国际价值。

3. 国际价值量

国际价值量是指国际价值的大小、多少问题。任何事物既有质的规定性，又有量的可度性，国际价值自然不例外。所谓国际价值量就是生产某种商品所消耗的国际社会的平均必要劳动时间（又称国际社会平均必要劳动量）。马克思指出，"棉花的价值不是由英国的劳动小时，而是由世界市场上的平均必要劳动时间来决定"。[⑤] 生产某种商品所消耗的劳动时间，各个国家是不同的，有的国家多些，有的

① 《马克思恩格斯全集》第23卷，第243页，人民出版社，1972。
② 《马克思恩格斯全集》第23卷，第614页，人民出版社，1972。
③ 《马克思恩格斯全集》第26卷（Ⅲ），第278页，人民出版社，1974。
④ 《马克思恩格斯全集》第23卷，第163页，人民出版社，1972。
⑤ 《马克思恩格斯全集》第26卷（Ⅲ），第112页，人民出版社，1974。

国家则少些；不管哪个国家的劳动消耗的时间，都不能成为国际社会的平均必要劳动时间。这个平均必要劳动时间，更不是某个国家或某个大人物规定的；而是在生产经营者背后，通过市场竞争形成的。它一旦形成，就"作为起调节作用的自然规律强制地为自己开辟道路，就像房屋倒在人的头上时重力定律强制地为自己开辟道路一样"。（马克思在这里所称的"自然规律"系指价值规律——引者注）① 由国际社会的平均必要劳动时间决定的国际价值量是世界市场上衡量商品经营者优劣、好坏的客观标准。劳动消耗少于这个标准的是先进者，而多于这个标准的，则是落后者。前者发财致富，而后者则破产倒闭。由此可知，国际价值量是商品生产经营者的"生命线"，是催促各国的生产经营者不断前进的无情的鞭子。

4. 国际价值的尺度

衡量国际价值大小的尺度有三种：世界货币、世界劳动平均单位和世界平均必要劳动时间。在国内，价值量大小、多少的衡量尺度有两个：外在尺度是货币，内在尺度是社会必要劳动时间。这两个尺度有紧密联系。"货币作为价值尺度，是商品内在的价值尺度即劳动时间的必然表现形式。"② 与此不同，在世界上，衡量国际价值大小、多少的外在尺度是世界货币，内在尺度是世界劳动平均单位和世界平均必要劳动时间。进入世界市场，各国的货币必须脱下民族服装，恢复原来的贵金属块的形式，即把国内货币转化为世界货币。当世界货币执行价值尺度的职能时，也与国内市场上的情形不同。在国内市场上，只能有一种贵金属充当货币，执行价值尺度的职能。"在世界市场上，占统治地位的是双重价值尺度，即金和银。"③ 为什么要用世界劳动的平均单位作为衡量国际价值的内在尺度？对此马克思写道："每一个国家都有一个中等的劳动强度，在这强度以下的劳动，在生产一种商品时所耗费的时间要多于社会必要劳动时间，所以不能算作正常质量的劳动。在一个国家内，只有超过国民平均水平的强度，才会改变单纯以劳动的持续时间来计量的价值尺度。在以各个国家作为组成部分的世界市场上，情形就不同了。国家不同，劳动的中等强度也就不同；有的国家高些，有的国家低些。于是各国的平均数形成一个阶梯，它的计量单位是世界劳动的平均单位。因此，强度较大的国民劳动比强度较小的国民劳动，会在同一时间内生产出更多的价值，而这又表现为更多的货币。"④ 显然，在一国之内只有一个中等的劳动强度，而在世界上则有众多国家的中等劳动强度，并组成一个阶梯。但是，它们之间缺乏比较的基础。所以，要采用世界劳动平均单位将各国不同的众多的中等劳动强度的劳动加以折算，以便计量和比较国际

① 《马克思恩格斯全集》第 23 卷，第 92 页，人民出版社，1972。
② 《马克思恩格斯全集》第 23 卷，第 112 页，人民出版社，1972。
③ 《马克思恩格斯全集》第 23 卷，第 163 页，人民出版社，1972。
④ 《马克思恩格斯全集》第 23 卷，第 613～614 页，人民出版社，1972。

价值量的大小或多少。只有如此，才能改变单纯以劳动时间来计量的价值尺度。在劳动世界，马克思提出的世界劳动的平均单位有重大的理论价值和实践意义。借助于它可以把各个国家的难以直接对比的劳动转化为可以直接比较的劳动，使"一个国家的三个工作日也可能同另一个国家的一个工作日交换"。[①] 在货币世界，"欧洲货币单位"刚出现时，曾被讥笑为"怪物"。而今天人们已经认识到它的巨大作用。正是借助它，欧洲各国的不同货币制度才走向了统一，货币由多元化转向了单一化，出现了"欧元"。没有昔日的"欧洲货币单位"，就没有今日的"欧元"。世界劳动的平均单位类似于"欧洲货币单位"。借助它将使各国不同的劳动转化为世界劳动，使劳动的多元化转化为一元化，使国内价值转化为国际价值。这一点将被历史证明。

5. 国际价值规律

商品经济或市场经济中只有一条价值规律。所谓国际价值规律仅指"价值规律在国际上的应用、延伸或变形"。[②]无论如何不能把国内价值规律与国际价值规律看作两条根本不同的规律。这一点，必须言之在先。否则，会引出不少理论上的混乱。

根据马克思的著作所述，国际价值规律的要求至少有三个特点：

（1）同一劳动时间内，不同国家创造不同量的国际价值。马克思写道："在以各个国家作为组成部分的世界市场上，情形就不同了。国家不同，劳动的中等强度也就不同；有的国家高些，有的国家低些"。"强度较大的国民劳动比强度较小的国民劳动，会在同一时间内生产出更多的价值。""价值规律在国际上的应用，还会由于下述情况而发生更大的变化：只要生产效率较高的国家没有因竞争而被迫把它们的商品的出售价格降低到和商品的价值相等的程度，生产效率较高的国民劳动在世界市场上也被算作强度较大的劳动。""一个国家的资本主义生产越发达，那里的国民劳动的强度和生产率，就越超过国际水平。因此，不同国家在同一劳动时间内所生产的同种商品的不同量，有不同的国际价值。"[③]由此可知，生产效率和劳动强度小的许多发展中国家在世界市场上处于十分不利的地位，成为国际社会中的弱势群体。

（2）不同劳动时间内，不同国家创造相同数量的国际价值。马克思写道："在一个国家内，亏损和盈利是平衡的。在不同国家的相互关系中，情况就不是这样。即使从李嘉图理论的角度看，——这一点是萨伊没有注意到的，——一个国家的三个工作日也可能同另一个国家的一个工作日交换。价值规律在这里有了重大变化。或者说，不同国家的工作日相互间的比例，可能像一个国家内熟练的、复杂的劳动

---

①②③ 《马克思恩格斯全集》

同不熟练的、简单的劳动的比例一样。在这种情况下，比较富有的国家剥削比较贫困的国家，甚至当后者像约·斯·勒在《略论政治经济学的某些有待解决的问题》一书中所指出的那样从交换中得到好处的时候，情况也是这样。"① 当前，发展中国家基本上是以三个劳动日同发达国家的一个劳动日进行交换，其中的剥削是显而易见的。

（3）剥削与"双赢"并存。既然发展中国家处于被剥削的地位，为什么还要进入世界市场进行商品交换呢？这是因为，暂时落后的国家，在国际交换中"所付出的实物形式的物化劳动多于它所得到的。但是它由此得到的商品比它自己所能生产的更便宜"。② 简言之，落后国家在出口方面吃亏，而在进口方面获利。目前，国际经贸谈判经常听说获得"双赢"，甚至"多赢"的结果。这表明双方、多方都获利了，但谁获多少利，则没有准确数字，肯定一方利多，另一方利少，双方相等者甚少。对于这一点，马克思指出，"两个国家可以根据利润规律进行交接，两国都获利，但是一国总是吃亏……一国可以不断摄取另一国的一部分剩余价值而在交换中不付任何代价。"③ "处在有利条件下的国家，在交换中以较少的劳动换回较多的劳动。"④

6. 国际价值转型

国际价值的转型就是国际生产价格。它与国际价值的区别就在于国际平均利润的形成。为此要弄清两个问题：为什么要形成平均利润？怎样形成平均利润？平均利润并不是资本家的企望，而是从等量资本必须带来等量利润与等量资本又难以带来等量利润的深刻社会矛盾中生出的多味果实。它的形成经过了长期的激烈的市场竞争。恩格斯曾经明确指出，平均利润始自威尼斯商人时代。他写道："威尼斯人在列万特各国，汉撒同盟的人在北方各国，购买商品时每人所支付的价格都和邻人一样，商品花费的运费也一样。他们出售商品得到的价格也和本'民族'的所有其他商人一样，而且在购买回头货时支付的价格也一样。因此，利润率对所有的人来说都是均等的。对大贸易公司来说，利润要按照投资的大小来分配是理所当然的事情"。⑤

恩格斯还详细描述了平均利润形成的过程。他写道："威尼斯人、热那亚人、汉撒同盟的人、荷兰人——每个民族都各有特殊的利润率，甚至每个销售市场当初都或多或少各有特殊的利润率。这些不同的团体利润率的平均化，是通过相反的道路，即通过竞争来实现的。首先，同一个民族在不同市场上的利润率得到平均化。

① 《马克思恩格斯全集》第26卷（Ⅲ），第112页，人民出版社，1974。
② 《马克思恩格斯全集》第25卷，第265页，人民出版社，1974。
③ 《马克思恩格斯全集》第46卷（下），第401~402页。
④ 《马克思恩格斯全集》第25卷，第265页，人民出版社，1974。
⑤ 《马克思恩格斯全集》第25卷，第1021页，人民出版社，1974。

如威尼斯的商品在亚历山大里亚得到的利润大于在塞浦路斯、君士坦丁堡或特拉比曾德得到的利润，那么，威尼斯人就会把更多的资本投入对亚历山大里亚的贸易，而把相应的资本从其他市场的贸易中抽出。然后，在向同一些市场输出同种商品或类似商品的各民族之间，也必然会逐渐发生利润率的平均化，其中有些民族会遭到破坏，从而退出历史舞台。"①

1492 年后的地理和商业大发现（古巴、海地和巴哈马群岛的发现，北美大陆的发现，绕过非洲南端到达印度的航路的发现以及南美大陆的发现等），使国际贸易的范围大大扩展了，使宗主国与殖民地之间的贸易更加突出了。这种情况对于利润的平均化有何影响？恩格斯指出："在新的地区主要由国家建立的殖民地越多，商会贸易就越会让位于单个商人的贸易，从而利润率的平均化就会越来越成为只是竞争的事情。"②

恩格斯在世时，国际上的利润平均化过程还仅局限于商业和国际贸易的范围之内，尚未进入工业、农业等物质生产领域。因为这时的机器大工业并不普遍，仅限于少数的欧美国家，而世界上绝大部分地区仍然处于以自耕农为主的自然经济的农业时代；国际上的剩余资本还并不多，而且由于种种障碍又无法在国家之间进行转移。这样，在国际范围内的工业、农业等领域便无法形成平均利润，自然也就无国际生产价格可言了。因此，恩格斯指出："在国内单个生产者之间进行的零售贸易中，商品平均说来是按照价值出售的，但是在国际贸易中，由于上面所说的理由，通常都不是如此。这种情况和现在的世界相反。现在，生产价格适用于国际贸易和批发商业。"③

恩格斯逝世后一百多年来，随着经济全球化加速发展，平均利润已经成为全球性的涵盖绝大多数国家和工业、农业以及服务业等主要产业的一种强大的历史趋势。经济全球化的过程，既是各国走向世界市场，相互促进、共同发展的过程，又是全球范围内利润平均化的过程。各国由于经济发展水平不同，资本有机构成不同，资本周转速度不同以及管理水平不同，必然存在着高低不同的利润率。在这种情况下，资本和劳动力必然从利润率低的国家和地区流向利润率高的国家和地区，而利润率高的国家和地区由于资本和劳动力增多，供给增加，利润率水平将会逐渐下降；而原来利润率低的国家和地区由于资本和劳动力的流出，供给减少，在需求不变甚至增加的条件下，利润率将会提高。这样，由高到低与由低到高的两种相向力量作用的结果，逐渐形成均等的或平均化的利润率。国际平均利润一旦形成，国际价值也就自然转化为国际生产价格。

---

① 《马克思恩格斯全集》第 25 卷，第 1022 页，人民出版社，1974。
② 《马克思恩格斯全集》第 25 卷，第 1023 页，人民出版社，1974。
③ 《马克思恩格斯全集》第 25 卷，第 1024 页，人民出版社，1974。

有的同志往往提出这样的问题：资本和劳动力还难以在国际间流动，因此无法形成平均利润和国际生产价格。的确，国际上还存在着严重的保护主义，还存在着不公平竞争，还存在着各种各样的壁垒。资本自由化、劳动力自由化、贸易自由化等还名不副实。发达国家往往强调资本自由化，要求发展中国家开放资本市场，而对劳动力自由化却横加阻挠，企图阻止发展中国家的劳动力流入发达国家；与此相反，发展中国家则强调劳动力自由化，希望将国内多余的劳动力转移至发达国家，而对资本自由化则有许多顾虑，不愿开放资本市场。这两种相反的态度受历史条件制约，在当前条件下还难以避免。但是，随着经济全球化发展，社会经济条件将发生变化，阻碍资本和劳动力流动的条件将逐步减弱以至消失。与此相适应，资本和劳动的流动将由少到多，逐渐扩大。如果把目前的流动规模同 50 年前相比，同 100 年前相比，就会发现惊人的变化。中国改革开放仅仅 20 多年，进出中国的资本和劳动力规模发生了多么大变化，增长了多少倍！从较长时期考察，国际间资本和劳动力流动的速度在加快，流动规模在扩大，具有明显上升趋势。这种趋势就是利润率平均化趋势的基础和前提，也是国际生产价格形成和发挥作用的土壤和温床。

7. 国际价值同货币、价格、工资的关系

马克思写道："不同国家在同一劳动时间内所生产的同种商品的不同量，有不同的国际价值，从而表现为不同的价格，即表现为按各自的国际价值而不同的货币额。所以，货币的相对价值在资本主义生产方式较发达的国家里，比在资本主义生产方式不太发达的国家里要小。由此可以得出结论：名义工资，即表现为货币的劳动力的等价物，在前一种国家会比在后一种国家高；但这决不是说，实际工资即供工人支配的生活资料也是这样。"① 马克思的这段话告诉我们三个问题：

（1）国际价值同单位货币的相对价值成反比。在同一劳动时间内，生产同种商品时，发达国家比不太发达国家，由于劳动强度大，生产效率高，能够生产出较多的商品，并创造出更多的国际价值，因而表现为更多的货币额。这样，每单位货币的相对价值就小；与此相反，不太发达国家比发达国家，由于劳动强度低，生产效率低，只能生产出较少的商品，创造较少的国际价值，因而表现为更少的货币额。这样，每单位货币的相对价值就大。显而易见，创造的国际价值量越多，而单位货币的相对价值量就越小，二者成反比。

（2）发达国家比不太发达国家的商品价格水平高。由于发达国家的单位货币的相对价值小，表现同样的商品价值需要更多的货币，因而，商品的价格水平必然高些；相反，由于不太发达国家的单位货币的相对价值大，表现同样的商品价值需要的货币较少，这样，商品的价格水平就必然低些。当前国际上，价格的实际状况与

---

① 《马克思恩格斯全集》第 23 卷，第 614 页，人民出版社，1972。

此论断相符。

（3）发达国家比不太发达国家的名义工资高，但这绝不是说实际工资也是如此。由于发达国家的商品价格普遍偏高，即使发达国家与不太发达国家的劳动者消费同样的生活资料，发达国家比不太发达国家的名义工资也要高；但实际工资可能出现高于、等于或低于三种情况。

8. 国际价值同商品价格高于价值程度成正比

同国内价值相比，国际价值还有一个特点，即受各国的价格背离价值程度的影响。正像马克思指出的，只要生产效率较高的国家没有因竞争而被迫把它们的商品的出售价格降低到和商品的价值相等的程度，生产效率较高的国民劳动在世界市场上也被算作强度较大的劳动，因而它形成的国际价值就较多。这说明，为了增加劳动强度并进而增加国际价值，除了在生产领域尽量加强劳动强度，提高劳动生产率外，在流域领域尽量保持高价，使国内价格高于价值，使外贸出口价格再高于国际价值，也不失为重要的对策。价格高于价值，不论在国内市场上，还是在世界市场上，都会获取超额利润。

马克思还指出："投在对外贸易上的资本能提供较高的利润率，首先因为这里是和生产条件较为不利的其他国家所生产的商品进行竞争，所以，比较发达的国家高于商品的价值出售自己的商品，虽然比它的竞争国卖得便宜。只要比较发达国家的劳动在这里作为比重较高的劳动来实现，利润率就会提高，因为这种劳动没有被作为质量较高的劳动来支付报酬，却被作为质量较高的劳动来出售。"[①] 把劳动力的价格在国内压低到价值之下来支付，而在世界市场上又把出口商品的价格抬高到价值之上来出售，这是发达国家惯用的手法，也是它们的利润率较高的奥秘之一。

总之，国际贸易领域能够增加国际价值量。正如马克思指出的："随着新开辟的交换的源泉，国内贸易和对外贸易中的价值量都会增加。"[②] 但是，李嘉图却认为，"对外贸易的扩张虽然大大有助于一国商品总量的增长，从而使享受品总量增加，但却不会直接增加一国的价值总额"。[③] 为什么不会增加？根本原因在于，李嘉图否定价值规律在国际上的应用，或者说否定国际价值规律的存在及其作用。正如他说"支配一个国家中商品的相对价值的法则不能支配两个或更多国家间互相交换的商品的相对价值"。[④] 具体原因在于，他错误地以本国的土地与劳动的产品数量去衡量国际价值。李嘉图写道："因为一切外国商品的价值是以和它们相交换的本国的土地和劳动的（产品）数量来衡量的，所以，即使由于新市场的发现而使本国一

---

① 《资本论》第3卷，第264～165页，人民出版社，1975。
② 《马克思恩格斯全集》第44卷，第118页～119页，人民出版社，1975。
③ 《李嘉图著作和通信集》，第1卷，第108页，商务印书馆，1992。
④ 《李嘉图著作和通信集》，第112页～113页。

定量的商品能够换得的商品数量增加一倍，我们所得的价值也不会更大。"① 这显然是错误的。

二、国内外关于国际价值理论的争论与简评

（一）国际上关于国际价值理论的论战

1. 国际价值问题的提出

据目前我们掌握的文献，"国际价值"一词是英国经济学家约翰·斯图亚特·穆勒（John. Stuart. Mill，1806～1873 年）最早提出的。② 他在《政治经济学原理及其对社会哲学的某些应用》一书（两卷本，1848 年伦敦版）中，以专章（第 18 章）论证了国际价值问题。他的国际价值理论有两个基本点：价值是由生产费用决定的。正如穆勒写的："在任何地方，一件物品的价值都取决于在当地获得它所支付的费用，就输入品而言，也就是取决于用以偿付这种输入品的输出品的生产费用"；价值是由供求均衡关系决定的。对此，穆勒写道："一切贸易，无论是国家之间的，还是个人之间的，都是商品交换，在这种交换中……供给和需求只是相互需求的另一种表达方式；而所谓价值将自行调整，以使需求和供给相等，实际上是说，价值将自行调整，以使一方的需求与另一方的需求相等。"这种价值理论又称"相互需求论"或"国际需求方程式"。十分明显，穆勒的国际价值论不过是生产费用价值论与供求价值论的混合物。③ 马克思对穆勒的经济学其中包括他的价值理论曾一针见血地指出，它是"毫无生气的混合主义"，"企图调和不能调和的东西"。④ 对这个理论，我国理论界多持否定态度，也有人肯定它的"创新之点"。⑤

2. 三次大论战

"二战"后半个多世纪以来，国际上围绕国际价值与不等价交换问题进行过三次大论战。⑥ 这反映着国际经济秩序破旧立新的斗争，也体现出发展中国家反对国际剥削和维护民族利益的要求。

第一次论战是在 20 世纪 50 年代初由阿根廷著名经济学家劳尔·普列维什发动的。他曾任阿根廷国家银行总裁、财长等职，1950～1962 年任联合国拉美经济委员会执行书记。上任之初，联合国出版了他写的《拉丁美洲的经济发展及其主要问题》小册子。这本书虽小，但影响颇大。书中揭示了亚非拉国家贸易条件长期恶化的趋势；论证了制造业中的技术进步和成本节约，并未使制成品价格下降，却导致

① 《李嘉图著作和通信集》，第 109 页。
② 约翰·穆勒：《政治经济学原理》（下卷），第 125、137 页，商务印书馆，1991。
③ 陈家勤：《国际贸易论》，第 20 页，经济科学出版社，1998。
④ 马克思：《资本论》第 1 卷，第 17～18 页，人民出版社，1975。
⑤ 汪熙：《国际贸易与国际经济合作概论》，第 40 页，复旦大学出版社，1990。
⑥ 王林生：《国际价值与不等价交换的论战》，载《国际价值与国际价格》一书，对外贸易教育出版社，1986。

了发达国家利润和工资的提高，反之，初级产品价格却大幅下降。西方发达国家是制造品的主要出口者和初级产品的主要进口者，从上述的价格升降中获取了最大的利益。1964～1969 年普列维什担任联合国贸易与发展会议的第一届秘书长，继续宣扬他的主张。持类似观点的，在 20 世纪 50 年代还有在联合国秘书处工作的英籍德国学者辛格和联合国欧洲经济委员会执行书记瑞典学者缪达尔。① 以上三人的观点在文献中合称为"辛—普—缪论证"（S－P－M Argument）或"辛—普命题"（S－P Thesis）。

普列维什的著作问世不久，美国学者范纳（Jacob Viner）就在巴西大学发表演讲（后来，演讲稿以《国际贸易与经济发展》为题出版），针对普列维什的主张，阉割社会生产关系，提出"农业不等于贫困"，劝说亚非拉国家不要放弃生产初级产品，而将有限的资金浪费在"浪漫的幻想"（指工业化的理想）上。另一位美国学者哈伯勒（Gottfried Habeler）1958 年在开罗也作了题为《国际贸易与经济发展》的演讲，公然否定亚非拉国家贸易条件恶化的事实。这些争论虽然没有直接涉及国际价值问题，但论战的中心即进出口价格比率问题却关系着国际价值问题，更关系着亚非拉国家的根本利益，反映着这些国家在旧国际分工体系中的不利处境和实现工业化的强烈要求。

第二次论战是 20 世纪 60 年代"经互会"国家的学者围绕国际价值概念的理解问题展开的论战。这次论战反映着"经互会"内部东欧成员与苏联之间的利益矛盾。对于什么是国际价值，大致有三种意见或三种不同的解释。其一，民主德国科学院院士寇尔梅（Gunther Konlmey，又译为柯尔迈）在其所著《卡尔·马克思的国际价值论》（1961 年东柏林出版）一书中认为，马克思在《资本论》中所说的一个"世界劳动的平均单位"等于一个单位的"国际价值"，而一种商品的国际价值就是各国生产该种商品所需要的国内社会必要劳动（时间）的加权算术平均数，权数可以是各国该商品的出口量，或可供出口的生产量。他认为，这是价值规律在国际上应用的第一个修正，这个修正同国民劳动的强度有关；而第二个修正则同国民劳动的生产性有关。其二，莫斯科大学法明斯基教授提出了"国际社会必要劳动"的概念。他强调说，这不是各国社会必要劳动的算术平均数，而是由商品的主要供应国的国内生产条件决定的。这意味着在"经互会"市场上，苏联作为一系列商品的主要供给者有权决定其国际价值和价格。其三，匈牙利经济学家拉吉斯·兹尔科属于第三派。他在其 1973 年出版的《国际价值与国际价格》一书中认为，由于国际间资本和劳动不能像国内那样自由流动，故不能形成像国内价值一样的国际价值。他在该书 1980 年再版序言中更明确指出，国际市场上并不存在根据产品平均

---

① 辛格的代表作是《投资国与借款国之间的利益分配》，载《美国经济评论》1950 年 5 月；缪达尔的代表作是他 1958 年在开罗所作的题为《发展与不发展》的演讲稿。

劳动投入量所决定的唯一的国际市场价格中心，既没有唯一的国际价值，也没有唯一的国际生产价格。他强调马克思在《资本论》中既没有肯定，也没有否定"世界劳动的平均单位"就是国际价值，只是说明"世界劳动的平均单位"是衡量各国国内劳动的一个合适的尺度，能反映出各国劳动生产率的差异；利用这种差异的指数（倍数）来调整国内价格，就可以相互比较，故他称为"统一价值"。所谓"统一价值就是以具有同等购买力的货币所表示的、价格与价值成比例时的价值"。[①]当然，在匈牙利也有人不同意拉吉斯·兹尔科的上述观点。例如纳吉就是肯定国际价值的，但他下的定义与众不同。他写道："国际价值是在国际贸易中（世界市场上）流通的商品的国民价值的加权平均数。"[②]

　　第三次论战是围绕着巴黎大学（索邦学院）教授、希腊学者埃曼纽尔（Arghiri Emmanuel）的著作《不等价交换》展开的。该书于 1969 年以法文出版，1972 年又出了英文版。埃曼纽尔的不等价交换理论有两块基石：发达国家与发展中国家之间工资差别的经常化和国际间利润率的平均化。他认为前者"是一个早已为观察和经验所证明了的事实"，"实无需理论上的证明"。由于劳动力在国际间难以流动，故工资差别不能消除，但另一方面，他又认为，资本可以在国际间自由流动，利润率有平均化的倾向，故形成国际生产价格。埃曼纽尔认为工资是个自变量，发展中国家的工资较低，这是形成不等价交换的直接原因。他还在《工人的国际团结》一文（载《每月评论》1970 年 6 月号）中写道，超额利润是暂时的，而超额工资却会自动地经常存在。这就是说，通过不等价交换，从亚非拉转移到发达国家去的剩余价值，将经常地转化为"超额工资"，而不是"超额利润"。这意味着发达国家的工人经常能分享不等价交换的好处。埃曼纽尔还认为，第三世界主要受"贸易帝国主义"的不等价交换的剥削。他将帝国主义与被压迫民族之间的关系归结为在不等价交换基础上形成的"中心"与"外围"的依附关系。他的结论是："一切帝国主义都有重商主义性质。"因此，他的《不等价交换》一书以"贸易帝国主义的研究"为副标题也就不足为奇了。

　　埃及学者阿明（Samir Awin）在他的《不平等的发展》、《世界规模的积累》等著作中以埃曼纽尔的上述理论为基础而展开自己的观点。他推崇埃曼纽尔是马克思之后用马克思主义观点研究不等价交换的第一人。他认为，在当代帝国主义条件下，既有资本主义积累，也有原始积累，而不等价交换便是"中心"与"外围"之间所进行的原始积累过程。他提出了许多极左的政治观点和主张，如"第三世界应与资本主义市场决裂"，"西方工人不再是改造世界的基本力量"，"外围的民族解放运动才是历史发展的主要动力"，等等。埃曼纽尔和阿明的理论体系和观点，

---

① 拉吉斯·兹尔科：《国际价值与国际价格》，第 67 页，对外贸易教育出版社，1986。
② 纳吉：《社会主义国家的价格》，载《经济评论》1967 年第 2 期。

引起不少学者的责难和批评。美国《每月评论》主编史维兹（Paul Smeezy）在《资本主义发展理论》一书中写道，资本不能在国际间自由流动，因而利润率在国际间不能平均化，国际生产价格不可能形成。比利时学者曼德尔在《晚期的资本主义》一书中指出，由于资本主义发展不平衡，使得亚非拉经济落后，存在大量失业，自然工资低下。而工资低是"不发展"的结果，而不是原因。贝特海姆指出，亚非拉工资水平低的真正根源应当到国际生产关系中去寻找。由于亚非拉还保存着前资本主义剥削形式，并有大批潜在的相对过剩人口，所以工资被压得很低。贝特海姆还指出，绝不能说发达国家的工人阶级也参加了对不发达国家的剥削，享受到了"超额工资"。

3. 日本学者的争论

除以上三次高潮外，国际上还有一批学者经常研究马克思的国际价值学说。其中，最活跃的当推举日本的学者。在日本，围绕着国际价值问题的争论，不仅有一些基本理论问题，如，国际间价值法则的修正、国际价值、世界劳动、国际等价交换与不等价交换、国际间货币相对价值的差异、国际市场价值等，而且还有一些现实性很强的问题，如，国际间剥削、国民生产性以及贸易超额利润的源泉等。这些问题上都存在着尖锐的对立意见。

如果将日本的研究国际价值问题的学者加以区分，大体可分为两个派别。一个是以名和、松井、吉村等为代表的国际价值实体肯定派，另一个则是以木下、行泽、木原等为代表的国际价值实体否定派。此外，还有不属于这两大派别的中间派。有的中间派对世界劳动加以肯定，却对国际价值和国际市场价值加以否定；而有的中间派对国际价值和国际市场价值持积极的观点，但对世界劳动持完全的消极态度。

日本学者中川信义在其《国际价值论的若干理论问题》一文中，[①] 介绍了日本学术界目前围绕国际价值争论的一些问题。它们是：

（1）何谓国际价值。对这个问题目前有四种回答：①国际价值是国民劳动交换的比率；②国际价值是国民价值相互间的国际价值关系；③国际价值就是价值的国际性形式；④国际价值是含有世界劳动这样的社会实体的概念，或者说，国际价值的实体是世界劳动。

（2）国际价值论的难点问题。国际价值论的难点问题是宇野教授提出的。它是指国际价值形成的社会经济环境、土壤和条件问题。宇野教授认为，经济学要研究支配商品经济的法则，必须以支配我们经济生活的资本主义社会的一切作为研究的基本对象，而不能以资本主义社会成立的前提条件的国际商品交换作为研究对象，

---

① 该文载《经济学动态》，2003 年第 11 期。

也不能以共同体与共同体之间所进行的商品交换关系作为其对象。对于经济生活来说，后二者仅是外部性质的，即部分性、补充性的，对此应加以适当研究，但无法成为必然法则的根据。如何正确认识和处理三个层次的关系，这就是国际价值论的难点所在。对于宇野教授提出的这个"国际价值论的难点"，木下教授持批判的立场。木下认为，只应当将资本主义制度下的对外贸易作为研究对象，研究其运行法则，而不必研究宇野教授提出的共同体间的交换，或作为历史前提的国际交换。中川信义教授则认为，木下的研究范围和视野太窄了，无法苟同；而宇野教授的研究对象又太宽了，没有突出强调世界市场、生产的国际关系、对外贸易等内容。中川信义写道："笔者是在世界劳动的这一基石上，逐次把握国际价值、国际市场价值和国际市场价格的。因此，世界经济论的对象，不能仅仅停留在作为资本主义生产方式导致的外国贸易上，而其对象是世界市场，而世界市场是世界劳动这一概念及依此而成立的资本主义生产方式与前资本主义的、还有非资本主义的生产方式同时并存的世界市场。用一句话概括地说，是由资本主义生产方式所支配了的世界市场。"①

（3）世界劳动问题。专门从事劳动力国际转移问题研究的游仲勋教授认为，通过劳动力的国际转移，世界劳动这一概念才得以成立。木原行雄教授也认为，若劳动力的国际性转移不存在，世界劳动这一概念也不能成立。与此不同，中川信义教授则认为，"世界劳动这个概念不仅指资本主义的工资劳动，而且以世界市场为媒介而成为国际分工体制的'贡纳式生产方式'和奴隶制或者'再版农奴制'的劳动也属于世界劳动。因此，将世界劳动的存在只局限于有无劳动力的国际转移这种屡屡曲解世界劳动的含义的观点是错误的"。②他又写道："在世界劳动方面，我否认了世界劳动的国民劳动交换比率学说或国际价值关系学说，而将世界劳动规定为承担世界性的或国际社会性的再生产的劳动，将其作为以国际交换为媒介的国际分工体系的诸环节。"③

（4）不平等交换问题。如本文上述，希腊人巴黎大学教授埃曼纽尔将国际间的"工资的不平等"看成是国际间"交换的不平等"。对此不少学者进行了批评。这里再补充二例。

西德派的 C. 诺伊兹斯认为，生产力高的国家比生产力低的国家生产更多的价值，其劳动是更高生产力的劳动。这在世界市场上进行了不等的国民劳动的交换，不能说是进行了不等价值的交换。西德派的另一位教授 K. 布休认为："不平等交换的内容不应该作为不等价交换来理解，而只应作为不等劳动量交换来理解。"当然，这是从国际榨取的角度来理解的。中川信义写道："我特别批判了将国际不等价交

---

① ② ③ 《经济学动态》，2003 年第 11 期。

换看作是在国际间的不等劳动量交换的观点，指出国际不等价交换是不等价值的交换，把国际等价交换理解为依照国际价值的交换。"①

（5）国际市场价值问题。柯尔迈认为，国际市场价值是参加该商品国际贸易的所有国民生产的各个阶梯的国际价值的加权平均。中川信义认为："市场价值并不是关于各个商品的价值规定，它是同一生产部门的商品量全体的价值规定。因此，这种市场价值规定的国际应用并不是在只由各国贸易资本组成的一个部门中适用，而必须适用于同一生产部门的各国民的商品量全体。必须认识到不仅是同一生产部门的各国的贸易资本，同一部门的各国国内目前未参加国际交换的资本，也同样参加了这个国际市场价值形成的运动中。"他又写道："国际市场价值是国际价值的现实化和具体化的产物，这不仅是因为它是由世界市场的竞争所致，还因为价值规定适用于同一类的商品量的全部。"②

（二）国内关于国际价值理论的争鸣

改革开放的伟大事业扩大了我国对外经贸理论界的视野，使一些学者开始学习和研究马克思的国际价值理论。20 世纪 80 年代初，中国国际贸易学会几届年会上都讨论了这个问题。1983 年 4 月中国国际贸易学会为纪念马克思逝世一百周年，举行了为期七天的学术讨论会，中心议题是马克思的国际价值理论。会后，主要论文汇编成《国际贸易论文选》（第二辑），1983 年正式出版，也有些论文在当时的报刊上公开发表了，并展开了热烈的讨论。这就在我国形成第一个高潮。2000 年 10 月，中共中央在《关于国民经济和社会发展第十个五年计划的建议》中指出，在新条件下，要深化对劳动和劳动价值论的认识。在中央的这个号召下，掀起了学习和研究劳动价值论其中包括关于国际价值理论的新高潮，发表了一些重要的研究成果。这些成果同 20 世纪 80 年代初的成果相比有两个显著特点或两点进步：其一，将国际价值问题放在经济全球化的背景下进行审视，密切联系国际经济秩序中的破旧立新的斗争，为我国"走出去"与"请进来"，实现"双赢"，寻找理论支撑。这方面的代表作是《经济全球化与国际价值》一文。其二，从计量经济学的视角探讨国际价值问题，提出了国际价值理论的基本模型。这方面的代表作是《马克思的国际价值理论与西方国际贸易学说》一文。在上述两个高潮之间的近二十年内，也出现了一些研究成果。现在，我们将主要分歧观点归纳整理如下：

1. 什么叫国际价值

一种观点认为："体现世界范围内某种商品生产者之间生产关系的一般人类劳动凝结，这就是国际价值。"③ 或者换一个说法，"它是以世界为背景的人类无差别

---

① ②　《经济学动态》，2003 年第 11 期。

③　陈家勤：《国际贸易论》，第 90 页，经济科学出版社，1998。

劳动的凝结，反映了世界市场中商品生产者之间的社会关系"。① 另一种观点则认为，各国各种商品的"一般化或平均化的相对价值才是国际价值"，它又称国际平均价值或统一价值。②

国际价值是不是客观存在的经济范畴？一种观点认为，国际价值根本就不存在。在世界市场上没有统一的国际价值，也没有单项产品的国际价值。所谓的国际价值是虚构的。③ 还有人借用马克思分析地租时曾经提出的"虚假社会价值"的概念，提出"虚假国际价值"概念。④ 另一种观点则认为，国际价值这个概念是马克思在《资本论》第 1 卷第 20 章中提出并论证过的科学范畴，它反映着"生产的国际关系"，是客观存在。它是国际交换比例的核心，是判断和分析国际经济关系的基本出发点。⑤

2. 国际价值量如何决定

一种观点认为，"国际价值并不由世界必要劳动时间来决定，而是由个别国家的个别价值转化为国际价值。这是因为，在世界市场上不存在社会必要劳动时间的规定性作用，因为在世界市场上不存在每一种单一商品都有一个单一的社会必要劳动时间的可能"。"决定价值量的不只是劳动的持续时间和复杂程度，而且还有劳动要素。""承认非劳动要素在价值量决定中的作用与劳动创造价值的命题并不是矛盾的。"⑥

另一种观点认为，国际价值是由世界的或国际范围内的社会必要劳动时间决定。马克思在 1861～1863 年的《经济学手稿》中曾经指出，棉花的价值不是由英国的劳动小时，而是由世界市场上的平均必要劳动时间来决定。商品的国际价值与国别价值作为人类一般劳动的凝结物，在质上是相同的，但是，在量上是有区别的。进入国际市场的商品，其国际价值量多少，不是由该国国内的社会必要劳动时间决定，而是由其所进入的国际市场范围内的社会必要劳动时间来决定。⑦

第三种观点认为，国际社会必要劳动时间的形成与参加国际贸易国家的贸易量有密切关系。为此，应区分三种情况：其一，如果绝大多数商品是在大致相同的正常的各国的社会必要劳动时间内生产出来的，则国际社会必要劳动时间就是该商品的各个国家的社会必要劳动时间。在这种情况下，商品的国别价值与国际价值基本一致。其二，比较坏的条件下生产出的商品，无论同一般条件下生产的商品相比，

① 高成兴等：《国际贸易教程》，第 86 页，中国人民大学出版社，1993。
② 丛培华：《国际理论》，第 21 页，中国对外经贸出版社，1994。
③ 《国际贸易论文选》第 2 辑，第 354 页，中国对外经贸出版社，1983。
④ 《关于国际价值理论的讨论》，载《世界经济》，1983 年第 6 期。
⑤ 柯阳：《学习马克思国际价值理论的一些体会》，载《世界经济》，1983 年第 1 期。
⑥ 曹新：《国际贸易理论与国际价值理论研究》，载《社会科学辑刊》，2003 年第 4 期。
⑦ 冯雷：《国际价值理论及其发展》，载《马克思主义国际贸易理论新探》，经济管理出版社，2002。

还是同较好条件下生产的商品相比，在国际市场上都占一个相当大的量（或多数），那么，国际价值就由在较坏条件下生产而出口的大量商品来调节。其三，假定在高于中等条件下和较坏条件下生产的商品的出口量构成一个相当大的量，或者说，较好条件下生产的商品出口量占大多数，那么国际价值则由较好条件生产的商品来调节。①

此外，还有几种观点：国际价值是国际贸易中商品的国民价值的加权平均数；国际价值是各国实际国民劳动投入量与平均国民劳动生产率水平的乘积，亦即用反映各国劳动生产率差别的一种指数调整后的某种商品的国民价值；国际价值是由主要供货国的生产条件所确定的国际社会必要劳动时间决定的；② "世界市场上的商品价值是由国别价值和国际价值共同决定的"；③ "在国内，我们遵守的是同等时间强度下同量劳动创造同量使用价值和价值的原则。在国际市场上，我们则遵守同等产品强度下的同量劳动创造同量使用价值和价值的原则。"④

3. 关于不等价交换的原因问题

不等价交换又称不等量劳动交换、不平等交换、不均衡交换，等等。我们不去探究这些称谓的异同，仅指出这里所谓的不等"价"是以国际价值为标准的，也就够了。

在不等价交换的原因问题上，有针锋相对的两种意见。一种意见认为："各国劳动生产率水平的差异，只能使各国产品的国别价值高于或低于国际价值，而不会成为现代国际交换中不等价交换产生的因素，同时也不会导致在现代国际贸易中由劳动生产率水平低的国家向劳动生产率水平高的国家发生所谓'价值转移'的现象。""垄断资本凭借其垄断地位将卖价长期地和大幅度地提高到国际价值以上，而将买价长期地和大幅度地压低到国际价值以下，这才是现代国际贸易中产生不等价交换和价值转移的真正原因。"⑤ 另一种意见则认为："在国际贸易中发达国家对发展中国家的掠夺和剥削，除了通过赤裸裸的不等价交换外，还有等价交换掩盖下的剥削。前者是国际价值规律的背离，它的基础是垄断、超经济的强制或欺诈；而后者则是国际价值规律的贯彻，它的基础是劳动生产率的差异。同等量的国际价值交换是等价交换，但背后却是内涵量相同的不等量劳动的交换，是贫国向富国的价值转移，形式上的平等掩盖着实质上的不平等。"⑥ 以上两种观点的根本分歧在于各国劳动生产水平的差异是不是不等价交换的根本原因。

① 薛荣久主编：《国际贸易》，第115~116页，四川人民出版社，1993。
② 高成兴等：《国际贸易教程》，第88页，中国人民大学出版社，1993。
③ 高涤陈：《国际贸易中存在两种价值决定和价值尺度》，载《世界经济》，1983年第6期。
④ 丛培华：《国际价值论》，第8页，中国对外贸易出版社，1994。
⑤ 袁文祺：《中国对外贸易发展模式研究》第44、47页，中国对外经贸出版社，1990。
⑥ 陈隆深：《关于国际价值的若干问题》，载《国际贸易论文选》（第二辑），第262页，中国对外经贸出版社，1983。

4. 国际超额利润的来源问题

国际超额利润是指商品在世界市场上交换时，其国别价值低于国际价值而多得的那部分利润。它除了具有国内市场上一般产品相交换时的超额利润的一般特点外，又具有类似农业超额利润的特点。这种利润由何产生？有以下五种观点：[①]

第一种观点认为，在等价交换的场合下不存在价值在国与国之间的转移。这是日本经济学界的"德国学派"的布休、许勒、西洛等人的观点。他们认为，富国资产阶级获得的国际超额利润并非从贫国转移而来，而是富国超过国际平均劳动生产率水平的劳动，在同一时间内创造了较多的价值。在我国也不乏这种观点。例如，有的同志写道："发达国家所得到的这种额外的收益或'余额'，并不是从劳动生产率较低的国家'转移'而来的，而是由劳动生产率较高的发达国家工人阶级的剩余劳动创造出来的，只不过是通过国际贸易得以实现罢了。"[②]

第二种观点（以比利时的曼德尔为代表）认为，国际超额利润"归根结底来自不等量劳动的交换"。这是因为"两类国家之间的劳动生产率水平不同，殖民地国家要以较多的劳动去同先进国较少的劳动做'平等'的贸易。由此可见，国际贸易的起源本来就是把某一国的价值转移到另一类国家去"。

第三种观点是从"国际生产价格"说明这种超额利润的来源。早期的代表是奥地利的奥托·鲍威尔和德国的格罗斯曼，当代的代表是埃曼纽尔和阿明。他们从各国资本有机构成高低差异和工资的国民差异出发，论证价值从贫国向富国转移。

第四种观点是从交换双方获利程度不相等说明。这是许多东欧学者的观点。如匈牙利的兹尔科。

第五种观点是我国对外经贸大学朱国兴教授的观点。他认为，国际超额利润来自"虚假的国际价值"。在农业中有"虚假的社会价值"。与此类似，在国际上也存在"虚假的国际价值"。它的产生"或者是由于商品的国际价值超过了各国生产时实际耗费的劳动，或者是由于资本主义工业国对先进生产技术的经营垄断，使其他国家生产时实际耗费的劳动量超过了现有科技发展程度所必需的耗费水平。在这两种情况下所形成的国际价值必然含有虚假的成分。据此进行交换，必然出现不平等的关系，出现超额利润。"

三、国际价值理论的现实意义

马克思创立的国际价值理论历经一百多年风雨考验，不仅没有被恶意攻击和谩骂损伤丝毫，反而越来越被更多的有识之士所认识、所推崇，显示着越来越旺盛

---

① 朱国兴：《论国际贸易中的不等价交换和不平等交换》，载《国际贸易论文选》（第二辑），第284～292页，中国对外经贸出版社，1983。

② 袁文祺：《中国对外贸易发展模式研究》，第61页，中国对外贸易出版社，1990。

的活力和生命力，越来越强的现实意义。为什么会这样？因为，这棵理论大树生长的土壤即经济的全球化迅猛发展，世界市场加速扩大。马克思创立国际价值理论时虽然已经出现了经济的全球化，出现了世界性的生产与消费，形成了世界市场，但是，同今日的经济全球化和世界市场相比，不可同日而语，可以说有天壤之别，翻天覆地的变化。日益壮大的经济全球化和世界市场的沃土、肥力滋润着国际价值理论这棵参天大树更加根深叶茂。国际价值理论出自经济全球化和世界市场，反过来又为经济全球化和世界市场服务，二者相互依存，又相互促进。今天我们来学习和研究这个理论，绝不是像某些人所说"卖弄古董"，而是以它为指导来研究当前经济全球化，世界市场中的新情况、新问题，从中找出一些规律性的东西，作为我们行动的向导。

（一） 国际价值理论是国际经济秩序破旧立新的理论武器

1. 破除国际经济旧秩序的必然性

所谓国际经济旧秩序就是宗主国与殖民地、半殖民地之间的掠夺、压榨和剥削的秩序。它始于 15 ~ 17 世纪西班牙、葡萄牙、意大利、荷兰、比利时等宗主国在非洲、美洲、亚洲霸占殖民地，中经 18 ~ 19 世纪英国、法国、俄国、日本、德国的瓜分与再瓜分，最后于 20 世纪由美国在全球完成并最终确立。仅以我国而言，三四百年前葡萄牙将我国的澳门变成它的殖民地，荷兰将我国的台湾变成它的殖民地；一百多年前，英国将我国的香港变成它的殖民地；日本将我国的台湾变成它的殖民地；沙皇俄国将我国东北变成它的殖民地；20 世纪初，八国联军占领中国首都北京，妄图灭亡中国；1931 年 "九一八" 事变和 1937 年 "七七事变" 之后，日本大举侵犯我国大片国土，妄图把中国变成它的独占殖民地；美国来得晚，在 20 世纪 40 年代以帮助蒋介石打内战为手段，将中国变成了它的半殖民地。历史事实证明，在 20 世纪 50 年代之前（新中国成立之前），中国与西方国家的关系是地地道道的殖民地、半殖民地与宗主国的关系。发展中国家都有这样一部心寒的殖民地的历史。这就是难以忘怀的掠夺、压榨和剥削的旧的国际经济秩序。这样的秩序难道还继续维持而不破除吗？第二次世界大战后，众多的殖民地、半殖民地纷纷开展争取民族独立的斗争，先后成为独立的国家。这些国家如何处理它们之间以及与原来的宗主国之间的经济关系呢？或者说，如何破除国际经济旧秩序，而建立新秩序？针对这个问题，正如本文第二部分介绍的拉丁美洲、非洲、亚洲以及欧洲的先知先觉者们已经争论了 50 多年，并取得了一定的进展和成果。尤其第六届特别联合国大会通过《建立国际经济新秩序宣言》以来，国际经济秩序的破旧立新的斗争，无论在广度上还是深度上又有了新的进展。但是严重的分歧仍然存在。特别是 "有那么一些人还是老殖民主义者的头脑，他们企图卡住我们穷国的脖子，不愿意我们得到发展"。[①] 他们总想维持国际经济旧秩序，而阻挠建立国际经济新秩序。对此，要"丢掉幻想、准备斗争"。除此还有什么办法？

2. 国际经济新秩序应建立在国际价值规律的基础上

在全球经济市场化的条件，国与国之间的经济关系本质上不过是商品（包括服务）交换关系，国际经济秩序也只是世界市场的交换秩序。这种商品交换关系或交换秩序究竟应该是什么样的模式？如何建立？我国政府提出的总政策或总原则过去称为平等互利，目前称为"双赢"、"多赢"或"共赢"；国内学术理论界则取名等价交换。这些称谓尚停留在政策层面，没有从理论上说透、说彻底。在理论上，是个什么问题？简言之，它是个国际价值及其运行规律问题。价值规律是商品经济（市场经济）的基本规律。凡是商品经济存在的地方，价值规律无不存在并发挥着调节、刺激、分配和分化等诸多作用。不论在国内市场经济中，还是在国际市场经济中，均是如此。从本质上说，市场经济没有地域或国界的限制，价值规律既在国内起作用，更在国际上起作用。当价值规律越出国界在国际上起作用时，则称为国际价值规律。过去国内否定或轻视价值规律的观点不鲜见。改革开放二十多年来，随着市场经济的发展，否定价值规律在国内存在并起作用的观点已少见了。然而，又出现了否定价值规律在国际上的存在并发挥作用的观点。这是不行的。如果否定了国际价值规律，国际商品交换就缺乏基础和是非标准，国际经济新秩序就无从建立。必须承认国际价值规律，认识这个规律，并按照它的要求办事。国际价值规律的基本要求是，在世界市场上交换双方要按照国际价值量进行等价交换。所谓等价是指双方各自商品所含的国际价值量相等。不论何国何地的商品生产经营者在国际价值面前一律平等，或者说，国际价值是个平等的尺度。遵循这个要求，那就是维护商品等价交换的正常关系和秩序；否则，违背这个要求，则是破坏国际经济关系和秩序。我们要建立的国际经济新秩序不是别的，恰恰就是在国际价值规律基础上的正常的国际商品等价交换秩序。我国政府过去坚持的平等互利、目前提倡的"双赢"、"多赢"、"共赢"，都是基于国际价值规律的基础上，符合这个规律的基本要求的，因而获得了国际社会的普遍赞赏。但是，有些发达国家并不遵守国际价值规律的要求，不按国际价值这个标准判断是非，而采取双重标准或多重标准，搅乱国际经济关系和世界市场秩序，从中渔利。最近我国纺织品在欧美受阻，中海油收购美国优尼科公司的失败，就是典型的例证。

3. 等价交换掩盖着的剥削

如上所述，国际价值是各国商品生产经营者等价交换的基础、尺度和平等的标

---

① 《邓小平文选》第 2 卷，第 405～406 页，人民出版社，1994。

准。这里所谓的"等价"、"平等"就在于以同一个尺度——国际价值来衡量和判断。但是，各个国家经济发展程度不同，科技水平不同，劳动生产率不同。因而，创造同量的国际价值则要花费不同的劳动时间，在发达国家可能仅用一个劳动日，而在发展中国家则可能耗费三个劳动日。这样，就出现马克思所指出的三个劳动日同一个劳动日相交换的问题。这个问题一旦出现，平等将转化为不平等，等价交换将转化为不等价交换，产生剥削行为，"价值转移"必然出现。这就是商品经济（市场经济）中的二律背反，不以人们的意志为转移。有的人不理解这一点，主张保留等价交换，而消灭剥削、不平等、不等价等不合理问题。这是无论如何都办不到的。问题的根源在市场经济。市场经济的基本规律即价值规律决定了一切法权都是表面的平等而事实上的不平等，表面上的等价交换而事实上的剥削。既获利又受剥削，这是当前发展中国家在国际环境中的真实景况的写照。要摆脱这种矛盾环境，消灭剥削，只有离开市场经济，否定国际价值及其运行规律。这在目前是绝对不可能的。只有商品、货币、市场、价值规律等消亡之后，事实上的真正平等，无剥削的极乐世界，才会降临人间！当前唯一的办法就是艰苦奋斗，实施"科教兴国"战略，提高社会劳动生产率，建设现代化国家。

（二）　国际价值理论是我国由贸易大国走向贸易强国的指路明灯

1. 三个劳动日交换一个劳动日的现实

我国的对外贸易取得了举世瞩目的巨大成就。2004 年进出口总额达 11548 亿美元，比 1978 年的 206 亿美元增长 50 多倍。以进出口总额相比，已超过日本，成为仅次于美国和德国的世界第三位的贸易大国。但是，仍然不是贸易强国。距贸易强国还有很长的路程要走。目前我国外贸的增长是粗放式的增长，出口的产品真正拥有自主知识产权者少，资本和技术密集型者少，而劳动密集型和资源密集型者多。最近商务部薄熙来部长在一次会上讲，我国出口 8 亿件衬衫换回的外汇，才能购买一架空客 A380 型飞机。据《国际商报》2005 年 8 月 9 日报道，中国五家航空公司 8 日在北京同波音公司签订购买 42 架波音 787 型飞机的协议，目录价格为 50.4 亿美元。据估算，购买这批波音飞机，大概需要出口 262 亿件衬衫换回的外汇。类似的情况还不少。它们说明什么问题？说明我国同欧美发达国家的国际贸易正处在以我们的三个劳动日同他们的一个劳动日相交换的阶段。这种交换，既发挥了欧美的科技优势和我国的劳动力优势，双方都获利，即"双赢"，又含有不等价的剥削成分。这是当前条件下国际价值规律铁面无私的公正裁判，谁能奈之何？

2. 一个劳动日交换一个劳动日的目标

按国际价值这个标准，当前我国的三个劳动日可能等于欧美国家的一个劳动日。如果经过专家研究和测算，实际情况的确如此，那么我国为制造出口商品而消耗的劳动将有 2/3 是无效劳动。换言之，如果我国达到欧美的科技水平和劳动生产率水平，完成现在的出口贸易额，仅有 1/3 的劳动消耗就够了。这说明，我国劳动的数量潜力和质量潜力多么巨大啊！我们绝不能停留在以三个劳动日交换欧美一个劳动日的阶段。但是，我们又不可能一步登天，不可能在短期内解决同发达国家的差距。可否分三步走，或划分如下三个阶段：目前处于三比一阶段，走完这个阶段目前看来至少还要三十年时间；二比一阶段，这个阶段也需要几十年时间，由中等发达国家迈向发达国家，加速提高我国的科技水平和劳动生产率水平；最终是一比一阶段，届时我们的科技水平和劳动生产率水平与欧美持平，商品生产的劳动消耗大体一致，中国真正进入发达国家行列。事实将证明，三比一转化为一比一的过程是我国走向贸易强国的必由之路。

3. 如何完成三比一向一比一的过渡

三比一向一比一的过渡，实际上是我国对外贸易由粗放式增长转变为集约式增长，由贸易大国转变为贸易强国。完成这些质量型转变或过渡的关键是基于科技之上的劳动生产率水平能否迅速提高。只有达到发达国家的劳动生产率水平，才能以同样的劳动时间创造出同它们一样的国际价值量，进而达到真正的等价交换。传统经济学的观点总以为劳动生产率提高与增加就业存在着矛盾，似乎二者不可兼得；在我国劳动力数量如此庞大、就业压力如此沉重的情况下，很难提高劳动生产率。这种观点已被改革开放 20 多年的实践所否定。实践证明，解决上述矛盾的根本途径是经济的高速发展；只要今后 20 年经济增长速度不低于 8%，那就既可解决就业问题，又可显著提高劳动生产率。而提高劳动生产率不能单纯依靠增加劳动时间和劳动强度，必须主要依靠科学技术。在外贸方面，要真正落实"科技兴贸"战略，提高我国各类出口商品的科技含量。目前我国高新技术产品出口虽然已占出口总额的 1/4，但与发达国家该类商品 40% ~50% 的比重相比，还有不小的距离。况且，这类产品中真正拥有自主知识产权者甚少。据商务部研究院对上海、天津、深圳三地 136 家外贸企业关于转变外贸增长方式的问卷调查，73.5% 的应答者认为粗放表现在出口商品附加值过低，48.5% 认为出口效益不高，36.4% 认为过度依赖加工贸易，26.5% 认为过度依赖外资企业出口，23.5% 认为出口商品结构不合理。[①] 这样的结论虽然能说明一些问题，但突出强调科技因素不够，没有把"科技兴贸"放在首位。只有走科技兴贸之路，才能实现贸易强国之梦。

（三） 国际价值理论是国际贸易理论创新的指针

我们正处于理论创新时代。在对外经贸理论方面，已有十大理论创新。[②] 但是，面临的理论创新任务仍然十分艰巨。要完成这个历史任务，必须学习马克思的理论

---

① 《国际商报》，2005 年 8 月 13 日。

② 杨圣明：《对外经贸理论的十大突破》，载《光明日报》，1999 年 5 月 21 日。

创新精神，坚持以马克思国际价值理论为指导。马克思以其国际价值理论为武器，批判了大卫·李嘉图否定国际价值的错误，揭示了约翰·穆勒的由供求和生产费用共同决定的"国际价值"的混合主义本质。一百多年来，马克思国际价值理论同各种非马克思主义价值理论进行了反复较量。当前，它仍然面临供求价值论、效用价值论、要素价值论等各种非马克思主义理论的严峻挑战。

马克思国际价值理论既是革命的、批判的，又是发展的，随着实践的变革不断前进。目前值得关注的问题也许是这样几个：①区域价值问题。经济全球化中的区域集团化可能形成区域价值，而不是以全球为背景的国际价值。②高新科技劳动创造价值问题。新的科技革命已露端倪，新的劳动形式不断涌现。它们如何创造价值是值得研究的重要问题。③价值的国际间转移问题。跨国公司正在主宰全球的经济和市场。它们在国家间的价值转移问题上扮演的角色值得研究。④各国经济规模的可比性问题。各国以什么指标（如 GDP，GND 等）来计量经济规模应当创新。

原载《马克思主义研究》，2006 年第 1 期

关于服务外包问题

杨圣明

2006 年 3 月 14 日第十届全国人民代表大会第 4 次会议批准的我国第十一个五年规划纲要明确提出，要"建设若干服务业外包基地，有序承接国际服务业转移"。针对这一目标，商务部启动了"千百十工程"，即在五年内，每年投入不少于 1 亿元，建设 10 个服务外包基地，吸引 100 家跨国公司将部分服务外包业务转移到中国，培养 1000 家承接服务外包的企业。为了更好地完成这个任务，本文试图探讨有关服务外包的几个理论问题。

一、服务外包是一种新兴的加工贸易

服务外包又称服务加工贸易，国际上也称离岸服务（Offshore Service）。目前，关于服务外包尚无统一的准确的定义。让我们先了解什么叫服务，什么叫外包，然后给服务外包下个定义。人类劳动的成果分两类，一类是有形的实物产品，另一类是无形的服务产品。这两类产品进入市场交换后，前者称实物商品，后者称服务商品。仅就一种服务商品的生产而言，既可由某个企业单独完成，亦可将该产品的某些非关键部分转让给其他公司完成。若是后一种情况，那就出现"外包"。这里的"外"，如果仅指国外、海外或关外，不包括一国之内的"外地"，这就是狭义的"外包"即离岸服务；如果也包括国内的"外地"，那就是广义的"外包"。本文仅研究前者即狭义的"外包"。所谓服务外包是指一国的企业将一种服务商品或它的非关键部分转让给国外公司承担的一种经营方式，或一种商业模式，或一种国际贸易方式。① 在后一种意义上，我们将服务外包理解为服务加工贸易。以往的加工贸易专指货物商品的加工贸易。进入新世纪后，服务商品的加工贸易迅速发展。因此，近几年来，它成为国际贸易领域中的新课题。

---

① 有人将服务外包称为"一种管理模式"。例如，西安软件园主任毛爱亮曾指出："服务外包的定义是指企业将其非核心的业务外包出去，利用外部最优秀的专业化团队来承接其业务，从而使其专注核心业务，达到降低成本、提高效率、增强企业核心竞争力和对环境应变能力的一种管理模式。"（见《国际商报》，2006 年 10 月 7 日）还有人将服务外包视为"经营方式"。例如，严启发写道："服务外包是指近年来发达国家将高科技产业或服务业的部分业务外包到成本相对较低的国家或地区的经营方式。"（见《国际商报》，2006 年 5 月 1 日）

　　服务外包可以按不同标准进行分类。按服务的部门分类，服务外包可以划分为12个大类和160多个小类。WTO 的《服务贸易总协定》将服务分为12个部门，即商务服务、通信服务、建筑和相关工程服务、分销服务、教育服务、环境服务、金融服务、健康服务、旅游服务、娱乐、文化和体育服务、运输服务、其他服务。这12个部门又进一步细分为160多个分部门。与此相对应，服务外包就有这些相应的大类和小类。目前，发展较快的服务外包部门主要有：软件开发、电脑信息、通讯、人力资源、媒体公关、金融、保险、医疗、文化、分销等。按服务的性质分类，可将服务外包分为生产与消费同时型与非同时型两类。所谓同时型外包是指生产与消费同时进行的服务外包。呼叫服务是这种类型的典型代表；所谓非同时型外包是指服务的生产与服务的消费在时间上是分开的，一般先生产后消费。例如，软件开发、研究与设计等领域则是这种类型的代表。按服务的内容分类，服务外包可分为整体外包与分项外包。例如，某个芯片生产公司，除芯片制造这个核心业务自己完成外，非核心业务均外包。其中有：人力资源管理、办公室文案、财务会计以及库存管理，等等。这些服务项目既可整体包给某一个公司，亦可分项包给多个不同公司。前者称为整体外包，后者称为分项外包。此外，还有人认为服务外包产业有三种形式，即商业流程外包（Business Process Outsourcing，BPO）、信息技术外包（Information Technology Outsourcing，ITO）和知识流程外包（Knowledge Process Out-sourcing，KPO）。[①]

　　服务外包在其产生和发展中显现出一些特点。其一，服务外包是在制造业外包（有形产品外包）之后而出现的。外包最早出现于制造业。近十年来，外包已不局限于制造业，开始大量进入服务业。目前，越来越多的服务领域的公司，尤其以信息技术为依托的公司，开始采取外包方式。软件外包是最典型的代表。其二，离岸外包逐渐成为外包的主要形式。初期的外包主要是国内企业之间的相互协作和配套，是实现专业化的一种方式。当前的外包大大超越国界，成为两国企业间的专业化协作与配套。这就表明，离岸外包正在成为外包的主要形式。其三，发展中国家的企业已成为主要的接包方（承包方）。早期的外包主要限于发达国家的企业之间，处于水平分工的范围内，而今天的外包主要在发达国家的企业与发展中国家的企业之间，处于垂直分工的范围内。发达国家的企业成为主要发包方，而发展中国家的企业成为主要的接包方（承包方）。

二、服务外包市场的发展及其竞争

　　至今尚无全球外包市场规模及其发展的全面准确的统计数据。据全球外包年会

---

　　① 见《服务外包凸显亿万商机》，载《国际商报》，2006年10月7日。

主席、美国著名外包管理专家迈克尔·科比特估计，全球外包市场在 1998 ~ 2000 年期间增长了一倍。2001 年全球外包金额达 3.78 万亿美元，占全球商务活动总额的 14%。2003 年全球外包市场规模为 5.1 万亿美元。目前正以年均 20% 的速度增长。到 2010 年将突破 20 万亿美元的规模。在全球外包支出中，美国约占 2/3，欧洲和日本约占 1/3，其他国家的比例极其微小。从发展趋势看，在服务外包中，美国的比重将下降，欧盟、日本以及某些发展中国家（例如，印度、中国）的比重将上升。亚洲是承接外包业务最多的地区，约占全球的 45%。印度是亚洲的外包中心，东欧是欧洲的外包中心，墨西哥是北美的外包中心。近几年，中国、俄罗斯正在成为接包较多的国家。目前发包的主要国家依次是美国、欧盟和日本。

据有关资料估计，2005 年全球服务外包市场规模已达到 6244 亿美元，比 2004 年增长 6%。联合国贸发会预测，2007 年将达到 1.2 万亿美元。印度和爱尔兰的服务外包出口独占鳌头，2005 年分别达到 220 亿美元和 200 亿美元，居世界前两位。有的专家估计，2005 年金融业占服务业外包市场份额最大，达到 1413 亿美元，比上年增长 7%；医疗保险业增幅最大，比上年增长 8.7%，达 194 亿美元。2005 年全球服务外包经营商排名依次是 IBM、富士通、惠普、微软、CSC 等。与上述乐观估计不同，有些专家认为，服务外包市场规模并没有那么大，但也缺乏统计数据。

信息技术外包（ITO）和业务流程外包（BPO）是目前服务外包的两大主要业务领域。20 世纪 90 年代以来，在全球信息化浪潮推动下，软件与信息服务业务发展迅猛，平均年增长率达 12%，是同期世界经济平均增速的 5 倍。2005 年全球软件与信息服务业的产业规模达 9500 亿美元，其中美国、欧盟和中国所占的比例分别为 38.4%、30.2% 和 5.1%。据日本野村综合研究所等机构预测，到 2008 年，国际软件与信息服务业规模将超过 1.3 万亿美元，有望达到 1.5 万亿美元。在信息业和软件业大发展的基础上，这两个行业的服务外包必然异军突起，高速发展。联合国贸发会的报告预测，全球 BPO 市场到 2008 年将达到 6825 亿美元。另据国际著名咨询公司罗兰·贝格公司的调查，目前选择离岸外包服务的企业所占比例已上升至 45%。据美国 Cutting – Edge Information 公司的报告资料，目前 90% 的美国公司（约 1700 万家），至少有一项业务被外包。外包企业已由少数发展为多数。加特纳数据搜索公司预测，西方公司对海外信息技术服务的需求到 2007 年将达到 500 亿美元，目前正以两位数的速度增长。业务流程外包（BPO）市场规模 2007 年将达到 240 亿美元，而且增长速度更快。

以上情况证明，服务外包已成为一种新潮流、新趋势。

面对庞大的增长迅速的服务外包市场，发展中国家竞争日益激烈，都想从美国、欧洲和日本的发包中分一杯羹，成为下一个班加罗尔。纳斯康姆公司副总裁梅赫塔说：“人人都想参与这场竞赛，因为它是一个很好的经济发展模式。”在这种竞争中，印度是最成功的。① 2005 年它获得 220 亿美元订单，主要业务是接听顾客电话、管理电脑网络、处理发货单据以及按照世界各地跨国公司的要求编制软件。近十年期间，服务外包为印度创造了 130 多万就业机会。我国的外包服务收入 2005 年只有 20 多亿美元，相当于印度的 1/10。印度公司看中了我国的市场，正在向我国进军。塔塔信息技术有限公司在杭州开了分公司，正在为我国的华夏银行设计安装一套新的软件系统。这个印度公司还同维普罗公司一起打入上海和北京，并计划在今后几年内把员工人数从几百人增至 5000 ~ 6000 人。曾经是通用电气公司海外 BPO 分支机构的简柏特（Genpact）也入驻大连，并打算把大连的员工从 1800 人增至 5000 人以上。这些动向值得我们深省。除了印度以外，爱尔兰也是服务外包成功者。它积极发展软件外包出口。1995 ~ 1998 年间软件出口年均增长 97%，1999 年出口软件 70 亿美元，2002 年达 128 亿美元。从 1999 年起，爱尔兰软件出口就超过了美国，成为软件出口第一大国，享有"软件之都"的美誉。埃及作为呼叫中心业务外包领域中的一个低成本专业国，正在世界各地自我推销；新加坡和迪拜则称，它们的安全和法律系统有显著优势；菲律宾利用传统的文化联系和良好的英语技能，抢到了工作语言为英语的呼叫中心业务；中美洲和南美洲各国利用当地的西班牙语优势，获得了向讲西班牙语的拉美裔美国人市场提供呼叫中心业务的合同。在南非的率领下，非洲国家也开始追逐服务外包的潮流。俄罗斯也在玩离岸服务外包这张牌。2005 年 4 月，前苏联总统米哈伊尔·戈尔巴乔夫在美国波士顿一家饭店的舞厅里发表演说（听众不是政治家，而是马萨诸塞州软件理事会的成员），高度赞扬了俄罗斯人的世界级编程技能，敦促听众中的 700 位公司老总一定要让方兴未艾的俄罗斯软件公司承包工程项目。在这里，政治家变成了广告员。它表明全球服务外包市场上的竞争多么激烈！

三、服务外包兴起和发展的原因

促使服务外包兴起和发展的原因很多。其中主要有：

1. 成本低、效益好、利润高是服务外包的内在动力

美、欧、日发达国家的企业为什么把一部分非核心业务发包给发展中国家的企业呢？首要的原因是两类国家之间的工资成本的显著差别。在我国，BPO 业务新手的月工资不过 300 美元左右，仅相当于美国人平均工资的 1/10。据有的专家计算，

---

① 印度前总理拉吉夫·甘地在 20 世纪 80 年代初曾指出："我们已经错过了工业革命，决不可再错过电子革命。一定要用电子和教育把印度带入 21 世纪。"于是，电子计算机如雨后春笋般地发展起来。软件业的人员从 1990 年的五六万人迅速增加到 2005 年的 100 多万人。目前，印度占有全球软件外包市场总额的 65% 以及全球服务外包市场总额的 46%。财富 500 强企业中有 1/5 在印度设立了研发中心，有 220 家从印度获得软件支持。印度是世界上研制出超级计算机的三个国家之一。1/3 的美国软件工程师来自印度，硅谷有 25 万印度人。微软公司创始人比尔·盖茨惊呼："印度将会在 21 世纪成为软件超级大国。"

印度的平均工资约为美国的 1/10。而中国的平均工资约为美国的 1/40。由此可知，发达国家的企业通过服务外包既可利用国外的人力资源优势，又可降低生产成本，提高效益，增加利润。一般说，服务外包公司可节省 30% 左右的运营成本。发展中国家通过服务外包可以解决劳动力就业，个人增加收入，国家增加税收，企业取得利润，并提高技术和管理水平，为上新台阶打下基础。可见发包方与承包方均可受益。工资成本差异不仅促成服务外包由发达国家向发展中国家转移，而且也造成服务外包由较高工资的发展中国家向较低工资的发展中国家转移。许多跨国公司开始由印度转向中国，甚至某些印度公司也进军中国服务外包市场，其重要原因是近十多年来印度服务外包企业的工资成本显著提高，削弱了它的有关服务产品的国际竞争力。这一点值得我国注意，在服务外包起步阶段不可将工资提升太快。

2. 激烈的国际竞争是服务外包的外部压力

核心技术的不断创新是提升企业竞争力的关键。企业要抓住这一关键环节，那就必须舍弃一些次要的非关键业务，集中人力、物力和财力于要害部位，研究和开发关键技术，以保持技术优势，甚至垄断地位。把一些次要的辅助性的业务发包给某些国外的专业化的公司去做，可以有效地利用国外的资源，与国外企业建立各种形式的战略同盟，以利在全球保持和扩大市场占有率。传统的企业观念认为，企业大而全、小而全、万事不求人，是最好的。这是自然经济的封闭理论，违背比较优势理论、开放理论和专业化分工与协作的原则。必须看到，竞争已成为全球性的竞争。随着经济全球化的深入与发展，资源的有效配置必须突破国界，从全球着眼。分工与协作也不能再局限于一国之内，必须考虑全球范围的分工与协作。就提高效率而言，分工既是最原始的手段，又是最先进的杠杆；协作也是如此。对这一原理，马克思在《资本论》中说得十分透彻。当然，他的前人亚当·斯密在《国富论》中也说到了这一点。过去把国际分工区分为两种对立的类型，即水平型与垂直型。现在看来，还要前进一步，研究和开发这两种分工类型的融合机制和协作方式。现在找到的服务外包这种方式就体现了这个精神，把垂直分工与水平分工有机地结合起来。

3. 服务外包有坚实的技术基础

以电子计算机为代表的现代信息技术为服务外包奠定了坚实的技术基础和有力的技术支撑。可以毫不夸张地说，没有计算机，没有 internet 那就不可能形成今天的服务外包。现代科技成果根本改变了经济运行方式和企业管理模式。有了这种技术手段，企业之间的分工与协作，将易如反掌。相互协作的企业通过信息网络，进行信息搜集、加工、传递，不仅及时、准确，而且成本费用极其低廉。这就使服务外包有可能变为现实。

服务外包能否发展除取决于以上三个基本因素外，还要满足以下条件。其一，服务产品的国际标准化程度。如果缺乏或不执行国际化的标准，服务加工贸易合同就很难达成。即使有合同，由于缺乏标准，也难以分包给国外的服务承包商，合同也无法执行和检查。服务的国际标准化程度越高越统一，服务外包选择的余地就越大，发展的空间就越广阔。其二，法律构架应尽可能一致或接近。服务外包会涉及金融、贸易、文化、教育等方面的法律、法规。各国的法规不同，必然妨碍服务外包的发展。解决这个问题，首先要依靠 WTO 制定有关条例。各国政府也要加强协商和沟通。其三，语言（英语）水平高低。印度、菲律宾等国的服务外包之所以发展快，同那里的英语水平高有很大的关系。英语是网络上的主要用语，也是服务外包方面的主要用语。它在相当大的程度上影响甚至决定服务外包的发展。其四，基础设施尤其是电信设施的完备程度。如果说标准、法律和语言属于软件，那么基础设施则是硬件。网络、计算机、电话、传真等是发展服务外包的必要条件，而这些条件的实现程度在根本上取决于电信设备的完善程度。

四、中国发展服务外包的机遇、挑战和对策

全球服务外包方兴未艾，高速发展。服务外包既是推动本世纪产业结构转型的重要力量，又是新一轮世界产业结构转型的产物。它对形成新的世界贸易和生产格局、推动世界经济结构的调整和优化，将发挥出巨大的作用。要认清这一点，只要看一看服务业在发达国家的地位和作用就够了。2004 年服务业在 GDP 中的比重，全世界平均为 64%，发达国家平均达 71%，而低收入国家平均只有 45%。这表明，发达国家的优势产业不是农业，也不是工业（制造业），而是服务业。服务业吸纳的劳动力和生产的财富均超过 70%。既然服务业是发达国家的主体产业，它们必然要大力发展。怎样发展？除利用本国人力资源外，更利用全球人力资源，尤其是发展中国家的人力资源。发展中国家廉价优质的劳动力是发达国家发展服务业的重要力量。一方面，招募工程师以上的高级人才到发达国家从事较高级的服务业，另一方面，将某些非核心的非关键的服务发包给发展中国家的企业，由这些企业承接完成任务。这就必然出现服务业的国际大转移。由此形成服务产品的发包与承接。这是服务外包形成和发展的国际背景。20 世纪 80 年代初，发达国家的制造业（工业）大转移时，我国抓住机会，承接了这个转移，大力发展有形商品的加工贸易，取得了巨大成功。而今天，发达国家又开始服务业的大转移。这是千载难逢的大好机遇，一定要抓住，大力发展无形的服务产品的加工贸易。[①]

我国发展服务产品加工贸易有许多优势，有条件大规模承接国际服务外包。人

---

① 当然，也有不同意见。例如，微软公司首席技术官克瑞格·蒙迪曾公开建议中国不要看中短期的服务外包。他说，中国多年来都在全力发展基础设施和高科技制造能力，目标应该是长期提高软件和 IT 能力，从而带动各行业发展，而非看中短期的外包服务（见《国际商报》，2006 年 5 月 29 日）。

力资源十分丰富，且质优价廉。从 2003 年起，我国成为世界上应届毕业大学生最多的国家。其中计算机及软件专业在校学生达 70 万以上，每年毕业生都在 10 万以上。基础设施日益完善，投资环境不断优化，初步形成了承接服务外包的产业基础和环境。我国各级政府积极引导和鼓励服务外包，具备了发展服务外包的政策基础。同时，也出现了一批服务外包搞得较成功的城市和企业，摸索了一些成功经验。例如，上海市政府 2006 年 8 月 23 日正式发布了《关于促进上海服务外包发展的若干意见》，明确上海将积极打造以浦东新区为代表的国家级服务外包示范区，重点发展领域为软件开发、研发设计、物流和金融后台服务外包。上海 2005 年服务外包出口额超过 10 亿美元，其中软件出口 6.8 亿美元，占同期全国的比重为 19.7%。服务外包正逐步成为上海外贸出口的新引擎。大连的服务外包也很成功。2006 年 8 月 4 日，国家"千百十工程"的服务外包基地授牌仪式在大连软件园隆重举行。商务部副部长马秀红亲自将"中国服务外包基地城市——大连"的牌匾颁发给大连市市长夏德仁。这标志着国家级的服务外包工程即"千百十工程"正式启动。大连是第一个被授予"中国服务外包基地城市"称号的城市，被誉为"中国服务外包中心"。大连软件业销售收入 1998 年只有 2 亿元，而 2005 年则达到 100 亿元，增长 50 倍；软件和信息服务出口 2000 年以来始终保持年均 60% 和 78% 的增长速度；全市软件企业从不足 100 家增加到 500 多家，其中外资企业占 30%，位居世界 500 强的跨国公司有 30 家。这是国内众多城市绝无仅有的。西安市的服务外包也取得显著成绩。早在几年前服务外包就上马了，那里已经连续两年举办了"中国西安 BPO 论坛"。目前西安已拥有 80 多家服务外包企业，年收入已超过 3 亿元。日本的一家信息技术外包企业驻西安代表处的业务主管称，中国市场起飞的速度比他预料的要快，我们以为要两三年后才会有中国客户，可是我们现在已经开始实施电信方面的一个大型项目。

可是，我国服务外包比印度落后 5~10 年。目前仍然存在一些劣势尚需扭转。主要是：①英语水平低。虽然许多中国人能读懂英文，但说和写的水平较差。这在需要经常同海外公司沟通的服务外包业很成问题。英飞凌公司在西安办事处专门聘请了两名全职英语老师。为什么这样做？该公司经理迈克尔·蒂芬巴赫道出了真情。他说："假如我们的员工无法跟其他地方的同事交谈，那可太糟糕了。人们总是把语言水平与技术能力混为一谈。"②实际操作能力差。我国的工程和计算机专业的毕业生在理论知识方面往往比欧美毕业生要多又牢固，但在实际操作能力方面却差得远，没有几个人一走出大学校园就能学以致用，比如软件开发。③外包服务管理部门零散，不统一。政出多门，办事效率低。虽然商务部内新设了一个机构专门管理服务贸易问题，但由于权力太小，无法解决许多重大的复杂问题。④服务外包企业规模小。例如，中国 30 家大型软件公司中只有 6 家达到 CMM 五级或四级，而印度的 30 家大型软件公司全部达到这一专业水准。⑤盗版现象严重。中国的盗版现象不仅比发达国家严重，也比印度的要多。跨国公司对其知识产权的担忧，也制约着我国外包服务的发展。⑥歧视服务业的传统观念。孔孟之后 2000 多年间轻商思想始终存在。近代的实业救国也仅指工业而已，并不包括服务业。新中国成立后，大力发展工业和农业，也轻视服务业，以致人们觉得从事工农业生产比做服务工作要高一等。当前，不少干部错误地认为，服务业不创造 GDP，搞经济就是办工厂、开矿山。这些传统观念都是阻碍服务外包发展的。

为了加快我国服务外包的发展，必须切实采取措施解决上述问题。主要措施应当是：

（1）转变观念。逐步把我国经济转向以服务业为主的轨道上。党的十六届五中全会关于"十一五"规划的建议曾指出："大城市要把发展服务业放在优先地位，有条件的要逐步形成服务经济为主的产业结构。"这是我国进入服务经济时代的号角，也是服务外包发展的总动员令。

（2）加强立法，完善各种规章制度。与货物商品的加工贸易不同，服务外包即服务产品的加工贸易的管理，主要靠政策法规。因此，完善服务领域中各个部门、各个行业的法规是当务之急。尤其要依法打击盗版。

（3）加快产权多元化改革。服务外包这个行业虽然国有企业也可以搞，但其主力军可能是外资在华企业、中外合资企业和民营企业。

（4）因地因时制宜。服务外包首先在上海、大连和西安等地开花，并没有在广东突破。这同 20 世纪 80 年代大不相同。目前各地都有大搞服务外包的积极性，要鼓励八仙过海，各显其能。

原载《中国社会科学院研究生院学报》2006 年第 6 期

我国经济社会生活中的突出矛盾和问题

汪同三

温家宝总理在《政府工作报告》中指出："在看到成绩的同时，我们也清醒地认识到，经济社会生活中的困难和问题还不少。一些长期积累的和深层次的矛盾尚未根本解决，又出现了一些不容忽视的新问题。"为了做好 2006 年和"十一五"时期的各项工作，认真分析我国目前经济社会生活中存在的突出矛盾和问题是十分必要的，也是非常重要的。正如《报告》所指出的，目前需要密切关注和着力解决的主要问题有以下几个方面：

一、粮食增产和农民增收难度加大

20 世纪末，受宏观经济波动的影响，由于市场需求渐趋减少，我国粮食播种面积逐年下降，粮食产量随之逐年减少。粮食产量由 1998 年的 51230 万吨逐步下降到了 2003 年的 43070 万吨，下降幅度高达 16%。与此同时，农民收入增长速度也随之下滑，2000 年农村居民人均纯收入增长率仅为 2.1%，为"九五"时期的最低值。面对这一严峻形势，党中央、国务院及时采取了有力的措施，狠抓粮食生产，努力提高农村居民收入，取得明显成效。自 2004 年以来，粮食产量和农村居民收入显著上升。2004 年和 2005 年粮食产量分别增加了 3875 万吨和 1455 万吨，2005 年我国粮食产量达到 48400 万吨，为进入 21 世纪以来的最高产量。同时，农村居民收入增长速度明显提高，2004 年和 2005 年分别为 6.8% 和 6.2%，2005 年农村居民人均纯收入达到 3255 元。

但是，在粮食连年增产和农村居民收入明显提高的同时，我们必须看到，进一步实现粮食增产和农民增收的难度也在明显加大。虽然 2005 年我国粮食生产取得了 21 世纪以来的最高产量，但是这一产量既没有达到历史最高水平，而且依然低于当年全国的粮食实际消费水平。保持粮食生产继续增长仍然是摆在我们面前的一项重要而艰巨的任务。

继续保持粮食增产的困难主要来自两个方面：

第一，在党中央、国务院采取强有力的措施增加粮食生产之后，2004 年我国粮食生产取得了明显的恢复性增产，2005 年在上年粮食大规模增产的基础上，粮食产量又上了一个台阶。但是与此同时，由于粮食供给的逐渐充裕以及其他一些因素的影响，粮食价格不可避免地出现了下跌。以安徽为例，该省对全省 10 个县农村集贸市场的抽样调查显示，2005 年夏季，当地小麦价格为 1.32 元/千克，粳稻价格为 1.77 元/千克，同比分别下跌 11.4% 和 5.6%。农业部分布全国的 160 多个物价信息网点的监测数据表明，2005 年夏收之后，小麦、玉米和稻谷的市场价格同比下降 2.6% 以上，有的品种，价格下降幅度超过了 5%。粮食丰收，而粮价下降，极大地影响了农民种粮的收入。另一方面，由于某些部门出现的过热问题，自 2004 年以来，主要农业生产资料的价格却一路走高，农业生产资料价格的上涨幅度明显高于同期一般物价的上涨水平，大大提高了农业生产的成本，影响了农民种粮收入的增加。据有关部门测算，2004 年农业生产资料价格平均上涨 10.6%，其中化肥上涨 12.8%，使农民人均收入减少 54 元，国家"两减免、三补贴"带给粮农的好处被部分抵消。2005 年包括化肥、种子等在内的农业生产资料价格继续上涨，平均涨幅在 15% 左右。2005 年农民购买农业生产资料将多支出 300 多亿元，每个农民仅因为农业生产资料涨价一项就将减收近 40 元。由于当前粮食价格走低和农业生产资料价格上涨的压力都不小，在相当程度上影响了农民增收和种粮的积极性。

第二，我国耕地资源有限，人均耕地面积仅相当于世界平均水平的 40% 左右，而且 60% 以上的耕地后备资源分布在水源缺乏，或水土流失、沙化、盐碱化严重的地区，补充耕地的潜力十分有限。同时随着城镇化、工业化进程的加快，非农建设用地需求大量增加，耕地面积还会逐步减少。因此，今后依靠扩大种植面积增加粮食产量的余地不大，工作的难度会越来越大。

此外，过去的两年里，我国气候条件基本正常，没有出现明显的大范围的严重自然灾害，"老天"为粮食增产也帮了不少忙。在新的一年里，我们还要做好应付可能出现的各类自然灾害对保持粮食产量稳定和实现进一步增产产生不利影响的准备。

目前，进一步增加农民收入的难度也在加大。除了上面提到的粮食价格走低和农业生产资料价格上涨，影响到农民的种粮收入之外，政府继续加大增加农民收入的政策力度的可行空间也比较有限了。在过去的两年里，党中央、国务院出台了四大增加农民收入的政策：一是减免农业税和除烟草以外的特产税。2004 年我国农民因农业税减免因素实现增收 302 亿元；2005 年提前实现免征农业税的省份达到 28 个，进一步为农民减负 220 亿元。二是实施种粮直接补贴。2004 年国家从粮食风险基金中拿出 116 亿元对种粮农民按种粮面积直接补贴，6 亿农民从中受益，农民人均增收 19.3 元；2005 年全国 29 个省份实施种粮直补，资金达到 132 亿元。三是对部分地区农民实行良种推广补贴和农机具购置补贴。2004 年和 2005 年，中央财政用于良种推广补贴的资金分别为 28.5 亿元和 38 亿元；用于农机具购置补贴的资金分别为 0.7 亿元和 3 亿元。四是在部分粮食主产区实施粮食最低收购价政策，稳定了种粮农民的收益。这些政策措施的落实对农民收入的增加起到了至关重要的作用。今后我们将继续实施这样的政策，但是农业税已基本全部免除，进一步提高各类补贴强度的余地不大，最低收购价的标准也难继续提高了，依靠政策进一步提高农民收入的难度明显增大。

我国是一个有 13 亿人口的大国，粮食需求巨大且刚性强，必须立足于主要依靠国内生产满足需求。目前国内粮食供给仍有一定缺口，而且粮食生产进一步增产的难度日益加大，实行粮食供需的"紧平衡"是一项不可掉以轻心的任务。我们必须清醒地认识到，在一段时期内，粮食安全还存在隐患。

二、固定资产投资方面的问题

在我国经济体制由传统的计划经济向市场经济转变的过程中，一方面，适度增长的固定资产投资是拉动宏观经济增长的主要动力，另一方面，投资过热又经常是引起宏观经济波动的主要原因。2003 年下半年某些部门出现的投资规模过度增长是形成一段时期内宏观经济运行出现不健康现象的主要原因。经过过去两年多的加强和完善宏观调控，我国宏观经济运行保持了平稳较快增长的良好势头。自 2003 年以来，全社会固定资产投资增速逐年回落，固定资产投资率由 2003 年的 27.7% 回落到 2004 年的 26.6%，2005 年进一步回落到 25.7%。

2005 年全社会固定资产投资增长的总趋势是向着协调稳定的方向发展的。但是也应当看到，投资增长过快、新开发项目过多、在建规模过大、投融资结构不合理、某些行业与地区盲目投资与低水平重复建设的问题有重新抬头的迹象，由此带来的"瓶颈"部门的紧张状况仍未根本缓解。这些问题主要表现在以下几个方面：

第一，投资总量年度同比增幅下降，但月度增幅仍有攀升迹象。与前两年同期相比，投资增长幅度已经降低，但是，从月度增长来看，城镇投资增长实际上呈现不断回升的态势，2005 年城镇投资的月度增长率由 1 ~ 2 月的 24.5% 加快到了 1 ~ 11 月的 27.8%。1 ~ 11 月地方投资的增速为 29.6%，远远高于中央投资项目投资增速的 14.3%。新建项目投资增速实际在不断提高。在国家宏观调控措施下，以铺新摊子为特征的新建项目投资增速已经大为递减，但是，新建项目投资反弹的苗头已经出现。

第二，从投资增长方式看，投资的外延性明显，投资增长方式粗放。2005 年 1 ~ 11 月，城镇固定资产投资中新建项目的比重达到 47.8%，扩建项目比重占 17.1%，而改建和技术改造项目只占到 10.5%。具有外延性质的新建和扩建项目投资比重达到 64.9%，说明投资活动中粗放型的增长方式仍占主导地位。从投资行业分布来看，投资主要集中在工业，尤其是一些高耗能工业项目上，这也是投资增长方式粗放的一个重要表现。

　　第三，从投资区域分布看，目前，东、中、西三大地区投资均衡增长的程度有所增强，呈现出中部地区投资增长快于西部，西部又快于东部地区的新格局。中部地区投资和西部地区投资增长均高于全部投资增长速度，中部和西部地区投资占地区投资的比重也有不同程度的上升。国家加强中西部地区发展的政策得到了进一步落实，中部崛起与西部大开发步伐正在加快。但是，值得注意的是，2003年以来，长江三角洲、珠江三角洲、环渤海经济带三大经济增长极的投资增长速度逐步下滑，所占比重明显下降，需要引起关注。

　　第四，某些产业领域存在过度投资倾向，投资结构仍然不合理。在市场经济中，随着经济增长水平的提高和产业结构的变化，以及居民消费水平的提高和消费结构的转变，在一定时期内会出现一定的产业热点，这种产业热点既有较好的市场，又有较高的利润回报，如当前的房地产、轿车等产业。在这种情况下，适度发展甚至优先发展这些产业以及与之相配套的产业是必要的。但是，如果盲目发展也有可能导致有的产业产生泡沫，给整个国民经济的健康运行造成损害，即使在产能过剩的大背景下，某些领域的过度投资仍有可能引发通货膨胀。目前我们仍需警惕某些部门盲目投资、低水平重复建设的倾向。

　　第五，国内外民间资金的短期化倾向也比较明显。近年来，国内外大量"热钱"兴风作浪，对金融货币市场、产业投资市场与消费市场的正常秩序构成了威胁。国内外一些"热钱"的过度活跃容易导致两种结果：一是一部分"炒家"在房地产等领域的"短线"操作会给大众以示范作用，诱发投资者和消费者的投机心理，作出非理性的投资与消费决策；二是容易引导社会资源按照错误的市场信号进行配置。

　　第六，投资反弹的动力和资金条件依然充分。目前地方政府发展经济的积极性仍然很高，出现反弹具有内在动力。改革开放以来的几次经济过热，都是因为银行对政府的投资冲动提供资金支持。地方政府想扩大本地经济规模，扩大税基，其动机不难理解，不仅是在我国，任何一个国家的地方政府都有这个愿望。这是出现反弹的制度条件。目前国内蕴藏着相当数量的资金，具备着出现反弹的物质资金条件。首先，到目前为止，财政收入增长速度明显快于财政支出增长，各级财政的状况多数好于以往；其次，较长一段时间以来，银行存款增长速度一直快于贷款增加速度，银行存贷差不断扩大，银行存在着使用好这些资金的压力；再次，民间资本积聚，力量日益壮大，需要寻找出路。我们必须有效地引导好这些资金的使用，防止出现投资反弹。

三、部分行业盲目投资的不良后果开始显现

　　自2003年开始的一段时期中，钢铁、水泥、铝、钢、焦炭等行业盲目投资、低水平重复建设造成的不良后果已经开始显现，今后还会进一步暴露，主要表现在一些行业出现了产能过剩的问题。产能过剩是指行业生产能力超出了社会有效需

求，其产品难以在市场上得到充分实现，生产能力闲置率超出了合理界限。目前除了石油、天然气、煤炭和金属矿开采等少数采掘业以外，绝大多数加工制造业的生产能力利用率不足 70%。根据国家发展和改革委员会的调查，2005 年下半年钢铁、电解铝、铁合金、焦炭、电石、汽车、铜冶炼行业产能过剩问题突出，水泥、电力、纺织、电子通信设备制造业等行业也存在着产能过剩的问题。

据测算 2005 年国内钢材需求量为 3.5 亿吨，而钢铁的生产能力 2005 年底达到 4.7 亿吨，同时在建的能力为 7000 万吨，拟建能力 8000 万吨。作为世界上最大的产钢国和消费国，中国钢产量相当于排名 2~4 位的美国、俄罗斯和日本三国钢产量的总和。据国务院发展研究中心预计，2005 年全年各行业对钢材的总需求为 33685 万吨，而钢材的国内供给量可以达到 45336 万吨，供给超过需求 11651 万吨。

铁合金行业 2005 年 9 月底生产能力 2213 万吨，加上在建、拟建项目，总产能可达到 2497 万吨，企业开工率仅有 40% 左右。

电解铝的生产能力从 2000 年底的 318 万吨，猛增到 2003 年的 800 万吨，2004 年又新投产一批电解铝项目，2004 年底达到 977 万吨。2005 年底的生产能力已经达到 1030 万吨，但内需预计只有 602 万吨，外需 102 万吨，闲置产能已达 260 万吨，企业亏损面将达到 63% 以上。而目前还有在建项目 11 个、拟建项目 14 个，超过市场需求 260 万吨。

焦炭行业产能超出需求 1 亿吨，目前还有在建和拟建能力各 3000 万吨。2005 年底我国的焦炭生产能力为 2.8 亿~3 亿吨，炼焦产能超出目前的需求量 180%~200%。产能过剩导致焦炭出口价格持续下跌，整个行业徘徊在保本微利边缘，许多企业出现亏损，部分焦炭企业关门停产。

铜冶炼行业 2005 年建设总能力 205 万吨，是 2004 年底的 1.3 倍，2007 年底将形成近 370 万吨的能力，远远超过当年国内铜精矿预计保障能力。

水泥行业 2005 年预计全年产量为 102258 万吨，全年企业库存 500 万吨左右。水泥产能的集中地华东地区及东部沿海地区的水泥价格同比分别下降 23.04% 和 14.76%。截至 2005 年 6 月底，全国列入统计的水泥生产企业 5078 家中亏损企业 2224 家，比 2004 年同期增加 641 户；亏损面同比增加 11.69 个百分点；亏损额同比增长 17.26 亿元，增加 116.63%；水泥行业实现利润同比下降 76.53 个百分点。

电力行业 2005 年新增发电装机容量 7000 万千瓦，现已建成的装机容量为 5.1 亿千瓦，2006 年可能会接近 6 亿千瓦，目前在建的发电装机容量有 2.8 亿千瓦，未来 4 年，每年将新增 7000 万千瓦。如果用电需求不能同步增长，估计 2008 年将会出现过剩。

汽车行业 2004 年开始出现过剩。统计显示，2004 年国内制造 798 万辆整车，销售 507 万辆，过剩 200 万辆。在建能力 220 万辆，正在酝酿和筹划的新上能力

800 万辆。汽车工业最大的问题是生产能力过剩，全行业固定成本居高不下，经济效益持续下降。2005 年 1~8 月汽车行业实现利润同比下降 42.6%。国家发展和改革委员会的调查显示，各地在汽车整车方面的规划投资达 2000 多亿元，新增生产能力 600 多万辆，到 2007 年总生产能力将达到 1100 万~1200 万辆，大大超过预期的 800 万辆的市场需求。

当前，部分行业产能过剩的不良后果主要表现在产成品库存增加、产品价格回落、企业效益大幅下滑、反倾销压力加大几个方面：

一是产成品库存增加。据统计，大中型钢铁企业的钢存货 2005 年以来呈现逐渐上升势头，2005 年 9 月底的存货达到了 668 万吨，9 月钢存货占当月钢产量的比重为 22.2%，也呈现了上升态势。2005 年前 10 个月，钢铁行业产成品库存增长 49%，应收账款增幅同比提高 11.4 个百分点。

二是产品价格大幅回落。2003~2005 年，因为原材料和中间产品短缺，我国钢铁、电力等行业曾出现涨价问题。2005 年的情况却恰恰相反，一些行业产品价格大幅回落。2005 年年中以后，钢材、铝合金、焦炭等产品价格开始走低，其中钢材价格最大跌幅达每吨 1000 元左右，部分铁合金产品价格下降 20%~30%，焦炭价格最高跌幅每吨为 300 美元左右。

三是企业效益大幅下滑。在产能增长和价格下降的双重挤压下，我国企业利润大幅下滑：2005 年前三季度，规模以上工业企业实现利润同比增长 20.1%，增幅比 2004 年同期下降近 20 个百分点，其中亏损企业亏损额增长了 57.6%，增幅同比扩大 50.4 个百分点。新增亏损企业主要集中在石化、电子、机械、电力和冶金五个行业，这五个行业的新增亏损额占全部规模以上工业企业新增亏损额的 80%。2005 年前 10 个月，钢铁行业利润同比回落 52.2 个百分点；水泥行业利润同比下滑 60.6%；汽车行业实现利润同比下降 36.7%，亏损企业亏损额增长 86.2%。企业效益大幅度下滑，亏损企业增加。

四是加剧了出口竞争，反倾销压力加大。当国内产能出现过剩时，企业往往会通过寻求出口消化产能。2005 年 1~8 月，从出口同比增幅的角度看，钢材、汽车零件分别列第一位和第三位，分别比上年同期增长了 121.6% 和 55.4%。此外，焦炭、水泥、玻璃出口竞争也日益激烈，出口规模迅速扩大。扩大出口是缓解国内产能过剩的一个重要途径。2005 年前三季度，我国钢材出口持续呈现强劲势头：出口钢材 1580 万吨，同比增长 83%；出口钢坯 598 万吨，同比增长 1.12 倍。2005 年以来，由于国内各种生产资料产品大量过剩，被挤压到海外找市场，是导致 2005 年以来贸易顺差激增的原因。2005 年水泥、铝、钢材和汽车的出口都比 2004 年同期增长了 2~6 倍，净出口占新增需求的比重也从前两年的 2.5% 上升到 5%。在这种情况下，美国、欧盟、韩国等国为了保护本国的钢铁产业都在密切监控我国的钢材出口情况，并积极收集钢品低价倾销的证据，以伺机提出贸易保护调查。

部分行业的产能过剩问题必然导致产品价格下跌；库存上升，企业利润增幅下降，亏损大幅度增加。任其发展下去就会导致有的企业停产和职工下岗，增加社会就业压力，同时银行贷款也可能变成坏账，加大金融风险。这些问题处理不好，不仅影响经济发展而且还会影响社会稳定。

四、涉及群众切身利益的不少问题还没有得到很好解决

当前损害群众利益的问题主要表现在这样一些方面：在征用土地中侵害农民利益，在城镇拆迁中侵害居民利益，在库区搬迁中侵害移民利益，在企业重组改制和破产中侵害职工利益，拖欠和克扣农民工工资，教育乱收费，看病难、看病贵等问题。此外，在社会治安和环境污染方面也存在着一些损害群众利益的现象。这些问题和现象的存在，人民群众反映强烈，说明我们维护社会稳定的任务还十分艰巨。我们一定要进一步增强忧患意识和责任感，居安思危，未雨绸缪，采取更加有力的措施积极加以解决。

特别需要指出的一个问题是，当前安全生产形势相当严峻，煤矿、交通等重特大事故频繁发生，给人民群众生命财产造成了严重损失。虽然与 2004 年相比，2005 年的事故起数下降了 10.7%，事故死亡人数下降了 7.1%，全国安全生产总体上保持了稳定和趋于好转的发展态势，但是安全生产的形势仍然严峻，进一步搞好安全生产的任务仍然十分艰巨。

涉及人民群众切身利益的问题没有得到很好解决，也说明了我国科技、教育、卫生等社会事业发展相对滞后的状况还没有根本改变。目前我国就业形势依然很严峻；地区之间、部分社会成员之间收入差距还在拉大，收入分配问题日渐突出；社会保障体系不健全，城乡低收入群众的生活还比较困难。我们必须坚持用科学发展观统领经济和社会发展全局，努力构建和谐社会，实现经济社会的全面协调可持续发展，从根本上解决好各种关系人民群众切身利益的问题。

总之，我们需要客观、全面、辩证地分析和认识当前的经济社会形势。既要充分看到已经取得的成绩，也要清醒地估计面临的困难和问题。要坚定信心，也要有忧患意识。我国经济社会发展正处在一个非常重要的关口，任务相当繁重和艰巨，因此，我们对已经看到和将会遇到的问题不可掉以轻心。要做到"安不忘危，治不忘乱，存不忘亡"，增强预见性，避免盲目性，不断提高驾驭经济社会发展全局的能力，把 2006 年和"十一五"时期的经济社会发展工作做得更好。

原载《十届全国人大四次会议（〈政府工作报告〉）辅导读本》，人民出版社、中国言实出版社，2006

深化改革，规范政府投资的
资金来源和投资行为

陈佳贵

《中共中央关于构建社会主义和谐社会若干重大问题的决定》指出："必须坚持改革开放。坚持社会主义市场经济的改革方向，适应社会发展要求，推进经济体制、政治体制、文化体制、社会体制改革和创新，进一步扩大对外开放，提高改革决策的科学性，改革措施的协调性，建立健全充满活力、富有效率、更加开放的体制机制。"我们要在经济工作中，结合社会经济发展的阶段性特点，切实贯彻党的十六届六中全会精神。2006 年以来，我国的经济形势总体上运行良好，但也面临着一些亟待解决的问题。固定资产投资增速过高、投资规模过大就是其中的问题之一。从我国经济发展阶段看，当前投资率高有其客观必然性；但从历史经验和国际比较看，近几年我国的投资率已达到历史最高水平，也明显高于发达国家和其他发展中国家。投资表现出的持续"三高"（即投资增长的绝对速度偏高，投资占 GDP 的比重偏高，投资对经济增长的拉动作用偏高）极易造成经济的整体或局部过热。

匈牙利经济学家亚诺什·科尔奈在其《短缺经济学》中分析了社会主义经济中一再出现的投资膨胀问题。科尔奈认为，投资的真正动机是为了扩张，"在社会主义经济中，没有一个企业或非营利机构不想得到投资，不存在饱和问题，投资饥渴是长期的，假如刚刚完成的一项投资暂时满足了投资饥渴，很快又会产生新的饥渴，而且比以前更为强烈"。投资的扩张动机造成投资饥渴，投资饥渴将足以使一种体制转变成为短缺经济。我国在历经近 30 年的改革之后，社会主义市场经济制度已基本建立，短缺问题基本得到了解决，尤其是对于一般消费品市场，由于大量非国有经济的参与和存在着激烈的竞争，基本上形成了供大于求的局面。但是，科尔奈指出的"投资饥渴"问题依旧存在，政府主导的投资冲动依然强势，这与政府职能转换不到位，特别是地方政府投资资金来源和投资行为不规范有很大关系。

有关资料显示，在我国当前投资构成中，国有和地方项目仍占了很大比重。2006 年上半年，在城镇固定资产投资中，国有投资占 46.5%，地方投资占 89.6%。由此可见，虽然我们面临的体制背景发生了深刻的变化，但政府投资仍然是重要方式。政府投资在改善基础设施、拉动经济增长方面的积极作用毋庸置疑。然而,需要指出的是,由于政府投资冲动的形成机制没有根除(例如,地方政府政绩考核的压力、行政性周期的作用等),地方政府投资资金来源和投资行为不规范,使政府产生了强烈的投资冲动,政府投资的强烈导向作用也带动了整个社会的投资扩张,这是导致投资率居高不下的基本原因。

第一,地方政府举债搞建设相当普遍。由于我国目前对政府投资资金的来源和范围缺乏严格的界定及健全的监督机制,一些地方政府为片面追求 GDP 的增长或改变城市面貌的政绩工程和形象工程,巧立名目,通过各种各样的投融资公司搞捆绑贷款,向银行大量举债,并由政府担保,有的还由地方人大担保,大搞基础设施建设,搞培训中心、广场、绿地、办公大楼,不一而足。这些贷款数量大、期限长,现任领导并不担心将来是否有偿还能力,不仅拉动了投资,而且造成了巨大的金融风险。

第二,地方政府获得的巨额土地出让金主要用于固定资产投资。研究资料显示,2005 年,全国土地出让总收入达到 5875 亿元。在一些地方,土地出让金净收入已经占到政府预算外收入的 60% 以上,有的地方土地出让金甚至超过了本级政府的财政收入。土地出让金成为地方政府可自由支配的预算外收入的最大来源。目前,由于土地出让金没有全部纳入预算,缺乏严格的监督管理,它成为一些地方盲目扩大城市建设规模和搞政绩工程、形象工程的主要资金来源。

第三,违规使用专项基金搞建设。近年来,各地违规使用各种专项基金的大案、要案时有发生。"上海社保基金案"的东窗事发,不仅揭露了一些地方政府和官员违规使用各种专项基金以期获取高额回报和权钱交易的腐败行为,更反映出监管方面的漏洞。

第四,政府主导的"过度招商",使抑制固定资产投资过快增长的宏观调控目标难以实现。无可置疑,招商引资对发展地方经济有重要作用。但是,地方政府在招商引资过程中竞相出台优惠政策,已经成为经济发展中一个不容忽视的问题。有的地方政府把招商引资作为经济工作的"第一要务",甚至把招商引资作为一种政治任务逐级落实,并分配到各个部门、各级官员,并把它作为政绩考核的重要指标之一。为了招商引资,一些地方违规竞相低价出让工业用地,甚至实行"零地价",不仅造成恶性竞争、重复建设,而且在土地、税收、资源等方面付出了沉重的代价。

第五,软约束下的大学借债搞扩建。近年来,在"扩招"、建"大学城"、推行"211 工程"等亮丽词语的背后涌动的是高校借债的风潮。据调查,在高校的借款热潮中,各校少者借款 3 亿~5 亿元,多者十多亿元,全国高校借款总规模有几千亿元。2005 年 6 月 28 日,李金华曾在十届全国人大常委会第十六次会议上指出,在对 18 所中央部属高校 2003 年度财务收支情况进行了审计和调查后，发现不少高校大规模进行基本建设，造成债务负担沉重。截至 2003 年末，18 所高校债务总额72.75 亿元，比 2002 年增长 45%，其中基本建设形成的债务占 82%。在这场轰轰烈烈的大学借贷扩建过程中，高校、银行、地方政府三方共谋利益。正如有关专家所言："地方政府通过低价出让土地的办法以'支持'教育，利用银行贷款来支持高校扩建，不但解决了教育经费的投入不足问题，还坐收了由高校扩建带来的 GDP增长以及周围地区的房地产市场的繁荣。而银行在政府的隐性担保下也为多余的存款找到了相对'安全'的去处。"大学借贷搞扩建，不仅成为拉动地方投资扩张的重要因素，而且使大学乱收费屡禁不止，银行也面临巨额的不良债务风险。

第六，国有企业利润转化为固定资产投资也是造成投资率过高的重要原因之一。从 1994 年的财政税收体制改革起，根据有关规定，国有企业就再没有给国家上缴利润。当时，这样规定有其合理性。但是近些年来，国有企业越来越集中到石油天然气、电力、通讯、铁路运输、烟草等垄断行业，垄断利润惊人。2006 年前 9个月，国有及国有控股企业实现利润 5086 亿元，石油天然气就达 2695 亿元，占国有及国有控股企业实现利润总额的 53%。国有企业，特别是国有垄断企业的垄断利润，除部分用作流动资金和企业内部福利外，大部分用于新增投资。由于利润完全由企业自主支配，因而在投资取向和投资决策上也存在很大的随意性，因决策失误造成的浪费、损失和各种形式的流失时有发生。

此外，略带扩张性的财政政策进一步刺激了地方政府的投资冲动。1998 年以来连续 6 年的积极财政政策对稳定我国经济、保持我国经济持续的增长速度、对西部地区基础设施的改善、区域生产力布局的调整等方面起到了积极的推动作用。但是，长期延续积极财政政策的负面效应不容忽视。特别是，随着政府投资规模的扩大，政府在经济运行中的作用逐步增强，而市场对经济运行的调节作用逐渐减弱。近年来，财政政策性质虽然已由扩张转向稳健，但由于财政支出的刚性，仍需继续安排大量资金进行以前国债项目的续建，因此，财政政策仍然带有一定的扩张性特点。2006 年，长期建设国债发行规模由 2005 年的 800 亿元调减为 600 亿元，增加中央预算内经常性建设投资 100 亿元。中央预算内基本建设投资总规模达到 1154亿元，与 2005 年基本持平。略带扩张的财政政策信号进一步增强了地方政府的投资冲动。

历史经验表明，中国经济增长的每一次大起大落，都与投资规模过大密切相关。而以政府主导的行政投资扩张对每一次投资波动都起到推动作用。要正确认识转轨体制下政府投资的特征，其导向性作用很容易引致全社会总体投资规模的扩大，投资速度加快。因此，要按照党中央关于构建社会主义和谐社会的原则和要求，落实科学发展观，在运用经济、法律、行政手段的同时，继续深化体制改革，从制度和体制上解决软预算约束问题，消除形成政府投资冲动的机制；要加强对各种专项基金使用的管理；要认真研究解决大学等事业单位不顾偿还能力举债搞建设的问题；认真研究解决垄断行业的国有及国有控股企业的利润上缴和合理使用问题。从各个方面规范政府、国有企事业单位的投资资金来源和投资行为，确保固定资产投资合理增长，促进经济平稳较快发展。

原载《中国社会科学院院报》，2006 年 11 月 21 日理论版

中国地区工业化进程的综合评价和特征分析[*]

陈佳贵　黄群慧　钟宏武

　　评价中国工业进程，认识中国工业化的特征，无疑是理解"中国经验"经济内涵的核心要求。近年来，出现了大量有关中国工业化整体进程的研究文献，如郭克莎（2004）、吕政等（2003），这些研究对把握中国整体国情具有重要的价值。我们的一份基于对中国整体工业化进程的分析表明，中国的基本经济国情已经从农业经济大国发展成为工业经济大国（陈佳贵、黄群慧，2005）。但是，中国幅员广阔，地区发展极不平衡，仅从整体层面分析评价工业化，难以揭示中国工业化进程的区域结构特征、反映各地区工业化水平的差异，从而不能够深层次分析中国工业化进程中存在的问题。虽然也有一些从地区角度对中国工业化进程进行分析评价的文献，例如袁志刚、范剑勇（2003），但往往是基于某些方面指标（如就业结构），或者是针对某些区域（如长三角、珠三角等）的工业化进程的分析评价。本文旨在基于最新的第一次经济普查数据从经济发展水平、产业结构、工业结构、就业结构、空间结构等多方面对我国内地所有省级区域的工业化水平进行评价，判断我国各地区工业化所处的阶段，辨析出我国地区工业化进程的区域分布特征，从而为区域经济发展的深入研究提供基准性参考。

一、评价指标与研究路径

　　经典的工业化理论认为，工业化是一国（或地区）随着工业发展、人均收入和经济结构发生连续变化的过程，人均收入的增长和经济结构的转换是工业化推进的主要标志。具体而言，工业化主要表现为：①国民收入中制造业活动所占比例逐步提高，乃至占主导地位；②制造业内部的产业结构逐步升级，技术含量不断提高；③在制造业部门就业的劳动人口比例也有增加的趋势；④城市这一工业发展的主要载体的数量不断增加，规模不断扩大，城市化率不断提高；⑤在上述指标增长的同时，整个人口的人均收入不断增加（约翰·伊特韦尔等，1996；库兹涅茨，1999）。

　　* 本文是中国社会科学院重大课题《中国工业化、信息化和工业现代化的关系研究》的阶段性成果。本文的"中国地区"是指中国内地所有省级区域，没有包括中国的香港、澳门和台湾地区。作者感谢匿名审稿人对本文提出的宝贵意见。

根据经典工业化理论，衡量一个国家或地区的工业化水平，一般可以从经济发展水平、产业结构、工业结构、就业结构和空间结构等方面来进行。

考虑到指标的代表性、可行性及可比性，本文选择了以下指标来构造地区工业化水平的评价体系：经济发展水平方面，选择人均 GDP 为基本指标；产业结构方面，选择一、二、三产业产值比为基本指标；工业结构方面，选择制造业增加值占总商品生产部门增加值的比重为基本指标；[①] 空间结构方面，选择人口城市化率为基本指标；就业结构方面，选择第一产业就业所占比重为基本指标。然后，再主要参照钱纳里等（1989）的划分方法，将工业化过程大体分为工业化初期、中期和后期，再结合相关理论研究和国际经验估计确定了工业化不同阶段的标志值（如表 1 所示）。

根据上述衡量工业化水平的指标体系和相应的标志值，我们选用指标含义清晰、综合解释能力强的传统评价法（加法合成法）来构造计算反映一国或者地区工业化水平（或进程）的综合指数 K（$K = \sum_{i=1}^{n} \lambda_i W_i \big/ \sum_{i=1}^{n} W_i$，其中 K 为国家或者地区工业化水平的综合评价值；λ_i 为单个指标的评价值，n 为评价指标的个数；W_i 为各评价指标的权重——由层次分析法生成），再用多元统计方法中的主成分分析法对结果进行检验，具体的研究路径如下：第一，搜集数据，即搜集评价指标体系中各指标的具体数值，并对其进行整理、统一口径；第二，对选定的指标进行指标同向性和无量纲处理，得出各指标的评价值；第三，用层次分析法计算出各个指标的权重；第四，用加权合成法对各指标的评价值进行综合，得出我国整体和各省级地区的综合评价值，并对这 31 个省市区的工业化综合评价值进行排序；第五，用主成分分析检验综合评价结果。

表 1 工业化不同阶段的标志值

基本指标	前工业化阶段（1）	工业化实现阶段			后工业化阶段（5）
		工业化初期（2）	工业化中期（3）	工业化后期（4）	
1. 人均 GDP（经济发展水平）					
（1）1964 年美元	100～200	200～400	400～800	800～1500	1500 以上
（2）1996 年美元	620～1240	1240～2480	2480～4960	4960～9300	9300 以上

---

① 在联合国工业发展组织和世界银行联合主持的一项研究中，约翰·科迪等（1990）学者提出一种衡量工业化水平的标准，即根据制造业增加值在总商品生产部门增加值中所占的份额（简称科迪指标），把工业化水平分为非工业化（20% 以下）、正在工业化（20%～40%）、半工业化（40%～60%）和工业化（60% 以上）4 类。其中制造业是工业的主体部分（工业还包括采掘业和自来水、电力、蒸汽、热水、煤气等行业），总商品生产增加值额（农业、渔业、林业；矿产业；制造业；电力及其他公用事业；建筑业）大体上相当于物质生产部门（第一产业、第二产业）的增加值。

续表

基本指标	前工业化阶段（1）	工业化实现阶段			后工业化阶段（5）
		工业化初期（2）	工业化中期（3）	工业化后期（4）	
（3）1995 年美元	610～1220	1220～2430	2430～4870	4870～9120	9120 以上
（4）2000 年美元	660～1320	1320～2640	2640～5280	5280～9910	9910 以上
（5）2002 年美元	680～1360	1360～2730	2730～5460	5460～10200	10200 以上
（6）2004 年美元	720～1440	1440～2880	2880～5760	5760～10810	10810 以上
2. 三次产业产值结构（产业结构）	A > I	A > 20%，且 A < I	A < 20%，I > S	A < 10%，I > S	A < 10%，I < S
3. 制造业增加值占总商品增加值比重（工业结构）	20% 以下	20%～40%	40%～50%	50%～60%	60% 以上
4. 人口城市化率（空间结构）	30% 以下	30%～50%	50%～60%	60%～75%	75% 以上
5. 第一产业就业人员占比（就业结构）	60% 以上	45%～60%	30%～45%	10%～30%	10% 以下

注：1964 年与 1996 年的换算因子为 6.2，系郭克莎（2004）计算；1996 年与 1995 年、2000 年、2002 年、2004 年的换算因子分别为 0.981、1.065、1.097、1.162，系作者根据美国经济研究局（BEA）提供的美国实际 GDP 数据推算；A、I、S 分别代表第一、第二和第三产业增加值在 GDP 中所占的比重。

资料来源：作者根据钱纳里等（1989）、库兹涅茨（1999）、科迪等（1990）、郭克莎（2004）、魏后凯等（2003）等有关资料整理。

二、数据处理与权重确定

为确保各地区数据的可比性和研究的延续性，课题组主要从各类官方统计年鉴中收集地区工业化数据（2004 年采用的是最新公布的第一次经济普查数据），对于不能直接获取的数据（主要是城市化率指标），将参考相关研究成果，并根据经验事实进行修正。此外，如何将人均 GDP 换算为美元，学术界还存在争议，目前比较通用的换算方法有汇率法、购买力平价法（PPP）、大国贸易法、汇率—平价法等，上述方法各有利弊。[①] 经过比较，我们选择了既有一定可比性，又有一定完整性的汇率—平价法（将汇率法与购买力评价法结合，取其平均值）对中国各地区的人均 GDP 进行折算（表2给出了 2004 年各项指标的原始数值）。[②]

---

① 用汇率法计算有弱化市场化程度低的国家的经济实力的倾向，用购买力平价法计算也不完美，有强化弱国的嫌疑。

② 为了动态反映我国工业化进程，本文除了计算 2004 年的工业化指数反映我国工业化的最新进展以外，还计算了 1995 年、2000 年、2002 年度的工业化指数。但受篇幅限制，本文这里未列出 1995 年、2000 年、2002 年度的原始数据，需要这些数据的读者可与作者联系。应该说明的是，由于各地区的 GDP 历史数据修订工作尚未完成，因此计算 1995 年、2000 年、2002 等年度工业化指数时，其原始数据仍沿用各年度的统计年鉴和统计年报的数据，未根据 2004 年经济普查数据进行调整。但我们认为，这对工业化进程的趋势性特征的判断并没有构成根本的影响。

表2 各地区和31个省市区的工业化原始数据（2004年）

指标\地区	人均GDP（2004年美元）			一、二、三产业产值比（%）			制造业增加值占比（%）	人口城镇化率（%）	一、二、三产业就业比（%）		
	各地GDP（亿元）	人均GDP（元/人）	汇率—平价法（美元/人）	一	二	三			一	二	三
全 国	159878	12336	3957	13.1	46.2	40.7	44.1	41.8	53.3	23.4	23.3
东 部	92819	20611	6612	8.4	50.9	40.8	51.2	52.5	35.5	37.0	27.5
中 部	31616	8659	2778	18.0	44.4	37.7	35.1	28.8	60.6	19.3	20.1
西 部	28621	7709	2473	18.6	41.1	40.3	32.7	27.8	66.2	14.1	19.7
东 北	14545	13539	4343	13.3	47.3	39.4	53.9	29.6	47.4	23.5	29.1
北 京	6060	40589	13021	1.5	30.6	67.9	66.1	79.5	8.0	30.0	61.9
天 津	3111	30586	9812	3.3	54.2	42.5	64.0	73.0	19.5	46.1	34.3
河 北	8473	12444	3992	15.7	50.7	33.6	29.2	35.8	47.6	27.5	24.9
山 西	3571	10708	3435	7.3	53.7	38.9	31.9	39.6	44.2	26.9	28.9
内蒙古	3020	12668	4064	17.1	40.6	42.3	45.7	45.7	51.8	17.7	30.5
辽 宁	6672	15822	5076	11.6	45.9	42.5	37.2	56.0	45.0	31.3	23.7
吉 林	3122	11537	3701	18.0	42.6	39.4	42.2	52.3	47.9	20.5	31.7
黑龙江	4751	12447	3993	12.5	52.3	35.2	14.0	52.8	49.5	17.7	32.7
上 海	8073	46343	14867	1.0	48.2	50.8	83.1	91.3	6.9	45.4	47.7
江 苏	15004	20186	6476	8.7	56.7	34.6	55.3	48.0	31.0	42.8	26.2
浙 江	11649	24680	7917	6.9	53.7	39.4	50.0	54.0	26.5	48.9	24.6
安 徽	4759	7366	2363	19.6	38.8	41.6	28.4	33.5	65.2	15.3	19.6
福 建	5763	16414	5266	13.7	48.1	38.3	40.3	46.0	42.0	32.9	25.1
江 西	3457	8070	2589	19.2	45.3	35.5	21.4	35.6	59.6	19.2	21.2
山 东	15022	15491	4969	11.8	56.4	31.7	47.2	43.5	46.4	31.3	22.3
河 南	8554	8815	2828	19.3	48.9	31.8	26.3	28.9	64.6	21.3	14.1
湖 北	5633	9363	3004	18.1	41.2	40.7	35.4	43.7	52.2	19.5	28.3
湖 南	5642	8423	2702	20.5	38.8	40.7	28.4	35.5	63.9	16.2	19.9
广 东	18865	16039	5146	6.5	49.2	44.3	60.3	60.0	33.0	39.5	27.4
广 西	3433	7022	2253	23.6	36.5	39.9	22.1	31.7	67.8	12.6	19.6
海 南	799	9768	3134	34.4	23.2	42.4	19.5	44.8	56.1	10.6	33.3
重 庆	2692	8623	2766	15.6	41.3	43.0	29.9	43.5	56.5	20.4	23.1
四 川	6380	7895	2533	21.6	39.0	39.3	27.8	31.1	72.6	14.8	12.6
贵 州	1678	4298	1379	20.0	40.6	39.5	29.9	26.3	76.1	9.2	14.7
云 南	3082	6981	2239	19.3	41.6	39.2	41.0	28.1	75.0	8.9	16.1
西 藏	220	8029	2576	19.5	24.1	56.4	10.3	19.8	63.7	9.4	26.9
陕 西	3176	8543	2741	11.7	48.9	39.4	28.6	33.0	58.4	17.1	24.6
甘 肃	1688	6445	2068	16.8	42.2	41.0	34.3	28.6	63.2	14.8	22.0
青 海	466	8646	2774	12.4	45.5	42.1	18.3	38.5	65.7	15.2	19.1
宁 夏	537	9133	2930	12.1	45.4	42.5	28.9	40.6	53.8	18.7	27.6
新 疆	2249	11457	3675	19.9	42.4	37.7	14.1	35.2	52.0	16.4	31.7

注：①各地GDP均为最新的第一次经济普查数据，来自国家统计局。天津、山东、广东、四川等省市的人均GDP系各地在第一次经济普查公报中提供的数据，其他省市区的人均GDP系作者根据各地GDP和年底人口数计算。人民币直接汇率为2004年人民币基准汇率累计平均值8.28，PPP平价折算比率为1.92（根据世界银行测算数据推算）。②三次产业产值结构为第一次经济普查数据，来自国家统计局。③工业结构指标根据2003年数据计算。④除北京、天津、上海、广东外，各地区人口城镇化率均来自2004年各省市区的国民经济和社会发展统计公报；天津、上海的数据是以2000年第五次人口普查数据为基础，根据该地区非农人口比重的增长速度进行调整；广东省数据是根据《广东省全面建设小康社会评价指标》推算，该指标提出2010年城镇化水平达到65%，2000年的城镇化率为55%，2004年的城镇化率水平取二者的中位值为60%。⑤由于第一次经济普查未统计第一产业的就业人数，本文中三次产业就业结构＝（抽样统计的）第一产业就业人数：（第一次经济普查统计的）第二产业就业人数：（第一次经济普查统计的）第三产业就业人数，由于第一次经济普查得到的二、三产业就业总人数要少于抽样统计得到的二、三产业就业总人数，因此，这种计算方法会导致绝大部分地区第一产业就业比重提高，部分落后地区的第一产业就业比重甚至会大幅上升，与2002年相比，该指标的工业化水平可能会有所倒退，但对地区工业化的整体综合评价没有大的影响。

资料来源：国家统计局；全国及各地第一次经济普查公报；《中国统计年鉴》（2005）；《中国工业经济统计年鉴》（2004）；世界银行网站http://siteresources.worldbank.org/DATASTATISTICS/Resources/GDP_PPP.pdf。

为了准确反映工业化各个阶段的特征，本文选择阶段阈值法进行指标的无量纲化，[1] 阶段阈值法的公式为：

$$
\begin{cases}
\lambda_{ik} = (j_{ik} - 1) \times 33 + (X_{ik} - \min_{kj}) \big/ (\max_{kj} - \min_{kj}), & (j_{ik} = 2, 3, 4) \\
\lambda_{ik} = 0, & (j_{ik} = 1) \\
\lambda_{ik} = 100, & (j_{ik} = 5)
\end{cases}
$$

式中，i 代表第 i 个地区，k 代表第 k 个指标，λ_{ik} 为 i 地区 k 指标的评测值，j_{ik} 为该地区 k 指标所处的阶段（1~5），j_{ik} 的取值区间为 1，2，3，4，5，如果 $j_{ik} = 5$，则 $\lambda_{ik} = 100$（即 i 地区的 k 指标已经达到后工业化阶段的标准），如果 $j_{ik} = 1$，则 $\lambda_{ik} = 0$（即 i 地区的 k 指标还处于前工业化阶段），X_{ik} 为 i 地区的 k 指标的实际值，$\max_{kj}$ 为 k 指标在 j 阶段的最大参考值，$\min_{kj}$ 为 k 指标在 j 阶段的最小参考值，$\lambda_{ik} \in$ [0，100]。

阶段性阈值法的具体实施过程如下：

（1）首先确定某一地区某一指标所处的工业化阶段；

（2）如果该指标实际值处于第 1 阶段，则最后得分为 0（从该指标来看，该地区还未进入工业化阶段）；

（3）如果该指标实际值处于第 5 阶段，则最后得分为 100（从该指标来看，该地区已进入后工业化阶段）；

（4）如果该指标处于第 2、3、4 阶段，则最后得分 = 阶段基础值（分别为 0、33、66）+（实际值 – 该阶段最小临界值）/（该阶段最大临界值 – 该阶段最小临界值）；[2]

（5）对该地区所有指标进行 1~4 步的处理。

本文采用层次分析法确定地区工业化综合评价指标的权重，[3] 最后得到各个指标相应的权重为：人均 GDP 为 36%，产业产值结构为 22%，制造业增加值占比为 22%，人口城镇化率为 12%，第一产业就业占比为 8%。也就是说，对衡量地区工业化而言，经济发展水平的重要性 > 经济结构的重要性 = 工业结构的重要性 > 空间结构的重要性 > 就业结构的重要性。

三、评价结果及其检验

根据上述综合评价方法，可以分别计算出我国全国以及所有的省、自治区和直辖市的工业化地区综合得分，这就是我们构造的国家或地区工业化进程（或者水

---

① 阶段阈值法的基本假设是在同一工业化阶段内，某一指标反映的工业化进程与指标变化之间是线性对应关系，当然，这只是一种近似逼近的方法。

② 各指标在不同阶段的最大/最小参考值请参见表1。

③ 这里省略了具体的应用层次法确定具体各个指标权重的过程，如读者需要可向作者索取。

平）的综合指数。通过国家或地区工业化综合指数的计算，可以判断国家和各个地区所处的工业化阶段。如表 3 所示，为 1995 年、2000 年、2002 年和 2004 年四个年份的我国地区的工业化综合指数和所处阶段。在表 3 中，我们用"一"表示前工业化阶段（综合指数为 0），"二"表示工业化初期（综合指数值大于 0 小于 33），"三"表示工业化中期（综合指数值为大于等于 33，小于 66），"四"表示工业化后期（综合指数值大于等于 66，小于等于 99），"五"表示后工业化阶段（综合指数值大于等于 100）；"（Ⅰ）"表示前半阶段（综合指数值未超过该阶段的中间值），"（Ⅱ）"表示后半阶段（综合指数值超过该阶段的中间值）；"二（Ⅰ）"表示该地区处于工业化初期的前半阶段。

表 3　地区工业化进程：指数与阶段（1995/2000/2002/2004）

地区	1995 年		2000 年		2002 年		2004 年	
	综合指数（百分制）	工业化阶段	综合指数（百分制）	工业化阶段	综合指数（百分制）	工业化阶段	综合指数（百分制）	工业化阶段
全　国	18	二（Ⅱ）	26	二（Ⅱ）	33	三（Ⅰ）	42	三（Ⅰ）
上　海	89	四（Ⅱ）	100	五	100	五	100	五
北　京	81	四（Ⅱ）	92	四（Ⅱ）	99	四（Ⅱ）	100	五
天　津	73	四（Ⅰ）	83	四（Ⅱ）	91	四（Ⅱ）	94	四（Ⅱ）
广　东	35	三（Ⅰ）	55	三（Ⅱ）	72	四（Ⅰ）	77	四（Ⅰ）
浙　江	32	二（Ⅱ）	47	三（Ⅰ）	67	四（Ⅰ）	75	四（Ⅰ）
江　苏	34	三（Ⅰ）	45	三（Ⅰ）	56	三（Ⅱ）	73	四（Ⅰ）
山　东	20	二（Ⅱ）	33	二（Ⅱ）	42	三（Ⅰ）	51	三（Ⅱ）
辽　宁	38	三（Ⅰ）	43	三（Ⅰ）	47	三（Ⅰ）	49	三（Ⅰ）
福　建	21	二（Ⅱ）	35	三（Ⅰ）	43	三（Ⅰ）	47	三（Ⅰ）
山　西	28	二（Ⅱ）	22	二（Ⅱ）	33	三（Ⅰ）	44	三（Ⅰ）
吉　林	16	二（Ⅰ）	24	二（Ⅱ）	34	二（Ⅱ）	40	三（Ⅰ）
黑龙江	22	二（Ⅱ）	33	二（Ⅱ）	36	三（Ⅰ）	36	三（Ⅰ）
河　北	14	二（Ⅰ）	24	二（Ⅰ）	29	二（Ⅱ）	34	三（Ⅰ）
内蒙古	5	二（Ⅰ）	13	二（Ⅰ）	21	二（Ⅰ）	33	二（Ⅱ）
宁　夏	11	二（Ⅰ）	15	二（Ⅰ）	21	二（Ⅰ）	32	二（Ⅱ）
湖　北	13	二（Ⅰ）	28	二（Ⅱ）	33	三（Ⅰ）	31	二（Ⅱ）
重　庆	—	—	15	二（Ⅰ）	23	二（Ⅰ）	28	二（Ⅱ）
陕　西	10	二（Ⅰ）	14	二（Ⅰ）	20	二（Ⅰ）	28	二（Ⅱ）
青　海	7	二（Ⅰ）	15	二（Ⅰ）	22	二（Ⅰ）	25	二（Ⅱ）
新　疆	9	二（Ⅰ）	17	二（Ⅱ）	22	二（Ⅱ）	25	二（Ⅱ）
云　南	15	二（Ⅰ）	13	二（Ⅰ）	17	二（Ⅰ）	22	二（Ⅱ）
湖　南	2	二（Ⅰ）	11	二（Ⅰ）	17	二（Ⅰ）	22	二（Ⅱ）
河　南	6	二（Ⅰ）	11	二（Ⅰ）	15	二（Ⅰ）	22	二（Ⅱ）
甘　肃	15	二（Ⅰ）	11	二（Ⅰ）	15	二（Ⅰ）	20	二（Ⅱ）
江　西	2	二（Ⅰ）	8	二（Ⅰ）	14	二（Ⅰ）	19	二（Ⅱ）
安　徽	4	二（Ⅰ）	7	二（Ⅰ）	14	二（Ⅰ）	19	二（Ⅱ）
四　川	4	二（Ⅰ）	8	二（Ⅰ）	15	二（Ⅰ）	18	二（Ⅱ）
海　南	6	二（Ⅰ）	10	二（Ⅰ）	14	二（Ⅰ）	17	二（Ⅱ）
广　西	2	二（Ⅰ）	4	二（Ⅰ）	9	二（Ⅰ）	13	二（Ⅰ）
贵　州	4	二（Ⅰ）	6	二（Ⅰ）	8	二（Ⅰ）	11	二（Ⅰ）
西　藏	0	一	0	一	0	一	0	一

由于加法合成法不可避免主观因素的影响和指标间信息重复的问题，因此有必要运用其他方法对上述评价结果的准确性、合理性和可靠性进行检验。本文运用主成分分析法再次对 2004 年 31 个省市区的工业化水平进行综合评价，其地区工业化水平排名结果除了云南外，与加法合成法的排名基本一致，因此，可以认为综合评价结果基本能通过检验，是可置信的评价结果。①

四、结果分析：地区工业化的特征

1. 中国工业化进程的地区结构特征

在 2004 年这个时间截面上，中国工业化进程体现在不同地区上差异很大，总体上形成一个典型的金字塔形结构，并有向橄榄形演变的趋势。

如表 4 所示，2004 年中国的工业化综合指数上升到 42，进入工业化中期的前半阶段。四大经济板块中，东部地区工业化综合指数为 72，整体进入工业化后期，东北地区工业化综合指数为 41，处于工业化中期，中部地区和西部地区的工业化综合指数分别为 24 和 20，整体处于工业化前期的后半阶段，四大区域的工业化水平差距巨大，中部崛起和西部大开发的任务十分艰巨。从具体省份看，绝大部分工业化先进省市区属于东部，2004 年工业化排序前 10 位的省市是上海、北京、天津、广东、浙江、江苏、山东、辽宁、福建、山西，除了山西属于中部、辽宁属于东北部外，其余 8 个省市均属于东部；绝大部分工业化落后地区属于中西部，2004 年工业化排序后 10 位的省区是湖南、河南、甘肃、江西、安徽、四川、海南、广西、贵州、西藏，其中，海南属于东部，湖南、河南、江西、安徽属于中部，其余 5 省区属于西部。而且，先进地区与落后地区之间的工业化水平差距非常大。到 2004 年，上海、北京两个城市进入后工业化阶段，其经济总量占全国 8.4%、人口占全国 2.5%、土地面积占全国 0.2%；② 天津等 4 省市处于工业化后期，其经济总量占

---

① 这里省略了应用主成分分析法分析评价的具体过程，如读者需要可向作者索取。

② 按照世界银行的衡量标准，人均 GDP 超过 1 万美元是公认的从发展中状态进入发达状态的标志线，或者说是实现了工业化、成为工业化国家（或地区）的标准。而且，日本人均 GDP 是在 1984 年超过了 1 万美元，中国香港、新加坡、中国台湾和韩国的人均 GDP 分别是在 1987 年、1989 年、1992 年和 1995 年超过了 1 万美元。如果按照汇率—平价法折算，上海在 2000 年、北京在 2004 年基本达到了 1 万美元的标准线。如果我们不考虑美元币值的变化，可以说，上海比日本晚 16 年、比中国香港晚 13 年、比新加坡晚 11 年、比中国台湾晚 8 年、比韩国晚 5 年实现了工业化、进入发达地区行列；北京比日本晚 20 年、比中国香港晚 17 年、比新加坡晚 15 年、比中国台湾晚 12 年、比韩国晚 9 年实现了工业化，进入发达地区。或者说，上海在 2000 年、北京在 2004 年都已经达到了日本 20 世纪 80 年代、"四小龙"的 20 世纪 90 年代的发展水平。近些年，亚洲金融危机后，"四小龙"的经济受到影响，到 2005 年，新加坡、中国香港、韩国和中国台湾的人均 GDP 分别为 25176 美元、24581 美元、14649 美元和 13926 美元，如果按照汇率—平价法折算，现在上海与北京的经济发展水平基本接近韩国和中国台湾的水平。其他先进省区，如广东、江苏、浙江等我国这些率先进入工业化后期的地区，虽然人均生产总值相对较低，但已经有了很大的经济总量，达到或者超过东亚一些国家和地区的 GDP 总量。如，2005 年广东省的地区生产总值达到 21701.3 亿元人民币，按现行汇率折算为 2648.4 亿美元，超过新加坡、中国香港地区等国家和地区。

全国 29.0%、人口占全国 16.6%、土地面积占全国 4.1%；① 山东等 7 个省处于工
业化中期，其经济总量占全国 29.3%、人口占全国 25.9%、土地面积占全国
14.7%；内蒙古等 17 个省市区处于工业化前期，经济总量占全国 34.2%、人口占
全国 54.7%、土地面积占全国 68.2%；西藏仍处于前工业化阶段。可以说，从地
区工业化进程看，到 2004 年这一个时间截面，我国内地版图内包括了工业化进程
的所有阶段，地区工业化进程的落差巨大，不仅有处于后工业化阶段的上海、北
京，还有处于前工业化阶段的西藏。如果在一年内人们有机会从西部到东部游历中
国各个地区，就可以体验到往往需要上百年时间演进的整个工业化历程。

表4 2004 年中国各地区工业化阶段的比较

阶段		四大经济板块	31 省市区
后工业化阶段（五）			上海（100）、北京（100）
工业化后期 （四）	后半阶段		天津（94）
	前半阶段	东部（72）	广东（77）、浙江（75）、江苏（73）
工业化中期 （三）	后半阶段		山东（51）
	前半阶段	全国（42）、 东北（41）	辽宁（49）、福建（47）、山西（44）、吉林（40）、 黑龙江（36）、河北（34）
工业化初期 （二）	后半阶段	中部（24）、 西部（20）	内蒙古（33）、宁夏（32）、湖北（31）、重庆（28）、陕西（28）、 青海（22）、新疆（22）、云南（22）、湖南（22）、河南（22）、 甘肃（20）、江西（19）、安徽（19）、四川（18）、海南（17）
	前半阶段		广西（13）、贵州（11）
前工业化阶段（一）			西藏（0）

注：括号中的数字为相应的工业化综合指数。

如表 5 所示，从历史演变过程来看中国工业化进程的地区结构特征，1995 年，
中国工业化进程的地区结构是倒扣的碟状，30 个省市区中，24 个处于工业化前期，
3 个处于工业化中期，只有 3 个地区攀升到了工业化后期。从 2000 年、2002 年这
两个时间截面来看，处于工业化初期的地区逐渐减少，工业化中后期和后工业化阶
段的地区逐渐增加。到 2004 年，中国工业化进程的地区结构演变为典型的金字塔
形，工业化初期的地区减少到 17 个（金字塔塔基），处于工业化中后期的地区分别
为 7 个和 4 个（塔身），有 2 个城市进入后工业化阶段（塔尖）。当前这个金字塔形

---

① 广东、江苏、浙江等我国这些率先进入工业化后期的地区，虽然人均生产总值相对较低，但已经有了很大的经济总
量，达到或者超过东亚一些国家和地区的 GDP 总量。如，2005 年广东省的地区生产总值达到 21701.3 亿元人民币，按现行汇
率折算为 2648.4 亿美元，超过新加坡、中国香港的经济总量。

结构并不会长期保持，因为塔基部分的 17 个省市区中有 15 个处于工业化前期的后半阶段，按目前的发展速度，5 年之内，其中大部分省市区就将进入工业化中期。届时，中国绝大部分省市区将处于工业化中期和后期，现在的金字塔形结构将转变成橄榄形结构。

表 5　1995～2004 年中国工业化进程的地区结构特征

	1995	2000	2002	2004
后工业化阶段		1	1	2
工业化后期	3	2	4	4
工业化中期	3	5	8	7
工业化前期	23	22	17	17
前工业化阶段	1	1	1	1
结构特征	倒扣的碟形			金字塔形

2. 中国地区工业化进程的速度特征

1995～2004 年的 10 年中，中国绝大部分地区都在加速工业化，但东部地区的加速度要远远大于其他地区，中国地区之间工业化进程的差距继续加大。

如表 6 所示，虽然各地区增长速度有快有慢，但四大经济板块和绝大部分省市区的工业化综合指数都在持续提高。[①] 如果将各地区 2000～2004 年工业化平均速度与 1995～2000 年工业化平均速度相比较，也可以看出四大经济板块和绝大部分省市区的工业化综合指数都在加速增长，[②] 这说明这 10 年我国绝大多数地区都在加速工业化。但是，各地区工业化进程的加速度不同。在四大经济板块中，工业化速度最快的依次是东部地区、中部地区、西部地区和东北地区；31 个省市区中，工业化速度最快的前 10 位是：浙江（4.8）、广东（4.7）、江苏（4.3）、山东（3.4）、内蒙古（3.1）、福建（2.9）、吉林（2.7）、天津（2.3）、宁夏（2.3）、河北（2.2）、湖南（2.2）。[③] 这表明，近 10 年来，虽然落后地区的工业化进程也在不断推进，但与先进地区的工业化水平的差距不是在缩小，而是在进一步扩大。如表 7 所示，1995 年工业化排名前 10 位的省市区的工业化综合指数平均指数为 45，排名后 10 位的省市区的工业化综合指数平均指数为 4，相差 41 点。到了 2004 年，排名前 10 位的省市区的工业化综合指数增加了 26 点，上升到 71，后 10 位的省市区的工业化综合指数仅仅上升了 12 点，二者的差距扩大到 55 点。这说明地区经济发展

---

① 只有甘肃省、山西省、云南省的 2000 年得分低于 1995 年得分。

② 其中，湖北和黑龙江两省为减速。上海、北京先后实现工业化，本研究所使用阶段性阈值法标准化无法衡量其在后工业化阶段的经济增长，这两个城市不参与计算，重庆 1995 年数据不可得，不参与计算。

③ 括号中的数字为 1995～2004 年工业化综合指数的年均增长速度。

水平的差距缩小是一个漫长的过程。从这个意义上说，缩小东西部地区的差距是任重而道远的，需要经过三个阶段，首先是缩小经济发展的增长速度的差距阶段，在该阶段，东西部地区的经济发展水平的差距继续扩大，但扩大的程度会逐步降低；第二阶段是东西部地区同速增长阶段，该阶段东西部地区的经济发展水平的差距会保持不变，不会继续扩大；第三阶段是西部地区发展速度超过东部地区的经济发展速度，该阶段才是真正的东西部地区经济发展水平差距逐步缩小的过程。

表6　1995~2004 年中国各地区的工业化速度

地区	工业化综合指数			工业化年均增长速度			类型
	1995	2000	2004	1995~2004	1995~2000	2000~2004	
全　国	18	26	42	2.7	1.6	4	加速
东　部	32	44	72	4.4	2.4	7	加速
中　部	6	13	24	2.0	1.4	2.75	加速
西　部	5	9	20	1.7	0.8	2.75	加速
东　北	27	34	41	1.6	1.4	1.75	加速
浙　江	32	47	75	4.8	3	7	加速
广　东	35	55	77	4.7	4	5.5	加速
江　苏	34	45	73	4.3	2.2	7	加速
山　东	20	33	51	3.4	2.6	4.5	加速
内蒙古	5	13	33	3.1	1.6	5	加速
福　建	21	35	47	2.9	2.8	3	加速
吉　林	16	24	40	2.7	1.6	4	加速
天　津	73	83	94	2.3	2	2.75	加速
宁　夏	11	15	32	2.3	0.8	4.25	加速
河　北	14	24	34	2.2	2	2.5	加速
湖　南	2	11	22	2.2	1.8	2.75	加速
北　京	81	92	100	2.1	2.2	2	—
湖　北	13	28	31	2.0	3	0.75	减速
陕　西	10	14	28	2.0	0.8	3.5	加速
青　海	7	15	25	2.0	1.6	2.5	加速
江　西	2	8	19	1.9	1.2	2.75	加速
山　西	28	22	44	1.8	-1.2	5.5	加速
新　疆	9	17	25	1.8	1.6	2	加速
河　南	6	11	22	1.8	1	2.75	加速
安　徽	4	7	19	1.7	0.6	3	加速
黑龙江	22	33	36	1.6	2.2	0.75	减速
四　川	4	8	18	1.6	0.8	2.5	加速

续表

地区	工业化综合指数			工业化年均增长速度			类型
	1995	2000	2004	1995 ~ 2004	1995 ~ 2000	2000 ~ 2004	
上　海	89	100	100	1.2	2.2	0	—
辽　宁	38	43	49	1.2	1	1.5	加速
海　南	6	10	17	1.2	0.8	1.75	加速
广　西	2	4	13	1.2	0.4	2.25	加速
云　南	15	13	22	0.8	- 0.4	2.25	加速
贵　州	4	6	11	0.8	0.4	1.25	加速
甘　肃	15	11	20	0.6	- 0.8	2.25	加速
西　藏	0	0	0	0.0	0	0	—
重　庆		15	28	—		3.25	—

表 7　1995 ~ 2004 年工业化进程中的地区差距

指标	1995	2000	2002	2004
排名前 10 位的省市区的平均工业化综合指数	45	57	65	71
排名后 10 位的省市区的平均工业化综合指数	4	8	13	16
差距	41	49	52	55

3. 中国工业化的阶段性表征

1995 ~ 2004 年，中国工业化进程的主要表现为人均收入的持续增长，1995 ~ 2000 年，产业结构变化是另一个中国工业化进程的主要表现，2000 年以后，工业结构升级代替产业结构调整成为大部分地区工业化推进的主要表现。[①]

表 8 反映的是各个工业化指标指数对全国工业化综合指数增长的贡献度。分析该表可以发现，1995 ~ 2004 年，全国工业化综合指数累计增长了 24.6 点，其中，人均 GDP 指标指数的增长贡献作用最大，其后依次为工业结构、三次产业产值比、城市化率，而产业就业比的贡献率是负值。[②] 也就是说，10 年来中国工业化进程主要表现为人均收入的持续增长，工业结构、三次产业产值结构的不断优化，而城市

---

① 此处的工业结构升级主要是指第二产业中的制造业份额的提升，也就是我国工业结构的高加工度化发展的趋势。

② 需要说明的是，产业就业比对工业化增长的贡献率为负的主要原因是，第一次经济普查中二、三产业就业总人数比抽样调查数减少了 9048.2 万人，而第一次经济普查又未涉及第一产业，第一产业就业人口不作调整，在三次产业就业人口总人数中的占比相应提高，使大部分地区的产业就业指标均有所后退。

化进程、产业就业结构优化相对缓慢。① 东部地区工业化进程中各个指标的发展相对均衡，尤其表现为人均收入、产业产值结构和工业结构"三驾马车"齐头并进。东北地区工业化进程主要表现在人均收入增长、产业产值结构优化和城市化的不断推进，但东北地区采掘业比重过大，制造业比重较低，工业结构不尽理想，而且近年来工业企业减员增效，吸纳新增就业人口严重不足，导致产业就业指标明显下滑。中部和西部地区的工业化均表现为人均收入的增长和农业产值比重的下降，但其制造业比重的提高并不明显，城市化进程缓慢，第一产业就业人口的比重仍然较高。

表8 1995～2004年各指标对地区工业化综合指数增长的贡献度

时段/地区	指标	人均GDP（%）	产业产值比（%）	工业结构（%）	城市化率（%）	产业就业比（%）	工业化指数累计增加值（%）
1995～2004	全国	44.4	21.3	25.5	9.5	-0.7	24.6
	东部	32.9	27.4	25.0	11.0	3.6	40.0
	中部	60.2	29.6	7.3	5.7	-2.8	17.9
	西部	57.5	36.1	2.8	3.6	0.0	14.8
	东北	67.9	25.1	0.0	20.6	-13.6	14.2
1995～2000	全国	34.1	33.9	13.0	14.2	4.7	8.4
	东部	32.3	27.1	16.0	24.2	0.4	12.6
	中部	51.9	53.3	-5.3	0.0	0.0	6.9
	西部	35.4	91.2	-26.6	0.0	0.0	3.4
	东北	68.3	55.8	-24.1	0.0	0.0	6.8
2000～2004	全国	49.8	14.6	32.1	7.0	-3.6	16.1
	东部	33.2	27.6	29.2	5.0	5.0	27.4
	中部	65.5	14.6	15.2	9.3	-4.6	11.0
	西部	64.0	19.9	11.4	4.7	0.0	11.5
	东北	67.4	-3.5	22.4	39.8	-26.2	7.3

　　如果将近10年划分为1995～2000年、2000～2004年两个阶段，就会发现：1995～2000年，对全国工业化贡献最大的两个因素分别是人均GDP的增长和产业

① 从我们的计算中可以看出，在全国范围内城市化率对工业化综合指数的贡献2000～2004年以后要比1995～2000年低7个百分点，这表明，虽然从城市化率指标看1995～2000年的城市化率速度（1995年为29%，2000年为36.2%，年均增长约1.4%）与2000～2004年的城市化率速度（2000年为36.2%，2004年为41.8%，年均增长也是1.4%）大致相当，但是由于人均GDP等其他指标的增长速度更快，人口城市化的贡献份额却明显下降了。因为这里各个指标对工业化综合指数的贡献份额是一个相对指标，所以这种下降与我们一般意义上所说的近些年城市化进程不断加速，并不矛盾。实际上，我国工业化进程和城市化进程的协调发展问题是一个非常复杂的问题，有关该问题最新的具体分析可参阅我们的另一项研究（黄群慧，2006）。

产值结构的调整；而 2000～2004 年，工业结构升级取代产业结构调整成为中国工业化的主要动力之一。从四大经济板块来看，2000 年以后，各地区人均收入仍在持续增长，第二产业产值增加幅度开始减缓，而工业结构优化调整加速，城市化进程加快，成为了这一阶段各地区工业化的主要表征。可以预见在下一阶段，城市化、人口就业结构调整将成为我国地区工业化的主要动力。

五、结语

本文基于经典工业化理论，结合中国实际，构建出一套可行、可比的地区工业化综合评价体系，从经济发展水平、产业结构、工业结构、就业结构、空间结构等多方面评价我国地区工业化水平，并运用 1995 年、2000 年、2002 年国家统计数据，以及 2004 年第一次经济普查数据，对中国内地东、中、西、东北四大经济板块和 31 个省市区的工业化进程和结构特征做了一些全方位、长时段的研究。需要说明的是，本研究是依赖大量数据的实证性研究，数据资料的可获取性和可靠性，数据处理方法和工具的先进性、有效性都直接决定我们研究的质量。虽然在数据的收集过程中，研究者已经最大限度地多方求证，在数据处理过程中，也选用了多种方法对结果进行相互验证，但是，错漏仍不可避免，但作者可以确保这些瑕疵不会导致整体判断上的任何大的谬误。

参考文献：

1. 陈佳贵、黄群慧：《工业发展、国情变化与经济现代化战略——中国成为工业大国的国情分析》，《中国社会科学》，2005 年第 7 期。

2. 第三次全国工业普查办公室：《1995 年第三次全国工业普查资料汇编——地区卷》，中国统计出版社，1997。

3. 高校财经数据库 http：//www. bjinfobank. com/

4. 郭克莎：《中国工业化的进程、问题与出路》，《中国社会科学》，2004 年第 1 期。

5. 黄群慧：《中国工业化与城市化的协调发展问题分析》，《学习与探索》，2006 年第 2 期。

6. 吕政、郭克莎、张其仔：《论我国传统工业化道路的经验与教训》，《中国工业经济》，2003 年第 1 期。

7. 钱纳里等：《工业化和经济增长的比较研究》，中译本，上海三联书店、上海人民出版社，1989。

8. 世界银行在线数据库 http：//devdata. worldbank. org/dataonline

9. 魏后凯等：《中国西部工业化与软环境建设》，中国财政经济出版社，2003。

10. 西蒙·库兹涅茨：《各国的经济增长》，中译本，商务印书馆，1999。

11. 袁志刚、范剑勇：《1978 年以来中国的工业化进程及其地区差异分析》，《管理世界》，2003 年第 7 期。

12. 约翰·伊特韦尔、默里·米尔盖特、彼得·纽曼：《新帕尔格雷夫大词典》，中译本，经济科学出版社，1996。

13. 约翰·科迪等：《发展中国家的工业发展政策》，中译本，经济科学出版社，1990。

14. 中国国家统计局：《中国统计年鉴》，（2005、2003、2001、1996），中国统计出版社。

15. 中国国家统计局：《中国工业统计年鉴》，（2004、2003、2001），中国统计出版社。

16. 中国经济统计数据查询与辅助决策系统 http：／／data. cei. gov. cn

17. Basile，R，et al. ，2001，Regional Inequalities and Cohesion Policies in the European Union. ISAE Rome.

原载《经济研究》，2006 年第 6 期

新条件下的中国工业化

周叔莲

党的十六大提出中国要走新型工业化道路。这是决定我国工业化现代化前途和国家命运的重要决策，也是社会主义建设理论的重大创新。走出这条道路是很艰巨的，有许多问题需要研究解决。我在《走新型工业化道路》（载《理论视野》2003年第 2 期）一文曾就有关的几个问题发表自己的意见，现在再就什么是工业化道路、为什么要走新型工业化道路、如何走好这条道路等问题进一步谈些看法。

一、重新认识什么是工业化

从世界范围看，可以说工业化从 18 世纪就开始了，但是工业化这个名词大约在 20 世纪 20 年代才出现。对于什么是工业化，过去和现在有过许许多多回答，存在着激烈的争论。由于工业化表现在经济、社会、政治、文化的各个方面，因此要下一个大家都同意的定义是不容易的。我在这里也不是想给工业化下定义，而是要指出：对于工业化要有正确、全面的理解，切忌有片面性，如果认识上有片面性，就会在实践中导致严重的后果，使工业化付出太多的代价，走过多的弯路，甚至失败。斯大林的工业化理论就是一个例证，尽管斯大林的理论有正确的方面，但由于片面性，在使苏联工业化取得巨大成就的同时，也使它最终失去活力，在与发达资本主义国家竞争中处于劣势，成为苏联解体的一个重要原因。吸取历史教训，我们一定要正确、全面地理解工业化，这样才能走出一条适合我国国情和国内外形势、能够保证我国顺利完成工业化任务的新型工业化道路。

在什么是工业化问题上我们有过许多片面认识，有些认识现在仍在发挥作用。如果这些片面认识得不到纠正，就难以走出新型工业化的道路。主要的认识问题有以下几个：一是把工业化和发展工业等同起来，认为实现工业化就是发展工业。这种认识来自斯大林，斯大林认为工业总产值达到工农业总产值的 70% 或 70% 以上就实现了工业化。工业化当然要发展工业，但是不能把工业化和发展工业等同起来。把工业化看成就是发展工业，就会导致重视工业，轻视农业，用损害农业的办法发展工业；就会导致重视城市，轻视农村，造成城乡差距扩大，城乡二元经济结构矛盾加剧。二是把工业化道路只看成是农轻重的关系问题。为了纠正斯大林片面优先发展重工业的错误，毛泽东提出重工业、轻工业、农业的关系是工业化道路问题，认为我国经济建设在以重工业为中心的同时，必须充分注意农业和轻工业。这是工业化理论上的一个重大进步，但人们据此认为工业化道路问题就是农轻重关系问题，则又成为一种片面性。它的一个严重后果就是忽视服务业。现在大家越来越认识到服务业的重要性，而我国国民经济中服务业是明显偏低的。2001 年我国服务业产出占 GDP 的比重为 34%，就业占社会就业总数的比重为 28%。与世界上收入水平基本相同的下中等收入国家的平均水平相比，我国服务业增加值比重要低 19个百分点，在这类国家中名列倒数第二，就业比重要低 20 个百分点，名列倒数第一。我国服务业不发达原因当然很多，但认识片面是重要原因之一。三是把工业化看成就是或主要是发展大工业。苏联《政治经济学教科书》中说："社会主义工业化就是发展大工业。"这是这种说法的一个来源。工业革命以后，由于大工业的发展，很长一段时期内是大生产排斥小生产，有人甚至认为小生产会被大生产消灭。但后来的历史表明，工业化过程中大生产不可能消灭中小企业。无论是资本主义国家还是社会主义国家，现在都出现了企业规模两极化的发展趋势。而如果把工业化看成就是或主要是发展大工业，就会重视大企业，忽视中小企业，造成企业组织结构和产业组织不合理，影响工业化的顺利发展。四是把社会主义工业化和资本主义工业化完全对立起来。斯大林把优先发展重工业说成是社会主义工业化道路，把优先发展轻工业说成是资本主义道路，就是这种片面认识的表现。社会主义工业化和资本主义工业化是有区别的，我们不能否认这种区别。同时也要看到，现存的社会主义国家原来经济都比较落后，都面临着工业化的任务，因此社会主义工业化和资本主义工业化也必然具有共同点，我们绝不能否认这些共同点。例如，在产业结构演变、工业技术进步、市场机制作用、企业组织和企业管理等方面，社会主义工业化和资本主义工业化都有共同的规律性。如果把社会主义工业化和资本主义工业化完全对立起来，就会否认工业化的一般规律，拒绝研究和吸取资本主义国家工业化的经验教训，特别是会忽视发展市场机制的作用，忽视完善社会主义市场体制和转变政府职能等工作。

对工业化片面理解导致的最严重的后果是难以走出城乡二元经济结构，甚至使这种二元结构的矛盾加剧。所谓城乡二元经济结构是指城市现代工业和农村传统农业两种经济并存，这是工业化过程中必然会出现的现象，也只有通过工业化才能走出二元经济结构，建立现代经济结构。因此解决城乡二元结构矛盾应该成为我国工业化和现代化的主线。目前我国城乡二元结构相当突出，国民经济中存在的一系列重大问题都和二元结构有关，如"三农"问题突出，城乡差距扩大，城市化滞后，农村劳动力转移滞缓，要素配置不合理，农民不能完全享受与市民同等的国民待遇，等等。为了解决城乡二元结构的矛盾，走出二元结构的困境，必须正确全面理解工业化，克服这个问题上的片面性。

工业化的英文表达是 Industrialization，它也可以翻译成产业化，也许翻译成产业化更确切，因为工业只是产业之一，农业、服务业也都是产业。现在通常把产业分为第一次产业、第二次产业、第三次产业，它们在工业化过程中都会发生重大的变化。有人认为应该从经济发展、社会变革、文明进化三个层面研究工业化。从经济发展层面认识工业化，可以看到工业化既是一个经济增长的持续动态变化过程，也是一个产业结构变革的过程，还是一个经济制度和经济体制变革的过程。从社会变革层面认识工业化，可以看到工业化过程同时也是一个社会变革和社会进步的过程，工业化过程中经济和社会是一种互动的关系，脱离了对社会环境和社会条件的分析，也不可能真正认识工业化。从文明进化层面认识工业化，可以看到工业文明是一种不同于农业文明的新文明，强调理性、鼓励创新、重视科学、发扬民主是工业文明的特征，但工业文明也会带来浪费资源、污染环境、破坏人和自然的和谐、人的异化等问题。我赞同这种意见。

由于工业化包含如此复杂丰富的内容，全面正确地认识工业化既非常必要，也很不容易。党的十六届三中全会提出，要"坚持以人为本，树立全面协调可持续的发展观"，并提出"统筹城乡发展、统筹区域发展、统筹经济社会发展、统筹人与自然的和谐发展、统筹国内发展和对外开放"的"五个统筹思想"，为我们重新认识工业化和正确处理工业化过程中的问题提供了重要的指导思想。我们要认真学习科学的发展观，深化对工业化问题的认识，为走出新型工业化道路奠定思想基础。

二、中国工业化面临哪些新条件

中国为什么要走新型工业化道路，有些学者主要是从实现全面小康社会这个角度进行分析说明的，这样做当然是必要的。党的十六大就是从全面建设小康社会的要求提出走新型工业化道路的。问题在于，为什么中国不能继续走原来的工业化道路呢？新型工业化道路有些什么特点呢？如何实现新型工业化道路的要求呢？为了弄清楚这些问题，就必须研究中国工业化面临哪些新条件。

中国是在 21 世纪初明确提出要走新型工业化道路的，这是因为 20 世纪最后几十年间国内外都出现了许多新情况，这些新情况使得中国不能继续走原来的工业化道路，为了完成工业化的任务，必须走出一条新路子。这些新情况就是决定中国必须走新型工业化道路的新条件。它们主要是：

1. 信息社会的来临和挑战

20 世纪 70 年代中后期以来，世界进入了以信息技术为中心的高新技术蓬勃发展时期。当时丹尼斯·贝尔写了一本名为《后工业社会的来临》的书。后工业社会究竟是什么社会，托夫勒和奈斯比特等称之为信息社会、信息经济，1972 年克林顿采用了"知识经济"的概念。1998 年江泽民同志在北京大学建校 100 周年大会上的讲演中说:"当今世界,科学技术突飞猛进,知识经济已见端倪。"他们说的知识经济我体会主要就是信息经济,许多学者认为 21 世纪世界将进入信息社会。这对中国是一个巨大的挑战,因为中国工业化的任务尚未完成,还要继续工业化。中国如何处理好工业化和信息化的关系呢?这是一个极大的难题。

从世界经济发展来看,信息化是在工业化的基础上发展起来的。在世界上,信息应该说早就出现了,如印刷、报纸、通信、电报等,都是信息,但国民经济和社会的信息化确实是近几十年的事情,这是在发达国家电子工业、机械工业、材料工业、化学工业等传统工业的基础上发展起来的。历史的轨迹是:工业高度发展了,随之,世界由工业时代转入信息时代。而随着信息社会的来临和挑战,中国既要工业化,又要信息化。这是中国新型工业化道路要解决的首要问题。

2. 中国经济融入经济全球化的过程加速,竞争加剧

党的十一届三中全会以后中国实行改革开放,在深化改革的同时扩大开放。扩大开放是一个渐进的过程,但加入 WTO 以后,开放的过程加快了,中国经济进一步融入了世界经济全球化的潮流。这既是一种机遇,可以更加充分地利用国内外两种资源、两个市场,克服资源、资金、技术、管理等方面的制约,加快工业化和国民经济的发展,同时也是一种挑战,考验中国的国际竞争力。中国制造业总体规模已经达到了世界第四位,已经成了世界第三贸易大国,但在国际分工中仍处于低端地位。在越来越多的"中国制造"商品进入海外市场的同时,越来越多的倾销诉讼、技术壁垒、专利要挟接踵而来。中国输出的许多商品主要是靠低廉的劳动成本支撑的,赚钱很少。例如,据 2005 年 3 月 9 日《中国经济时报》报道,美国市场上销售的一种儿童玩具,商场零售价是 100 美元,这种玩具的设计商和经销商都是美国公司,生产商是中国企业。美国公司设计后将订单下给一家香港贸易公司,每件价格为 50 美元。香港贸易公司转手将订单交给中国一家外贸公司,每件价格为22 美元,这家外贸公司再向国内两家加工厂订货,每件价格 15 美元,其中人工原材料等成本费为 12 美元。美国公司收到玩具后以每件 82 美元的价格卖给商场。每件玩具总算起来,中国生产企业的毛利润是 3 美元,中国外贸公司的毛利润是 7 美元,香港贸易公司的毛利润是 28 美元,美国公司的毛利润是 32 美元。中国在国际分工中处于劣势的情况必须设法改变,为此,要努力从多方面提高中国产业和企业的国际竞争力。

3. 资源约束

资源约束加剧也是中国工业化面临的新情况。从总量上看,中国土地辽阔,许多资源基础储量都比较丰富。但如果按人均占有量计算,中国大多数资源都低于世界平均水平。中国人口约占世界总人口的 21%,国土面积约占世界 7.1%,耕地占

世界 7.1%，草地占世界 9.3%，水资源占世界 7%，森林面积占世界 3.3%，石油占 2.3%，天然气占 1.2%，煤炭占 11%。问题在于我们是在发达国家已占用大量资源后开始实现工业化的。占现今世界人口不到 15% 的发达国家，是靠消耗全球 60% 的能源、50% 的矿产资源实现工业化和现代化的。问题还在于我国资源利用率低，浪费严重。我国目前能源利用效率为 30% 左右，比发达国家低近 10 个百分点，我国主要用能产品的单位产品能耗比发达国家高 25%～90%。加上现在我国经济的基数高了，GDP 每增加 1 个百分点消耗的能源原材料要比过去增加很多。2003 年中国消耗了全球 31%、30%、27%、40% 的原煤、铁矿石、钢材、水泥，创造出的 GDP 不足全球的 4%。有人计算，如果继续走传统工业化道路，从 2000～2020 年，中国 GDP 翻两番，一次能源消耗将从 13 亿吨标准煤至少增加到 52 亿吨标准煤，中国现有资源根本难以承受。因此，从资源看，传统的高投入、高消耗、高成本、低产出的工业化道路已走到尽头了。

4. 环境约束

中国环境污染问题也日益严重。由于走传统工业化道路，废水、废气、固体废物的排放居高不下，甚至逐年增加。据 2005 年 4 月 15 日《中华工商时报》报道，2003 年，全国废水排放总量为 460 亿吨，比上年增加 4.7%。全国废气中二氧化碳排放量 2158.7 万吨，比上年增加 12%；烟尘排放量 1048.7 万吨，比上年增加 3.6%。全国工业固体废物产出量 10 亿吨，比上年增加 6.2%。中国是世界上人均水资源少的贫水国之一，人均水资源仅相当于世界人均数的 1/4。全国 669 座城市中有 400 多座供水不足，110 座严重缺水。一方面缺水，一方面浪费水的现象严重。我国 GDP 仅为美国的 1/8，但用水总量与美国相当，工业万元产值用水量平均为 241 立方米，是发达国家的 5～10 倍。更令人担忧的是江河污染日趋严重。全国七大水系中，松花江、辽河、淮河、海河、黄河已有 50%～80% 的水体降至国家标准的最差级，全国 75% 的湖泊出现了不同程度的富营养化。近日报载：淮河水污染造成的危害令人触目惊心，沿岸许多村庄癌症发病率奇高，一个村在一年因癌症死亡人数高达 100 多人，甚至连许多刚出生的婴儿都得了癌症。环境污染已威胁到人的生存，怎么能再走传统工业化道路呢？

5. 就业压力

我国人口多，适龄劳动人口持续增长，就业问题将长期存在。过去也有就业问题，为什么这里把就业压力作为中国工业化面临的一个新条件呢？首先是由于这个问题比较突出。目前每年的城镇新生劳动力加上现有的下岗失业人员，每年城镇需要就业的劳动力达到 2400 万人。农村还有 1.5 亿多富余劳动力要向城镇转移，另外还有新增的农村劳动力需要转移。按经济增长速度保持在 8%～9% 计算，在现有就业弹性条件下，城镇每年新增加的就业岗位最多 900 万个左右。因此就业形势是严峻的。许多发达资本主义国家在工业化过程中农村劳动力向城市转移的问题就解决了，我们现在已是工业化中期，农村劳动力向城市转移的问题基本上还未解决。改革前中国工业化基本上没有重视农民向城市转移的问题，改革后这种转移也受到种种限制，近几年明确和强调城乡劳动力流动的问题，强调要加快城镇化、加快发展第三产业吸纳多余农民，加上农村隐性失业变为显性失业。这些也加剧了就业压力。在工业化过程中，随着技术进步和社会分工发展深化，和扩大就业既有一致的方面，也有矛盾的方面。产业结构调整带来的结构性失业，传统工业化道路导致的资本有机构成过快提高以及深化国有企业改革导致的下岗工人增加，也增加了就业问题的难度。因此，解决就业问题也要求在工业化道路问题上进行创新。《中共中央关于构建社会主义和谐社会若干重大问题的决定》中提出，"把扩大就业作为经济社会发展和调整经济结构的重要目标"，"实施积极的就业政策，发展和谐劳动关系"是完全正确的。

6. 社会矛盾增加

20 世纪 90 年代后期以来，我国社会矛盾有增加的趋势。主要表现在：一是城乡收入差距扩大。2004 年初中国社会科学院经济研究一份报告显示，近年来中国城乡收入差距在不断扩大，如果把医疗、教育、失业保障等非货币因素考虑进去，中国城乡收入差距世界最高。报告指出，2001 年城镇居民的人均收入几乎是农村居民的 3 倍，2002 年全国基尼系数相对于 1995 年上升大约 2 个百分点。报告还指出，城镇居民的可支配收入没有涵盖城市居民所享受的各种实物补贴。二是城镇居民收入差距扩大。根据 2004 年全国 5 万户城镇住户抽样调查，上半年最高收入 10% 的收入组人均收入 13322 元，比上年同期增加 16.7%，是全国平均水平的 2.8 倍，而最低 10% 收入组人均可支配收入 1397 元，比上年同期增长 11.6%，是全国平均水平的 29%。高低收入组人均收入之比为 9.5:1，比上年同期 9.1:1 有所扩大。三是区域之间的收入差距也在扩大。2004 年上半年人均收入最高的五省市人均收入为 7453 元，比上年同期增加 12.4%，最低的五省市人均收入为 3661 元，比上年同期增加 10.9%。四是按照联合国每人每天收入或消费不低于 1 美元的国际贫困标准测算，中国还有贫困人口 1 亿人。2003 年农村贫困人口不仅没有减少，还增加了 80 万人。五是农民失地已成为社会问题。目前全国有约 4000 万失地农民，其中"务农无地、上班无岗、低保无份"的失地农民已成为一个需要特别关注的社会群体。六是贪污腐败现象仍需继续采取有效措施予以遏制和根除。

为什么会出现社会矛盾增加的现象？有人认为是由于人均 GDP 达到 1000 美元时是易于动荡的风险时期，有人强调是由于改革滞后尤其是政治体制改革滞后，有人认为这和市场经济的消极作用有关，有人认为是由于某些战略和政策错误造成的。还有其他说法，这个问题可以进一步研究。但无论如何，新型工业化道路必须针对这些社会矛盾，有利于解决这些社会矛盾。我们必须"切实把构建社会主义和谐社会作为贯穿中国特色社会主义事业全过程的长期历史任务"，当前尤其要"保持清醒头脑，居安思危，深刻认识我国发展的阶段性特征"，积极主动地正视和化解矛盾。

三、探索新条件下的中国工业化道路

工业化是一个历史范畴，各个国家以及一个国家在各个时期的工业化道路都会有所不同。正确的工业化道路首先要符合本国的基本国情，其次要符合当时发展阶段的特点，第三要体现时代特点，符合世界发展的趋势。这一点，在经济全球化愈益发展的今天尤为重要。因此，所谓中国新型工业化道路，就是在当前历史条件下体现时代特点，符合我国国情的工业化道路。

党的十六大提出来的新型工业化道路，就是从中国国情出发，根据世界经济科技发展新趋势和我国经济发展新阶段的要求提出来的。新型工业化的总的要求是：科技含量高、经济效益好、资源消耗低、环境污染少、人力资源优势得到充分发挥。在21世纪头20年基本实现工业化，完成全面建设小康社会的目标。

工业化道路包括广泛的内容，根据党的十六大报告和长期探索取得的共识，我认为新型工业化道路的主要内容有：

1. 以信息化带动工业化，以工业化促进信息化。优先发展信息产业，在经济和社会领域广泛应用信息技术。

2. 推进产业结构优化升级，形成以高新技术产业为先导、基础产业和制造业为支撑、服务业全面发展的产业格局。积极发展对经济增长有突破性重大带动作用的高新技术产业。用高新技术和先进适用技术改造传统产业，大力振兴装备制造业，加快发展现代服务业，提高第三产业在国民经济中的比重。

3. 加快转变经济增长方式，实施科教兴国战略。发挥科学技术作为第一生产力的重要作用，依靠科技进步和提高劳动者素质，提高经济增长质量和效益。

4. 全面繁荣农村经济，加快城镇化进程。统筹城乡经济社会发展，建设现代农业，发展农村经济，增加农民收入。逐步提高城镇化水平，坚持大中小城市和小城镇协调发展。引导农村劳动力合理有序流动。为此，第十届全国人民代表大会第四次会议在批准的《国民经济和社会发展第十一个五年规划纲要》中提出了"建设社会主义新农村"的具体任务。

5. 逐步缩小东西部地区差距，加强东、中、西部经济交流和合作，优势互补、共同发展，促进区域经济协调发展。

6. 坚持"引进来"和"走出去"相结合，全面提高对外开放水平，充分利用国际国内两个市场，优化资源配置。

7. 坚持和完善基本经济制度，健全现代化市场体系和现代企业制度。深化分配制度改革，健全社会保障体系。加快政府职能转变，加强和改善宏观调控。

8. 千方百计扩大就业，充分发挥我国人力资源优势。正确处理发展新技术产业和传统产业、资源密集型产业和劳动密集型产业、虚拟经济和实体经济的关系。

9. 保障职工权利，增加职工收入，改善和提高职工的生活质量。

10. 把可持续发展放在十分突出的地位，坚持计划生育、保护环境和保护资源的基本国策。稳定生育水平。合理开发和节约各种自然资源。树立全民环保意识，搞好生态保护和建设。实施可持续发展战略。

党的十六大报告明确把正确处理工业化和信息化的关系、推进产业结构优化升级、实施科教兴国战略和可持续发展战略作为中国新型工业化道路的内容，是完全正确的。我把繁荣农村经济、区域经济协调发展、深化经济体制改革、提高对外开放水平等作为新型工业化道路的内容，也是符合党的十六大报告精神、符合工业化道路内涵的要求的。因为，中国工业化必然会遇到农业经济、区域经济、劳动就业、居民收入等重大问题，而且必须妥善解决这些问题。实现新型工业化道路必须有体制保障，从而要求深化改革，扩大开放，转变政府职能，完善宏观调控。所以，我把以上这些方面的要求都作为新型工业化道路的内容。我认为这样做也是必要和正确的。

党的十六大规划的中国新型工业化道路，是长期实践、探索、研究、总结的结晶。新中国开始工业化是以俄为师，在斯大林工业化理论指导下进行的。但是不久就发现了斯大林理论的片面性，毛泽东1956年写的《论十大关系》，论述了重工业和轻工业、农业的关系，指出"重工业是我国建设的重点，必须优先发展生产资料的生产，这是已经定了的。但是绝不可以因此忽视生活资料尤其是粮食的生产"。1957年又在《关于正确处理人民内部矛盾的问题》中论述了"中国工业化的道路"问题。他努力探索中国工业化的正确道路，尽管未能根本实现斯大林理论的框架，以后发动"大跃进"、"人民公社"运动还发展了斯大林的某些错误。但他毕竟曾从理论上揭示了苏联工业化道路存在问题，纠正了斯大林的某些错误。"文化大革命"结束以后，1979年开始集中几年时间对国民经济实行调整、改革、整顿、提高的方针，通过讨论，才比较清楚地认识到斯大林把优先发展重工业说成是社会主义工业化道路、把优先发展轻工业说成是资本主义工业化道路是错误的，认识到不能把优先发展轻工业和社会主义工业化对立起来，社会主义国家有些时期（如国民经济调整时期）也应该和可以优先发展轻工业。这样才彻底清理了斯大林在这个问题上的错误。

我国工业化过程中在工业发展速度上长期存在着"速胜论"和"持久战"的争论。"速胜论"主要表现在忽视经济效益、盲目追求速度等方面，如把重视利润看成是修正主义，搞"大跃进"运动，曾给国民经济带来严重的损害，因而是错误的。1982 年党的十二大提出"在不断提高经济效益的前提下"翻两番的战略目标，强调提高经济效益是前提，就是要纠正忽视经济效益的错误。20 世纪 60 年代我们曾提出要在世纪末实现"四个现代化"，这个目标实际上达不到。1979 年邓小平提出"中国式的四个现代化"。他说："我们开了大口，本世纪末实现四个现代化，后来改了个口，叫中国式的现代化，就是把标准放低一点。"这当然不是说中国现代化只能是低标准的，而是说工业化现代化的路要一步一步走，不能把速度定得过高。党的十三大接受了邓小平分三步实现现代化的发展战略。这些都是对工业化问题上"速胜论"错误的纠正和批评。

1995 年党的十四届五中全会提出"要下大力量切实转变经济增长方式"，这是探索中国正确工业化道路的又一个里程碑。全会指出：要"积极推进经济增长方式转变，把提高经济效益作为经济工作的中心。实现经济增长方式从粗放型向集约型的转变，要靠经济体制改革，形成有利于节约资源、降低消耗、增加效益的企业经营机制，有利于自主创新的技术进步机制，有利于市场公平竞争和资源优化配置的经济运行机制。向结构优化要效益，向规模经济要效益，向科技进步要效益，向科学管理要效益"。转变经济增长方式是新型工业化道路的重要内容，全会提出的以上要求已成为新型工业化道路的重要组成部分。

20 世纪末经济界和理论界对于中国如何处理工业化和信息化的关系曾有激烈的争论。一种意见认为在工业化以前不能搞信息化，或者认为不能太强调信息化。一种意见认为可以越过工业化时期进入信息化时期，就是不要完成工业化，当即实现信息化。这是面临世界开始进入信息社会中国如何实现工业化的最重要的问题，应该怎样解决这个问题呢？2000 年党的十五届四中全会正确指出："继续完成工业化是我国现代化进程中的艰巨的历史性任务。大力推进国民经济和社会信息化，是覆盖现代化建设全局的战略举措。以信息化带动工业化，发挥后发优势，实现社会生产力的跨越式发展。"党的十六大报告中提出："坚持以信息化带动工业化，以工业化促进信息化"，使这个问题有了更加全面科学的答案，成为新型工业化道路的最重要的内容。

党的十六大概括的新型工业化道路是在对理论和经验不断反思、研究、总结的基础上形成的，是有牢靠的实践依据和科学依据的。党的十六大以后新型工业化道路又有了新的发展，主要是党的十六届三中全会提出了科学发展观和五个统筹的思想。这就是"坚持以人为本，树立全面、协调、可持续的发展观，促进经济社会和人的全面发展"，"统筹城乡发展、统筹区域发展、统筹经济社会发展、统筹人和自然的和谐发展、统筹国内发展和对外开放"。党的十六届四中全会又提出了构建社会主义和谐社会的要求。社会主义和谐社会是一个很重要的新概念，使我国社会主义现代化建设的总体布局，由发展社会主义市场经济、社会主义民主政治和社会主义先进文化这样的三位一体，扩展为包括社会主义和谐社会在内的四位一体。提出"科学发展观"、"五个统筹"、"民主政治"、"先进文化"、"和谐社会"都是为了使我国社会主义工业化能够持续健康、顺利进行，从而为落实新型工业化道路和不断解决工业化过程中出现的新问题提供了指导思想。

从以上简单回顾中就可以体会到，探索中国工业化道路是一个十分艰苦的过程。从中可以总结很多经验，主要经验有：（1）坚持邓小平同志倡导的解放思想、实事求是的思想路线，用实践来检验工业化理论。（2）对工业化有全面的认识，不能仅仅就工业发展研究工业化，而要从整个国民经济着眼研究工业化，尤其要重视工业与农业、第三产业的关系，重视工业化和市场化、法制化、全球化的关系，重视工业化中出现的社会问题。（3）认真研究中国的国情，不断总结反思工业化的经验教训，研究新情况，解决新问题，与时俱进。（4）认真研究国外尤其是发达国家工业化的经验教训，研究世界经济科技的历史、现状和发展趋势。（5）允许不同意见，开展百家争鸣，不断探索工业化的规律，按客观经济规律办事。我认为，中国共产党和全中国人民正是这样做了，才找到适合本国国情，体现时代特点的新型工业化道路。当然，这条道路特别是其中有些内容还需要由实践来检验，要在实践中继续不断完善、充实和发展。

事实上，我国理论界在工业化道路问题上仍有许多争论。例如，我们工业化当前是否进入了重化工阶段？有人认为已经进入，而且这是必然的，有人则认为中国工业化不应该经过重化工阶段，从世界范围看工业化也没有所谓的重化工阶段。我认为，像中国这样的大国，工业化过程中难免要经历一个重化工阶段，不过重化工部门也应努力转变经济增长方式，同时要使重化工部门和其他部门协调发展。再如，我国工业化和城市化如何协调发展？有人认为应该优先发展大城市，有人认为应该优先发展小城镇，还有人主张应该优先发展中等规模城市。我认为，如何处理大、中、小城市的发展问题应该遵循因地制宜、因时制宜的原则，城市化应该有利于而不应该有损于建设社会主义新农村。再如，如何处理劳动密集型产业和资本技术密集型产业的关系？有人强调大力发展劳动密集型产业的必要性和重要性，有人则强调产业结构升级，主张更多重视发展资本技术密集型产业。看来，为了扩大就业和充分发挥我国劳动力多的比较优势，大力发展劳动密集型产业是很必要的。同时也要重视发展资本技术密集型产业，这样才能增强竞争优势。而且，劳动密集型产业、资本密集型产业、技术密集型产业都有一个转变经济增长方式问题。又如，怎样认识循环经济的地位和作用？有人认为发展循环经济的首要目标是提高资源利用率，有人则认为循环经济主要是一种全新的污染治理模式。我认为，提高资源利用率和防治污染都是发展循环经济的重要目标，当前的问题是如何创造条件，加快发展循环经济的进程。又如应该建立什么样的消费模式？有人强调高消费，一味鼓吹消费，有人则认为目前存在的过度消费、愚昧消费、非理性消费都不利于节约资源、保护环境，也不利于人的身心健康和全面发展，是不可持续的。我认为，消费不仅要和生产相适应，而且要和自然界可以提供的资源、和保护环境的要求、和人的身心健康的要求相适应。片面地盲目地强调高消费，不仅地球承受不了，也不利于社会主义和谐社会的建设。当前亟待加强对我国消费模式问题的研究。以上这些问题不仅涉及对新型工业化道路的认识，而且还涉及对新型工业化道路的贯彻和落实。实践新型工业化道路的过程中必然还会出现其他许多问题，开展这些问题的讨论是必要和有益的。

　　本文初稿载《理论前沿》，2005 年第 16 期，2006 年作者作了较大修改，这是修改后的定稿

学习陈翰笙同志关于中国工业化理论的体会

周叔莲

　　陈翰笙同志是中国运用马克思主义研究社会科学的奠基人之一。他的研究领域涉及社会学、经济学、历史学、政治学和国际关系等学科。他在这些领域都有卓越的建树，对中国的革命和马克思主义理论建设做出了巨大的贡献。

　　在经济学方面，陈翰笙是中国马克思主义农村经济理论的开创者和拓展者。他研究中国工业化道路问题同样有很深的造诣，提出的理论观点至今都有重要的指导意义。最近我学习了陈翰笙有关中国工业化的一部分论文和资料，受到极大的启发，下面谈谈我的体会。

　　实现现代化是一百多年来中国志士仁人追求的目标，而实现现代化则必须实现工业化。中国实现工业化是一个极大的难题。从现有资料看，陈翰笙在 20 世纪 40 年代就系统地提出了中国实现工业化的理论，而以后半个多世纪的实践证明他的理论是正确的，有远见的。陈翰笙的中国工业化理论集中体现在他 1944 年的《如何走上工业化的正轨》一文中，也散见于他的其他一些著作和言谈中，我认为可以把他的工业化理论概括为以下几个方面。

1. 关于工业化的必要性

　　中国要不要工业化问题是长期有争论的，20 世纪二三十年代争论尤其激烈，曾经有不少人主张应该"以农立国"，或者认为中国不可能实现工业化，因而不赞成中国实现工业化。不解决这个问题，就谈不上如何工业化的问题。陈翰笙坚决主张中国必须工业化。他说："从手工业生产占优势的社会转变到机器制造占优势的社会，就是现代工业化的过程。这种历史演变道路为工业化。经济最先进的国家，没有不是已经工业化的，因为不工业化就不能有大量的生产和便宜的享受。在英、美是如此，德、日也是如此，苏联更是如此。"他还说：虽然当时中国还远未工业化，但是，"历史是前进的，中国的社会迟早要工业化的"。他的预见和主张是完全科学的。

2. 工业化的条件

　　实现工业化是需要条件的。有的国家工业化成功，有的国家工业化不成功，这里就有个条件问题。这个道理现在我们都很清楚，但陈翰笙研究中国工业化问题时许多人还不懂得。因此他强调："工业化绝不是一种主观愿望而必须具备一定的背景"；"工业化也必须要有工业化的条件，无适当的条件便谈不上工业化"。他曾分析半封建半殖民地不可能实现工业化，"殖民地根本谈不上工业化"，"尚未收复的沦陷区更是谈不上工业化"。并指出：当时"中国最严重的困难，工业本身所遭遇的种种阻碍，工业所以不能走上正轨，根本是环境不顺利的缘故"。要"达到工业化的目的，不能不创造一个相当顺利的环境"。

3. 关于工业化的程序

陈翰笙在《如何走上工业化的正轨》一文中提出了工业化的程序问题。他说："按历史的观点讲，工业化有它的一定的程序，绝不能违背基本演变的原则。"在文章中他讲到：国内讲工业化的人还有一个通病，他们以为创办工厂便可以达到工业化的目的，而不知道工厂工业还需要和各种手工业配合起来，方能向前发展。还说："整个工业化的政策绝不能忽视历史的继承性，不能忽视工业的社会性，也就不能忽视那些辅助工厂的手工业。"可见他讲工业化程序包含着重视手工业的内容。不过我认为这里还有毛泽东同志说的"中国工业化的道路问题"，即如何"处理重工业、轻工业和农业发展关系问题"。据薛宝鼎同志回忆，陈翰笙1947年冬在纽约的一次谈话中曾说：我们建设祖国，建设工厂的目的就是要使人民共同富裕，能够广泛享受工业产品，实现了这个目标才能叫做工业化，这也是为我国的经济发展史所证明了的。1948年1月陈翰笙在纽约留学科技人员组织的"建社"成立会上讲了"中国工业化的途径"，指出新中国应该走自己的工业化道路，建设程序大致应该按照农业、轻工业、重工业的次序走。

4. 工业和农业的关系

中国是一个农业大国，处理好工业和农业的关系，是工业化的一个关键问题。陈翰笙说："西欧和美国工业化的历史指示我们工业的发达需要拿农业来配合。一方面食粮和许多原料是出于农产品另一方面工业品的市场大部分要靠从事农业生产的民众"。他还说："英国的工业是靠海外的农业而兴起的。美国和德国的工业是靠他们国内的农业建立起来的。中国的民族工业的基础必然也要靠农业生产的改进。"这里实际上已经提出了农业是中国工业化基础的观点。

5. 关于工业化的资金筹集

中国工业化的资金来源问题也是一个长期争论的难题，而陈翰笙1947年、1948年在纽约时就提出了正确的意见。他在一次讲话中说：中国人口众多，经过土地改革的农村消失了封建剥削形成的贫穷，这就会形成世界少有的、具有极大的潜在消费能力的广大国内市场。这正是回笼货币，从商品流通中交换轻工业产品和农产品以积累资金的广阔场所。即使新中国成立后不免受帝国主义的敌视、包围和封锁而必须优先发展重工业，也不能忘记社会建设资金积累主要应依靠发展国内的工农业生产，搞好城乡之间的商品流通，使国民经济按照客观规律有计划地运行，他还认为，只要有了民主、进步的政府，一旦国际条件有利时，也可以通过友好合作争取侨资外资援助和借一些有利的外债。据薛宝鼎同志回忆，陈翰笙还说过：中国工业化的资金，一不能搞资本主义的残酷掠夺的"资本原始积累"，二不能靠帝国主义搞"马歇尔计划"式的恩赐与往往受制于人的外援，三不能靠出卖领土与主权、丧失国格以致回到殖民地地位上去。

6. 关于工业化和教育的关系

实现工业化需要大批经营管理人才和科学技术人才，这个问题如何解决呢？陈翰笙认为要靠教育。他说："现代工业所需要的技术会计和经理人才，都要靠一个革新的教育制度，来训练和陶育。""有堂皇的产屋而无善于经营，长于技术会计的人才，工厂组织终究要塌台的。"他强调这种教育应该是"工业化的教育"、"科学化的教育"，尖锐批评当时的教育是"反科学的"。他指出，工业化教育的立场，即是现代文明的根本的立场，在于义务和权利的分明，在于对一切大小工业有彻底认真的观念，在于尊重事实而不贪虚名。这个立场完全和旧时科举功名的教育是相反的。因为旧教育的精神，是过分注重形式，崇拜名位讲究身份，处处带着宗法思想，而不追究或尊重个人的责任和工作。他说：旧教育的反科学的教育精神，即是反工业化。这种教育如不革新，就没有希望走上真正工业化的坦途，有可用的机器而无可用的人才，近代工业是不会生出来的。

7. 关于工业的所有制结构和经营方式

大家知道苏联工业化在 20 世纪 30 年代就取得了巨大的成绩，而苏联工业化是以国营工业为中心实现的。对此中国人有的完全反对，有的完全赞成，也有人主张中国工业化应当照抄照搬苏联的经验。陈翰笙则以科学的态度对待苏联工业的所有制结构和经营方式问题。早在 1944 年写的《如何走上工业化的正轨》中他就指出："有人以为苏联的国营工业曾经领导民营工业的发展，所以我们也得以建设国营工业为中心，甚至以为不妨漠视民营工业。这个毛病就出在肤浅的模仿。岂知道国营工业要有国营工业的客观条件和真正能力，而国营和民营还需要适当的配合，在忘记人家国营工业的所以然，和忘记国营民营应有适当配合的时候，就不免要蹈衙署经营的辐辕，而竟忽视一切民营工业，以致国营工业本身站立不住，而民营工业也会愈加遭殃。结果所谓国营者将变质而为私营，而真正民营者不免有大批倒闭之虑。如此所谓工业化者必然要碰壁，而产业反而要走上倒退的道路。"似乎那时他已洞察了所有现实社会主义国家由于错误处理所有制结构和经营方式将导致的困境，并指明了中国在长时期内正确处理所有制结构和经营方式应该遵循的正确原则。他的聪明睿智和远见卓识令人惊奇！

8. 关于学习外国经验

中国为后进国家，当然要向先进国家学习工业化的经验，陈翰笙也是主张向外国学习的，例如他明确说，西欧和美国工业化的历史启示我们"工业的发展要拿农业来配合"。但诚如毛泽东同志所指出的：学习有两种态度。一种是教条主义态度，不管我国情况，适用的和不适用的，一起搬来，这种态度不好。另一种态度，学习的时候用脑筋想一下，学那些和我国情况相适合的东西，即吸取对我们有益的经验，我们需要的是这样一种态度。陈翰笙主张后一种态度，他说："工业化政策绝不可一味模仿外国的皮毛，而必须根据国外历史的教训和人家实际的经验，且适应国内各地产业发展的程度而确定。"可以说，这里也体现了中国工业化要走自己道路的思想。

陈翰笙同志有关中国工业化的论文我还没有全部读到，上面的概括可能是很不全面的。而仅仅从上面几个方面的内容看，他的中国工业化理论就有着极其重要的历史意义和现实意义。他的《如何走上工业化的正轨》是针对抗日战争后期沦陷区和后方各省工业衰败和困难的情况写的，文章指出"殖民主义根本谈不上工业化"，"要达到工业化的目的，不能不创造一个相当顺利的环境"，"民族独立，政治独立，是我们工业化的大前提"，这些都是为了唤起人民大众抗战到底，并要消灭半封建半殖民地制度，为中国工业化创造最基本的条件。因此，从当时看，这篇文章不仅提出了中国如何实现工业化的一系列真知灼见，而且维护和宣传了党的新民主主义革命的方针路线。再把这篇文章和新中国成立后工业化的历史比照，实践证明陈翰笙的观点是完全正确的。那些"忽视一切民营工业"、"忽视历史的继续性"、"忽视工业的社会性"的做法，最终都是碰了壁、吃了苦头的。现在中国还没有完成工业化的任务，在工业化程序、工业和农业关系、工业所有制结构和经营方式、如何学习外国经验等方面都还有不少问题存在争论，有待解决。所以，现在乃至以后一段长时期内，陈翰笙的中国工业化理论仍有着重要的指导意义和参考价值。

为什么陈翰笙在 20 世纪 40 年代就能对中国工业化问题提出如此深刻直到半个世纪以后仍有重要指导意义的理论观点？这个问题也值得思考。我认为有以下一些原因：第一，研究工作有正确的指导思想。陈翰笙掌握了马克思主义的精髓——实事求是，他在中国农村问题上的建树是运用马克思主义调查研究的结果，在中国工业化问题上的建树也是如此。第二，对中国的历史和现实有透彻的了解。他和他指导的一批同志 20 世纪 30 年代对中国农村调查研究的成果，就是很好的证明。第三，研究了欧美、苏联以及印度等国家的经济发展史，掌握了工业发展的规律。他能用英、俄、德、日等多国语言，是研究历史和国际关系学的，多次去过美国、苏联考察，熟悉世界历史及其发展趋势。第四，反对教条主义，坚持理论联系实际。陈翰笙在《地下工作二十五年》中曾说：1927～1928 年在苏联期间，"我觉得当时莫斯科盛行一种学风，谁能背诵经典著作，辩论起来就占上风，不习惯实事求是，根据历史事实，刻苦研究，我对那种教条主义的学风深为反感"。第五，献身科学，刻苦研究。陈翰笙终身热爱祖国，热爱人民。他从事科学研究不为名，不为利。在1999年出版的《陈翰笙文集》中我看到，1931～1948年除了论著外，他还写了很多书评，他那时从事革命，还要看那么多书，刻苦精神也令人惊奇！以上几条，我认为也是陈翰笙同志学术上取得巨大成就成为一代宗师的重要原因，更是值得我们后辈敬仰和学习的。

原载《技术经济与管理研究》，2006年第5期

荣誉学部委员

改革与发展：还是要"摸着石头过河"

于祖尧

党的十六届四中全会通过的《决定》要求我们提高驾驭市场经济的能力。20多年的改革实践，为我们探索社会主义市场经济积累了丰富的经验和教训。但是，社会主义市场经济规律，对我们来说，依然是需要长期艰难探索的"必然王国"。当前，经济发展和改革中存在着下列问题，似应予以关注。

1. 要重视当前局部经济过热的问题，但不能无视蓄积已久的财政和金融隐患

今年第一季度以来，房地产、汽车、钢铁等行业超高速增长，拉动了投资急速膨胀高达 47.8%，导致投资品价格大幅上涨。经济局部畸形过热，威胁了经济可持续发展。中央适时采取了适度从紧的经济政策，经济增长态势趋稳。遏止经济过热势头，是完全必要的。但是，必须清醒地看到，当前，一方面存在着局部经济过热，另一方面还存在着严重的经济隐患，财政和金融潜伏着严重的危机。

1998 年开始，政府为了遏止经济增幅下滑的势头，放弃了紧缩银根的政策，转而实行扩张的财政政策和货币政策。此项政策实施的结果，在刺激经济增长的同时，却埋下了危机的隐患。一是财政赤字成倍增长，财政收入对债务的依存度居高不下，近期实现财政收支平衡无望。二是税收以超过 GDP 增幅 1 倍以上的速度增长，用自上而下地下达指令性税收指标的办法以确保中央财政收入。这种做法违背了扩张性财政政策的初衷，导致征过头税，寅吃卯粮，竭泽而渔。三是支付改革成本，建立公共财政的资金缺口巨大，政府负担的各种隐性债务沉重，面临着财政支付危机。例如，接管企业兴办的各项公共服务事业，支付农村义务教育经费，发展城乡公共卫生医疗服务业，补充国有商业银行自有资金，建立社会保障制度，等等。据世界银行估计，中国政府的隐性债务积累达到 GDP 的 100%。四是基层政府财力枯竭。乡镇政府财政入不敷出，债务累累，已陷入破产的困境。估计，县和县以下基层政府的债务总额已超过 8000 亿元。五是国有商业银行不良贷款率已远远超过安全警戒线，从理论上说早已进入破产程序。近年来，不良贷款率以每年 1 个百分点的速度下降，但新增贷款不良贷款比例却在上升，不良贷款绝对额未见减少。问题的严重性还在于，银行业流行一种数学游戏，即用加大分母即贷款量的办

法，缩小商数即不良贷款率。这种自欺欺人的把戏只能加剧银行业的危机。

必须看到，近年来投资和部分行业超高速增长，对潜伏的金融和财政危机起了推波助澜的作用。2006年一季度银行贷款超常增长。

前几年为了降低银行不良贷款率，向资产经营公司剥离了1.4万亿元，但收效甚微。按照目前不良资产变现的速度，全部消化完银行不良贷款可能需要几十年。

应当清醒地看到，当年东南亚爆发金融危机的某些国内因素，在我国也已存在。现在我国"入世"后的过渡期即将过去，跨国银行和国际投机资本将使我国金融稳定和经济稳定面临严峻的挑战。

2. 要坚持不懈地反腐败，但不能轻视和低估政界奢靡之风的严重性、危害性

腐败已酿成我国社会的一大公害。时下腐败未除，又添了一害：即在政界刮起的奢靡之风。尽管新一届领导上任立即去西柏坡"朝圣"，向社会发出了一个信号：牢记两个"务必"！然而，政界和经济界的奢靡之风并未从制度和体制上得到有效遏止。

——劳民伤财、华而不实的"面子工程"、"形象工程"遍布各地。据建设部的材料，全国有1/5的城镇都建有名目繁多的"形象工程"，即大约132个城市，4000多个镇。什么休闲广场，街心花园，步行街，仿古街，美食城，娱乐城，中华第一街，中国香榭丽舍，世界第一高楼，等等，从东北到江南，从沿海到内地，从大城市到小集镇，一城赛过一城，一地盖过一地，别人有的，我们也要有；过去没有的，我们要创；不是说要与国际接轨吗，外国有的，我们也要建。没有地，有权可以批；没有钱，可以由银行贷，工厂技改、下岗工人、公共医疗卫生、农村教育顾不了那么许多。

——某些领导人一面倡导"反腐倡廉"，号召"艰苦奋斗"，另一面却不惜花费巨额公款购置"空军一号"；兴建高档住宅供自己离职后享受；换届之机耗巨资公费旅游。

——办公楼越建越气派越豪华，办公室越修越华丽。党委、政府、人大、政协，原先四合一，现在自立门户，各种设施配套成龙，装修标准与国际接轨，水晶吊灯、实木地板、大理石贴面、老板桌、太师椅、空调机、加湿器、空气净化器、饮水机，等等，一应俱全。办公场所异化成权势和富贵的象征。

——供官员使用的内部招待所纷纷升级为星级宾馆，改头换面的星级"培训中心"，会议、住宿、餐饮、娱乐、健身、休闲一体，设施样样齐全。被称为"贵族娱乐"的高尔夫球场遍及170多座城市。甚至县级市宾馆都专设总统套房、豪华套间。

——公款吃喝成风，送往迎来设宴，逢会必吃，一顿饭可以吃掉一个农民的一年粮。一桌饭可以吃掉一个下岗工人一年的生活费。据不完全统计，一年公款吃喝高达 4000 多亿元。法国名酒 XO 在中国销量之大，令法国老板自叹："法国人太穷！"

然而，这股奢靡之风与现实的中国，反差之大，令每个爱国志士无不为之忧虑。

我国已进入经济大国的行列。然而，严酷的现实是，我国依然是发展中国家，工业化尚未完成，几千万人的温饱还未解决，失业和半失业的人数多达数千万，城镇无房和缺房户多达几百万户，大量的农民工栖息在贫民窟，农村缺医少药城镇居民看病难早已是老大难，城乡文盲多达 8500 万，公共教育经费占 GDP 的比重甚至低于最不发达的国家。面对如此严峻的现状，那些热衷于"形象工程"、"政绩工程"的当政者，那些沉醉于灯红酒绿的官员，究竟想些什么呢？

奢靡之风的势头如此之大、时间之久，源头来自于政界，来自当权者。而且，它举着"现代化"、"与国际接轨"的旗号，披着"为公"的外衣，危害性更大。

遏止奢靡之风，必须加强群众监督，必须实行法治。

3. 要坚持执行对外开放的国策，但绝不能淡化甚至否定自力更生的根本方针

邓小平同志明确指出，对外开放是项基本国策，必须长期坚持。他同时强调：必须把基点放在自力更生上。"我们一方面实行开放政策，另一方面仍坚持新中国成立以来毛泽东主席一贯倡导的自力更生为主的方针。""我们搞建设的一条主要经验是自力更生。"

然而，随着开放扩大，从决策层到基层干部，从理论界到政界，出现了一股淡化和否定自力更生为主方针的思潮。在我担任九届人大代表期间，历次审议政府工作报告，发现自力更生的话语从报告中消失。为此，我曾一而再再而三地提出我的意见，但始终没有被采纳。对这个大政方针在政府工作报告中避而不谈，这恐怕不能认为是一时的疏忽。

理论界鼓吹"贸易自由化立国论"蛊惑人心。他们有理论、有政策主张，在政界、经济界的影响不可低估。他们大肆贩卖美国推销的所谓"经济全球化"理论，说什么世界经济已经实现了"全球化"，各国之间形成了分工与合作的关系，在世界范围内实现资源配置优化；各国经济发展应遵循"比较利益原则"，扬长避短，通过交换实现优势互补；中国是发展中国家，没有能力也没有必要发展技术密集型和资本密集型产业，应当放弃"赶超发展战略"，转而大力发展劳动密集型产业；跨国公司纷纷进入我国，不仅把生产基地移入我国，而且把研究开发转移到我国，都在致力于"本土化"，我国能够依靠跨国公司实现科技现代化，科技发展应当以引进为主、自主创新为副；在"经济全球化"的条件下，各国经济融为一体，没有

国别姓氏之分，民族经济已经消失，跨国公司成为我国经济的组成部分。

靠所谓"贸易自由化"实现"比较利益"，进而达到现代化的目标，在近代世界史上根本就没有这个先例。世界市场从产生之日起，它通行的规则就是生存竞争、优胜劣汰、弱肉强食。它只相信实力。世界市场的形成，是近代社会化生产力发展的产物，对促进世界经济的发展起了积极的作用。但是，在人类编年史上这一篇却是资本主义用利剑沾着落后国家和民族人民的鲜血写成的。自此，一些国家先后进入发达国家的行列。然而，"比较优势"的理论却没有在世界7强和亚洲"四小龙"身上得到验证。战后，随着民族解放运动的高涨，世界殖民体系瓦解，一系列国家走上了民族独立的道路。尽管世界已经进入"经济全球化"时代，但是，严酷的现实是，广大发展中国家依然没有摆脱贫困落后的困境，世界经济秩序依然不公平、不公正、不平等，主宰世界经济的依然是几个富国，超级大国依然把对外经济贸易作为推行经济霸权的工具，跨国公司作为超级垄断资本的本性依然如故。应当清醒地看到，所谓"经济全球化"并不意味着国家主权和国家利益的消亡，更不意味着社会主义和资本主义两种社会制度对立的消失。鼓吹"民族经济过时论"，实际上是为西方国家推行经济殖民主义、为国际垄断资本对外扩张效力的卖国主义。

我国跃进世界贸易大国行列，以致现在世界7强中任何国家都不能无视我国的存在。但是，在这超过万亿美元总额的令人振奋的数字背后，却隐藏着三个令国人忧虑的数字：在我国的出口额中，加工贸易占50%以上，三资企业占50%以上，外贸的依存度占60%以上。这些数字告诉了人们些什么呢？首先，它表明在现存世界产业分工中，我国处于产业链的末端，其特点是技术含量低，物耗高，附加值低，或劳动密集型行业，而产业链的高端则掌握在外方手中。这表明我国经济结构的整体水平低级化、低能化，已远不能适应现代化建设的需要。近些年机械工业生产能力利用率低，不足50%，而投资所需要的设备60%都从国外进口，扩大内需转化为扩大外需。其次，代价大，收益小。我们无偿让出了市场，消耗了稀缺的资源，换来的是低廉的工资（小时平均工资仅为美国的1/30），微薄的加工费（一双售价100多美元的运动鞋加工费仅有2~3美元）。打着Made in China标志的商品遍布世界。曾几何时，有人给我国戴上了"世界工厂"的桂冠，国人不亦乐乎。但现时的中国与其说是"世界工厂"，不如说是"世界打工仔"倒贴切些。我们曾经提出"以市场换技术"的主张。但是，这有点像单相思。对跨国公司来说，"你的市场，我是非要不可的；我的技术，你要吗？拿美元来"。这就是20多年在交易市场上我们和跨国公司之间的不等价买卖。还有，更重要的是，两头在外的加工工业使我国产业发展受制于人，控制权和主导权落到了跨国公司手中。这些年我国的各类市场，有的已经被跨国公司占领，有的正在被逐步蚕食，有的正面临失地的威胁。

拉丁美洲一些国家被新自由主义误导，落入经济殖民化的陷阱，这样的惨痛教训我们是不能不引以为戒的。此外，我国和发展中国家为争夺市场、吸引外资而引发的摩擦和矛盾，因此加剧。

正确执行对外开放的方针，绝不能以所谓"经济全球化"为指导。"全球化"的理论原是一位美国社会学家的发明。新自由主义接过这个口号，鼓吹各国全面开放市场，实行经济自由化，把它作为美国政府推行经济殖民主义，实行对外经济扩张，实现霸权主义的理论武器。我们不能不加分析地照搬这个口号，更不能用它作为我国对外开放的理论根据和指导思想。

我国是社会主义大国，应当对人类发展做出较大的贡献，绝不能跟在别人后面爬行。我们必须做到这一点，我们也完全能够做到这一点。人类社会产生以来，各民族、各地区、各国经济发展从来都是不平衡的，任何时代都有先进与落后、发达与不发达之分。但后进赶先进、不发达超过发达，却是普遍绝对的规律。近代各国经济发展尤其如此。我们拥有能够集中力量办成大事的社会主义制度的优势。斯大林时代成就了强国富民的伟大事业，毛泽东时代成就初步建成独立完整的工业体系，实践证明了实行跨越式赶超战略是完全可行的。

4. 社会主义市场经济实践，要坚持继续进行理论创新和制度创新，但应更加重视"依法治国"

"依法治国，建设法制国家"，这是已经确定的建国方略。提出这个方针，迈出了法治的重要一步。更重要的是行动，真正把各项工作都纳入法制和法治的轨道，特别是经济工作。我们要建设的市场经济，要越过西方国家原始积累阶段，直接进入规范有序的、法制化的现代市场经济。不建立完善的法律体系，不实行法治，市场化改革的社会主义方向就没有法律保证，资源配置将因市场无序而导致巨大的浪费，经济稳定持续发展所必需的安定团结和谐的社会环境便难以建立，社会主义政治民主和经济民主便无法实现。

经过20多年的努力，社会主义市场经济的基本法律体系已经初步建立。现在，贯彻执行"依法治国"的主要障碍，是有法不依，执法不严，违法不究。

《宪法》是国家的根本大法。"依法治国"首先是依《宪法》治国。这些年违宪事例时有发生。以我国加入WTO为例。加入WTO是关系国家主权和国家利益的大事。迄今为止，没有一个国家的政府置国家最高权力机构不顾直接签署批准"入世"协议。这应当看做是法治国家的惯例。我国《宪法》规定，全国人大"是最高国家权力机关。它的常设机关是全国人民代表大会常务委员会"。人大常委会的职权之一，是"决定同外国缔结的条约和重要协定的批准和废除"。因此，人大对我国"入世"谈判和签约行使监督权、批准权，是宪法赋予的权力。我在九届人大常委会和财经委会曾经多次建议请经贸部报告谈判、签约情况，但始终未予理睬。

其间，为了防止台湾抢先"入世"，人大常委做了授权国务院的决定。至于我方做出哪些让步，对方提出什么条件，我方做出哪些承诺，根据协议我国可享受哪些权益、承担哪些义务，人大常委会和财经委一概不知。我作为财经委委员，还是从美国驻华使馆的《新闻公报》中间接地了解了一些实情。这整个过程，从谈判到签约，并没有严格按宪法规定的程序办事。

中国"入世"后，那些曾为此效力而欢呼的官员一再向公众宣称：协议是"双赢"，利大于弊，机遇大于挑战；说谈判坚持了原则，维护了国家主权和利益。有人甚至预言：每年 GDP 可增长 3 个百分点，增加就业 1000 万人，等等。然而，动听的言辞终归掩饰不了严酷的事实：我们承认了美国和欧盟强加的不平等的、歧视性的"市场经济国家标准"，接受了"非市场经济国家"地位，承诺自"入世"起 15 年内按照中国是非市场经济国家处理反中国倾销诉讼案件，承诺取消政府对农业从生产到销售各个环节的一切补贴，等等。3 年过去了，给我们描绘的美好情景没有出现，人们看到的是居世界之首的对华反倾销诉讼，和因此付出的经济、政治代价。

我不理解为什么为了加入 WTO，当权者心态如此急切，甚至在涉及国家主权和根本利益问题上不坚持原则。有人说，没办法，我们经济上有求于美国。美国是我国出口贸易的第二大对象国，也是外资的第二大来源。但是，我们手中也握有美国有求于我的王牌：我国有当今世界最大的尚未完全开发的市场，而市场却是美国经济的"生命线"，是世界最稀缺的资源；美国经济为经常项目的巨额赤字所拖累，迫切需要吸引外资来弥补，我国外汇储备 5000 亿美元，居世界第二位；我国握有 1200 多亿美元的美国国债，这笔美元对美国金融市场和世界金融市场的稳定具有举足轻重的作用；我国输往美国的大量物美价廉的消费品深受广大居民喜爱；我国已进入经济大国行列，宏观经济的走向对世界经济具有举足轻重的影响，等等。可见，在中美经济关系中，我国并不是处于受制于人的被动地位，至少也有讨价还价的筹码，完全不应作出无原则的让步。不是说"权为民所用"吗？如果我们不能从中汲取到有益的教训，今后还可能再次付出得不偿失的学费。从这个案例中看到，发扬民主实是依法治国的重要条件。

5. 国有企业改革必须坚持，但必须确保国有经济的主导地位，防范并查处以改革为名化国为私，把改革引入全面私有化的邪路

国有企业改革，实现社会主义国有制和市场经济接轨，这是必然的历史趋势。倒退是没有出路的。但是，如果把国有企业改革推上全面私有化道路，这是条祸国殃民的绝路。在当今国际和国内的条件下，推行全面私有化，必然导致财富向少数权势阶层集中，亿万人民半个世纪用血汗积累起来的财富成为他们盛宴上的美味佳肴，必然把改革和发展的成本和代价全都加到广大劳动群众身上，而把改革的成果据为己有，必然滋生出一个腐朽的官僚买办垄断资产阶级，必然造成市场秩序混乱、市场功能扭曲、市场经济形态变异，最终使共同富裕的目标化为泡影。这绝不是"意识形态说教"，而是当代社会发展规律所使然。俄罗斯改革的悲惨结局已经证明了这一点。

防范国有企业改革被引入全面私有化的邪路，绝非杞人忧天。

——地方政府或主管部门将中央的政策法规置之不顾，不考虑国家整体利益，把国有企业当成包袱和负担，一卖了之。一时间在一些地区掀起了一股廉价出售国有企业的风潮，甚至美其名为改制的先进经验加以推广。

——歪曲党的方针政策，把"有进有退"歪曲为"国退民进"，"国有企业退出竞争性领域"，在一些地区和行业，以改革为名刮起了一股全盘民营化风暴。有个省提出"以民营经济为主体"，与中央确定的"以公有经济为主体"唱对台戏。有个市竟赞誉它是先进经验加以推广。

——在"明晰产权"的旗号下，推行把国有资产"量化到个人"，无偿瓜分企业财产，并把企业包袱（企业债务、退休职工等）甩给国家。

——吸收私人资本参与国有企业改制中，有的国有资产以低于实际价值作价；有的实行主业与辅业剥离，把优质资产划归主业，企业债务和退休职工、下岗职工统统甩给辅业，让国家继续背包袱。

——提出所谓"国资改革新思路"，即"大型国有企业资本全面对外资开放，允许外资买断国有股权或控股"，"寻求国外同行业跨国公司作为战略合作伙伴"。在一些地方刮起了一股整体出售大型国有企业的风潮。某省一家大型企业资产6亿多元，年销售额9亿~10亿元，竟以2200万元卖给一家跨国公司。

——在强化管理层激励机制的旗号下，推行管理层收购，将企业产权由国家所有改变为企业管理者所有。在合法的外衣下，串通中介机构，编造假账，低估净资产价值，廉价拍卖；产权易主后，买通银行主管，以企业作抵押取得贷款，偿付收购价款，然后再用企业经营所得偿还银行贷款。这样，所谓"管理层收购"的游戏便完成，而管理者没花一分钱，摇身一变成暴发户。

——预谋制造企业亏损，在企业资不抵债时，廉价收购，然后易主经营。历史包袱统统甩给国家。

——借股份制改造营私，在"经营者持大股"的旗号掩盖下，无偿占有大量原始股，或者搞什么"股票期权"。

——无视工人阶级的主人翁地位，剥夺工人参与权和发言权，任意辞退裁减工人，把改制的代价和成本都强加在工人肩上。

——趁实行股份合作制之机，化公为私，搜刮公众。职工为保饭碗倾注几十年积蓄，而一些企业领导人利用职权以所谓"智力"参股，不花一分钱便获得实实在在的控股权。企业的债务及其他历史包袱都甩给国家。

——企业领导人以亲属的名义创办私营企业，将企业的有形和无形资产通过各种非法和合法的途径转移给后者，假后者的手搞垮企业。一旦企业资不抵债或宣布破产，便将其兼并，原来的企业领导人改头换面成为新私营企业主。

——不考虑国家经济安全和整体利益，把企业振兴和行业发展的希望完全寄托在跨国公司身上，以招商引资数量作为考核政绩的首选指标，将企业和行业的控制权、主导权拱手让给外方。

前不久，国资委负责人专门就国有企业改革召开了记者招待会，声称国有企业改革形势大好。但事后没几天，媒体接二连三爆出大企业高管丑闻。看来，"大好形势"挡住了这位领导人的视线，使他不能正视改革中存在的问题。最近几个月在媒体上展开的关于国有企业产权改革的大讨论，在民众中引起极强烈的反响，充分反映了民情、民心、民意。然而，这位官员竟无动于衷。

眼下，国有企业改革已经陷入了无序的，甚至是混乱的状态。国家和人民为此付出了巨大的代价。后果和危害是严重的。

首先，一股化国为私、化公为私的"渐进式私有化"浪潮正在席卷全国。改革要建立多种所有制并存的经济结构，调整国有经济战略布局，发展非公有经济。但是，这绝不意味着实行全盘私有化。在当今国际国内条件下，全盘私有化是一条死路。一旦走上全盘私有化的邪路，绝不可能实现共同富裕的目标，绝不可能实现资源配置优化，绝不可能实现强国富民，只能把中国推上官僚买办封建资本主义的邪路，只能使中国重新沦为受超级大国摆布盘剥的半殖民地，只能使中国共产党丧失执政党的地位，只能使工人和农民重新沦为被压迫被奴役的阶级。这并非危言耸听。俄罗斯前车之鉴，不能不严肃地思考这个问题。有人声称这是意识形态说教。错了！这是社会发展客观规律所决定的。

其次，社会主义制度和人民民主专政政权的经济基础正受到削弱和动摇的威胁。我国国有经济的性质、地位和作用问题，被一些理论家搞得很混乱。不但如此，他们对我国国有经济极尽丑化、妖魔化之能事，攻击一点，不及其余，全盘否定国有经济的历史功绩，抹煞国有企业承担了改革的成本和代价的沉重负担的事实。他们明确地把 改革的任务和目标定为"彻底消灭国有企业"。这是在改革的旗号下玩弄的釜底抽薪的政治把戏。一旦他们的如意算盘得逞，社会主义制度和人民民主专政的经济基础将瓦解，国家的经济主权和独立将失去物质保证，国家经济安全和利益将受到威胁，国家对其他经济成分的领导和管理将失去主导力量。俄罗斯现在着手对私有垄断行业重新实行国有化，也许能够使我们从中领悟到一些道理。

再次，一股反改革的社会势力——非法暴富阶层，趁国有企业改革之机大发横财，正在迅速崛起。由于实行多种所有制长期并存的政策，新资本家阶级产生是不可避免的。在这个新阶级之旁，还滋生了一个非法暴富的群体。与合法经营致富者不同，这些暴发户是靠钻体制和政策的空子，通过权钱交易、坑蒙拐骗等非法手段，聚敛财富，进行资本原始积累。所谓管理层收购、经营者持大股、股票期权之类，恰恰给他们提供了化公为私的合法机遇。这些暴发户具有官僚买办垄断封建特性。他们虽然是靠改革而暴富，但他们的利益与建立社会主义市场经济体制却是根本对立的。他们是畸形体制的既得利益者，是阻碍和反对深化改革的主要保守势力。在政界和理论界都有他们的代理人。

最后，我国工业化和现代化的实现，将失去主要支柱和主力。加快实现我国社会主义工业化和现代化，是强国壮军富民的必由之路。国有企业是实现这个战略目标，实施赶超战略的主力和依靠。实行对外开放，有利于我国现代化建设。但如果把现代化的希望寄托在跨国公司施舍上，那是不切实际的幻想。奴化中国，是超级大国对华经济战略的目标。所谓"世界工厂"，这剂迷魂汤把我们一些官员灌得忘乎所以。殊不知，这实际上是老板套在打工仔头上的紧箍咒。跨国公司既然不能依靠，那么，私有经济可不可以担此大任呢？私营经济是我国现代化建设不可或缺的力量。但是，它不是也不可能充任实现现代化的主力。一是因为它没有经济实力。现在私营企业，平均每家注册资本仅有100多万元。如果等到私营企业的资本积累规模达到足以承担现代化主力的时候，我们将失去难得的时间和机遇。二是私营经济的经营是以利润最大化为准则。西方国家的历史表明，完全靠市场自发调节实现工业化是一个漫长的艰难的过程，而且代价高昂。机不可失，时不我待。社会主义制度所具有的集中力量办大事的独特优势，为加速工业化和现代化提供了可能。值得重视的是，现在有一种主流观点：认为我国政府应当学习西方国家，政府的职能只限于为社会提供公共产品和社会公用事业，以弥补"市场失灵"；政府财政实行"公共财政"，不再投资办企业；今后不再新建国有企业。这种观点与"国退民进"如出一辙，是十分有害的。很难想象，仅仅依靠办好现有的178家国有企业，就能实现现代化。

邓小平晚年明确指出："社会主义市场经济优越性在哪里？就在四个坚持。""提出四个坚持，以后怎么做，还有文章，还有一大堆事情，还有没有理清的东西。"

6. 要继续倡导解放思想，与时俱进，但更应当重视在各项工作中把实事求是的指导思想落到实处

党的十一届三中全会提出了转变经济工作的指导思想，重新确立马克思主义的思想路线的指导地位：即从以阶级斗争为纲转变到以经济建设为中心，从不切实际的左的错误思想转变为实事求是的思想路线。现在，20多年过去了，各级领导干部有必要扪心自问：在建设和改革的实践中，转变思想路线是否落到了实处？是否不

仅在口头上、书面上，而且在行动上真正做到了按照实事求是的原则办事？这是必须认真对待的、不容回避的问题。

——改革要不要坚持唯物主义的"条件论"，改革是否受客观条件的制约，改革步骤能不能超越客观条件的许可为所欲为，改革能否只讲必要性、紧迫性，不讲可能性。讲条件，首先是生产力状况。生产关系一定要适合生产力性质是决定社会发展的根本规律。当人们承认它的客观性质，并自觉地按它的要求办事时，它就能造福于人类；当人们违背它的要求为所欲为，就要受到它的惩罚。成就固然能够使人们受到教益，错误和挫折也是难得的教材。俗话说，吃一堑，长一智。关于我国建设社会主义的途径问题，毛泽东同志从我国的国情出发，正确地提出了经过新民主主义社会阶段，逐步向社会主义社会过渡的设想。但是，20世纪50年代中期，被穷过渡早过渡快过渡的设想所取代，超前进入社会主义，对商品经济和价值规律加以限制。结果，展现在人们面前的，不是共同富裕的社会主义，而是普遍贫困的社会主义。生产和交换方式是不能由人们按照自己的意志自由选择的。商品经济发展是社会发展不可逾越的阶段。现在，我们从实践中认识到这个真理，转而实行市场经济体制。但是，由于我国是工业化尚未完成的发展中国家，实行市场经济的起点低，要走的路程很长。改革可以因势利导加快这个过程，不能拔苗助长，只能适应生产力发展和商品经济发展水平前进。以国有企业改革为例，我们选择了股份制为主要形式，邓小平南方谈话后，全国掀起了一股股份公司热潮，往日将股份公司视为资本主义怪物的股盲，转瞬间变成股份制的狂热拥护者，纷纷进行股份制改制，争相上市，由于不具备实行股份制的主客观条件，改制后的企业成了"翻牌公司"，上市变成了为企业脱困圈钱，一些改制后的大型企业至今还背着沉重的历史包袱，企业办社会的问题至今没有解决。又如，城市化问题，这是解决"三农"问题的根本出路，但城市化不等于农村人口大搬家，农民进城要解决就业、居住、医疗，子女就学等一系列问题，城市化是生产力和商品经济发展的自然产物，我们可以创造条件，加速这个过程，但关键是条件，如果无视客观条件的制约，印度、巴西的"城市病"就可能在我国重现。

——改革能不能搞运动？历史的教训是一面镜子。20世纪50年代后期，我们曾经用搞运动的方式推行所有制改革：合作化运动，私营工商业改造运动，人民公社化运动，造成了严重的负面影响。20世纪90年代，俄罗斯政府用行政手段强制推行"休克疗法"，实现产权私有化，把经济推入破产的深渊。近几年，在我国一些地方和部门，盛行用变相搞运动的方式突击企业改制，下指令，定任务，限时间，定目标，一步到位，然后以此作为政绩考核干部，根本不考虑由此产生的社会和经济后果。这种改制办法的负面影响已经显现。企业改革是社会生产关系的变革，涉及各方面的利益关系，受诸多条件的制约。而且，各类企业的性质、规模、经营状况，职工队伍等，各不相同。改制必须因地制宜，区别对待，分类指导，绝不可一刀切，一阵风，一个模式到处套。更何况国有企业改革是要实现社会主义国有制与市场经济接轨。这是史无前例的创举，没有任何现成的经验和模式可以照搬照抄，只能靠我们自己在实践中"摸着石头过河"。

——经济发展和经济增长是否以产值产量唯此唯大？改革开放前，我们曾经不止一次因片面追求产值产量高速增长而吃了苦头，付出了沉重的代价。党的十一届三中全会后，五届全国人大四次会议提出了经济建设的十条方针，指出经济工作转到以提高经济效益为中心的轨道上，明确提出经济建设要走一条效益比较好，速度比较实在，人民能得到更多实惠的新路。但是，回过头来看，在这20多年中，产值产量像只"看不见的手"依然在左右我国经济走势。说"翻两番"，从中央到县乡各级争相翻番；说"上台阶"，各级领导制订计划都争相上新台阶；说"保七争八"，各地纷纷拉高标尺"保八争九"，等等。1992年后，连续三年超高速增长，开发区热，建市场热，招商引资热，股份制热，集资热，房地产热，一浪高过一浪，银行敞开钱袋放债，财政大开国库花钱，出现了改革以来前所未有的"大跃进"。经济全面过热几乎到了失控的地步，被迫实行全面紧缩银根，但由此引起的苦果至今还没有消化完。学费是付了，然而，教训并没有变成我们的财富。去年初又出现投资和信贷膨胀。经济发展的周期性是难以避免的。但我国经济时而高速增长时而调整紧缩，非经济因素的作用是不容忽视的。有人根据近两年GDP年增长超过9%，断言我国经济进入新一轮高速增长期。这种看法是没有客观根据的。

当务之急应当是积极为经济持续、稳步、低成本、低消耗的发展创造条件，切实解决经济中的深层次矛盾。

"位卑未敢忘忧国。"我是个年逾古稀的老共产党员。我的看法也许不入流，不中听，但除了企求党的事业的成功，我别无所求。

原载《中国社会科学院学术咨询委员会集刊》，社会科学文献出版社，2006

财政内部制衡理论与实践的探索

何振一

一、财政内部制衡范畴

1. 财政内部制衡的内涵

财政内部制衡，是财政管理学的一个概念，制衡是相互制约或控制，使之保持平衡状态。财政内部制衡范畴的内涵，是在财政管理系统内部，通过科学的职权分工和特定的制度安排，使各个管理业务主体，在行使职权中形成的相互制约关系。它是在财政管理内部构造的预防违法犯罪，约束各个业务主体忠实地履行职责的内控机制，故亦称财政内部控制或财政内部制约。任何权力必须有制约才能保障其正确行使，而能够制约权力的又只能是权力。这乃是人类社会实践所不断证明着的一条颠扑不破的真理。迄今我们知道的用权力制约的形式，主要有两种：一是外在式，在权力者行使权力活动之外，安排一个权力主体实施监督和控制的形式；一是内在式，在权力者行使权力活动过程中，安排各相关的权力主体与之相互制衡的形式。外在式监督制约，它是处于财政活动之外的一种约束力量，对监督受体来说，只能是一种威慑力量，使之不敢违法。当受监督者预期违法成本低于违法获益时，他就有可能从不敢为变成敢为。而内在式的制约，是内在于财政运行过程中，各个权力主体之间在第一时间面对面的制约，从而造成一种主体不能违法的环境，因此内在式对企图违规违法者有着极强的预警作用，是一种从源头治理的好形式。当然，内在式和外在式两种形式，是各有长短的，在构造财政监督体系的实践中两者是不可偏废的，把两者科学地搭配起来，才能使监督处于无缝的良好状态。

财政内部制衡机制构造的核心原理有两点，一是实行分权制约，构造职权分工边界清晰又能使权力者之间相互制约的管理体制；二是实行严格的责任追究与奖惩制度，使财政管理系统内，各个业务主体的利益激励与利益约束处于对称状态，将各个业务主体利益的取得锁定在国家利益实现之中，各个利益主体，只有忠实地履行自己的职责，才能相应地取得自己的利益，而不会遭到自己利益的损失。人的一切行为归根到底都是为一定利益所左右。任何权力都代表着一定利益，所以人们常常把权力和利益联系起来，合称为权利。权力主体拥有了一定权力，就包含着一定的利益，对权力者来说，就有了利益激励，然而权力本身并不会产生利益约束。然而人类社会任何事物，只有在激励与约束对称状态下，方能正常运行和存在着，如果只有激励没有约束，或者只有约束没有激励，或激励与约束不对称，事物发展与运行就会超出常规而出现偏差，这乃是事物运动的一般规律。西方经济学研究中有一种观点，认为在市场经济下，只要放任自由，不要有任何人为的约束，听任社会上所有的人，都为自己利益最大化而奋斗，整个社会利益就自然会最大化，人们利益也就会趋于均衡化。其实这种理论是建立在一个不存在的假定前提上，那就是市场这只无形的手，能够迫使每一个人都只能沿着社会利益最大化轨道为自己利益最大化而奋斗。然而无数历史实践都一再证明，这个假设前提是不存在的。事实上市场只能激励人们为追求自我利益最大化而奋斗，却无力约束人们沿着社会利益最大化轨道运动。当今世界到处存在着的走私贩毒、制假卖假，以及会计造假者，等等，他们无一不是为自己利益最大化而奋斗的，但其结果不是给社会带来利益最大化，相反是带来灾难，带来社会利益的最大损害。前时期在美国发生的大公司造假丑闻也再次证明了这一点，从揭露的事实来看，美国公司造假的一个根本原因，就在于外在监督不力和内在约束缺失。美国各大公司为鼓励高层管理人员工作，多采取股票期权制，但在采用这个办法同时，却没有制定相应的利益约束机制，结果激励与约束失去对称性，导致公司高层管理人员出于个人利益最大化，而与相关人员内外勾结起来，大搞财务会计造假，坑害股东。可见在市场经济下，只讲放任自由，只重视利益激励而忽视利益约束是不行的。

无数历史实践经验表明，违法乱纪、腐败现象的滋生蔓延，固然与一些人的素质有关，但其根本原因都无不是在体制安排上重利益激励轻利益约束，留下了生长土壤的结果。我国当前存在的财经纪律松弛，财经秩序混乱状况屡治不愈的根本原因，同样是由于我国现行的许多体制与制度安排上，利益激励有余而利益约束不足，激励与约束失去对称，缺少利益制衡机制的结果。我国自改革开放以来，为打破计划经济体制统得过多、管得过死、缺少激励的弊端，采取了一条放权让利的改革基本思路，这条思路实践证明是十分正确的。但在具体操作中也出现了这样那样的偏差，就是在放权让利中，重利益激励机制构造而轻利益约束机制构造，在财政管理上，表现最突出的方面，就是预算外资金制度安排上，搞了自收自支自管的办法，在预算内资金管理方面，搞了一些离开国家预算约束的自由裁量权，即由部门和单位自行再分配预算资金的办法，等等。结果造成许多方面只有利益激励而没有利益约束，为乱收费、乱设基金、乱罚款、私设小金库、乱花乱用乃至贪污腐败留下了广泛的空间。

财政监督管理运用利益制衡机制的作用，在我国人们早已有所认识，并在实践中进行了有效探索。在我国早在公元前夏商周时期就已对此有了成功的实践。在

《孟子·滕文公上》中记载，夏商周三代的财政收入形式不同，"夏后氏五十而贡，殷人七十而助，周人百亩而彻"，就是说在商朝之前财政收入形式采取的是"贡"，即靠人们自觉的纳贡形式取得财政收入，至商朝时，人们发现这种仅靠收入官员去督促，由人们自觉纳贡办法不成，人们出于私利常常设法逃避纳贡，于是就想出一个有利益制约的"助"，这种办法，即井田制，把生产者组织起来，每 360 亩地为一个生产作业区，把 360 亩地分割成九块，周围八块由八户人家为自己生产，中间一块则由八家共同耕种为国家生产，由于这种办法有相互监督作用，八家在公田干活时谁也不能偷懒。但随着时间的推移，人们发现这个办法的制约力度还不够大，时间一长，八家可以串通起来在公田中一齐偷懒，结果是私田产量高，公田产量少。于是到周朝时，人们又对井田制进行了改革，实行了"彻"法，以加强利益制衡机制。具体做法是增加井田内土地亩数，从 360 亩增加到 900 亩，八户人家各100 亩，公田也是 100 亩，依然是由八家共耕，但国家取得的不再是公田实际产量，而是按九块田的年平均实际产量，由八家平均分摊向政府缴纳。这样在公田上偷懒就要八家贴上，如果大家共同努力多收了还可以剩下一些。这样在种公田中偷懒都会损害自己利益，从而增强相互制约的作用。在西方于 18 世纪时，法国思想家孟德斯鸠在总结权力制约问题的经验基础上，也提出了公共权力必须实行分立，在权力者之间建立相互制衡的主张。

2. 财政内部制衡的特点

财政内部制衡监督方式，比起其他各种外部监督制衡方式具有诸多特点。

（1）外部监督方式是单向的，监督主体与监督受体是分离的，两者是不能换位的，而内部制衡监督是双向的，即相互的，监督主体与监督受体是换位的，每一个权力者在行使权力过程中，都既是监督者，又是受监督者。这种权力者之间相互制约，就可以使权力的激励与权力约束处于对称状态，从而使权力主体在行使权力时处于难以违规的环境中。

（2）外部监督方式，是外在于财政管理业务活动的，而内部制衡监督是内在的，是各个业务主体凭借管理业务的权限，在管理活动中实施的，是第一时间的监督，是从源头治理腐败的一种手段。

（3）外部监督方式，在时间上具有迟滞性和间断性，而内部制衡是随着业务活动而发生，在时间上具有持续性，无时不在。

（4）外部监督方式，在组织结构上是单元的，而内部制衡监督是多元的集合体，它既有财政运行总过程中各个管理环节之间的制衡组织结构，又有各个管理环节、各个管理侧面内部的、各业务主体之间的制衡组织结构，它是一个多层次、多环节、多侧面的组合体系，在内部制衡体系构造中，忽略任何层次、任何环节的制衡机制构造，都会造成财政内部制衡体系的残缺，从而削弱内部制衡的功能。

二、财政内部制衡机制构成要素

财政内部制衡机制构造中，由于各个不同环节、不同业务方面各有其特殊性，不可避免地需要进行一些特殊处理，但就其总体而言，至少需要具备以下一些要素，方能形成有效机制。

1. 责权分工边界清晰，各个权力主体间具有相互制约关系的管理体制

这是构造内部制衡机制必备的前提性要素，内部责权分工不清，势必造成各个业务管理主体之间责权相互交叉，相互重叠，或责权缺失等问题，这样不仅会导致责任主体之间制衡失去依据，也为责任主体间提供了相互推诿责任的空间，使制衡变成扯皮而失去应有的作用。

2. 严格的责任追究与奖惩制度

这是构成财政内部制衡机制的核心要素。在财政管理中划清了各个业务主体的责任边界，并依其承担的责任相应赋予权力，这对业务主体来说，虽然也具有一定的约束力，但它并不能形成真正的制衡机制，因为对业务主体来说，还缺少足以发动业务主体间积极进行相互制约的动力。如前所述，人的一切行为都是为一定利益所左右，只有把业务主体履行责任的状况，与其利益得失结合起来，才能使业务主体之间的制衡充满活力。在制衡机制构造中，这责、权、利三要素是相辅相成的有机整体，缺少任何一个要素，都不能形成切实的制衡机制。明晰责任是构成制衡机制的基础性前提，各个管理主体没有责任，当然也就无所谓制约，因此责任是主，而权和利则是从，明晰的责任是配置权和利的依据，赋予责任主体一定权力，是为了给责任主体履行责任提供必要的物质条件，赋予责任者以利，既是为责任主体履行责任提供动力，又是促使责任主体忠实地履行责任和正确行使权力的约束力和物质压力。这里值得指出的是，构造制衡机制的利，绝不可片面理解为奖励，而应辩证地理解，对责任主体来说，利益增添是利，利益的损失也是利，就是说奖是利，罚也是利，在制衡机制构造上，只有把责任主体履行责任状况同利益的得或失对应起来，才能对责任者形成实在的物质性约束力，才能为制衡机制提供原动力。

3. 完善的专职监督体系

这是保障内部制衡机制覆盖财政运行全过程，使内部制衡达到在时空上不留任何监督缺失的完满境界，最大限度地发挥财政内部控制的威力所不可或缺的要素。在研究中对此有一种不同的看法，认为财政业务一般管理，它天然是覆盖财政收支运行全过程的，只要把体制与制度安排好，完全可以使各个业务主体之间的制约不留下任何空缺，因此再设专职监督体系是多余的。然而实践表明，财政业务管理主体之间的制约与监督，它天然存在着诸多不足，不能替代专职监督的特殊作用。

（1）财政管理主体之间的业务制约监督，是凭借各自的管理业务权限，通过各

自的业务活动实现的，这样就使这种互相制约监督的各个主体，都处于既是运动员又是裁判员的状态，在利益机制人格化的作用下，就有可能发生内部合谋、内部人控制等道德风险，导致监督的失败。因此，就需要在业务制约监督之旁，构造专职监督机制，对业务监督者实行再监督。

（2）业务制衡监督体系本身也存在着监督上的缺失。在实践中这种业务管理形成的制衡监督，是从纵向和横向两个方面运行的。在我国行政体制中实行的是民主集中制，在行动上强调的是下级服从上级，全体服从中央，决定了纵向的监督运行是直线的，是难以相互的，因为上级对下级的监督制约，既有行政手段又有物质手段，从而其监督是实的，有效的，而下级对上级的监督制约，在多数情况下，都没有实质性手段，常常是无能为力的，从而下级对上级监督实际上是虚的。当然上级对下级监督也不是没有缺失的，在我国预算管理体制中，预算资金的分配还存在着大量的自由裁量权的情况下，上级对下级的监督，由于信息不对称，也存在着空当，上级对下级监督也是不十分完整的。横向监督运行，由于财政分配特点所决定，在财政部门内部的管理业务分工，只能依资金用途性质和资金分配流程阶段来划分，这就不能不给业务分工所形成的制衡监督带来极大的局限性。第一，各个管理主体的监督只能限于各自所辖业务范围的相互制约，比如在预算编制中对支出预算分配的监督，管理行政政法方面支出的业务主体，它只能从行政政法需要方面，对支出预算分配的总责任者进行制约，管理教科文方面支出的业务主体，只能从教科文需要来制约，如此等等。就是说各个管理业务主体对支出预算分配的制约都是片面的、局部的，不但不能从宏观总体上制约支出预算分配结构的优化，而且由于部门利益的人格化，一旦发生屁股指挥脑袋的情况，就有可能对支出预算优化发生逆向制约的不良作用，而承担支出预算分配总体责任者，虽然其职责是从宏观上把握支出预算结构的优化，但由于它与各个具体业务管理主体之间信息不对称性的存在，也难免力不从心，出现制约力度不足的问题。第二，财政系统内部的资金分配活动，是为满足行政事务部门实现其职能需要服务的，财政分配的管理业务活动，既有财政内部各业务主体之间关系，又有财政管理各个业务主体与财政外部各政府部门事业单位之间业务关系。因此当财政管理的各个业务主体独立地，向自己管理的行政事业部门和单位进行预算执行管理和资金分配时，财政内部各主体之间的业务制衡机制，也就随之失去应有的作用，从而出现了各个业务主体对外活动的监督缺口。第三，财政系统内部各个管理业务主体之间的监督，是通过在业务活动中相互制约而实现的。这种监督只能是事前和事中的监督，而不具备事后监督机制，就是说财政内部各管理业务主体之间监督，不可能覆盖财政运行的全过程，其监督是不完整的，这在客观上也需要在构造业务制约之外，设置专职监督予以补充，才能建立起完整的财政内部制衡体系。

专职财政监督虽然能够覆盖财政分配运行的全过程，但也不能替代财政业务管理主体之间制约机制的建设。因为专职监督属于外在式的监督，由于它不从事具体管理业务，是无法透过具体管理业务活动对相关业务主体实施制约监督的。当然专职财政监督，它必须也应当进入具体管理业务活动之中进行监督，但进入并不等于可以具体从事管理业务活动，如果专职监督具体从事管理业务活动，这就使自己也陷入运动员与裁判员于一身的境界，专职监督也就不成为专职监督了。总之，财政内部专职监督与财政业务管理主体间的制约监督，两者在财政内部制衡体系建设中是相辅相成、缺一不可的整体，是不能相互替代的。只有把两者有机结合起来，把专职监督融入业务管理制衡之中，才能有效地建立起无时、无处、无事不在的，没有任何监督缺失的内部制衡监督体系。

4. 完善的财政监督法律体系

这是建立健全财政内部制衡监督体系不可缺少的政治基础，第一，无论是财政外部监督或者是财政内部制衡监督，没有法律为后盾，监督就会失去依据和必需的手段。第二，从根本上说，财政监督机制的构造，只能是通过法律制度授权和安排来实现。因此，在财政内部制衡机制建设中，必须把法律建设放在突出位置上。离开法律建设，离开法律手段，就财政监督论财政监督，是不可能取得成功的。

5. 统一、完整、透明、真实的信息共享体系

信息是财政监督的"生命线"，取不到必要的真实信息，财政监督就失去了生命，这乃是不言自明的道理。特别是财政内部制衡机制追求的是第一时间内即时的监督，如果许多情况下各个权力主体的业务活动，都采取暗箱操作，或借口保密需要，使许多信息都处于不透明状态，第一时间的监督也就无从谈起。因此，财政内部制衡机制建设中，必须把信息建设作为制衡机制构成要素，放在突出地位上，才能达到目的。

三、我国财政内部制衡机制建设成就和不足

1. 财政内部制衡机制建设的成就

多年来，在强化财政监督建设中，虽然没有明确提出建立财政内部制衡机制构造问题，但旨在强化财政内部监督的改革，已取得了有目共睹的成就，已初步搭起了财政内部制衡机制的初步框架。这集中表现在：

（1）建成了财政内部专职监督体系，在财政部成立了财政监督检查局，和驻各地财政监察专员办，各省市区也相继成立了监督检查处或局，并进行了大量的卓有成效的监督检查工作，以及财政监督理论研究工作，为构建财政内部制衡提供理论指导和积累了可资借鉴的丰富经验。

（2）依分权制衡的要求，改革了财政内部管理分工体制，初步搭起了预算编

制、预算执行、国库资金拨付三分离的，与构建内部制衡需要相适应的组织分工框架。

（3）实行了支出预算实现方式改革，实行了以国库单一账户为基础的国库集中支付制度，和政府采购制度等改革。

（4）颁布了《财政违法行为处罚处分条例》，为健全严格的财政内部问责制，提供了对责任者奖惩的法律依据；实施了部门预算和细化预算改革，使我国预算编制形式，从一个部门按支出功能编制多个预算，向一个部门只编一个预算转变，细化预算的改革也初步改变了，由于预算编制过粗，给各个财政管理层次和预算单位留下大量的对财政资金分配和使用上的自由裁量权，不利于财政监督，不利于内部制衡机制发挥作用的环境。

2. 财政内部制衡机制的不足

通过以上这些改革，虽然已为构造财政内部制衡提供了基本要素，初步在财政管理总层次上搭建起内部制衡框架。然而由于这是一项新事物，经验不足，监督理论研究滞后，缺乏理论指导，以及传统的财政管理理念的惯性作用等原因，不仅以上改革尚未全部到位，初步搭起来的内部制衡框架还很不完善，还不能有效地发挥制衡作用。

（1）制衡体系构造及其正常运行所必需的法律保障不足。依法行政依法监督，是做好监督工作和有效发挥监督威力的前提条件。我国的财政监督法制建设方面，经过多年努力，虽然取得很大成绩，但依然满足不了实践需要，至今没有一部完整的调整财政监督的法律，仅有的一些单项法规多是法律层次不高的行政法规和部门规章，或地方性条例，许多监督事项规定又分散在一些相关法律之中，致使一些法律规定存在着相互冲突等情况，极大地制约着内部制衡机制建设和正常运行，也制约着财政监督效能的发挥。

（2）财政管理内部职权分工依然与构造内部制衡机制要求不相适应。财政管理内部体制虽然已按内部制衡原理进行了调整，但内部职权分工还不够明晰，各个分工环节之间存在着职能相互交叉、相互重叠等问题，而又没有形成权力主体之间相互制约关系。如前所述，清晰的职权分工边界，乃是构造制衡机制的前提条件，职权划分不清，相互制衡也就失去了基础。

（3）现行体制中利益制衡不足，没能将各个权力主体职责实现状况与其利益结合起来。

（4）财政内部专职监督职能不到位，基本上还处于重外部监督，轻内部监督状态，在对内监督方面主要是停留在事后监督，没依内部制衡需要把专职监督配置到内部管理业务流程全过程，参与各业务主体间相互制衡中去。

此外，在法律授权方面，对专职监督机构的职能定位，也不够清晰和全面。现行的《财政监督机构工作暂行规定》把专职监督的职能界定为：代表本级财政部门监督本级和下级及其所属各部门、各单位的预算执行情况，并对预算违法违纪行为提出处理意见和根据授权办理其他有关监督检查事项。这一职能界定不仅明显地残留着重外轻内的监督理念的痕迹，而且监督范围界定也过于狭窄，仅限于预算执行。而预算编制、行政事业性国有资产管理和使用，以及国库资金管理和预算资金使用效果等，都置于专职监督视野之外，致使内部制衡体系所必需的专职监督，参与各个业务主体之间的制衡活动，失去法律支撑。

（5）财政内部制衡机制赖以充分发挥作用的必要条件尚不完备，这主要表现在：细化预算改革远没有完全到位，二次分配权大量存在；预算编制方法仍然沿用传统的基数法；大量的非税收入，不仅有的还处于预算之外，不受预算约束，纳入预算的很大一部分依然在很大程度上保留着原有的"三权"不变的机制，没有做到由预算统筹安排，如此等等。预算管理上这些缺欠，不仅造成大量财政收支活动及其管理业务透明度不高，甚至存在暗箱操作，也使财政监督失去依据，内部制衡也难以运行。

（6）财政运行的信息传递不畅和透明度低，特别是在财政系统内部，没有实现信息全面共享。信息是财政监督制衡的"生命线"，不能全面及时掌握信息，财政内部制衡也就失去基本条件，所构造起的内部制衡机制再科学，也只能处于空置状态。

总之，财政内部制衡机制构造乃是一个系统工程，仅是就制衡关系论制衡关系不成，在构造制衡关系的同时，还必须十分注意制衡机制赖以正常运行、充分发挥其作用的必要条件的建设。

四、建设和完善制衡机制的方略

（1）在廓清各个业务环节的职权范围边界的基础上，构建权力者相互制约关系的管理体制。消除职权相互交叉、相互重叠的缺欠，以夯实构造财政内部制衡机制的基础。在此前提下，实行各环节的主要业务决策会签制，所谓就财政内部管理业务流程总过程来说，就是实行预算编制、预算执行、国库资金拨付三个环节之间相互参与对方业务决策的审核，并拥有签署意见权。实行这种制度的意义有三：一是为制衡机制提供运作平台；二是赋予各主体实施制衡所必需的权力和手段；三是增强制衡机制的作用力，相互会签不仅是对受制约者形成一个有形的约束力，对制约者也意味着要对对方违规违法承担连带责任，因此，对制约者也是一个有形的约束力。

（2）明晰专职监督机构在内部制衡机制建设中的地位和职能范围，把专职监督职能从内审延伸到预算编制、预算执行、国库管理及资金拨付全过程各个环节中去，对各层次、各个环节之间的相互制衡结果实行再监督，或直接作为第三方参与会签工作。这样配置专职监督的职能，既可以预防内部合谋违法违规问题的发生，又可以增强内部制衡机制的威力，更是构造无缝化，覆盖财政运行全过程的制衡体系之不可或缺的措施。

（3）建设严格的问责制以建立利益制衡机制，为此要将财政管理的各个层次、各个环节的职责分工落实到人，使每一个人都要对所承担的责任完成状况负全责，并将其个人利益与其责任完成状况直接结合起来，对忠于职守、工作成绩优良者奖，对成绩不佳，玩忽职守者罚，对违纪违法者严惩，并且相关制衡人也要承担一定的连带责任。有了这样责任追究和奖惩制度，才能给内部制衡提供强大的动力。

（4）深化财政管理体制改革。第一，加快综合财政建设，将一切财政性收支纳入国家预算，做到一切财政性收入都通过国家预算统筹安排，一切财政性支出都通过国家预算供给；第二，加快细化预算改革步伐，在改革收支科目体系的基础上，把支出预算编制细化到目，以消除支出预算执行中各层次、各环节存在的再分配权。实现了这两项改革，才能确保全部财政性资金收支纳入财政监督制衡视野之内，达到监督制衡处于无缝的理想状态。

（5）整合现行的有关财政监督的法律资源，排除法律间相互矛盾，相互重叠的条款，同时加快预算法的修订工作和着手财政监督法的建设，以满足强化财政监督及财政内部制衡体系建设的紧迫需要。

（6）建设规范的财政内部信息传递、沟通、共享制度。在"金财工程"和"金税工程"建设基础上，运用计算机网络技术，在财政系统内建立上下左右、各个层次、各个环节、各个部门之间信息公开，在第一时间传递，即时沟通的平台，同时要改革政府会计制度，创新政府会计体系和信息披露制度，为财政内部监督制衡的运行提供信息保障。

原载《财政监督》，2006 年第 7 期

中外历史上"天人"观和"主客"观的演变
——在"环境史视野与经济史研究"学术研讨会上的发言

吴承明

　　我对环境史无知，仅谈点历史观。近年来我研究历史观有三项内容：①人与自然的关系；②人与人的关系；③思维与存在的关系。最后一项属认识方法论，亦是主体与客体问题。

　　前两项来自司马迁与马克思。马克思认为，历史应该包括人与自然、人与人关系的描述，他谴责西方史学（从近代史学之父兰克算起）抛弃了自然，造成历史与自然的对立。马克思在经济学上讲人与自然的"物质变换"，在哲学上讲人与自然的"同一"，"本质上是统一的"。但由于人被社会制度异化，与自然对立起来。要到共产主义，消除人的异化，复归统一。全部历史就是：自然经过改造，人道主义（指仁慈 humanize）了；人经过革命，舍弃利禄，自然主义了。这是人与自然、人与人之间"矛盾的真正解决"，也是"历史之谜"的解答。司马迁的"究天人之际，通古今之变"，完全符合马克思的历史观。

　　我认为，孔子、司马迁以来的历史观（世界观）都是天人相通的。孟子有"万物皆备于我"说法，但注明是"求其在我者"，如仁义、天理，"求则得之"。若是"求其在外者"，如田地、财富、官爵，那就听天由命了。荀子有"参"与天地活动之说。《中庸》晚出，讲"赞天地之化育则可以与天地三"，但这也是天人相通。到宋张载、程颢才正式提出天人合一。张载最精彩的话是"民吾同胞，物吾与也"（《西铭》）。所以如此，是因为"天地之塞，吾其体；天地之帅，吾其性"，在物质上和精神上，人都与物同体。程颢的名言是"浑然与物同体"（《识仁篇》）。到王阳明，更明确天人合一，"大人者，天地万物为一体也"（《大学问》）。

　　他们所说的天人合一都是人与物同体或一体。体即本质，犹马克思"本质上是统一的"。本质与现象，中国称体与用，或本与末；从方法论说，就是主体与客体。程颢说，"但得道在，不系今与后，己与人"；己与人就是主与客，都可得道。王阳明说，"即体而言用在体，即用而言体在用"。但宋明理学不是否定主与客的区别，而是把主与客处于同等的地位，反对以我为主。这来自禅学，禅宗纯属中国哲学。禅宗讲"主看主"，不是主看客。形象地说，就是"一片月生海，几家人上楼"（《景德传灯录》）月生海是自然现象，与人上楼相关出现，但都是自主活动，是主与主的关系。

　　西方历史观，自哲学之父泰勒斯以来就强调主客对立，到康德，尤其是黑格尔，就变成以我为主的历史观，并提出历史中心论。第一次世界大战后，胡塞尔的现象学提出 Eidos，即直接认识事物本质。这种认识论是主客体在同一层次上出现，动摇了传统的主客对立。接着，存在主义兴起，海德格尔的诠释学、维特根斯坦的语言学，用时代"先见"或"语境"来解释历史文本（文献），消除了主体与客体的对立。海德格尔的学生迦达默尔的诠释学，把研究历史看做是今人与古人的对话，而且是"没有主人、没有目的、没有终结"的对话，这就更接近于中国主体间关系的认识论了。到 20 世纪 80 年代，哈贝马斯提出"交往理性"论，包括人与"物理世界"即自然的交往，所有认识都是由相互交往得来，就完全是主与主的关系了。哈贝马斯说他的理论是"历史唯物主义的重建"。马克思没有明确的主客关系，但哈氏的理论，与马克思的思维与存在同一性的论点是一致的。

　　　　　　　　　　　　　　　原载《中国经济史研究》，2006 年第 1 期

试论"十五"期间投资率和消费率的
运行特征及其变动趋势

汪海波

投资率和消费率是国民经济中最基本的比例关系之一。在"十五"期间即将结束、"十一五"期间即将开始时,剖析"十五"期间投资率和消费率的运行特征及其变动趋势,采取相应对策,是一件很有意义的事。

按照国内外统一的统计口径,依支出法计算的国内生产总值包括最终消费、资本形成总额和货物、服务净出口。最终消费包括居民消费和政府消费。资本形成总额包括固定资本形成总额和存货增加。本文主要是研究居民消费率和固定资本形成总额。当然,也会涉及政府消费和存货增加。此外,还会涉及全社会固定资产投资率。[①]

一、20世纪50年代以来世界各国投资率与消费率的运行轨迹及其与我国"十五"时期之比较

如果仅就20世纪50年代以来的情况来看,世界各国投资率与消费率运行轨迹具有以下特征:

第一,投资率经历了先升后降的过程,而消费率则经历了先降后升的过程。依据钱纳里等人的研究,1950~1970年期间,101个国家平均投资率由13.6%上升到23.4%,消费率由89.8%下降到76.5%。依据世界银行发展指数数据库的资料(以下简称世界银行的资料)在1970~2002年期间,世界各国平均投资率由25.6%下降到19.9%;消费率由74.2%上升到79.6%。

决定这个特征的主要因素,是在上述期间世界各国都不同程度地经历了工业化和现代化的过程。就其与投资率与消费率的变化相联系的角度说,这个过程包括三重含义:一是在产业结构方面,先是第二产业比重较第一产业比重上升,后是第三产业比重较第二产业比重上升。二是在需要结构方面,先是对工业品需求的比重上升,后是对服务业产品需求的比重上升。而就对投资的需求来说,发展工业比发展

[①]　有关这些概念的解释,见《中国统计年鉴》(2004)第85~86、266页。

农业所需要的投资多，发展第三产业需要的投资比发展工业要少。三是在储蓄率方面，伴随人均收入的提高，储蓄率也是由低走高的。而这一点正是投资率由低走高在资金方面的基础。事实也正是这样。上述的 101 个国家在 1950～1970 年期间储蓄率由 10.3% 上升到 23.3%。与此相联系，投资率也由 13.6% 上升到 23.4%。但在"二战"以后，与现代化相伴随的是有国家调控的现代市场经济的发展。这种体制在熨平经济周期波动方面的作用愈来愈明显，对投资的推动作用趋于平稳。同时，在这种体制下社会公平的原则得到较好实现。特别是伴随公共财政体制和社会保障制度的建立和健全，一方面从税收方面遏制了企业主投资需求的增长；另一方面，增加了低收入阶层的实际收入，提高了中等收入阶层的比重，从而消费倾向也随之提高。这些因素以及其他相关因素的作用，又使得储蓄率在上升到一定阶段后又趋于平缓下降。据世界银行的资料，在 1970～2002 年期间，世界各国储蓄率由 25.8% 下降到 20.4%，在 22 年间下降了 5.4 个百分点。上述三点就从产业结构、需求结构和储蓄率这三个极重要方面决定了投资率由升趋降、消费率由降趋升的过程。诚然，上述各点主要是就经济发达国家的情况来说的。但正是这些国家在世界经济总量中占了大部分，从而主导了包括投资率和消费率变化在内的经济发展趋势。

第二，以上是就世界各国投资率和消费率总的趋势说的。但是，在实际上，①低收入国家、中等收入国家和高收入国家（以上三类国家 2002 年的人均国民总收入分别为 430 美元、1850 美元和 26490 美元）的投资率和消费率的运行轨迹是有很大差别的。据世界银行的资料，其中低收入国家的投资率由 1970 年的 15.7% 上升到 1995 年的 25.2%，再下降到 2002 年的 19.7%；中等收入国家由 1970 年的 22.9% 上升到 1980 年的 27.2%，再下降到 2002 年的 23.4%；高收入国家由 1970 年的 26.5% 下降到 2002 年的 19%。可见，在这 32 年中，低收入国家和中等收入国家的投资率都经历了先升后降的过程（前者上升时间经历了 25 年，下降时间经历了 7 年，后者分别为 10 年和 22 年），只有高收入国家是逐步下降的。与此相应的是这些国家消费率的变化过程。②直到 2002 年，上述三类国家的投资率也还有很大差别，依次分别为 19.7%、23.4% 和 19%。③投资率由升到降、消费率由降到升的拐点，世界各国也有很大的差异。就世界各国的平均投资率来看，这个拐点大约发生在人均收入 1000 美元，但其中中等收入国家不到 1000 美元，低收入国家甚至不到 400 美元。

将上述世界各国投资率和消费率的运行轨迹与我国"十五"期间的有关情况作一下比较，就可以清楚看到：

第一，我国投资率由 1952 年的 22.2% 上升到 2000 年（"九五"时期的最后一年）的 36.4% 以后，"十五"期间仍在继续上升，到 2004 年上升到 43.9%[①]，2005 年还要上升。可见，我国投资率的上升时间，已经长达 54 年。这个数字比上述世界各国平均投资率的上升时间长了 34 年，比其中低收入国家长了 10 年，比中等收入国家长了 24 年。

第二，2004 年的投资率比 2002 年世界各国平均投资率高 24 个百分点，比其中的低收入国家高 24.2 个百分点，比中等收入国家高 20.5 个百分点，比高收入国家高 24.9 个百分点。

第三，即使在 21 世纪初人均收入已经超过 1000 美元以后，投资率也没有出现由升到降的拐点，还在继续上升。总之，与世界各国平均投资率的运行轨迹相比较，我国投资率上升时间最长，当前投资率最高，出现拐点的时间最迟。当然，其中有众多不可比因素。但这不会根本影响这个结论。

二、"十五"时期投资率和消费率运行轨迹与前九个五年计划时期之比较

我国"一五"时期的投资率和消费率分别为 24.7% 和 75.6%，1958～1960 年"大跃进"时期分别为 38.1% 和 61.5%，1961～1965 年经济调整时期分别为 21.9% 和 77.2%，"三五"时期分别为 28.3% 和 71.4%，"四五"时期分别为 34.1% 和 65.6%，"五五"时期分别为 35.5% 和 64.6%，"六五"时期分别为 34.5% 和 66.1%，"七五"时期分别为 36.7% 和 63.4%，"八五"时期分别为 40.3% 和 58.7%，"九五"时期分别为 37.6% 和 59.4%，2001～2004 年分别为 40.9% 和 56.8%。可见，与以往九个五年计划时期相比较，2001～2004 年投资率是最高的，消费率是最低的；投资率最多要高 19 个百分点，最少也要高 0.6 个百分点；消费率最多要低 20.4 个百分点，最少也要低 1.9 个百分点。

上面作的是各个时期的比较。如果作年份比较，其差距更明显。2004 年投资率高达 43.9%，比最低的 1962 年高 28.8 个百分点，消费率只有 53.6%，要低 30.2 个百分点；比"大跃进"期间投资率最高年份 1959 年高 1.1 个百分点，消费率要低 3 个百分点；比改革以来投资率最高年份 1993 年也要高 0.4 个百分点，消费率要低 4.9 个百分点。如果再考虑到 2005 年投资率要进一步上升，消费率要相应下降的情况，那上述差距还要大一些。

如果考虑到 2001～2004 年固定资本形成比重上升，存货增加比重下降的情况，那么，这期间实际形成的投资率比重比上述情况还要高一些。这期间固定资本形成总额比重和存货增加比重分别为 99.03% 和 0.97%。前者比"一五"时期要高 31.5

---

① 《中国统计摘要》(2005)，中国统计出版社，第 31 页。

个百分点，比 1958～1960 年要高 22.5 个百分点，比 1961～1965 年要高 14.8 个百分点，比"三五"时期要高 24.3 个百分点，比"四五"时期要高 21.3 个百分点，比"五五"时期要高 17.2 个百分点，比"六五"时期要高 16.7 个百分点，比"七五"时期要高 20.6 个百分点，比"八五"时期要高 13.5 个百分点，比"九五"时期要高 5.7 个百分点。可见，2001～2004 年，同以往九个五年计划时期相比，固定资本形成比重是最高的，最多高出 31.5 个百分点，最低也要高出 5.7 个百分点。其对应的数字，就是存贷增加低出的数字。这些数字进一步说明了投资率过高的严重程度。

如果再考虑到 2001～2004 年政府消费比重上升和居民消费比重下降的情况，那就可以进一步看到居民消费率下降的严重程度。这期间居民消费比重为 78%，政府消费比重为 22%。居民消费比重比"一五"时期下降了 5.5 个百分点，比 1958～1960 年下降了 4.8 个百分点，比 1961～1965 年下降了 5 个百分点，比"三五"时期下降了 5.4 个百分点，比"四五"时期下降了 3.2 个百分点，比"五五"时期下降了 0.8 个百分点，比"六五"时期下降了 0.9 个百分点，比"七五"时期下降了 2.4 个百分点，比"八五"时期下降了 0.6 个百分点，比"九五"时期下降了 1.4 个百分点。[①] 可见，与以往九个五年计划时期相比，2001～2004 年居民消费率是最低的，最多低 5.5 个百分点，最少也低 0.6 个百分点。

总之，与以往九个五年计划时期相比较，"十五"期间的投资率是趋于巅峰，特别是固定资本形成率更是如此；而消费率则跌入低谷，居民消费率尤其如此。这其中也有许多不可比因素，但也不会根本改变这个判断。

三、"十五"期间高投资率低消费率的形成原因

上述的国际比较和国内历史比较均表明：我国"十五"期间投资率是最高的，消费率则是最低的。这究竟是什么原因呢？明确这一点，对于预测"十一五"期间投资率和消费率的发展趋势，采取相应的对策，是完全必要的。

"十五"期间我国投资率继续上升主要是由下列一些重要因素决定的。

第一，就形成投资率走高的经济机制来说，经济改革以前，国有经济（包括中央政府和地方政府以及国有企业）内含有投资膨胀机制。改革以来，随着政府职能的逐步转变和国有企业改革的逐步推行，在中央政府和改制已经到位的国有企业，投资膨胀机制已有很大的削弱。但由于这些改革均未到位，国有经济原来内含的投资膨胀机制并未根本消除，在改制尚未到位的国有企业是这样，在地方政府方面则表现得尤为明显。比如，2000～2004 年，由中央管理的项目投资由 6433.8 亿元增

---

① 《中国统计摘要》（2005），中国统计出版社，第 31～33 页。

长到 6453.9 亿元，只增长了 0.3%；而由地方管理的项目投资则由 26483.9 亿元猛增到 63618.8 亿元，增长了 1.4 倍。[①] 诚然，后者包含了由中央政府统筹安排给地方政府的资金，还包含了非国有企业的投资。因而，它的高速增长有合理成分。但即使考虑到这些，由地方政府推动的投资的增速也大大超过了中央政府的投资。它突出地反映了由政企分开、财税改革和干部制度改革不到位等因素而导致的地方政府投资机制的膨胀。

非国有企业在改革以后资金积累已有了很大增长。在法律和政策环境逐步改善，市场准入和要素运用等方面限制逐步放宽的情况下，它们的拓展空间愈来愈大。"十五"期间经济增长提速。这些就使得它们的投资迅速增长，占全社会固定资产投资的比重迅速上升。2000～2003 年，非国有经济投资由 16413.3 亿元增长到 33905 亿元，占全社会固定资产投资比重由 49.9% 上升到 61.1%。这种增长必然带有盲目性。

21 世纪初，经济发达国家为了发挥它们在众多高科技领域居领先地位的优势，维护其在国际分工的产业链条中的高端地位，继续将中低端产品的生产向发展中国家转移。而我国拥有市场容量大、劳动力数量多、要素价格便宜和社会稳定等方面的优势，从而成为跨国公司的投资热点，这种情况在 21 世纪初达到一个新的高点。外商直接投资由 2000 年的 407.2 亿元增长到 2004 年的 606.3 亿元，增长了 48.9%。[②]

上述三方面投资机制都会促使"十五"期间迅速增长。

第二，当前我国处于工业化的中期阶段。就其与提高投资率的关系来说，有三点值得重视。一是在这个阶段，重工业发展较快，占的比重也较大。而这类工业是资金密集型工业，它的发展需要追加的投资较多。而就近几年的情况看，它的发展速度又过快了。这是促使投资率上升的重要因素。二是人均收入已经超过 1000 美元，这个阶段在经济上的重要特点之一就是消费结构变化很快，由此带动的生产结构变化也快，于是经济增长提速。而且，我国当前消费结构升级正处于由千元级向万元级、10 万元级过渡的阶段。其突出表现就是对住宅和汽车等的需求快速增长。尽管过去计划经济体制下形成的平均主义还远没有消除，但由于经济转轨时期各种特殊矛盾的作用，居民收入差别迅速扩大。在居民中已有部分人群的收入水平很高。这些人在全国人口中的比重很小，但由于我国人口多，这些人的绝对量也不小。他们对住宅和汽车等的需求量就很大。而这些产业的利润率又高，其本身发展的动力就很强。而且其产业关联度又大，由此也会带动经济增长提速，投资率上升。三是我国虽然处于工业化中期阶段，但由于处于知识经济已经开始到来的时

---

① 《中国统计摘要》（2005），中国统计出版社，第 52 页。
② 《中国统计摘要》（2005），中国统计出版社，第 169 页。

代，因而在一定程度上又是与现代化相结合的。而许多现代产业都是资金技术密集型产业。

第三，中国新一轮经济周期的特点，也是推动投资率上升的重要因素。如果我们以作为低谷年的1999年（这年经济增长7.1%）为起点考察新一轮经济周期的运行，就可以看到以下特点。一是就周期的构成阶段看，不仅不会出现由于经济因素和政治因素相结合而形成1961年那种危机阶段（这年经济增长 -27.3%），也不会出现由政治因素形成的1976年那样的危机阶段（这年经济增长 -1.6%），而且也不会出现1990年那样近乎衰退的阶段（这年经济增长3.8%），仅仅由经济增长在合理的区间（7% ~9.5%）① 在以前8个周期，上升阶段的上升年份（包括波峰年份）最多为3年，最少为1年；在合理增长区间的上升年份更少，最多为1年，最少为0年。二是在新一轮周期，这两个数字均为4年。这是到2004年位置的数字。但依据目前的情况看，在合理增长区间上限线内运行的年份至少还可以延续到2010年。三是在这个周期的下降阶段，也将在经济增长合理区间下限线内运行（年增长7% ~8%）。四是就经济增速波峰年份和波谷年份的波动幅度看，不仅不会是以往周期多次发生的超强波周期（波幅在20个百分点以上）、强波周期（波幅在10个百分点以上），也不会是中波周期（波幅在5个百分点），而是首次出现的轻波周期（波幅在5个百分点以内）。将上述四个特点概括起来就可以清楚看出：当前宏观经济形势的总体特点真正是经济快速、平稳、持续发展。这在新中国成立以后是第一次。

决定上述特点的有以下重要因素：一是经济全球化条件下改革开放效应。二是知识经济时代科技进步效应。三是我国当前工业化中期阶段效应。四是积累了适应现代市场经济发展要求的、全过程的宏观调控经验。五是经济大国的下面效应。六是中国仍然可以赢得一个相当长的国际和平环境。

显然，新一轮经济周期的上述特点不仅是促使"十五"期间投资率上升的重要因素，而且会使投资率在高位上稳定下来。

第四，当前我国经济增长方式的主要特点是粗放型的，经济增长主要依靠包括资金在内的要素投入。这样，经济增长提速必然带来投资率的上升。

第五，区域发展战略的全面实施，也是投资率上升的重要因素。我国在2000年前后相继提出并实施了东部率先实现现代化，西部大开发，振兴东北等老工业基

---

① 按照现代经济学的有关理论，潜在经济增长率，是指一个国家在一定的经济发展阶段内，即在既定的技术和资源条件下，在实现充分就业和不引发加速通货膨胀的情况下，可能达到的可持续的最高经济增长率。但在我国，潜在失业人口数以亿计，要实现充分就业，需要经过很长的历史时期，因而不能完全套用这个定义。但其中提到的"可能达到的、可持续的最高经济增长率"的说法，是可取的。而且可以采取简便而又较为可靠的办法，做到这一点。这就是长时间的年均增长率。我国改革开放以后的1979 ~2004年的年均增长率为9.4%。这可以看作是潜在增长率。但它有一个合理的增长区间，其下限可以定为7%，上限可以定为9.5%，合理的增长区间为7% ~9.5%。

地，中部崛起等项区域经济发展战略。这就必然会带来投资率的上升。

第六，城乡居民储备率的迅速攀升，是支撑投资率上升的资金基础。2000～2004年，我国城乡居民储备率由10%上升到21.7%。[①] 但这期间储蓄倾向的上升，并不只是一般地由于居民收入的提高还特殊地由于收入差别扩大导致储蓄倾向高得多的高收入人群的增加。

第七，金融体制改革滞后和金融机构功能不健全，对投资率的提高也有重要的影响。其突出表现有二：一是利率市场化改革还没到位，大大限制了它在投资需求上升方面的功能。二是金融机构单纯为生产服务的面貌改变并不大。2001～2004年，城乡居民储蓄占金融机构资金来源的比重在42.5%到47.6%之间波动，但在资金运用方面，用于城乡居民的消费信贷则微乎其微。至于证券市场方面的情况则更是如此。在上述期间，股票发行、国债发行、企业债券发行和证券投资基金的总额由9093.7亿元增加到17709.1亿元；[②] 而这些方面的资金运用，几乎同消费无缘。

总体说来，与投资率相对应的是消费率，因而投资率提高就意味着消费率的下降。但分别说来，正像上述一系列推动投资率上升的因素一样，也有一系列因素促使消费率下降。但在这里只是分析作为消费率主要组成部分的居民消费率下降的因素。

就"十五"期间的情况来看，居民消费率下降，在一定程度上是同政府消费率上升相联系的。与"九五"期间相比，2001～2004年政府消费率在整个消费率中占的比重由20.6%上升到22%，居民消费率由79.4%下降到78%。这一点是同政企、政事分开和行政体制改革不到位，以及由此必然造成的行政管理费大量增长相联系的。2000～2003年，行政管理费由1787.59亿元增长到3437.68亿元，占政府消费的比重由15.2%上升到23.2%。[③]

但就居民消费率的下降来说，也还有与它本身直接相关的一系列因素的作用。第一，居民收入水平低。从总体上说，新中国成立以来，特别是改革以来，居民收入有了空前未有的大提高。但直到2004年，农村居民家庭人均纯收入仅有2936元，城镇居民家庭人均可支配收入也只有9422元。收入水平低是同收入水平的增速和社会劳动生产率增速直接相联系的。如果以1978年为100，则2004年人均国内生产总值指数为760，社会劳动生产率指数为591.5，农村居民家庭人均纯收入指数为588，城镇居民家庭人均可支配收入指数为554。[④] 这些数字不仅表明了居民收入水平低的原因，而且揭示了消费率低的关键所在。

---

① 《中国统计摘要》（2005），中国统计出版社，第39、84、102页。
② 《中国统计摘要》（2005），中国统计出版社，第84、88页。
③④ 《中国统计年鉴》（2004）和《中国统计摘要》（2005），中国统计出版社。

农村居民的收入水平更低。其原因主要是由城镇化进程太慢，城乡二元体制改革滞后，工业反哺农业的政策出台不够及时，农村税费改革负担重，以及农业资金和科技投入少等因素的作用而导致的农业劳动生产率太低。直到 2004 年，第一、二、三次产业的劳动率分别为 5888.5 元/人、42782 元/人和 18999.6 元/人。可见，这年农业劳动生产率只有第二产业的 13.8%，第三产业的 39%。[①] 一般说来，在保持适当投资率的条件下，收入水平的提高主要依靠劳动生产率的提高。对占全国人口总数大部分的农村居民来说，尤其是这样。在农业劳动生产率还低于第二、三次产业的条件下，农村居民收入水平也一定较低。这是一条规律。当然，当前我国农村居民的收入低，同上述的诸如城镇化进程慢和城乡二元体制改革滞后等等因素的作用，也有很大关系。但即使没有这些因素的作用，在农业劳动生产率较低的情况下，农村居民收入水平也会较低，只不过低的程度有很大差别。

城镇居民收入水平比农村居民水平要高得多，但也是低的。在城镇居民的低收入和中低收入群众中尤其如此。就整体说，2004 年，城镇居民家庭人均可支配收入比农村居民家庭人均纯收入高出 2.21 倍。但就城镇居民的低收入户和中低收入户来说，分别只高出 24% 和 1.05 倍；前者比农村的中高收入户只高出 1%，比高收入户还低 47.5%；后者比农村的中高收入户只高出 66.9%，比高收入户还低 13.1%。[②]

城镇居民收入低的主要原因：一是就业面没有获得应有的扩大。对城镇居民来说，扩大就业是提高他们收入的基础性工程。诚然，当前我国存在数以亿计的富余的劳动力，每年新增加的劳动数量也很多，伴随国有和集体企业改革深化又要释放出大量劳动力。因此，在我国，扩大就业是一个十分重要而又极为艰巨的任务。但是，多年来，由于没有把扩大就业放在政府调控中的突出位置，就业容量大的劳动密集型产业、第三产业（尤其是其中的社区服务业）、手工业、中小企业和非公有经济没有得到应有的发展，在财税、信贷和法制等方面缺乏更有力的措施。当然，在这些方面近几年来有所改进，但也没有完全到位。以致在 2000～2004 年城镇登记失业人数由 681 万人增加到 827 万人，失业率由 3.1% 扩大到 4.2%。[③] 当然，做到这一点，也是付出了很大的努力，来之不易。但我国当前扩大就业仍有很大的拓展空间。而且，失业人数增加和失业率的扩大，是导致城镇居民收入低的一个重要因素。二是劳动力价格过低。应该肯定，改革以来城镇职工工资比改革以前有了前所未有的显著提高。1978～2004 年，城镇职工平均货币工资由 615 元提高到 16024 元，平均实际工资提高了 3.85 倍。但是，劳动力价格仍然过低。如果以 1978 年为

---

① 《中国统计摘要》（2005），中国统计出版社，第 18、19、45 页。

② 《中国统计摘要》（2005），中国统计出版社，第 102、107、112 页。

③ 《中国统计摘要》（2005），中国统计出版社，第 47 页。

100，则 2002 年工业劳动生产率指数为 891，而工业职工工资总额指数只有 331。因而在这期间工业工资总额占工业增加值的比重也由 16.7% 下降到 9.3%。[①] 这些数字表明：尽管绝对工资是大大提高了，但相对工资（即工资指数相对工业劳动生产率和工业增加值的指数）却大大下降了。如果再考虑到进城务工的农民工的工资状况，那上述的城镇职工上升幅度就要大打折扣。据粗略估算，近年来农民工约近 1.4 亿人，但他们的人均收入只有 5000～6000 元，[②] 还不到城镇职工的平均工资的 1/3。而且就是这样的低工资，又在许多情况下还不能按时拿到手。

劳动力价格过低，有历史原因，在计划经济时期，工资就很低。改革以后，由于长期存在劳动力市场供大于求的机制，在客观上会抑制劳动力价格的上升。再加以政府在逆市场供求机制作用而进行的调节方面还缺乏力度。这样，劳动力价格过低的状况就难以改变。

第二，消费倾向低。显然，居民消费率低，不仅取决于居民收入低，而且取决于居民消费占居民收入中的比重（即消费倾向）。依据边际收入的边际消费倾向的递减规律，消费倾向不仅决定于居民总体收入水平的高低，而且决定各类居民群体的收入差别的大小。1980～2004 年，我国居民人均可支配收入（或纯收入）由 246.8 元提高到 5644.7 元，居民平均消费水平由 236 元提高到 4556 元，居民消费倾向由 0.965 下降到 0.807。[③] 其中消费倾向的下降，不仅同居民收入水平提高有关，而且同各类居民群众收入差别有联系。下列数据可以更清楚地表明这一点。2000～2004 年，城镇居民平均每人可支配收入和平均每人消费性支出分别由 6280 元增长到 9421.6 元，由 4998 元增长到 7182.1 元，消费倾向由 0.795 下降到 0.762，下降 0.033 个百分点。其中，低收入户人均可支配收入由 3132 元增长到 3642.2 元，人均消费性支出由 2899.1 元增长到 3396.3 元，消费倾向由 0.925 上升到 0.932，上升了 0.007 个百分点；中低收入户人均可支配收入由 4623.5 元增加到 6024.1 元，人均消费性支出由 3947.9 增加到 5096.2 元，消费倾向由 0.853 下降到 0.846，下降了 0.007 个百分点；中等收入户人均可支配收入由 5897.9 元增加到 8166.5 元，人均消费性支出由 4794.6 元增加到 6498.4 元，消费倾向 0.812 下降到 0.796，下降了 0.016 个百分点；中高收入户人均可支配收入由 7487.4 元增加到 11050.9 元，人均消费性支出由 5894.9 元增加到 8345.7 元，消费倾向由 0.787 下降到 0.755，下降了 0.032 个百分点；高收入户人均可支配收入由 11299 元增加到 20101.6 元，人均消费性支出由 8135.7 元增加到 13753.1 元，消费倾向由 0.72 下降到 0.684，

① 《中国统计年鉴》（2004）和《中国统计摘要》（2005），中国统计出版社。
② 《经济日报》，2005 年 8 月 10 日第 13 版。
③ 《中国统计年鉴》（2004）和《中国统计摘要》（2005），中国统计出版社。

下降了 0.036 个百分点。[①] 可见，在这期间，随着城镇居民人均可支配收入的上升，消费倾向总体上是下降的。但其中的低收入户是上升的；而从中低收入户到高收入户都是下降的，而且收入水平越高，下降的数字越大。这表明城镇居民收入差别的扩大是降低消费倾向的重要因素。

当然，在这方面起作用的不只是城镇居民之间收入差别的扩大，也不只是农村居民之间收入差别的扩大，还有城乡之间、地区之间和行业之间的收入差别的扩大。

但消费倾向的下降，又不只是由于各类居民之间收入差别扩大，还有其他多种因素的作用。一是由于养老、失业和医疗保险制度和财税制度改革滞后，社会保障制度和公共财政制度还没有完全建立，各类保险面窄，水平低，甚至义务教育所需经费也未完全落实，再加上医疗和教育等方面的高收费甚至乱收费，不仅大大降低了居民的即期消费，而且恶化了消费预期。二是在买方市场形成和需要巨额支出的众多现代消费品盛行的条件下，消费信贷需要相应地发展。而我国由于金融机构功能不健全、信用制度缺失和消费观念转变滞后等方面的原因，消费信贷并没有得到应有发展。这种情况限制了即期消费的提高。三是当前我国消费品市场大部分商品是供求平衡的，甚至是供过于求，但也有相当一部分商品是供不应求的。这表明部分商品结构不适合消费者的需要，以致居民对这部分消费需求不能实现。四是与以往不同，众多的现代消费品的使用，都需要相应的基础设施。但人们常常只考虑扩大生产投资和相应的基础设施投资，而对消费方面的基础设施则没有及时给予应有的注意。当然这种状况，现在已有很大改变，但这方面的问题并没有根本解决。这一点在农村的许多地区表现得仍很明显，以致许多现代消费品不能使用。五是市场交易秩序混乱。诸如假冒伪劣商品、虚假广告、过度包装和价格欺诈等等都很盛行。这些都降低了居民的消费欲望。六是传统文化中的节约，是一种美德，是建设节约型社会的宝贵资源。当前仍然应该大力发扬这种美德。但像任何观念形态一样，都需要随着时代的发展而不断提高扬弃不合时宜的方面，增加适合时宜的新内涵。但当前仍有一部分居民坚守改革以前那种低生活水平条件下的节约习惯。特别是在一部分离退休人员中，他们收入水平不低，住房、养老、医疗等方面都有保障，又无养老和育小的负担，本来可以有较高的消费倾向，但由于旧的节约习惯，致使消费倾向很低。当然，发生这种情况，也不只是由于旧的节约习惯，同金融产业的开发不足也有很大关系。诚然，这部分人在居民中占的比重很小，但绝对量也不会少。当然，这也只是一部分离退休人的情况。在大部分退休人员中，由于没有完全享受到社会经济发展的成果，收入水平很低，也是构成低消费率的因素。

---

① 《中国统计摘要》(2005)，中国统计出版社，第 107 页。

四、投资率和消费率的变动趋势和应采取的对策

将上述的提高投资率和降低居民消费率的各种因素归纳起来，具有以下两个重要特点：一是，它们不是偶然的，临时起作用的因素，而是必然的、长期起作用的因素。二是，在正常情况下，这些因素的作用是朝着降低投资率、提高居民消费率这个总方向发展的。但这些因素积极作用的发挥需要经过一个长短有别的过程。因而，这个总方向的实现也要经历一个过程。

据此可以判断，"十五"期间及其以后一段时期内投资率的变动趋势将经历三个阶段。第一阶段，2001～2006 年是投资率上升到高峰的阶段和相继进行的削峰阶段。2003 年的投资率由 2000 年的 36.4% 上升 42.4% 达到了高峰。于是从 2003 年下半年开始，政府加强了宏观经济调控，治理经济局部过热。其中最重要的内容就是控制投资的过快增长。但 2004 年投资率仍然上升到 43.9%。据有关单位预测，2005 年的全社会固定资产投资率将由 2004 年 51% 上升到 54%。① 这样，2005 年还不能实现削峰，预计要到 2006 年才能完成这个任务。这样，2006 年投资率就会超过 44%。第二阶段，在"十一五"期间的后四年（2007～2010 年），在实现削峰任务以后，争取把投资率从峰尖（44% 以上）降到高位区间（投资率为 40% 左右）。高位区间确定的依据是改革以来的实践经验。1978～2004 年平均投资率为 37.7%。其中，1978 年投资率达到 38.2% 发生了经济过热；1985 年投资率达到了 38.5%，又发生了经济过热；1988 年投资率达到了 37.4%，再次发生了经济过热；1993 年投资率达到了 43.5%，又发生了经济过热；2003～2004 年投资率分别达到 42.4% 和 43.9%，发生了经济局部过热。这五次经济过热或局部经济过热的平均投资率为 40.3%。在前四次经济过热之后，与经济增长率下降相伴随，投资率也下降，其最低的四年（1982 年为 32.1%，1987 年为 36.7%，1990 年为 35.2%，2000 年为 36.4%）平均投资率为 35.1%。无论是 1978～2004 年的平均投资率，或者是五次经济过热年份的平均投资率，还是四次最低年份的平均投资率，中间都有曲折变化，但总的趋势都是上升的。② 依据这个历史经验，似乎可以把我国现阶段投资率的高位区间定为 40% 左右，把中位区间定为 38% 左右，把低位区间定为 33% 左右。第三阶段，在 2011～2020 年争取把投资率由高位区间逐步下降到中位区间和低位区间。如果是这样，那么，我国投资率由升到降的拐点，将不是发生在 1000 美元左右，而是在 2000 美元左右。

如前所述，影响居民消费率，不仅有投资率，还有政府消费率。但前者是主要因素，后者是次要因素。因此，大体说来，与上述投资率变动的三个阶段相对应，

---

① 《经济日报》，2005 年 7 月 20 日第 4 版。
② 《中国统计摘要》（2005），中国统计出版社，第 31 页。

居民消费率变动也将经历以下三个阶段。第一阶段（2001～2006年），居民消费率跌入低谷和相继进行的填谷阶段。2003年居民消费率由2000年48%下降到43.3%，2004年进一步下降到41.9%，跌入了低谷。基于前述理由，2003年下半年开始填谷，预计这个任务要到2006年才能实现。这样，如果按照2001～2004年政府平均消费率占最终消费率的22%，以及净出口占国内生产总值的平均比重2.3%计算①（以下第三阶段都依照这两个假定），那么，2006年居民消费率就只有41%左右。第二阶段（2007～2010年）争取把居民消费率从最低谷（41%左右）提高到45%左右。第三阶段（2010～2020年）争取把居民消费率先提高到47%左右，再提高到49%左右。当然，即使做到了这一点，居民消费率仍然不高，还会上升。但这是2020年以后的事，这里暂且不论。以上预测都是假定政府消费率和净出口比重是不变的，但在实际上，随着国有经济改革以及以人为本的服务型政府和公共财政的建立和完善，政府消费率是会下降的。再考虑到当前出口比重已经很高和出口的贸易摩擦加剧等方面的情况，今后这个比重也难以上升，宁可说会有一定程度的下降。如果考虑到这两个变量，那么上述第二、三阶段的居民消费率还会高一些。

要实现上述的降低投资率和提高消费率的进程，需要采取一系列的措施。

第一，要提高对这个问题的严重性的认识，增强解决这个问题的紧迫感。在这方面，值得着重提出的有以下三点：一是我国投资率长期趋高（当前是畸高）、消费率长期趋低（当前是畸低）的格局，不仅同我国社会主义初级阶段的社会经济性质很不适应，而且从一般意义上说，也落后于资本主义社会发展的某些现状。为了说明这一点，有必要对资本主义社会剩余价值生产发展的三个阶段做些很简要的说明。马克思在《资本论》中分析了资本主义社会生产发展的三个阶段，即简单协作、工场手工业和机器大工业。大体说来，在前面两个阶段，资本家提高剩余价值率的主要手段是提高绝对剩余价值。即在必要劳动时间不变的条件下，通过延长劳动日和加强劳动强度提高绝对剩余价值。在第三阶段，则主要依靠提高相对剩余价值。即在劳动日长度不变条件下，主要通过提高劳动生产率，缩短必要劳动时间，相对延长剩余劳动时间，以提高相对剩余价值。但在马克思生前，由于时代的局限，他不可能看到剩余价值生产的发展的第三个阶段。这就是在20世纪50年代以后，在资本主义经济发达国家明显显现出来的绝对剩余价值率和相对剩余价值率在某种限度内双双下降的阶段。前者主要是通过劳动日的进一步缩短和劳动强度的进一步下降实现的。后者主要是通过劳动生产率的大幅增长实现的。在劳动生产率大幅增长的条件下，劳动力再生产费用需要上升，创造劳动力价值的必要劳动会延

---

① 《中国统计摘要》（2005），中国统计出版社，第31～33页。

长，剩余劳动会相对缩短。但在这种条件下，作为剩余劳动的凝结物的剩余产品仍然会大大增长。绝对剩余价值率和相对剩余价值率双双下降局面的出现，并不是偶然的现象，而是在以往年代无产者反对资产者的阶级斗争已经取得巨大成果的条件下，资本主义社会物质文明、政治文明和精神文明高度发展的必然产物。就物质文明的高度发展来说，在劳动生产率巨大增长的条件下，蛋糕可以做得很大。这样，相对过去来说，劳动者得到的多些，但资本家得到的蛋糕仍然会增加。而且在上述条件下提高劳动力再生产费用又是做大蛋糕的必要条件。从这方面来说，让劳动者相对多得一些，还是资产者的营业需要。就政治文明的高度发展来说，在政治民主化的条件下，作为选民的无产者意愿（如要求缩短工作时间和增加工资）对政府决策的影响会大大增加。与此相联系，政治家的偏好（如追求政绩和争取连任）也会促使他向劳动者的意愿倾斜。就精神文明的发展来说，资产者与劳动者也会由以往年代的对抗逐步走向一定的和谐。当然，只要资本主义制度存在，剩余价值总会存在，资本家和劳动者之间总还存在对立。我国处于社会主义初级阶段，社会主义公有制占主要地位。这个基本经济制度是根本区别于资本主义的。因此，反映阶级剥削的剩余价值范畴从主要方面来说已经不存在了。但作为市场经济一般范畴的剩余价值（或剩余产品的价值，下同）还是存在的。但如前所述，1978～2004年，农村居民家庭人均纯收入和城市居民家庭人均可支配收入的指数均低于社会劳动生产率的指数。这在某种程度上间接表明了当前我国还处于相对剩余价值生产的阶段。而上述的1978～2002年工业职工工资指数远远低于工业劳动生产率指标，则更直接地尖锐地反映了这一点。而上述两组数字正是造成当前我国高投资率、低消费率的基本原因。从这种相互联系的意义上说，这一点正是相对剩余价值生产的反映。这样，我国这种高投资率、低消费率的状况，同社会主义初级阶段的性质就很不适应，甚至不及资本主义经济发达国家在"二战"以后呈现出的绝对剩余价值和相对剩余价值双双下降的局面。当然，我国占主要地位的社会主义公有制是根本区别于资本主义制度的。但正因为如此，就更加显得不及。二是我国高投资率、低消费率的格局，与以人为本的科学发展观也大相径庭。发展生产以提高人民生活为根本目的，是这种发展观的最重要内容。但在新中国成立以后，在计划经济时代，高投资率都成为每次经济过热的带头羊。1953年、1956年、1958年和1970年的经济过热都是这样。改革以后，1978年、1984年、1988年和1993年的经济过热和2003年下半年以来发生的局部经济过热也是如此。从这种历史联系的角度考察，我们仍然可以从这次局部经济过热中可以看到计划经济体制下那种重投资、轻消费的经济战略的历史影子。这当然不是说改革前后在这方面没有原则区别。在改革以前的一个长时期内，由于执行重投资、轻消费的战略，既阻碍了社会生产的发展，又妨害了人民生活的改善。改革以来，虽然还没有改变重投资、轻消费的格局，但在这方面已经发生了原则性变化，取得了重大的历史性进步。1952～1978 年，国内生产总值年均增长 6.1%，居民平均消费水平年均提高 2.2%，前者为后者的 2.77 倍；而在 1979～2004 年，二者分别提高了 9.4% 和 7%，前者仅为后者的 1.34 倍。[①] 这些数据表明：前后两个时期在这方面存在原则区别。即前一个时期几乎是为生产而生产；而后一个时期在发展生产的基础上兼顾了消费，使人民生活得到了空前未有的大提高。只是兼顾得很不够。而正是这个很不够，显示出历史影子。而且这个影子并不是孤立的现象，它同前述的计划经济体制改革没到位有着最重要的直接联系。

三是高投资率、低消费率的长期格局孕育着严重后果。这种格局不仅已经导致了多次经济过热，而且成为 2003 年下半年以来发生的局部经济过热迟迟难以退去的基本原因。长此以往，它还会导致由供给和需求两方面的"瓶颈"制约而引发的、更严重的经济危机。显然，一方面投资率过高，必然遇到因资源稀缺而发生的供给"瓶颈"制约。事实上，当前就存在这种制约，而且在有些投资品方面这种制约还很严重；另一方面消费率过低，消费品生产又必然会遇到需求的"瓶颈"制约。事实上，我国多年以来就存在部分消费品的产能过剩和产品供给过剩。当然，这种过剩同消费品生产结构与需求结构不相适应是有关的，但也不能说同消费率过低没有联系。而且这种过剩最终又会导致投资品过剩。因为投资需求是要受到作为最终需求的消费需求制约的。这样，如果投资率过高和消费率过低的局面长期得不到改变，那么，严重的经济危机就必然会发生。在这种情况下，如果主要采用行政手段，实现"硬着陆"，那就会把中国推向灾难的深渊，像 1961 年那样。如果主要用经济和法律手段，实现"软着陆"，那也根本无法阻止危机的发生，只是减轻危机的损失。还要提到：长期存在的高投资率、低消费还会在经济改革和社会稳定方面造成严重的消极后果。因而这是一个事关发展、改革和稳定全局的大问题。所以，我们绝不能因为当前我国总的经济形势很好，就忽视这种可能发生的严重后果。

第二，要提高投资率和消费率预期指标在宏观调控中的战略地位。这一点，是针对我国"九五"计划纲要特别是"十五"计划纲要对这个问题的某种忽视而提出的。在改革以后的第一个五年计划（即"六五"计划）第一编"基本任务和综合指标"中就有积累指标和消费指标的规定。在"七五"计划第一部分"主要任务和经济发展目标"中也有投资指标和消费指标的规定。在"八五"计划纲要第二部分"基本任务和综合经济指标"中也有这样的规定。但在"九五"计划纲要中，在第二部分"国民经济和社会发展的奋斗目标"中仅有居民收入增长指标的规定，只是在第三部分"宏观调控目标和政策"部分才有投资指标的规定。在"十五"计划纲要中，在第二章"国民经济和社会发展的主要目标"中，提出了宏观

---

① 《中国统计年鉴》（2004）和《中国统计摘要》（2005），中国统计出版社。

调控的各项预期目标，其中包括"提高人民水平的主要目标"，唯独没有投资调控的预期目标。只是在第二十五章论述宏观调控政策时，才在提出消费率预期指标的同时，也提出了投资率的预期目标。可见，在第七个到第十个五年计划中，投资指标在宏观调控中的地位有每况愈下之势。这是值得推敲的。

马克思在《资本论》中提出了扩大再生产公式。这个公式揭示了对资本主义社会和社会主义社会都适用的两条基本规律：一是生产资料生产和消费资料生产的对比关系，二是积累和消费的对比关系。当然，这一抽象理论在实际生活中的运用需要具体化。当前，前者可以具体化第一、二、三次产业的对比关系，后者可以具体化投资和消费的对比关系。当然，在对外开放的条件下，还要考虑进出口的因素。这是从理论上说的。就实践上来说，如前所述，改革前后我国多次发生投资膨胀，都成为每一次经济过热的带头羊。因此，很有必要将投资率与消费率一起列入国家宏观调控的最重要的预期目标。

第三，要提高确定投资率和消费率预期指标的科学性。我国"六五"计划规定：到1985年，消费率达到71%左右，积累率为29%左右。但实际执行结果，到1985年积累率达到了35%，消费率为65%。"七五"计划规定：五年内平均每年消费率为70%，平均每年积累率为30%。但实际执行结果，前者只有66.1%，后者达到33.9%。"八五"计划规定：五年内，全社会固定资产投资每年增长5.7%，全国居民平均消费水平每年增长3%。但实际执行结果，前者高达18.9%，后者也达到8.2%。"九五"计划纲要规定：五年内，城镇居民人均生活费收入年均增长5%，农民人均纯收入年均增长4%；全社会固定资产投资年均增长10%。而实际执行结果，五年内，城镇居民人均生活费收入年均增长5.8%，农民人均纯收入年均增长4.8%，全社会固定资产投资年均增长9.1%。按照"十五"计划纲要提出的预期目标，"十五"期间要使居民消费率提高到50%左右，全社会固定资产投资率调控在35%左右。但在实际上，2001～2004年，居民消费率分别只有46.6%，45.3%，43.3%和41.9%；而全社会固定资产投资率分别高达为38.2%，41.4%，47.7%和51.3%。四年合计，前者只有44.3%，后者高达44.66%。[①] 预计2005年前者还会进一步下降，后者还会进一步上升到54%。[②]

上述情况表明：在改革以来制定的5个五年计划（或五年计划纲要）中，有关投资和消费指标的规定，只有"九五"计划比较切合实际。与计划规定预期目标相比较，其实际结果，城镇居民年均消费收入和农村居民人均可支配纯收入的年均增速只高0.8个百分点，而全社会固定资产投资率年均增速只低0.9个百分点。其余四个五年计划规定的指标（或预期目标）与实际执行结果都相距甚远。即以当前正

① 《中国经济年鉴》、《中国统计年鉴》（2004）和《中国统计摘要》（2005），中国经济年鉴社和中国统计出版社。
② 《经济日报》，2005年7月20日第4版。

在执行的"十五"计划纲要而论，依据2005年上半年情况判断，居民消费率指标实际执行结果要低5个百分点以上，而全社会固定资产投资率要高10个百分点以上。

诚然，由于各种不确定因素难以在制订计划时完全估计到，计划规定指标与实行执行结果发生差异是常有的事。而且，在我国现行体制下，为了削弱地方政府层层加码的消极作用，国家计划指标定得低一些，也有积极意义。但为了有效发挥计划（即使是指导性计划）的指导作用，总需力求提高计划指标的科学性。特别是像投资和消费这样的基本指标，它对国民经济其他指标有重要的制约作用。它的科学性如何，就会在很大程度上影响其他指标的科学性。

而且，在经济预测科学、经济信息和现代计算技术都很发达的条件下，把计划指标定得尽可能准确些，并不是什么苛求，而是大体上可以做到的事。上述的我国"九五"计划纲要的有关规定已经开始在某种程度上证明了这一点。在这方面，日本也提供了有益的经验。日本虽然是资本主义的经济发达国家，但也实行指导性计划，而且有些年份计划预测指标定得很准确。比如，日本企划厅对日本1978年、1979年这两年的国内生产总值的计划预测数字为5.7%、5.5%，实际完成数字为4.9%和5.6%，[①] 相差甚微。当然，这是对经济增长率的预测。但其理对投资和消费的预测，是相通的。

第四，要建立实现投资率和消费率预期指标的保证体系。一是要建立长效实现机制。可以通过深化经济改革，转变经济增长方式，调整产业结构，建设节约型经济以及政策（包括财政、金融和收入分配等）、法律制定和实施等途径来形成这种机制。比如，通过进一步实现政企、政事分开和深化财税体制改革，遏制地方政府的投资冲动。又如，通过法律规定不断调整工资指导战。二是要建立预警机制。为此，要制定预警指标体系。如全社会固定资产投资率、城镇居民人均可支配收入和农村居民人均纯收入，以及三者的增速与国内生产总值和社会劳动生产率的增速之间的对比关系；城乡之间、地区之间和行业之间的收入差别；储蓄率及投资信贷和消费信贷。要分别确定投资率和消费率的最高警戒线。还要依法授予国家有关单位（如国家统计局）定期发布预警信息。三是要强化监督机制。全国人大常委会特别是财政委员会要着力加强全国人大讨论通过的有关投资率和消费率规定执行状况的监督。还要通过定期发布有关经济信息，加强舆论监督和群众监督。

原载中国社会科学院经济研究所编：《"十五"计划回顾与"十一五"规划展望》，中国市场出版社，2006

---

① 《国际统计年鉴》（1995），中国统计出版社，第100页。

"十一五"规划与区域经济的新格局

陈栋生

2005 年中国国内生产总值达到 18.3 万亿元（折合美元 2.23 万亿），进出口总额 1.42 万亿美元，分别居世界各国的第 4 位和第 3 位。十届全国人大四次会议批准的《国民经济和社会发展第十一个五年规划纲要》（以下简称《纲要》），立足新的历史起点，勾画了走向未来的宏伟蓝图，指明了继续前进的目标与路径；《纲要》坚持"六个必须"、强调"六个立足"，充分体现了科学发展观与构建社会主义和谐社会的战略思想；提高自主创新能力、转变增长方式受到突出地强调，促进城乡区域协调发展受到特别地关注。《纲要》既准确地界定了区域协调发展的内涵与标准，进一步充实完善了区域发展总体战略，并在国家规划文件中首次提出了主体功能区域的划分和区域互动机制的构建，明确了走向东中西各展所长、良性互动，地区间公共服务与人民生活水平差距逐步收敛的区域经济协调发展新格局的目标和路径。

一、四大广域政策覆盖区

从世纪之交实施西部大开发，党的十六大提出振兴东北地区等老工业基地，2004 年温总理在十届全国人大二次会议政府工作报告中明确促进中部地区崛起以后，全国逐步形成了四大广域政策覆盖区，即西部 12 个省市区（包括渝、川、滇、黔、桂、藏、陕、甘、宁、青、新和内蒙古）、东北 3 省（辽、吉、黑）、中部 6 省（晋、豫、鄂、湘、赣、皖）、东部 10 省市（京、津、冀、鲁、苏、沪、浙、闽、粤、琼）。《纲要》按四大板块的空间架构，提出了"坚持实施推进西部大开发，振兴东北地区等老工业基地，促进中部地区崛起，鼓励东部地区率先发展"的区域发展总体战略。

1. 坚持推进西部大开发

西部大开发六年来取得了明显成效，国家累计在西部新开工建设重大项目 70 项，总投资近 1 万亿元，基础设施建设迈出了实质性步伐，农村生产生活设施条件亦有所改善，环境保护与生态治理稳步推进，在巨额投资拉动下，"十五"期间西部地区生产总值年均增长 10.7%，2005 年达到 3.33 万亿元。今后，除继续加强基础设施建设和环境生态治理，将着力于资源优势向产业优势、经济优势的转化，加强清洁能源、石油、天然气、钾、磷、铝、铜、铅锌锰镍钒与稀土等优势矿产资源的集约开发与加工；充分利用西部特有的自然条件，在棉花、糖料、茶叶、烟草、花卉、果蔬、天然橡胶、林纸和各种畜禽领域，壮大重点区域，培育特色品牌，延长产业链，提高附加值，通过市场化、产业化、规模化、集约化，推进西部传统农业向现代农业的转化。在开发的空间布局上，一方面重点抓好成渝经济区、关中天水经济区、环北部湾经济区和各省会（自治区首府）城市、地区中心城市及其周边，重要资源富集区与大型水能开发区、重点口岸城镇；另一方面要关注提升县域经济和少数民族地区经济，为社会主义新农村建设，提供就近的支撑。大开发必须和对内、对外大开放紧密结合；西南、西北将分别利用中国—东盟自由贸易区建设和上海合作组织的架构与机遇，扩大对外开放，吸引东中部的优强企业，共同建设边境口岸城镇，推进与毗邻国家的商贸往来和经济技术合作。

2. 振兴东北老工业基地

东北三省是 20 世纪五六十年代我国工业建设的重点，是新中国工业的摇篮，为国家的发展及安全做出过历史性重大贡献；同时亦是计划经济历史积淀最深的地区。路径依赖的消极影响，体制和结构双重老化导致的诸多矛盾：国有经济比重偏高，经济市场化程度低，企业设备和技术老化，结构调整缓慢，企业办社会等历史包袱沉重，矿竭城衰问题突出，下岗职工多，就业和社会保障压力大，使东北地区经济在改革开放不断深化，市场经济蓬勃发展的大势中相形见绌。为及时扭转相对衰退的"东北现象"，2003 年 10 月 5 日中共中央、国务院颁发了《关于实施东北地区等老工业基地振兴战略的若干意见》。两年多来，在国家有针对性的政策扶持下（如利用国债、专项资金支持企业的技术改造，中央财政对在东北的中央企业剥离社会职能、主辅分离、分流安置富余人员予以补助；中央财政补助做实基本养老保险个人账户；增值税由生产型转消费型改革先在东北地区部分行业试点等）。从体制、机制创新切入，发掘丰富的自然资源、巨大的存量资产、基础设施条件比较完备和科技人才优势，东北振兴跨出了扎实的步伐——如鞍钢拥有完全自主知识产权的现代化板材精品基地建成投产，显著提高了鞍钢产品的国际竞争力；大庆油田依靠自主研发的聚合物驱油等三次采油技术，累计产油超过 1 亿吨，同时加强深部与外围的勘探，探明了海拉尔盆地新油田和储量超千亿立方米的"庆深气田"，等等。沿着下述路径，东北将重新焕发青春，发展成为技术先进、结构合理、功能完善、特色明显、机制灵活、竞争力强的新型产业基地，成为国家经济新的重要增长极：

（1）将产业结构优化升级和国有企业改革改组改造相结合；改善国有企业股本结构，实现投资主体和产权多元化，构建有效的公司法人治理结构；营造非公有制经济发展的良好环境，鼓励外资和民营资本以并购、参股等形式参与国有企业改制和不良资产处置，大力发展混合所有制经济，推动钢铁、汽车、石化和重型装备制造等行业的战略性重组。

（2）坚持市场导向推进产业结构优化升级。能源和原材料工业方面，加大老油田的勘探力度、延缓老油田产量下降的速度；建设大型煤炭基地，促进煤电联营；引导炼油、乙烯向集约化发展，建设大型石化基地；通过钢铁企业联合重组，构建北方精品钢材基地。在装备制造业方面，重点发展数控机床、输变电设备、轨道车辆、发电设备、燃气轮机、重型机械、船舶、汽车及零部件、飞机；在电子通信设备、软件开发、生物技术和医药、航空航天等高新技术领域，择优发展、加快产业化。

（3）合理配置水、土资源，保护、利用好珍贵的黑土地资源，推进农业规模化、标准化、机械化和产业化经营，提升东北作为国家重要商品粮基地的地位；大力发展畜牧业、养殖业和农畜禽副产品的深加工，延长产业链，提高附加值。

（4）以剥离企业办社会职能为契机，推进服务业的社会化、市场化、产业化；一手发展、提升传统服务业，推进连锁经营、物流配送、电子商务等现代流通方式和业态；一手加快金融、信息和各种中介及旅游业等现代服务业的发展。这既是提高东北地区经济市场化程度的必需，更是今后扩大就业机会的主要途径。

（5）建设纵贯东北东部铁路和通达东北亚各国的接轨通道，完善东北与内蒙古东部的综合运输网，和以东北亚国际航运中心大连港为龙头的港口群建设；对内加强三省之间和三省与内蒙古东部4市盟（呼伦贝尔市、通辽市、赤峰市、兴安盟）的经济整合，扩展与东部沿海地区及港澳台的经济技术合作，对外扩展与东北亚各国的商贸往来和经济技术合作。

3. 促进中部地区崛起

中部6省面积占全国的10.7%，人口占全国的28%，地区生产总值占全国近20%，人均地区生产总值相当于全国平均值的80%，不足东部发达地区的一半。中部6省在区位、资源、产业和人才方面均具相当优势，晋豫皖三省是国家的煤炭基地，特别是山西省煤产量与调出量居各省之冠，其余5省都属农业大省，粮食占全国总产量的近30%，油料、棉花产量占全国近40%，是重要的粮棉油基地，矿产资源丰富，是国家原材料、水能的重要生产与输出基地；地处全国水陆运输网的中枢，具有承东启西、连南接北、吸引四面、辐射八方的区位优势；人口多、人口密度高、经济总量达到相当规模，但人均水平低，特别是人均社会发展指标（如每千人口的医生数量、医院床位数量等）有的比西部省区还低。中部6省地处腹心地带，国脉汇聚的战略地位，其经济社会又快又好的发展，有利于提高国家粮食和能源的保障能力，缓解资源约束，有利于扩大内需，保持经济持续增长，事关国家发展的全局和全面建设小康社会的大局，2006 年 2 月 15 日和 3 月 27 日国务院和中央政治局先后召开会议，研究促进中部地区崛起工作，制定了《关于促进中部地区崛起的若干意见》，指出：全面贯彻落实科学发展观，以改革开放和科技进步为动力，着力增强自主创新能力、提升产业结构，转变增长方式、保护生态环境，促进社会和谐，以建设"五基地（粮食、能源、原材料、现代装备制造和高技术产业）"、"一枢纽（综合交通运输枢纽）"为中心，围绕下述主要任务与路径实现中部崛起：

（1）进一步完善对种粮农户的直接补贴制度，加大对农业基础设施和农村生活设施建设的财政投入，加强农业科技推广和农村劳动力的培训，实施优质粮种、畜禽良种和动植物保护、防疫等工程，推进农业产业化经营，发展各类农产品、土特产品的加工基地，提升县域经济，推进中部地区社会主义新农村建设，使中部成为国家重要的粮食基地。

（2）又通过建设资源有效利用、综合利用的新型能源基地，发展煤电联营；支持钢铁、有色、石化、化肥和建材行业，以优势企业为中心，联合重组、形成集群，发展循环经济，建设精品原材料基地；依托骨干企业，培育自主开发能力，发展高压输变电设备、石化设备、矿山开采设备、汽车及零部件，铁路机车、列车与地铁车辆、新型农业装备和数控机床等，形成具有自主创新能力的现代装备制造基地；加快发展电子信息、生物工程、现代中药与新材料等新兴产业，形成高新技术产业基地。

（3）进一步完善连接东西、纵贯南北的综合交通运输体系，提升中部地区特别是武汉、郑州、长沙的交通枢纽地位，依托武汉城市圈、中原城市群、长株潭城市群、皖江城市带、九江—南昌—赣州城市带、大同—太原—临汾城市带，推进中部地区商贸流通体系和旅游网络的建设。

（4）充分利用中国中部投资贸易博览会等平台，扩大对内对外开放，承接国际产业和东部沿海地区的产业转移，主动进入跨国公司和东部优强企业的产业链，促进中部产业与技术的升级。

4. 鼓励东部地区率先发展

东部 10 省市工业化、现代化进程一直走在全国前列，10 省市面积不足全国 1/10，人口占全国 1/3，却提供了一半以上的国内生产总值（参见表1）。在经济持续快速增长的同时，经济增长方式转变相对缓慢，粗放式发展的负面效应正逐步显现。以"十五"时期为例，东部工业增加值占全国的份额由 2000 年的 59.74% 提高到 2005 年的 61.84%，表明东部工业增长率快于全国平均值；而东部规模以上工业企业实现利润占全国同类指标的份额，却从 2000 年的 64.07% 下降到 2005 年的 44.08%，表明东部工业在快速扩张的同时，按工业增加值计算的利润率不升反降。多年来的高投入、高消耗、重污染使东部地区一些城市与地区的土地、水……资

表1　1998～2004 年各地区生产总值/工业总产值在全国所占份额及其演变　　　单位:%

年份 地区	地区生产总值			地区工业总产值		
	1998	2000	2004	1998	2000	2004
一、东部沿海 10 省市	51.13	52.49	54.17	63.55	64.74	68.85
二、东北 3 省	9.99	10.02	9.27	9.03	9.79	7.77
三、中部 6 省	21.17	20.36	19.66	16.24	14.01	12.82
四、西部 12 省市区	17.71	17.13	16.99	12.19	11.44	10.56

资料来源:《中国统计年鉴》、《中国工业发展报告》相关年份。

源和环境容量已难负其重，加快转变经济增长方式，就成为东部经济继续保持快速增长、继续发挥引领国家经济发展引擎作用的必然选择；从国家战略看，东部地区经济的率先发展，一定要以"三个率先"（率先提高自主创新能力、率先实现经济结构优化升级和增长方式转变，率先完善社会主义市场经济体制）为前提和动力。东部 10 省市结合各自的省（市）情，落实科学发展观，从以下方面调整了今后发展的思路和推动发展的方式：

（1）立足结构优化升级推动发展，由过去主要依靠工业数量扩张带动，向第三产业协调发展、提高产业层次转变，优先发展先进制造业、高新技术产业和服务业，着力发展精加工和高端产品。如北京市"十一五"提出：走高端产业发展之路，把现代服务业发展放在优先位置，大力发展高新技术产业，适度发展现代制造业，显著提升都市型现代农业。上海市围绕建成国际经济、金融、贸易、航运四中心的目标定位，按照逐步形成服务经济为主的产业格局，优先发展现代服务业和先进制造业，加快淘汰劣势产业。广东省围绕"三个转变"提高产业素质：一是经济增长由粗放型向集约型、循环型转变，二是产业结构由轻型化向高级化、重型化转变，充分发挥广东良港众多，利用进口原油、矿石等资源，建设大型石化、钢铁等基地，三是发展战略由以外源型经济为主，向内源型经济和外源型经济协调发展转变；继续发展加工贸易，着力提高产业层次与加工深度。

（2）立足增强自主创新能力，推动发展。由过去主要依靠资金、物质的高投入支持发展，转向依靠科技进步，提升人力资本、提高资源利用效率，保持持续快速发展。北京市以中关村科技园区为核心，打造中国知识创新基地，技术创新源泉和连接全球创新网络的重要节点。国庆 57 周年前夕，北京承担的集成电路制造的两项核心装备：100 纳米刻蚀机与离子注入机通过验收，在"十一五"开局之年，结下了首都创新战略的首批硕果。上海从增强原始创新能力、构筑产学研相结合的技术创新体系、营造创新环境入手，逐步形成以知识创新为基础、技术创新为重点、体制创新为保障、中介服务为纽带的城市创新体系。广东以广州、深圳两个创新城市为龙头，构建重点产业为支撑、骨干企业引领、名牌产品带动的区域创新格局。

支撑广东工业从过去以加工装配为主，向上游研发设计与下游品牌营销为主转变，从贴牌代工向拥有自主知识产权、核心技术和自主品牌转变。

（3）立足统筹协调与竞合推动发展。首先是通过东部与中西部的多种联动机制，使东部的产业升级与东部的"万商西进、万企西移"紧密结合，实现东部率先发展和东部带动中西部发展相结合；其次，扭转改革开放以来，东部沿海地区"南快北慢"，实现沿海各地区的协调发展；天津滨海新区的开发开放、以首都钢铁公司（生产环节）外迁曹妃甸港区为契机，推进河北省沿海大型重化工基地，与现代物流体系的发展，并与天津滨海新区、山东半岛一起，成为环渤海地区经济的新增长极；在两岸经济技术交流合作规模与日俱增的推动下，以福建为主体，连同周边地区的海峡西岸经济地区，正在过去长三角与珠三角之间的"凹地"上迅速崛起，连绵的滨海产业带、城镇带将如巨龙盘亘于万余公里的海岸线。再次，分别以京津、上海、广州与深圳为核心的京津冀、长江三角洲和珠江三角洲城市群，正进一步深化城市间的分工协作，完善合作协调机制，既使各城市在市场竞争中看清本市比较优势与劣势之所在，又通过协议分工、错位竞争推进竞争优势的培育，和要素互补聚合，构建集成优势；以城市群为主体形态推进城镇化，率先在上述沿海地区涌现；山东半岛、福州与闽东南城市群等亦正显端倪。在城市联盟推进的同时，区域联盟亦有所发展，最引人注目的是"泛珠三角"（9+2，9指广东、广西、四川、云南、贵州、湖南、江西、福建和海南，2指香港与澳门），9+2内部巨大的区际差异和互补性的结构特征，给地区间经贸、投资和其他经济技术合作提供了广阔的空间；2004年7月召开的首届珠三角区域经贸合作洽谈会，一次就签约847项，总金额达2926亿元。

二、八类重点支持区域

区域政策贵在地区针对性，上述四大广域政策覆盖区的面积，大的数百万平方公里，小的亦近百万平方公里；这对政策的针对性与力度不能不带来影响，使其更多地转到发挥宏观发展导向的功能。针对经济社会发展问题集中与突出的"空间"，《纲要》提出了八类重点支持区域，即限制开发区域、禁止开发区域、革命老区、民族地区、边疆地区、贫困地区、三峡库区和资源枯竭型城市；把对上述区域的支持纳入中央和地方政府公共财政预算安排的优先领域。如：现已在阜新、辽源、伊春等资源枯竭城市试点，依靠上级财政支持，实施"衰退产业援助机制"、"接续产业培育机制"、"采矿沉陷区治理、棚户区改造"、"零就业家庭就业援助"等，并积极探索资源开发补偿机制的构建，预防其他矿业城市再陷窘境。对集中连片的贫困地区，首先区分两类，一是具备生存条件的，采取定点帮扶、整村推进，从改善生产生活条件、开辟增收渠道入手；另一类是"一方水土养不活一方人"的生存条件恶劣地区，实行易地扶贫。对民族地区，国务院颁布了《贯彻实施民族区域自治法若干问题的规定》，将逐步加大民族自治地方财政转移支付力度、设立多种专项资金、扶助民族自治地方经济社会发展；针对 22 个人口在 10 万人以下的民族，国务院专门制定了《扶持人口较少民族发展规划》；对地处陆地边境的 108 个县（旗）和新疆生产建设兵团的一些团（场），继续实施"兴边富民工程"。

三、四类主体功能区

为把经济社会发展切实转入全面协调可持续发展的轨道，《纲要》首次提出了对全国以至省、市、县域国土，根据其自然承载力、现有开发强度与发展潜力等因素，划分为优化开发、重点开发、限制开发和禁止开发 4 类不同主体功能的功能区；针对不同功能区，采用不尽相同的政绩评价体系和相应政策。

功能区划分非一般性举措，而是从人与自然和谐相处，促进经济发展与人口、资源、环境相协调，实现可持续发展出发，优化空间开发结构、规范空间开发秩序的一项带根本性的制度建设。尽管这次《纲要》从国家层面提出了 22 个限制开发区域、5 类禁止开发区域（国家级自然保护区、世界文化自然遗产、国家重点风景名胜区、国家森林公园和国家地质公园），而在省、市、县域层面如何进行主体功能区划，科学确定各功能区的范围与边界，准确予以功能定位，以及相应的绩效评估和配套政策；如何对不同功能区编制区域规划，提高资源空间配置效率；如何使功能区划、功能区区域规划，和土地利用规划、城镇体系规划、村镇建设规划、环境保护与生态建设规划，有机衔接、功能互补，还有待在实践中探索，逐步完善。

四、区际互动机制的构建

区域协调发展，除了依靠科学规划、政策支持、制度建设，还有赖于区际互动机制的构建。《纲要》提出要健全市场机制、合作机制、互助和扶持机制。

各地区要素供需平衡差异导致地区要素价格和投资回报率的差异，以及预期市场潜力的空间差别，导致要素的区际流动与产业转移，清除行政障碍，打破地区封锁和行政性垄断，突破行政区域的局限，依靠市场机制引导要素流动，有利于经济发达、开发密度高地区的资本、技术和产业向欠发达的低密度地区顺势转移，推动产业布局优化和再配置，这是健全市场机制的首要方面；同时要重视价格信号的真实性，尽可能消除"地方优惠"等人为原因造成的价格扭曲，使环境保护成本、社会保障成本和资源补偿成本都得到充分的反映。2006 年夏秋，政府提高工业用地价格，东部发达地区的地方政府先后提高了当地最低工资标准，对有效发挥市场机制在资源空间配置的基础性作用将产生积极影响。

合作机制是指基于互惠互利原则的区际经济技术协作与人才、技术交流等。其中既包括像 9 + 2 泛珠三角协作这样广域性的区域联盟；亦有数省毗邻地、市自愿组成的经济区，如淮海经济区、中原经济区等；更多的是在同一城市群（带）内，各市、地、县自愿结合而成的城市联盟。区域（城市）联盟，凭借地方政府联手搭建的合作平台，企业等各类市场主体广泛参与，按照政府引导、企业对接、市场运作的方式，通过协议分工、长短互补、要素聚合、集成优势，实现联动发展、互利互赢。

互助机制是在上级政府的指导协调下，东部经济发达地区和中西部欠发达地区结成对口支援的帮扶对子，本质上看，属于道义性援助，更适合于社会事业与公共服务领域的公益项目。

扶持机制是上级政府对经济欠发达和承担重要生态功能地区的下级政府，通过财政转移支付等方式，使其人均财政支出，足以支撑当地居民逐步享有均等化的基本公共服务。

随着区域发展总体战略的落实，空间布局规制、区域政策和区际互动机制的日趋健全，我国区域协调发展的新格局即将形成。

参考文献：

1. 国家发改委规划司：《国家及各地区国民经济和社会发展"十一五"规划纲要》，北京：中国市场出版社，2006。

2. 韦苇：《中国西部经济发展报告》（2006），北京：社会科学文献出版社，2006。

3. 王洛林、魏后凯：《东北地区经济振兴战略与政策》，北京：社会科学文献出版社，2005。

4. 周绍森、陈栋生：《中部崛起论》，北京：经济科学出版社，2006。

原载《市场论坛》，2006 年第 12 期

城乡协调发展与西部大开发

陈栋生

2006 年中国进入了"十一五"规划期，西部大开发亦进入了新时期。在过去六年多，西部大开发取得了重大进展，几年间新开工重大项目 70 项，总投资近 1 万亿元；在完成西气东输、西电东送、青藏铁路等重大项目的同时，累计投入 300 多亿元，用于"油路到县"、"送电到乡"、广播电视"村村通"等农村基础设施和农村文教卫生社会事业，农村居民人均纯收入年均增长率达到 6.8%，远高于大开发以前。但是西部地区农民收入的增幅，既低于东部农民收入的增幅，亦低于西部城镇居民收入的增幅，西部城乡居民收入差距 2000 年为 3.3 倍，2004 年已扩大到 3.8 倍。2005 年西部农民人均纯收入 2410 元，只相当于全国平均值（3255 元）的 74%，不到东部农民人纯收入的一半；至于西部农村农牧民享有的公共服务水平，无论与西部城市还是东部农村的差距，都远甚于收入差距。逐步扭转上述差距，既是建设全面小康社会的必然要求，亦是构建社会主义和谐社会的重要目标与任务。2004 年西部各省市区城乡居民收入对比见表 1。

表 1　2004 年西部各省市区城乡居民收入对比

	重庆	四川	贵州	云南	西藏	广西	内蒙古	陕西	甘肃	青海	宁夏	新疆	全国平均值
城镇居民人均可支配收入（元）	9221	7710	7322	8871	9167	8690	8123	7493	7377	7320	7218	7503	9422
农村居民的人均纯收入（元）	2510	2519	1722	1864	1861	2305	2606	1867	1852	1958	2320	2245	2936
城乡居民收入比（以农村居民为1）	3.67	3.06	4.25	4.76	4.93	3.77	3.12	4.01	3.98	3.74	3.11	3.34	3.21

中国西部地区严峻的城乡二元结构，确有其深刻的自然、历史与社会人文背景，及某些制度性障碍；是国家实现全面小康目标和基本实现现代化的难点所在，某种意

义上可以说，扭转直到消除城乡二元结构，将贯穿西部大开发的全过程，西部地区城乡共繁荣将成为西部大开发成功最关键的标志。千里之行始于足下，从"十一五"开局之年起，以更大的力度投入扭转城乡二元结构，并贯穿于西部大开发的始终。

1. 大开发战略部署要坚持双轮推进

西部地区疆域广袤，在大开发战略启动之时，强调"两依托"（依托中心城市、依托交通干线）、"两重点"（重点区域、重点地带）。据悉，《西部大开发十一五规划》，进一步将"两重点"调整表述为"四层次"，即跨省市的重点城市带（如成渝、关中—天水城市带、省会城市和重要中心城市、重要资源富集地区和重点边境口岸城镇）。如此部署，对于保证投资的增长效应确有必要，但对增长的传递、发展成果的分享却未必全面。在"两重点"、"四层次"之外，西部还有许多县，如果县域面貌无显著改变，这些县的新农村建设亦会因为缺乏就近的支撑而难有起色，故此我认为今后应将"两依托"、"两重点"、"四层次"和普遍提升县域经济，作为进一步推进西部大开发的双轮。

2. 对"问题区域"重点倾斜，首先抓生态补偿、还基本公共服务的欠账

以一个省（直辖市、自治区）为单元，考察县域经济，大体有几种类型：一类是省会等大城市周边的县（县级市）、沿交通干线的县，以及矿藏资源富集和水能资源开发的地区，这类县由于发展潜力大，机遇多，一般多被划入"重点开发区域"；这类县主要是优化投资经营环境、加强制度建设、招商引资和培育本土市场主体相结合，形成自主发展机制；管理的重点应转向提高产业进入门槛等必要的控制，以保证不会随着大规模开发，造成耕地剧减、环境恶化。第二类县是农业有较好的基础，有一种或几种有特色的农畜养殖等土特产品，只要依靠科技进步，加强农业服务体系建设，拉长产业链，提高市场化程度，也可以走出一条致富路。第三类最困难的是区位偏远、自然条件严峻、灾害频繁、生态脆弱或生态敏感的县，有的人口已明显超过土地和环境的承载极限，往往被划入限制开发或禁止开发区域，国家"十一五"规划纲要第一批确定的22个限制开发区中，有17个在西部（秦巴生物多样性功能区、桂黔滇等喀斯特等石漠化防治区等），其中相当部分属于少数民族聚居区。如果说对前两类地区，政府的职能着重在营造、维护市场环境，尽量让市场机制发挥资源配置的基础性作用，区域政策侧重在发挥导向作用的功能性政策。而对第二类地区，即限制开发、禁止开发区、革命老区、民族地区、边疆地区、贫困地区、三峡库区和资源枯竭矿区8类"问题区域"，没有纵向的扶持、横向的合作与社会的帮扶，通过多管齐下系统"输血"，是难以培育出"造血"功能，形成自主发展机制的。为此，要做好以下工作：

（1）对承担生态功能的地区，给予生态补偿；退耕还林、退牧还草，除继续予以钱、粮补助，或由政府资助钱、物，每户修建旱涝保收的基本口粮田；对生存条件恶劣和人口严重超载的地区，制定易地脱贫规划，或采取将搬迁资金转换为教育费用，保送农民子弟进入职业中专学习，毕业后外地就业，再将父母迁出。

（2）加大国家投入，改善、加强"问题区域"的公共服务。现在西部农村各项基本公共服务，比西部城市和东部农村都有很大差距。以乡镇卫生院为例，西部卫生院医疗设备（原值）仅相当于全国平均水平的40%，乡镇每个人拥有的基层卫生人员数西部农村只相当于东部农村的70%。按照基本公共服务均等化的原则，国家应加大对西部农村，特别是8类"问题区域"的财政转移支付，提高这些地区在饮水安全、农村公路、公共卫生与基本医疗服务、义务教育、社会保障、计划生育、人居环境治理、广播电视设施及服务、文化服务等公共产品的供给水平。

（3）充分发挥东—中—西与城乡合作互助机制。

第一，产业转移：经过20多年的快速发展，东部地区一些城镇产业高度集聚，土地、水、环境容量等已难负其重，不少劳动密集型、资源密集型企业的比较优势已先后丧失，在市场机制和合作互助机制双重作用下向西部转移（重污染型项目除外），可谓互利共赢之举。西南川滇黔桂4省（区）都是9+2泛珠三角的成员，应主动向广东提出。

第二，劳务合作：据《中国西部经济发展报告》（2006）的数据，川渝陕三省（市）农民的工资收入在人均纯收入中的份额都超过三成；近年东部一些地区闹"民工荒"，抓住时机，西部抓紧农村青壮劳动力的技能培训，或者与东部有关企业使用定向培养输出劳务。

第三，广泛动员城市各方面的社会资源。构建以工促农、以城带乡的长效机制，除了各级政府，还要广泛动员社会各方面的力量，如广泛宣传、树立企业社会责任的理念，建立村企合作。西部经济实力强的大城市相对较少，而农村广袤，应鼓励东部的城市和百强县与西部相关的县结对子。

第四，加强金融、保险业对西部农村的服务。今年诺贝尔和平奖的得主是孟加拉国农村银行及该行创始人尤努斯，小额信贷尽管早已引入我国，但规模还可扩大，具体办法亦待完善，如最好将信贷与推广某种增产、增收的技术或项目相结合，将项目、培训与信贷三者结合注入。

参考文献：

1. 韦苇等：《中国西部经济发展报告》（2006），社会科学文献出版社，2006。
2. 杨团：《资产社会政策——社会政策范式的一场革命》，《中国社会科学院院报》，2005年3月29日。

原载《开发研究》，2006年第6期

中国居民财产分布研究[*]

赵人伟　李　实　丁　赛

1. 引言

我国的改革开放事业已经经历了 1/4 世纪。在这一个重要的历史时期内，随着我国经济的高速增长和居民收入水平的不断提高，居民收入分配格局的变化，特别是收入差距的扩大，一直是人们关注的一个重要问题。由于收入分配和财产分布（或分配）之间有着密切的相互关系，特别是 20 世纪 90 年代以来，我国居民的个人财产经历了一个高速积累和显著分化的时期，因此，我国居民财产的分布问题就理所当然地成为人们关注的一个新的焦点。

我国已经确立了全面建设小康社会的目标。而人们的康乐（wellbeing）程度不仅取决于收入状况，而且取决于财产状况。换言之，康乐的分配不仅取决于收入的分配，而且取决于财产的分布（Michael Schneider，2004）。我们还正在推进社会主义和谐社会的建设，而和谐社会的建设不仅同就业、社会保障、收入分配等因素密切相关，而且同财产分布密切相关。社会主义和谐社会的建设，不仅要扩大中等收入者的比重，而且要扩大中等财产拥有者的比重。看来，这些都是财产的分布越来越引起人们关注的重要原因。

我们这里所说的财产，从总体来说指的是财富（wealth）。但当我们把这些财产或财富分为各个具体项目（例如，土地、房产、金融等）时，则往往把这些子项目称为资产（asset）。当我们把财产同所有权联系起来时，又会使用产权（property right）这一概念。本文对财富、财产、资产、property 等不同词汇在含义上把它们当作同义词来使用，仅仅根据习惯在不同的场合和不同的角度使用不同的词汇。本文在探讨财产分布时有时也使用财产分配这一表述，在这里，分布和分配是当作同义词来使用的，也仅仅由于习惯而在不同的场合使用不同的表述。

就收入和财产的一般区别来说，收入（income）指的是人们（一个人或一个家庭）在一定时期内（通常为一年）的全部进账；而财富（wealth）指的是人们在某一时点所拥有资产的货币净值。可见，财富是一个时点上的存量，而收入是单位时

──────────
　＊ 赵人伟、李实设计本文总体框架，赵人伟负责写作，丁赛负责计算。作者对魏众在讨论中所做的贡献表示感谢。

间内的流量。收入和财产之间存在着互动的关系：过去的流量必然影响当今的存量；而当今的存量又必然影响今后的流量。随着财产规模的不断扩大和财产分布格局的变化，财产分布不仅对整个宏观经济的稳定具有重要影响，而且对今后收入分配的长期变化也有重要影响。

由于迄今为止研究我国财产分配的资料和文献还不多，本文主要根据中国社会科学院经济研究所收入分配课题组 2002 年家庭调查的数据为基础，对农村、城市和全国居民个人财产的分配状况作一个概括性的分析。必要时，我们将联系该课题组 1988 年和 1995 年的有关调查研究成果（Terry Mckinley，1993；Mark Brenner，2001），并参照国家统计局城市社会经济调查总队 2002 年城市居民家庭财产的有关调查研究成果（国家统计局城调队，2003），作一些比较分析。在有限的范围内，我们也要关注一下财产分配同收入分配的关系。

本文所引用的资料，除特别注明出处者以外，都来自中国社会科学院经济研究所收入分配课题组的调查资料。

2. 农村居民财产的分布

为了分析农村居民财产的分布状况，我们首先需要对财产的水平（规模）和构成作一简单的考察。从静态来看，如表 1 所示，农村居民的财产可以分为六项，即土地、房产、金融资产、生产性固定资产、耐用消费品和非住房债务。其中，房产是按房产总值扣除购房尚未偿还的债务之后的价值计算的，即房产净值。非住房债务是指住房债务以外的一切其他债务。各项财产的加总额减去非住房债务以后的价值为按净值计算的财产总值。[①]

表 1 2002 年农村人均财产的水平和构成

财产及其构成项目	平均值（元）	比例（%）
财产总额（净值）	12937.83	100.00
其中：		
土地价值	3974.32	30.72
房产净值	5565.01	43.01
金融资产	1592.62	12.31
生产性固定资产	1181.62	9.13
耐用消费品价值	793.28	6.13
非住房债务	-169.02	-1.31

---

① 有关本文各项财产计算的说明，请见本文的附录。

　　在六项财产中，土地和房产仍然是最大的两项，约占 74%。从动态来看，1988 年以来的变化是很大的：①总财产的规模有很快的增长。人均财产总额 1988 年为 2869.5 元，1995 年为 10560.6 元，2002 年为 12937.8 元。扣除物价因素，1988～1995 年的实际增长率为 67%，1995～2002 年的实际增长率为 13%，1988～2002 年的实际增长率为 89%。②土地价值的变化特别引人注目。人均土地价值 1988 年为 1698.3 元，1995 年为 4944.6 元，2002 年为 3974.3 元。扣除物价因素，尽管 1988～1995 年间增长了 32%，但 1995～2002 年间反而下降了 26%。因此，从构成上看，人均土地价值在总财产中的比重迅速下降，而房产价值和金融资产价值的比重则迅速上升。土地价值的比重从 1988 年的 59% 下降到 1995 年的 47%，再下降到 2002 年的 31%；而房产净值和金融资产则分别从 31% 提高到 32%、43% 和从 3% 提高到 10%、12%。住房和金融资产比重的提高反映了中国农村市场改革进程的加速，但作为农业生产中最稀缺资源的土地的重要性下降得如此迅速则是不正常的现象。我们认为，其原因是多重的。一是工业化和交通现代化进程中占用的耕地过多，使农村人均土地迅速下降；二是由于农产品价格低迷等因素导致土地的收益太低。整个 90 年代农民种地几乎无利可图，土地单位面积的产量和产值都处于徘徊状态，而土地的价值是根据农业总产值来计算的，因此，对土地的作用有低估的问题。

　　下面我们分析 2002 年农村财产的分布问题。

　　（1）让我们按十等分组的办法来进行分析。我们把农村人口按人均净产值排列，分为人数相等的十个部分，每部分包含总人口的 1/10，然后进行比较。从表 2 可以看出，在各类财产中，金融资产的分布是最不平等的。人均财产最多的 20% 人口拥有 55.25% 的金融资产，而人均财产最少的 20% 人口则仅有 4.54% 的金融资产，两者的比率为 12.17：1。分配不平等位居第二的是房产，人均财产最多的 20% 的人口拥有 50.94% 的住房，他们和人均财产最少的 20% 人口所拥有的住房（4.71%）的比率为 10.82：1。耐用消费品和生产性固定资产分配的不平等程度非常接近，其比率分别为 6.56：1 和 6.55：1。在所有各类财产中，土地的分配是最为平等的。人均财产最多的 10% 人口拥有总财产的 30.51%，但却只拥有 19.05% 的土地。人均财产最多的 20% 人口所拥有的土地和人均财产最少的 20% 人口所拥有的土地的比率为 34.44/8.47 ＝ 4.07：1。非住房债务的分布状况则同其他财产项目的分布状况不同：尽管十等分组中各组所占比重的变化不像其他财产项目那样有规则地上升或下降，而常常有起有伏，但总体来说仍然是穷人所欠的债务比富人要多。人均财产最多的 20% 人口和人均财产最少的 20% 人口所欠非住房债务的比率为 1：2.42。

表2 2002年农村人口按十等分组各组所持财产的比重   单位:%

组别 (从低到高)	财产总额 (净值)	土地价值	房产净值	金融资产	生产性固 定资产	耐用消费 品价值	非住房债务
1（最低）	2.01	3.35	1.73	1.74	3.14	2.91	33.47
2	3.68	5.12	2.98	2.80	3.96	4.07	10.44
3	4.86	6.54	3.99	3.69	4.70	5.54	7.02
4	5.97	7.66	5.24	4.74	5.26	6.01	5.21
5	7.09	8.88	6.25	5.79	6.84	7.23	7.89
6	8.37	9.91	7.77	6.82	7.95	8.13	6.04
7	9.89	11.16	9.36	8.58	9.74	9.49	6.73
8	12.03	12.94	11.77	10.59	11.96	10.86	5.07
9	15.60	15.39	15.74	16.01	14.41	14.67	6.64
10（最高）	30.51	19.05	35.20	39.24	32.07	31.10	11.49

从动态来看，在1988~2002年间，总财产（净值）分布的差距有明显的扩大。人均财产最多的20%的人口拥有的总财产和人均财产最少的20%的人口所拥有的总财产的比率从1988年的5.18:1扩大到1995年的5.33:1，再扩大到2002年的8.10:1。这三年比率的变化对于不同的财产项目来说是不一样的。房产呈先缩小后扩大的趋势，三年的比率分别为：8.13:1；7.15:1；10.82:1。金融资产也呈先缩小后扩大的趋势，其比率分别为13.75:1；9.34:1；12.17:1。土地的变化最小，其比率分别为4.01:1；4.30:1；4.07:1。不过，从14年的总趋势来看，增长快的和起作用大的金融资产和房产，其分配的差距也在拉大；而增长慢的和起作用小的土地，其分配的差距也比较小，而且变化也不大。

（2）我们再用基尼系数和集中率等指标来分析农村居民财产的分布状况。由于居民财产的价值是居民收入长期积累的结果，因此，一般来说，不论是发达国家还是发展中国家，财产分布的不平等程度都要超过收入分配的不平等程度，换言之，财产的基尼系数要高于收入的基尼系数（详后）。但是，长期以来，中国的农村则是一个例外。根据经济研究所课题组的调查，中国农村1988年收入分配的基尼系数为0.338，财产分布的基尼系数为0.311；1995年收入分配的基尼系数为0.381，财产分布的基尼系数为0.351。这两个年份财产分布的不平等程度都低于收入分配的不平等程度。但是，这种情况到了2002年则发生了根本的变化。

2002年农村财产分布的基尼系数为0.399，而同年收入分配的基尼系数为0.366，即财产分布的不平等程度超过了收入分配的不平等程度。这种情况说明，在世纪之交的年代，中国农村财产分布和收入分配的不平等状况经历了一个转折点——从收入分配更为不平等转化为财产分布更为不平等（见表3和图1）。这种情况的发生，并不是土地价值在财产中的比重增大或土地分配变得更不平等所引起的，而是其他有关财产项目比重增大和不平等加深所引起的。不过，这种情况的发生无论如何也说明中国农村收入分配和财产分布的关系正在朝着一个通常的方向前进。尽管中国农村土地的高均等分布还抑制着农村总财产不均等程度的提高，但它毕竟已经跨越了转折点，并预示着财产分布和收入分配不平等程度进一步拉大的趋势。

表3　1988年、1995年、2002年中国农村的收入分配和财产分配

	1988	1995	2002
收入分配的基尼系数	0.338	0.381	0.366
财产分配的基尼系数	0.311	0.351	0.399

资料来源：李实、岳希明，2004；Terry Mckinley，1993；Mark Brenner，2001。

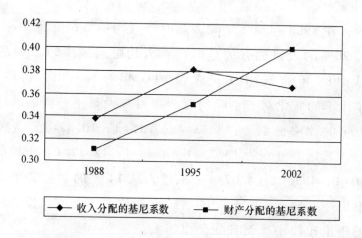

图1　1988年、1995年、2002年农村收入分配和财产分配的变化

从表4可以看出，在各项财产中，土地价值的分布最为均等，其基尼系数为0.452。金融资产的分布则最不均等，其基尼系数为0.681。按总财产排序计算出来的每项财产的拟基尼系数（集中率）表明各项财产的分布状况及其与总财产分布的关系。土地的集中率只有0.260，大大低于总财产的基尼系数0.399，表明土地的分布对总财产的分布起的是明显缩小不均等程度的作用。生产性固定资产和耐用消费品的集中率略低于总财产的基尼系数，说明这两项财产的分布对总财产的分布起的是略有缩小不均等程度的作用。而金融资产和房产的集中率则大大地高于总财产的基尼系数，说明这两项财产的分布对总财产的分布起的是明显地扩大不均等程度的作用。生产性固定资产的集中率几乎同总财产的基尼系数相等，说明其分布对总财产的分布没有发生扩大或缩小不均等程度的效应。生产性固定资产的分布没有表

现出较高的不均等程度是同土地的高均等分布相联系的。在土地均等分布和家庭经营的土地规模有限的情况下，很难推动农业固定资产的投资，也很难使这种投资有较高的不均等程度。至于耐用消费品的比较均等的分布则是容易理解的，因为，目前中国农村几乎没有特别高档的耐用消费品，而一般的耐有消费品如电视机之类则比较易于普及。

表4 2002年农村人均财产分布的不平等状况

财产	财产均值（元）	比重（%）	基尼系数	集中率	贡献率（%）
财产总额（净值）	12937.83	100.00	0.399	0.399	100.0
其中：					
土地价值	3974.32	30.72	0.452	0.260	20.0
房产净值	5565.01	43.01	0.538	0.456	49.2
金融资产	1592.62	12.31	0.681	0.492	15.2
生产性固定资产	1181.62	9.13	0.665	0.394	9.0
耐用消费品价值	793.28	6.13	0.659	0.377	5.8
非住房债务	-169.02	-1.31	0.950	-0.246	0.8

由于土地的分布具有很低的不均等程度，因此它对总财产的不均等程度的解释力或贡献率仅为20.0%，显著地低于它在总财产中所占的比重（30.72%）。相反，由于金融资产和房产具有较高的不均等程度，因此，它们对总财产的不均等程度的贡献率（分别为15.2%和49.2%）也高于它们在总财产中所占的比重（分别为12.31%和43.01%）。

从动态来看，在1988~2002年间，总财产的基尼系数有明显的扩大，从1988年的0.311扩大到1995年的0.351，再扩大到2002年的0.399。其中，各个财产项目的变化是不一样的。三年中，土地的集中率分别为0.275、0.285、0.26，房产的集中率分别为0.41、0.382、0.456，金融资产的集中率分别为0.578、0.44、0.492。

总体来说，在中国农村的各项财产中，在上述14年间，土地的重要性（比重）在降低，其分布的不均等程度也在降低，其对总财产不均等程度的贡献率也在降低。反之，房产和金融资产的重要性则在增长，其分布的不均等程度也在提高（金融资产的某些年份略有例外），其对总财产不均等程度的贡献率也在提高。例如，在总财产中，土地的重要性在1988年和1995年都占第一位，房产占第二位；但到了2002年，房产占了第一位，土地则退居第二位。

我们认为，对于这样一种变化，应该作一分为二的分析。一方面，它反映了经济发展和经济改革的进展。随着农村经济的发展，特别是农村非农产业的发展和农村经济市场化程度的提高，必然会伴随着金融业和房产业的发展及其重要性的增强。但是，土地作为最稀缺和不可再生的资源，其重要性降低到如此的程度，使我们不能不从土地制度本身的缺陷上去寻找深层次的原因。目前的土地名义上是集体所有，由家庭和个人承包使用，但实际上农民个人和地方政府都没有责任去爱惜和经营土地。有的学者认为，我国现行的农村土地制度实际上是准国家所有制（朱秋霞，2004）。土地迄今并没有按照市场经济的规律得到优化的配置和合理的经营。土地的不断重新分配使得农民无法把土地当作自己的财产去投资和经营，国家征用的土地既得不到应有的补偿，也得不到节约地使用。90 年代普遍出现的土地撂荒（包括农村的土地撂荒和城市郊区经济开发区的土地撂荒）现象，就是一个鲜明的写照。这是土地迄今还没有进入市场的一个严重后果。当农民对土地的投资和经营得到抑制时，他们自然地把投资的方向集中在房产和金融上面。因此，如何通过土地制度的深化改革，使农村各项财产都得到合理的分布，做到"地尽其力"和"物尽其用"，仍然是一个有待探讨的问题。

3. 城镇居民财产的分布

同探讨农村居民财产分布时一样，在分析城镇居民财产的分布状况之前，我们也将对城镇居民财产的水平（规模）和构成作一大略的考察。

如表 5 所示，城镇居民的财产也可以分为六项，即房产、金融资产、生产性固定资产、耐用消费品、其他资产和非住房债务。同农村一样，房产是按净值计算的，房产总值中扣除购房的未偿还债务即为房产净值。总债务减去未偿还的住房债务即为非住房债务。各项财产的加总额减去非住房债务以后的价值为财产总额（净值）。

表 5　2002 年城镇人均财产的水平和构成

财产及其构成项目	平均值（元）	比例（%）
财产总额（净值）	46133.51	100.00
其中：		
金融资产	11957.79	25.92
房产净值	29703.13	64.39
生产性固定资产	815.49	1.77
耐用消费品价值	3338.17	7.24
其他资产的估计现值	619.68	1.34
非住房债务	-300.75	-0.65

从财产的规模或水平来看，2002 年城镇居民人均财产总额为 46133.51 元，而农村居民人均财产总额为 12937.83 元，两者的比率为 3.57∶1。同期官方公布的城

乡居民收入的比率为 3.1:1。由于官方公布的数据没有充分考虑城市居民和农村居民在享受各种补贴（如住房、医疗、养老、交通、教育等）方面的差异，因此许多研究认为，城乡居民收入的实际差距要大大超过官方公布的差距（李实和岳希明，2004）。我们从 2002 年城市居民财产分布的差距超过农村居民财产分布的差距中也可以看出，作为收入补贴的差距也会年复一年地沉淀下来变成扩大财产分布差距的一个重要因素。

城市居民财产的构成同农村居民财产的构成相比，最大的差别是前者有土地，而后者没有土地。在六项财产中，农村居民最大的两项是房产和土地，占 73.73%；城市居民最大的两项是房产和金融资产，占 90.31%。这主要是城市居民在房产价值上拥有突出的比重所引起的。在城市居民的财产中，房产占的比重高达 64.39%，而农村居民则只占 43.01%，竟然相差 21.38 个百分点。另一个差别是生产性固定资产在农村占 9.13%，而在城市则只占 1.77%。总起来说，虽然城乡居民的财产都是由六项组成的，但城市居民的财产更加集中地分布在少数几项之中。

下面我们分析 2002 年城市财产分布的问题。

（1）我们仍然先用十等分组的方法来进行分析。从表 6 可以看出，由于部分城镇居民的债务超过了其财产总额，从而造成了人均财产最少的 10% 的人口拥有相当低的财产份额，低到了几乎可以忽略不计的程度。而对于人均财产最多的 10% 的人口来说，他们拥有的财产占城镇总财产的份额高达 33.85%。还有，人均财产最少的 20% 的人口所拥有的财产份额也只有 2.75%，而人均财产最多的 20% 的人口所拥有的财产份额达到 51.07%，后者超过前者的 18 倍。在各类财产中，房产的分布是最不均等的。人均财产最少的 10% 的人口，其房产净值是负数，即其房产总值还抵偿不了尚未偿还的住房债务。人均财产最多的 20% 的人口拥有 52.36% 的房产，而人均财产最少的 20% 的人口则仅有 1.52% 的房产，两者的比率为 34.45:1。分配不均等居于第二位的是生产性固定资产，按上述拥有财产最多和最少的人口各为 20% 来算，两者拥有生产性固定资产的比率为 11.34:1。其他各项财产的这一比率依次为：金融资产：10.53:1；其他资产：7.15:1；耐用消费品：4.57:1。

表 6　2002 年城镇人口按十等分组各组所持财产的比重　　单位:%

组别 （从低到高）	财产总额 （净值）	金融资产	房产净值	生产性固 定资产	耐用消费 品价值	其他资产 估计现值	非住房债务
1（最低）	0.20	1.62	-0.54	0.376	4.25	2.18	32.32
2	2.55	3.14	2.06	4.03	4.84	3.98	10.31
3	3.98	4.17	3.80	4.76	5.34	4.44	11.89
4	5.25	4.89	5.22	5.36	6.56	6.12	4.28

续表

组别 （从低到高）	财产总额 （净值）	金融资产	房产净值	生产性固 定资产	耐用消费 品价值	其他资产 估计现值	非住房债务
5	6.54	6.37	6.50	3.84	7.95	6.23	2.98
6	8.01	7.78	8.02	7.07	8.60	9.25	7.75
7	9.92	9.78	9.96	8.56	9.74	13.11	8.80
8	12.55	12.22	12.70	16.13	11.33	10.69	6.33
9	17.22	18.17	17.15	14.24	14.28	15.87	4.09
10（最高）	33.85	31.93	35.21	35.69	27.17	28.22	11.22

　　为什么房产在城市居民各项财产的分布中有如此特别高的不均等程度，而且其不均等程度还大大超过农村房产的分布呢？看来，其原因应该追溯到计划经济条件下的城市住房分配制度。众所周知，在短缺经济的情况下，粮、棉、油等是按人头分配的（有点像农村的土地分配），而住房是按职位分配的，从而在相当大的程度上是同权力挂钩的；而且不同职位的人的住房标准又是由处于权力高层的人所制定的。因此，由于权力因素的介入，在计划经济的条件下住房分配就是高度不均等的。在向市场经济转型中住房制度的改革，主要是 20 世纪 90 年代以来住房制度的改革，不仅因袭了计划经济下住房分配的不平等，而且还进一步扩大了这种不平等（赵人伟、李实，1997）。应该说，90 年代城市住房制度的改革并没有遵循市场经济的基本准则。国家将原来的公房出售给个人时，其出售价格的形成基本上没有考虑住房的位置和质量，而主要甚至仅仅考虑住房的面积。因此，在出售中占有优良位置和拥有高质量住房的人就能获得一大笔租金。而且，在住房改革中，许多城市和部门还任意提高不同职位的职工的住房标准，从而使一部分人可以在扩大住房面积上又获得一笔租金。如果说，城市住房的市场价是由市场形成的话，那么，在由公房转化为私房中的销售价则是任意设定的。因此，在住房制度的改革中，公房出售价和商品房市场价之间形成了一个巨大的差额。据汪利娜和魏众（1999）的研究，全国 11 个省、市 1995 年商品房市场价同公房出售价之比平均为 7.69∶1，在两者差距最大的湖北省，其比率甚至高达 22.2∶1（见表 7）。90 年代住房改革中的这种"设租"（rent - creating）活动，甚至比 80 年代双重体制下商品交易中的"寻租"（rant - seeking）活动具有更大的获利空间。城市居民房产分布的这种不均等程度，不仅在同城市居民其他资产分布的不均等程度相比时鹤立鸡群（按上述拥有财产最多和最少的人口各为 20% 来计算，城市居民两者拥有财产总额的比率为 18.55∶1，而两者拥有房产的比率为 34.45∶1）；而且在同农村居民房产分布的不均等程度相比时也显得高高在上（城市房产的上述比率为 34.45∶1，农村房产的上述比率为 10.82∶1）。

表7 1995年商品房市场售价和公有房出售价的差异

单位：元/平方米

样本城市	商品房市场售价	公有房出售成本价	商品房与公有房出售价之比
北京	3226.52	403.68	7.99:1
山西	919.06	238.56	3.85:1
辽宁	1491.45	272.85	5.47:1
江苏	1247.26	191.28	6.52:1
安徽	897.80	105.83	8.48:1
河南	780.02	166.80	4.68:1
湖北	2187.50	98.53	22.20:1
四川	1050.20	87.04	12.50:1
广东	3100.00	247.59	12.07:1
云南	1276.34	201.01	6.35:1
甘肃	1169.87	241.53	4.84:1
平均售价	1576.91	204.97	7.69:1

资料来源：汪利娜、魏众，1999；Wang Lina，2001。

为什么生产性固定资产在城市居民各项财产的分布中有较高的不均等程度，而且其不均等程度也显著地超过农村同类资产的分布呢？看来，这是由城乡居民所从事的行业或职业上的差别所造成的。在城市，生产性固定资产集中在少数的个体户和私营企业主手中（据国家统计局的上述调查，投资于各种经营活动的城市居民仅占全部城市居民的一成左右）；而在农村，生产性固定资产则相对地分散在众多的农户手中。

同房产和生产性固定资产相比，金融资产的分布没有想象中的那样不均等，而且如上所述，城市金融资产分布的不均等程度比农村还低一些①。在各项财产中，耐用消费品的分布是最为均等的，这一点似乎比较容易理解。因为，经过二十多年经济的高速发展和人民生活水平的大幅度提高，对于一般城市居民来说，拥有像彩电、冰箱之类的消费品多已不成问题，而拥有像汽车这样的消费品又毕竟是少数家庭，无法因此而大幅度地拉开差距。在上述各项财产中，非住房债务的分布是最令人感兴趣的。持有财产最低的10%的人口拥有32.32%的债务，而持有财产最高的10%的人口居然也拥有11.22%的债务。这是不是说明，在中国城市，最穷的人不得不借债，而最富的人则敢于借债来进行消费和投资呢？

（2）我们再用基尼系数和集中率等指标来分析城市居民财产的分布状况。如前所述，在我国农村，财产分布不均等的程度超过收入分配不均等的程度是在不久的前世纪之交的年代发生的。然而，在我国城市，却并没有出现这种两线交叉的转折

---

① 在经济研究所课题组2002年的问卷调查中，有14.48%的城市居民拒绝填写银行存款的数额，而农村居民则没有出现这种情况。看来，城市居民金融资产的总量存在着低估的问题，其分布的不均等程度也存在着低估的问题。

点。财产分布的基尼系数 1995 年为 0.411（李实、魏众、古斯塔夫森，2000），2002 年为 0.4751；收入分配的基尼系数 1995 年为 0.280，2002 年为 0.319（李实、岳希明，2004）。这种情况表明，财产分布和收入分配形成的是两条前者高于后者的平行线，而且两者的差距还在扩大之中。

从表 8 可以看出，在城市的各项财产中，房产的各个指标都居于一马当先的高位。房产净值为 29703.13 元，占财产总值的 64.39%，其拟基尼系数（集中率）为 0.4989，高于总财产的基尼系数 0.4751，表明房产的分布对总财产的分布起的是扩大不均等程度的作用。由于其所占比重大并且分布不均等的程度高，所以它对总财产的不均等程度的解释力或贡献率竟高达 67.62%，甚至比它在总财产中所占的高比重还要高出 3.23 个百分点。生产性固定资产的集中率为 0.4838，也高于总财产的基尼系数，从而对总财产的分布起的是扩大不均等程度的作用。但是，由于它在总财产中的比重只占 1.77%，所以，它对总财产不均等程度的贡献率是相当小的，仅为 1.8%。金融资产的集中率为 0.4439，低于总财产的集中率，从而对总财产的分布起的是缩小不均等程度的作用。不过，由于它在总财产中的比重较高，仅次于房产而居于第二位，占财产总额的 25.92%，因此，它对总财产不均等程度的贡献率也居第二位，为 24.22%。耐用消费品的集中率仅为 0.3230，明显地低于总资产的基尼系数，其对总财产的分布起的是明显地缩小不均等程度的作用，不过，由于它在总财产中所占的比重仅为 1.34%，所以，它对总财产不均等程度的贡献率仅为 1.08%。

表 8　2002 年城镇人均财产分布的不平等状况

财产	财产均值（元）	比重（%）	基尼系数	集中率	贡献率（%）
财产总额（净值）	46133.51	100.00	0.4751	0.4751	100.00
其中：					
金融资产	11957.79	25.92	0.5961	0.4439	24.22
房产净值	29703.13	64.39	0.5442	0.4989	67.62
耐用消费品现值	3338.17	7.24	0.9839	0.3230	4.92
生产性固定资产	815.49	1.77	0.5018	0.4838	1.80
其他资产	619.68	1.34	0.9148	0.3831	1.08
非住房债务	-300.75	-0.65	0.9777	-0.2596	0.36

总体来说，在城市的六项财产中，房产和生产性固定资产这两项是超过总资产的不均等程度的；而在农村的六项财产中，则有房产和金融资产这两项是超过总资产的不均等程度的。因此，在财产分布的不均等中，无论是城市还是农村，房产所起的都是举足轻重的作用。

如上所述，2002 年城市居民拥有的财产总额为农村居民的 3.65 倍。不过，分项来看，情况则有很大的差别。其中，金融资产为 7.51 倍，房产为 5.34 倍，耐用消费品为 4.20 倍。这说明，尽管农村金融资产的分布比城市具有更高的不均等程度，但城市居民则拥有比农村居民高得多的金融资产。尽管无论是城市还是农村房产的分布都有很高的不均等程度，但城市居民比农村居民拥有高得多的房产价值。无论是城市还是农村，耐用消费品的分布都是相对均等的，但城市居民仍然比农村居民拥有价值高得多的耐用消费品。由于上面已经说过的原因，农村居民拥有的生产性固定资产，不仅其在总资产中的比重超过城市（前者为 9.13%，后者为 1.77%），而且其绝对值也超过城市（前者为 1181.616 元，后者为 817.487 元）。

从纵向来看，1995 年城市居民人均财产总额为 12385 元（折合为 2002 年价格为 13698 元），而 2002 年城市居民人均财产总额为 46134 元，1995～2002 年间的实际增长率为 236.8%，年均增长率为 18.9%。其中，房产同期从 5412 元（折合 2002 年价格为 5985 元）增长到 29734 元，实际增长率为 396.3%，年均增长率为 21.74%；金融资产同期从 3427 元（折合 2002 年价格为 3841 元）增长到 11958 元，实际增长率为 211.3%，年均增长率为 17.6%。同期，金融资产价值在总财产中的比重从 28% 下降到 25.92%，房产价值的比重则从 43.7% 上升到 64.39%。金融资产和房产价值合起来的比重则从 71.7% 上升到 90.31%。这说明，在世纪之交的年代，中国城市居民财产积累的过程中，房产和金融资产这两项起的是举足轻重的作用，特别是其中房产价值的增长，无论从绝对值上看，还是从比重上看，都起着一马当先的作用。

在探讨城市居民财产的分布时，对金融资产（和负债）的具体构成和分布状况作更为具体的分析是颇有意义的。

从表 9 可以看出，在城市居民的金融资产的十个子项目中，银行定期存款几乎占一半（49.97%），随后依次是银行活期存款（占 13.9%）、股票（占 10.37%）和住房公积金（占 8.65%），四项合计，占 82.89%。就金融资产各个子项目的分布情况来看，银行定期存款的集中率为 0.6023，活期存款的集中率为 0.4732。前者略高于总金融资产的基尼系数，后者则低于总金融资产的基尼系数。这说明，定期存款有扩大金融资产分布差距的效应，而活期存款则有缩小金融资产分布差距的效应。在金融资产的各个子项目中，有八个项目的集中率超过总金融资产的基尼系数，起扩大金融资产分布差距的效应，只有两个项目（活期存款和住房公积金）的集中率低于总金融资产的基尼系数，起缩小金融资产分布差距的效应。但由于多数子项目的比重很小，真正对总金融资产的分布差距发生较大作用的只有三项。其中，起扩大作用的为定期存款和股票，其贡献率分别为 50.49% 和 12.74%；起缩小作用的为活期存款，其贡献率为 11.03%。

表9　2002年城镇人均金融资产（和负债）的构成和分布

资产（和负债）	均值（元）	构成（%）	基尼系数	集中率	贡献率（%）
金融资产	11957.80	100.00	0.5961	0.5961	100.00
其中：					
1. 银行定期存款	5975.31	49.97	0.6919	0.6023	50.49
2. 银行活期存款	1662.31	13.90	0.7116	0.4732	11.03
3. 股票	1240.14	10.37	0.9302	0.7325	12.74
4. 各种债券	390.76	3.27	0.9741	0.7732	4.24
5. 借出款	475.16	3.974	0.9530	0.6739	4.49
6. 家庭经营活动自有资金	365.61	3.06	0.9816	0.6695	3.44
7. 向企业或其他经营活动的投资（不含股票和债券）	168.73	1.41	0.9848	0.6406	1.52
8. 住房公积金累计额	1034.85	8.65	0.7607	0.4381	6.36
9. 储蓄类商业保险总额	469.05	3.92	0.9340	0.6162	4.05
10. 收藏品的估计市场价值	175.88	1.47	0.9738	0.6623	1.63
债务	1702.01	100.00	0.9517	0.9517	100.00
其中：					
1. 建房和购房的借款	1401.27	82.33	0.9664	0.9595	83.00
2. 经营性贷款	141.16	8.29	0.9944	0.9511	8.28
3. 购买耐用消费品的借款	15.35	0.90	0.9970	0.8785	0.83
4. 治病所欠的债务	55.74	3.28	0.9932	0.8950	3.08
5. 其他生活困难所欠债务	29.12	1.71	0.9948	0.8701	1.56
6. 教育性借款	59.37	3.49	0.9908	0.8803	3.23

注：城市个人总样本量20632中，人均金融资产总额为0的样本量为1470，占总样本量的比例为7.12%；另外，人均定期存款和活期存款之和为0的样本量为2987，占总样本量的比例为14.48%。

　　现在我们再来看看债务。2002年城市人均债务总额为1702.01元，相当于资产总额的14.2%。从中可以看出，中国城市居民债务的比重并不算高。在债务的六个子项目中，只有建房和购房的借款这一项独占鳌头。这一项在债务中的比重占82.33%，集中率为0.9595，略超过总债务的基尼系数0.9517，其对总债务的不均等程度的解释力或贡献率为83%。

　　总体来看，中国城市居民的金融资产集中在银行存款上。如果再联系到上面所说的城市居民整个资产的构成，我们似乎可以进一步发现：不仅城市居民的财产是集中在房产和金融资产这两项上面，而且城市居民的债务也集中在住房债务上面，住房债务为非住房债务的4.66倍。

　　城市居民财产的这种构成说明了什么呢？正如有的研究者所指出的，这种状况表明，城市居民"财产的性质还停留在生活资料层面，他们的投资意识较淡，储蓄仍然是城市家庭最钟情的投资方式"（国家统计局城市社会经济调查总队，2003）。

我们认为，储蓄的比重很大是多方面的因素所造成的。首先是其他投资渠道不畅通，例如，由于股票市场的不规范和风险难测，导致许多居民望而却步，即使有富余的钱也只好往银行里放。其次是转型期不确定因素增多，像养老、防病、子女教育等方面的开支，个人承担的部分都有扩大的趋势，迫使人们不得不往银行里存钱，以备不时之需。再者，由于传统文化的影响，中国人习惯于在既定的可支配收入的范围内压缩消费倾向而扩大储蓄倾向，尽管这种过度偏离的倾向并不利于消费和整个经济的增长，但这种文化传统上的"路径依赖"也并不是可以轻易改变的。

4. 全国居民财产的分布

在分别探讨了农村和城市居民财产分布的基础上，下面我们对全国居民财产的分布状况作一概括性的探讨。

从表 10 可以看出，全国人均财产的总水平、各项财产的水平和各项财产的比重，其数值都在城市和农村之间。经过全国人口的平均（具体计算见附录）以后，全国人均财产的总额既不是农村人均的 12937.83 元，也不是城市人均的 46133.5 元，而是 25897.04 元。在财产的各个子项目中，土地这一项是最令人注目的。

表 10　2002 年全国人均财产的水平和构成

财产及其构成项目	平均值（元）	比例（％）
财产总额（净值）	25897.04	100.00
其中：		
土地价值	2420.77	9.35
金融资产	5642.68	21.79
房产净值	14989.26	57.88
生产性固定资产	1037.31	4.01
耐用消费品价值	1784.31	6.89
其他资产的估计现值	241.64	0.93
非住房负债	-218.93	-0.85

由于城市人口没有土地，所以经过全国人口的平均以后，土地的价值从农村人均的 3974.32 元下降到全国人均的 2420.77 元，其比重也从占农村人均财产的 30.72% 下降到占全国人均财产的 9.35%。其他各项财产的变化都没有土地那么大，变化最小的要属耐用消费品这一项，其比重既不是农村的 6.13%，也不是城市的 7.24%，而是 6.89%。这说明，城乡之间耐用消费品拥有量的差距是比较小的。在全国居民财产的七个子项目中，最重要的是房产、金融资产和土地三项，三项合起来占居民财产总额的 89.02%，其中尤以房产和金融资产两项最为突出，两项合起来占财产总额的 79.67%。

下面分析 2002 年全国财产的分布问题。

（1）我们仍然用十等分组的办法来进行分析。从表 11 看，人均财产总额最多的 20% 的人口拥有 59.3% 的财产，而人均财产最少的 20% 的人口则仅有 2.80% 的财产，两者的比率为 21.18∶1。这个比率比农村或城市分别计算时都要高（农村为 8.1∶1；城市为 18.55∶1）。如果以拥有财产最多的 10% 的人口同拥有财产最少的 10% 的人口相比，那么，两者拥有财产的比率为 60.89∶1。显然，财产分布上的这种巨大差距是同城乡之间的巨大差别分不开的。在各项财产中，房产的分布是最不均等的。人均财产最多的 20% 的人口拥有 65.84% 的房产，而人均财产最少的 20% 的人口则仅有 1.05% 的房产，两者的比率为 62.7∶1。而且，人均财产最少的 10% 的人口，其房产净值是负数，即同上述城市的状况相似，其房产总值还抵偿不了尚未偿还的住房债务。至于其他各项财产的分布，金融资产分布的不均等程度仅次于房产，上述的比值（20% 最高组同 20% 最低组相比）为 29.13∶1。分布不均等程度较低的是耐用消费品，上述比值为 9.556∶1。至于非住房负债的分布，则是最高组和最低组负债较多，而中间各组的负债较少。这种情况是不是像我们分析城市财产分布时所见到的那样，是由于穷人不得不借债，而富人则因为有既有的财产作后盾而敢于多借债来进行消费和投资呢？

表 11　2002 年全国人口按十等分组各组所持财产的比重　　　　单位：%

组别 （从低到高）	财产总额 （净值）	土地价值	金融资产	房产净值	生产性固定资产	耐用消费品价值	其他资产的估计现值	非住房负债
1（最低）	0.68	4.43	0.997	-0.18	2.82	2.84	0.96	30.39
2	2.12	8.67	1.31	1.23	4.52	2.81	0.78	8.65
3	2.95	11.03	1.80	1.93	5.40	3.49	0.63	5.97
4	3.81	13.86	2.12	2.59	8.07	3.88	1.11	5.78
5	4.84	15.01	3.16	3.62	8.90	4.94	1.55	6.94
6	6.23	15.76	4.41	5.09	11.80	6.08	3.04	6.82
7	8.32	14.05	7.16	7.63	10.74	8.96	6.64	8.64
8	11.76	8.34	11.87	12.15	10.12	13.02	12.35	5.07
9	17.89	5.84	19.40	19.30	13.92	18.22	24.16	10.95
10（最高）	41.41	3.00	47.80	46.54	23.72	35.77	48.80	10.80

（2）再用基尼系数等指标来分析。从表 12 可以看出，2002 年全国总财产分布的基尼系数已经达到 0.550，既高于同年收入分配的基尼系数（0.454），又高于同年城乡分别计算的财产分布的基尼系数（城市为 0.4751，农村为 0.399）。应该说，这一结果是合乎逻辑的：在城乡各自的财产分布差距都已超过收入分配差距的情况下，在财产分布的城乡差距又非常巨大的情况下，全国财产分布的基尼系数安能不居于领先的地位呢？在各项资产中，有房产、金融资产和其他资产的估计现值三项

的集中率超过总财产的基尼系数，从而对总财产的分布起的是扩大不均等程度的作用。但是，由于其他资产的估算现值比重极小（只占0.93%），所以，它对总财产的不均等程度的解释力或贡献率仅为1.16%。不过，房产和金融资产两项则起着关键的作用：房产的集中率为0.6302，贡献率为66.32%；金融资产的集中率为0.6291，贡献率为24.92%。在各项财产中，土地的作用是最耐人寻味的。不仅其在总财产中的比重仅为9.35%，而且其集中率仅为-0.0452，其对总财产不均等程度的解释力或贡献率为-0.77。耐用消费品的集中率为0.480，贡献率为6.01%，这说明耐用消费品在全国居民中的分布是比较均等的。

表12　2002年全国人均财产分布的不平等状况

财产	财产均值*（元）	比重（%）	基尼系数	集中率	贡献率（%）
财产总额（净值）	25897.04	100.00	0.550	0.550	100.00
其中：					
土地价值	2420.77	9.35	0.6686	-0.0452	-0.77
金融资产	5642.68	21.79	0.7404	0.6291	24.92
房产净值	14989.26	57.88	0.6736	0.6302	66.32
生产性固定资产	1037.31	4.01	0.8373	0.2963	2.16
耐用消费品价值	1784.31	6.89	0.6431	0.480	6.01
其他资产的估计现值	241.64	0.93	0.9669	0.6885	1.16
非住房负债	-218.93	-0.85	0.9674	-0.1749	0.27

从国际比较的角度来看，财产分布的基尼系数大于收入分配的基尼系数是一种常态。按照James B. Davies和Anthony F. Shorrocks（1999）的研究，发达国家收入分配的基尼系数在0.3和0.4之间，而财产分布的基尼系数则在0.5至0.9之间。财产最多的1%的人口拥有总财产的15%~35%，而收入最多的1%的人口则拥有总收入的不到10%。按照Smeeding的研究，21个发达国家在20世纪90年代中期收入分配的基尼系数大约为0.3，但这些国家在20世纪后半叶财产分布的基尼系数在0.52和0.93之间，如果不包括在外居住的瑞典人，则在0.52和0.83之间（转引自Michael Schneider，2004）。按照国际标准，我国现阶段财产分布的基尼系数还不算很高。但是，如果考虑到以下两点，仍然不能不引起人们的高度重视：第一，发达国家个人财产的积累已经经历了数百年的时间，而我国从20世纪80年代初算起，也只经历了大约二十年的时间。可以说，中国个人财产积累的这种速度和势头都是超常的。第二，我国收入分配的基尼系数已经显著地超过上述发达国家，而如上所述，当今的收入分配的分化必然会影响今后财产分布的分化，因此今后一段时间财产分布差距的进一步拉大可以说将是难以避免的现实。

　　至于财产分布同收入分配的关系，本文只能在极其有限的范围内加以涉及。下面，我们拟利用 2002 年的数据，对全国人均财产分布和人均收入分配的状况作一简单的比较。我们把调查样本中全部城乡居民按人均收入的高低和按人均拥有财产的高低进行十等分组。表 13 列出了 2002 年按收入和按财产进行十等分组后城乡居民在各组中所占的百分比。图 2 则是在表 12 的基础上绘制的曲线图。

表 13　2002 年按收入和按财产十等分组城乡居民各占的比例　　　　　单位:%

十等分组组序	人均收入		人均财产	
	农村居民所占比例	城市居民所占比例	农村居民所占比例	城市居民所占比例
1（最低）	98.73	1.27	75.26	24.74
2	97.26	2.74	89.78	10.22
3	94.96	5.04	89.41	10.59
4	90.64	9.36	90.63	9.37
5	79.36	20.64	83.03	16.97
6	62.18	37.82	72.63	27.37
7	43.87	56.13	55.02	44.98
8	22.48	77.52	29.21	70.79
9	12.69	87.31	18.08	81.92
10（最高）	6.91	93.09	5.99	94.01

　　图 2 的纵轴代表居民所占的百分比，横轴代表由低到高的收入和财产的等分组。从中可以看出，农村居民都集中地分布在低收入组和低财产组，而城市居民则集中地分布在高收入组和高财产组。这说明，无论是收入的分配还是财产的分布，城乡之间的差距都是比较大的。不过，如果我们进一步考察财产分布的差距和收入分配的差距时，情况就比较复杂。在低收入—财产组（图中的 1~4 组），财产分布的差距小于收入分布的差距，在中收入—财产组（图中的 4~7 组），财产分布的差距大于收入分布的差距，在高收入—财产组（图中的 7~9 组），财产分布的差距又小于收入分布的差距，到了最高收入—财产组，即第 10 组，两者分布的差距基本持平。

　　对于低收入—财产组的这种情况是比较容易理解的。因为，再穷的农村居民总还拥有一小块土地，特别是在土地的产出和来自土地的收入非常微薄的情况下，即使在土地的价值得不到足够估计的情况下，收入的差距超过财产的差距也是很自然的事情。在中收入—财产组，财产的差距超过收入的差距也是可以理解的。因为，在中等组，土地的作用相对减弱，而房产和金融资产的作用则相对增强，以至土地的作用被房产和金融资产抵消了还有余，于是就出现了财产的差距超过收入的差距的情况。但是，第7组以后发生的收入差距再次超过财产差距则是比较难以解释的。是不是房改房的作用在城市高收入和高财产的群体中的作用在下降呢？看来，这是一个尚需进一步探讨的问题。

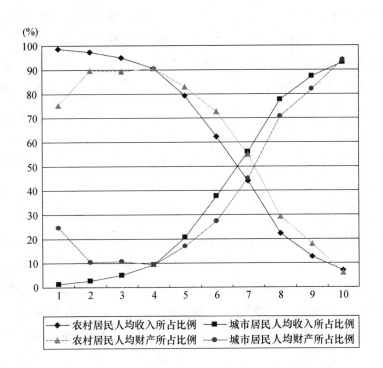

图2 城乡居民按财产十等分组的分布

5. 结束语——一些政策建议

自改革开放以来，中国城乡居民已经从一群几乎没有什么财产的居民变成了一群拥有财产的居民，或者说，中国居民已经实现了从无产者向有产者的转变。而且，从20世纪90年代以来，中国居民还经历了一个迄今为期不算长的财产高速积累期。尽管这个过程还有许多不尽如人意之处，但从总体上来说，应该高度肯定这是改革开放的重大成果之一。

综观中国城乡居民的各项财产，最主要的是三大项，即土地、房产和金融资产。如上所述，三项合计，占资产总额的89.2%。只要把这三项资产及其分布处理得当，就抓住了根本。从上述分析可以看出，这三项资产及其分布有各自的特点，也有各自的问题。

土地问题上似乎存在着一种悖理：土地是如此的重要和稀缺，但土地的价值是如此的被低估，土地的使用又是如此的粗放。如上所述，土地产权（property right）

不清晰仍然是困扰我们的一大问题，它已经成为提高土地使用效率的一大障碍。此外，土地管理上的种种缺陷，也成为我国目前土地利用效率低和浪费现象十分严重的重要原因。因此，深化土地管理制度的改革，加强土地管理就成为当务之急（温家宝，2004）。

20 世纪 80 年代以来的城乡建房高潮以及 90 年代以来城市住房制度的改革，确实在很大程度上圆了人们的住房梦，在一定程度上实现了"居者有其屋"的理想。但是，如上所述，城市的住房改革是在经济转型的特殊情况下进行的。对许多居民来说，住房的获得不是收入长期积累的结果，而是一夜之间从无房者变成了有房者。加上如上所述的"设租"活动的存在，使住房分布很不均等。所以，房产的主要问题是分布太不均等。如果说，已经形成的不均等是一种既成的事实的话，那么，今后的对策只能是以下两条：一是防止"设租"活动的再现；二是通过开征财产税和遗产税等办法来缩小财产分布上的差距。诚然，开征这些新的税种在中国这样的国家并不是一件容易的事情。不过，千里之行，始于足下。难道我们可以引进不利于缩小收入差距的利息税（目前实行的是被称为累退税的比例税），而就无法引进有利于缩小财产差距的财产税和遗产税（应该是有利于缩小财产差距的累进税）吗？

金融资产在我国城乡居民中的高速积累虽然是一件大好事，但也存在着问题。除了分布尚嫌不均等之外，主要问题是结构不合理。由于各种不确定因素太多，使居民金融资产的构成中银行存款占了 64%。这种过于强烈的储蓄倾向不仅不利于启动消费和内需，而且不利于整个经济的健康成长。显然，这个问题不能通过单项措施来解决，而只能通过深化改革、理顺各种经济关系来解决。

如上所述，在迄今为止的一个不太长的历史阶段内，我国经历了一个居民财产高速积累和分化的时期，城乡居民财产分布的差距已经超过了收入分配的差距。二十多年以前，世界银行认为，当时的中国居民除了可以略去不计的极少量利息收入以外，几乎没有什么财产收入（世界银行，1981）。然而现在和今后的情况就不可同日而语了。从长期来看，在居民收入来源的构成中，来自财产的收入的重要性将进一步增长，例如，在城市，将有更多的居民会获得来自房产的收入——房租。因此，财产分布差距的扩大必将成为影响收入差距扩大的一个重要因素。这种情况对国家宏观调控政策中的再分配政策提出了更高的要求是：即要使税收政策和转移支付政策更有利于缩小收入差距和财产差距的方向发展，从而有利于社会的稳定。

为了正确地运用再分配政策，首先必须改变历史上遗留下来的"逆向再分配"问题。所谓"逆向再分配"，就是违背了收入再分配的初衷——通过再分配不是缩小收入和财产的差距而是扩大了这种差距，通俗地说，就是没有"抽肥补瘦"，而变成了"抽瘦补肥"。在计划经济时代，对农村实行的是净税收的政策，对城市实行的是净福利、净补贴的政策，被人们称之为逆调节的政策，其结果是扩大了城乡间收入和财产的差距。改革开放以来，这种状况虽然有所改变，但仍然存在。应该指出，我国城乡之间存在的巨大的收入差距和财产差距，是同上述"逆向再分配"状况有密切关系的。近年来实行的农村税费改革无疑是改变这种状况的有力举措，但要从根本上改变这种状况仍然需要一个过程。

当政府把税收作为再分配的重要手段时，特别要注意税收的累进还是累退。为了发挥税收在再分配中的积极作用，一般都采用累进税率，而且设有起征点。但是，这要以收入和财产都有较高的透明度为前提。例如，由于我国目前银行存款的实名制还不完备、利息收入的透明度还不高，征收利息税还只能实行比例税率，而不是累进税率，即对所有的存款利息都征收20%的利息税。应该说，这种办法是不完备的，具有过渡性，因为它不能起缩小收入差距的作用。斯蒂格利茨甚至认为，"如果富人比穷人缴纳更多的税，但不是按比例递增的，那么这种税收制度仍然被认为是累退的"（斯蒂格利茨，2000）。可见，根据这种"不进则退"的税收理念，要发挥税收的调节功能，就必须在提高收入和财产透明度的基础上向累进制方向发展。我们上述建议中的财产税和遗产税，显然其方向都应该是累进税而不是比例税。

在国家的宏观经济政策中，税收和转移支付这两项无疑对缩小财产分布和收入分配的差距起着比较直接的作用。不过，我们也不能忽视其他的宏观经济政策对缩小上述差距中的作用——尽管有些政策看起来不像税收和转移支付那么迅速见效，但从根本上来说仍然是一些有利于长治久安的政策。例如，①教育政策。在当今的时代，劳动这一生产要素在参与收入和财产分配中的作用，已经不再单纯地取决于劳动的数量，而是更重要地取决于劳动的质量。而劳动质量的提高又在很大的程度上取决于教育。因此，改善低收入和低财产人群的教育状况，就成为缩小收入和财产差距的一个重要前提。换言之，通过改善教育，可以使人们在人力资本的差距上有所缩小，从而为人们取得比较平等的收入和财产创造一个比较平等的起点。②劳动力流动政策。逐步消除劳动力流动的种种障碍，就能够为人们在参与收入和财产的分配过程中有一个比较平等的机会。改革开放以来的事实已经证明，劳动力流动，特别是城乡之间劳动力的流动，已经在缩小收入和财产的差距上起了显著的作用。当然，我们也应该看到，计划经济时代对劳动力流动严格限制所造成的原有格局，并不是短期内就能改变的。阻碍劳动力流动的制度性障碍，如户籍制度、福利制度、住房制度、用工制度等障碍，虽然在迄今为止的改革中已经解除了很多，但离市场经济的要求还相差甚远。因此，培育和健全劳动力市场，特别是城乡之间可以自由流动的劳动力市场，仍然是今后宏观经济政策的一个重要方面。③产业结构转换政策。宏观经济政策还应该通过促进产业结构的转换来改进收入和财产分配的状况。缩小城乡之间收入和财产的差距是摆在我们面前的一项历史任务。在今后的长时期内，提高农民收入和缩小城乡之间收入和财产的差距的根本途径是加速产业结构的转换，积极发展第二、第三产业，努力推动劳动力从第一产业向第二产业，特别是向第三产业的转移。

附录：

（一）关于农村人均财产各项计算方法的说明

农村个人总样本为 37969。

1. 土地价值的计算

首先在土地面积上，是按一亩水浇地等于两亩旱地进行了调整。其次，计算出每户家庭的农业经营纯收入（毛收入－生产费用）。最后，按照 1988 年和 1995 年的测算方法，认为农业经营纯收入中的 25% 是土地带来的，土地的收益率是 8%。从而得出家庭的土地价值。由于问卷中有的农户没有回答关于农业经营毛收入和生产费用的问题，但回答了土地面积。为此，将该农户所在的县平均农业经营纯收入作为替代，算出农户的家庭土地价值。然后再平均到家庭中的每个人，算出人均的土地价值。

2. 房产的计算

问卷中有关于房产的问题，对于房屋产权不属于自己的，房产值作为 0 值处理；问卷中有个别农户在房屋产权属于自己的前提下，回答了房屋居住面积，但未回答房产价值。对此的处理是，将该农户所在县的平均每平方米房产价值计算出，再乘以该农户的居住面积得出其家庭房产价值，再平均到家庭中的每个人。

3. 生产性固定资产价值

问卷中有生产性固定资产价值和具体分项的问题。首先计算出各分项的总和，然后比较总值和分项之和，将分项之和替代与之不等的总值，得出家庭生产性固定资产价值，再平均到家庭中的每个人。

4. 耐用消费品价值

问卷中有关于耐用消费品价值的问题。有的农户如果没有回答具体价值，但回答了电视机、自行车、洗衣机等具体拥有情况的话，首先对全体样本做出一个函数：

$$耐用消费品价值 = a_1 \times 彩电 + a_2 \times 黑白电视机 + a_3 \times 自行车 + a_4 \times 摩托车 + a_5 \times 电冰箱 + a_6 \times 洗衣机 + a_7 \times （音响/收录机） + a_8 \times （录像机/影碟机） + a_9 \times 空调机 + a_{10} \times 家用汽车$$

用回归的方法估计出各个系数。其次，对于回答了拥有情况而没有回答具体价值的农户用系数分别乘以各项的拥有量得出家庭耐用消费品价值，再平均到家庭中的每个人。

5. 金融资产

首先，对于农村总样本进行了抽样检查，将录入错误改正。其次，将金融资产的各分项加总与问卷中的总值相比，替代与分项加总不一致的总值，得出家庭金融资产，再平均到家庭中的每个人。

6. 负债

将负债的总项值和分项值比较，用分项值替代与之不一致的总项值，得到家庭负债，再平均到家庭中的每个人。

将人均土地价值、人均房产、人均生产性固定资产、人均耐用消费品价值、人均金融资产之和减去人均债务得出人均总财产。

（二）关于城市人均财产各项计算方法的说明

城市个人总样本为 20632。

1. 房产的计算

问卷中有关于房产的问题，对于房屋产权不属于私房、商品房、房改房的，房产值作为 0 值处理；问卷中涉及房产的问题有三个，选取了最大值。问卷中有个别家庭在房屋产权属于自己的前提下，回答了房屋居住面积，但未回答房产价值。对此的处理是，将该家庭所在城市的平均每平方米房产价值算出，再乘以该家庭的居住面积得出其家庭房产价值，再平均到家庭中的每个人。

2. 生产性固定资产价值和其他资产的估计现值

直接用问卷中的回答值。

3. 耐用消费品价值

问卷中有关于耐用消费品价值的问题。有的家庭如果没有回答具体价值，但回答了电视机、自行车、洗衣机等具体拥有情况的话，首先对全体样本做出一个函数：

耐用消费品价值 $= a_1 \times$ 彩电 $+ a_2 \times$ 黑白电视机 $+ a_3 \times$ 自行车 $+ a_4 \times$ 摩托车 $+ a_5 \times$ 电冰箱 $+ a_6 \times$ 洗衣机 $+ a_7 \times$ （音响/收录机） $+ a_8 \times$ （录像机/影碟机） $+ a_9 \times$ 空调机 $+ a_{10} \times$ 家用汽车

用回归的方法估计出各个系数。其次，对于回答了拥有情况而没有回答具体价值的家庭用系数分别乘以各项的拥有量得出家庭耐用消费品价值，再平均到家庭中的每个人。

4. 金融资产

首先，对于城市总样本进行了抽样检查，将录入错误改正。其次，将金融资产的各分项加总与问卷中的总值相比，替代与分项加总不一致的总值，得出家庭金融资产，再平均到家庭中的每个人。

5. 负债

将负债的总项值和分项值比较，用分项值替代与之不一致的总项值，得到家庭负债，再平均到家庭中的每个人。

将人均房产、人均生产性固定资产、人均耐用消费品价值、人均其他资产的估计现值、人均金融资产之和减去人均债务得出人均总财产。

（三）关于全国人均财产的计算说明

由于城市总样本为 20632，农村样本为 37969，两者的比例与国家统计局的农村与城市人口比例不符，因而要进行相应地调整。本文采用的方法是：随机增加城市样本至 24367，使之与农村样本的比例符合国家统计局的比例。然后，将城市与农村样本合并为一个数据库共 62336 个样本。其中，城市样本的人均土地价值作为 0 值，农村的人均其他资产的估计现值作 0 值处理。再将人均房产、人均金融资产、人均耐用消费品价值、人均生产性固定资产、人均土地价值、人均其他资产的估计现值、人均债务加总为人均财产。

参考文献：

1. 国家统计局城市社会经济调查总队编：《财富：小康社会的坚实基础》，山西经济出版社，2003。

2. Michael Schneider（2004）．"The Distribution of Wealth"，Edward Elgar Publishing，Inc. Northampton，USA.

3. Terry Mckinley（1993）．"The Distribution of Wealth in Rural China"，in Keith Griffin and Zhao Renwei（eds），*The Distribution of Income in China*，London，Macmillan.

4. Mark Brenner（2001）．"Reexaming the Distribution of Wealth in Rural China"，in Carl Riskin，Zhao Renwei and Li Shi（eds），*China's Retreat from Equality*，New York，M. E. Sharpe.

5. 朱秋霞：《论现行农村土地制度的准国家所有制特征及改革的必要性》，南京财经大学（Working Paper），2004 年 11 月 12 日。

6. 李实、岳希明：《中国城乡收入差距调查》，载《财经》杂志，2004 年第 3，4 期。

7. 赵人伟、李实：《中国居民收入差距的扩大及其原因》，载《经济研究》，1997 年第 9 期。

8. 李实、魏众、古斯塔夫森：《中国城镇居民财产的分配》，载《经济研究》，2000 年第 3 期。

9. 汪利娜、魏众：《城市住宅福利与收入分配》，载赵人伟、李实、李思勤主编：《中国居民收入分配再研究》，中国财政经济出版社，1999。

10. Wang Lina（2001）. "Urban Housing Welfare and Income Distribution", in Carl Riskin, Zhao Renwei and Li Shi（eds）, *China's Retreat from Equality*, New York, M. E. Sharpe.

11. James B. Davies and Anthony F. Shorrocks（1999）. "The Distribution of Wealth", in A. B. Atkinson and F. Bourguignon（eds）, *Handbook of Income Distribution：Volume* I.

12. 温家宝：《深化土地管理制度改革 依法切实加强土地管理》，载《人民日报》，2004 年 12 月 15 日。

13. 世界银行：《中国：社会主义经济的发展——世界银行经济考察团对中国经济的考察报告》，中国财政经济出版社，1981。

14. 约塞夫·斯蒂格利茨：《经济学》（第二版），上册，中国人民大学出版社，2000

全文原载《新知研究院研究报告》，西南财经大学出版社，2006。此前，详细摘要发表于《中国经济时报》，2005 年 4 月 25 日、26 日；《新华文摘》，2005 年第 14 期摘要转载

以瑞典为代表的福利国家的转型
及其对中国的启示[*]

赵人伟

二十多年来，我国的经济体制处在从计划经济向市场经济的转型之中。与此相适应，我国对社会保障体制（或称体系，下同）的改革也进行了积极的探索，特别是从 20 世纪 90 年代中期以来迈出了较大的步伐。

在以往的 1/4 个世纪中，西方发达的福利国家也遇到了福利制度①的危机和困境，从而掀起了改革或转型的浪潮。

应该说，福利国家的转型同我国社会保障体制的改革是两件有很大差别的事情。但是，无可否认，这两者之间也存在着某些相似或共同之处。因此，人家的改革或转型的经验，对我们也有值得借鉴的地方。特别是当我们对彼此的实践进行机理分析的时候，更可以从中找到共同点。例如，人家是"富大锅饭"吃不下去；我们是"穷大锅饭"吃不下去。换言之，都是原有体制的"不可持续性"才造成非改不可或非转型不可的局面。因此，诸如怎样打破大锅饭之类的经验是可以共享的（关于两者的异同，随后将辟专节讨论，不在此赘述）。

对于福利国家，学术文献中有各种各样的理解。本报告所说的福利国家，主要是指西方发达的福利资本主义国家。对于这些福利国家，又有各种各样的模式分类。②本章并不具体研究发达的福利国家的各种模式，而是从总体上涉及福利国家的转型。第二次世界大战以后，英国是率先宣布第一个建成的福利国家。随后，西方发达的资本主义国家纷纷效法，争相以福利国家自诩。其中瑞典以其福利最广泛和最优厚闻名于世，获得了"福利国家橱窗"的称号。可见，从总结福利国家转型经验的角度来看，瑞典具有特殊的意义。瑞典的福利制度在发达的资本主义国家中属

＊　本文由张凡协助制表，在此表示感谢。

①　"福利"一词有广义和狭义之分。就广义来说，"福利国家"、"福利制度"，同我们通常所说的"社会保障体制"的含义相似；就狭义来说，"福利"则仅相当于我们通常所说的"社会救助"和"社会福利"的含义。在一般情况下，本章在广义上使用"福利"这一概念，仅在个别场合在狭义上使用这一概念。科尔奈认为，"福利国家"的表述是欧洲的含义，在美国，"福利"的定义则缩小到社会救助的范围（参见雅诺什·科尔奈等，2003）。

②　例如，埃斯平—安德森把西方发达的福利资本主义国家分成保守模式、自由模式和社会民主模式三种。见 G. Esping – Anderson. The Three Worlds of Welfare Capitalism, Cambridge, Polity Press, 1990.

于一个极端的事例。可以这么说，改革或转型是要从极端转向适度。正如有的学者所指出的，我们从一个极端的和特征鲜明的事例中可以比从一般的事例中学到更多的东西（Richard B. Freeman，1997）。因此，本章在研究福利国家的转型时将较多地涉及瑞典的事例。

一、以瑞典为代表的福利国家的转型

福利国家于 20 世纪五六十年代在西欧和北欧得到了比较充分的发展。关于福利国家，人们有各种各样的表述或定义。我们认为，如下的表述不失为较好的一种，即"所谓福利国家，是指那些有意识地运用政治权力和组织管理的力量，在分配领域为主的某些领域，减缓市场机制的作用力度，矫正市场机制优胜劣汰的缺陷，为所有社会成员提供最基本的物质生活需要的国家"（和春雷，2001）。这些福利国家具有以下特点：①强调福利的普遍性和人道主义、人权观念，受益对象为社会全体成员。②福利开支基本上由企业和政府负担，个人不缴费或低标准缴费。③福利保障项目齐全，包括"从摇篮到坟墓"的一切福利保障，保障的标准也比较高。④保障的目的是维持社会成员一定标准的生活质量，而不仅仅是消除贫困（和春雷，2001）。

如上所述，瑞典是福利国家的橱窗。以瑞典为例，福利国家的成就可以作如下简单的概括，即：五高、一低、一无。所谓五高，就是高均等、高税收、高福利、高调节和高开放；所谓一低，就是低失业；所谓一无，就是无贫困。就以其中的高均等来说，瑞典福利国家的成就也是举世瞩目的。瑞典的基尼系数从 20 世纪 60 年代的 0.28 下降到 80 年代初的 0.2。在 80 年代，按十等分组，瑞典家庭可支配收入最高组和最低组之比为 2∶1；而同期美国的这一比率为 6∶1。当时，美国的人均实际收入比瑞典高 28%，但最低组的瑞典人的收入则要比最低组的美国人的收入高出 63%。换言之，瑞典的穷人比美国的穷人有更高的收入（Richard B. Freeman，1997）。

然而，福利国家在经历了一个不很长的繁荣以后就陷入了危机，从 20 世纪 70 年代中期以后就掀起了改革或转型的浪潮。国内外许多文献对福利国家的转型已经做了大量的论述。下面，我们将综合前人的成果，并结合中国的实际和自身的研究，着重探讨三个问题：第一，究竟福利国家的危机及其成因的根本性质是什么？第二，福利国家转型的进展和困难是什么？第三，福利国家的转型同中国社会保障制度的改革有什么异同？从两者的比较中我们能得到什么启示？

（一）福利国家的危机及其成因——性质分析

许多经济学文献在论述福利国家的转型时总要把这一转型同 1973 年的石油危机联系起来。诚然，石油危机带来的经济困难确实是福利国家从其黄金时期转向改革和调整的一个转折点。不过，石油危机所带来的经济困难仅仅是引发福利国家转型的一个导火线，而不是根本原因。要真正从福利国家的危机中吸取教训，必须从这种福利制度或社会保障制度的机制设计中去找原因。道理很简单，即使没有当年的石油危机，福利国家的危机迟早是要发生的。正如有的学者所指出的，这是一种"制度性失败（systems failures）"或"制度性危机"（Richard B. Freeman，1997）。这种制度性危机表现在许多方面：

（1）过度慷慨的福利制度安排造成福利的增长超过经济的增长，使经济实力无法继续承担其福利开支。在西欧和北欧的福利国家，福利的增长或扩张在 1960 ~ 1975 年间达到了顶峰。在这一期间，GDP 的年平均增长率为 2.6% ~ 4.6%，而福利开支的增长率竟达 5.6% ~ 9.1%（上海市社会保险科学研究所，1999）。过度慷慨的福利制度首先表现为入不敷出的财政预算危机。福利的涵盖面很广，而且标准很高，国家又无法控制其增长的势头。在社会保障收不抵支的情况下，政府作为"最后供款者"的角色不得不动用财政收入予以弥补，造成公共开支扶摇直上，财政预算严重失衡。以瑞典为例，各项福利开支（包括养老、医疗、失业、生育、伤残等）大约占政府公共开支的 85%（黄范章，1987）。由于福利开支的扩张和失控，使得瑞典的公共开支在 GDP 中的比重也不断上升，从 20 世纪 60 年代的 35%上升到 80 年代的 63%和 90 年代经济危机发生时的 70%。过度的福利是经济危机的重要原因，而经济危机又动摇了福利国家的基础，在过度福利同经济危机之间形成了一种恶性循环。瑞典在 1990 ~ 1993 年的经济危机期间，GDP 累计下降 5%，工业生产下降 8%，零售额下降 13%，资本形成下降 1/3，就业下降 12%，1993 年底的总失业率达到 9.3%（其中，青年的失业率高达 21.4%），1993 年财政赤字占 GDP 的比率达 13%（Richard B. Freeman，1997）。

（2）福利国家的制度安排对劳动积极性不起激励作用，反而起抑制或反激励（disincentive）的作用。仍以瑞典为例，实行"团结工资"政策的初衷是要强调人们之间的平等与合作，但实行的结果则往往事与愿违。最初的口号是"同工同酬"（"equal pay for equal work"），但实际上则变成了"对所有的工作付相同的报酬"（"equal pay for all work"）。这样一种制度安排，表面上看是缩小了不同部门的工人之间、熟练工人和非熟练工人之间的收入差距，从而增强了人们之间的团结。但是，实际上却发生了一种隐蔽的收入转移，即发生了从高工资工作者向低工资工作者的收入转移。其结果是使得拿了较高工资的非熟练工人降低了提高技术的积极性，减少了人们对人力资本的投资，从而不仅挫伤了熟练工人的积极性，而且造成了在劳动市场上技术人员供应的短缺。

（3）过度的福利还造成了"福利欺诈"和"福利依赖"。过度的福利安排还引起了道德问题。周弘指出：福利国家危机的一个重要表现是"高福利对劳动道德的威胁"（周弘，2001）。在瑞典，福利的项目繁多。根据林德伯克的分析，过度的疾病福利、工伤福利、对单亲家庭的经济支持、有选择的住房补贴、提前退休补贴，等等，都会引发道德问题。特别是其中的疾病福利制度，更容易引发"福利欺诈"。例如，当瑞典的疾病福利制度使得替代率达到 90% ~ 100% 的情况下，人们就会"泡病号"，声称有病而不上班。1955 年每人因病请假的天数为 14 天，到 80 年代末则达到了 26 天。有的人甚至一方面在享受疾病支付金、失业补偿金、提前退休金等福利，另一方面却在黑市上打工。因此，关于瑞典已经变成"一个骗子的国家"的说法就成为过去二十多年来的讨论中引用最多的话语之一（Assar Lindbeck，1997）。福利依赖的一个突出事例是家庭服务的过度社会化。即使在许多发达国家，照顾老人和儿童的服务基本上是由家庭提供的，但在瑞典却是由社会来提供的，其补贴费用则由政府列入其公共开支。据统计，在 1991 ~ 1992 年度，为学龄前儿童所支付的公共开支约占当年 GDP 的 3.5%。换言之，政府一年要为每个学龄前儿童花费 6 万克朗，约合 8000 美元。这种个人或家庭服务的社会化，使社会付出了高昂的代价。因为，其结果是服务上的总体消费发生了膨胀，而这种服务消费的膨胀，又是以牺牲物质产品上的消费为代价的。如果这种服务改由家庭来提供，效率损失就会下降，整个生活水平就会提高（Sherwin Rosen，1997）。

（4）高福利和高补贴必然导致高税收和高物价。在这种福利制度的安排下，究竟谁来雇佣享有高工资、高福利、高补贴的低效率工作人员呢？换言之，究竟谁来养懒人呢？回答是：只有公共部门。那么，又由谁来承担费用呢？回答是：第一，为公共部门纳税的人。第二，为产品付出高价格的消费者。在 1980 年，瑞典个人劳动所得税的平均边际税率为 56.8%，最高边际税率达 85%；同年，个人劳动所得税（包括社会保障税和消费税）占个人劳动收入的比重为 65.2%，占 GDP 的比重为 47.7%（见附表 1 和附表 2）。包括瑞典在内的北欧福利国家的高物价也是举世闻名的。可见，羊毛出在羊身上，高福利的费用最后还是落在纳税人和消费者的身上，只不过是扭曲了经济的运转过程。

（5）过度的福利制度安排必然影响宏观经济的稳定、损害经济效率和经济增长。所有上述弊病，都会集中地表现在整个宏观经济的不稳定上来。例如，由于社会保障费用占劳动力成本的比例过高（在西欧和北欧的福利国家，一般占 25% ~ 30%），直接影响了企业的国际竞争能力，迫使劳动密集型行业向发展中国家转移，导致失业率的提高。由于税率和保险费的缴费率很高，人们的收入所剩无几，迫使雇主和政府提高工资，导致通货膨胀加剧。由于高福利和高缴纳，使得人们既缺乏储蓄和投资的意愿，又缺乏储蓄和投资的能力，从而影响了生产率的增长。如前所述，瑞典是福利国家的橱窗，也是过度的福利制度所带来的后果最为严重的国家。正如有的学者所指出的，瑞典的生产可能性边界已经内移，瑞典人均 GDP 在 OECD

国家中的排序已明显下降。按购买力平价计算的人均 GDP，瑞典在 25 个 OECD 国家中的排序，1970 年为第 4 位，高于平均水平 15%；1990 年下降到第 9 位，高于平均水平 6%；1995 年下降到第 16 位，低于平均水平 5%（见附表 3）。福利国家的上述制度性失败或制度性危机使人们对福利国家的可行性和有效性产生了质疑。有的学者提出，福利国家面临着以下 11 种因素的挑战，即：人口的老龄化、家庭结构的改变、经济增长的放缓、失业的高水平、预算赤字的增长、对高税收的日益增长的抵制、市场力量的支配地位、经济活动和社会活动的私有化、国内和国际间日益增长的竞争、全球化的加速以及技术的改变（G. Esping – Anderson，1996）[①]。所有这些因素，都迫使福利国家走上了改革或转型之路。

（二）福利国家改革的动向——进展和困难

福利国家的改革已经探索了许多年，各国的做法因国情的差异而有所不同。在这里，我们只是对改革的一般趋势作一探讨。

总的来说，改革是要解决对福利的滥用问题，使福利从过度回到适度，以便实现两个平衡，即福利增长同经济增长之间的平衡、社会保障内部收入同支出之间（供求之间）的平衡。可见，福利制度的改革并不是要摧毁福利制度本身，而是要在福利制度内部各个经济变量之间、在福利制度的诸经济变量同整个经济的诸变量之间形成一种良性循环的关系，从而使得福利制度变得具有可持续性。

最重要的也是最令人注目的是机制设计上的改革。西方福利国家改革的一个重要动向是变政府的单一福利为混合福利，即除了政府以外，雇主和雇员也应该对社会保障负有责任，并且鼓励私营部门以职业年金与私人养老计划和医疗计划参与福利资源的配置。世界银行认为，现代福利国家的养老保险模式已经无法同时解决养老和发展的问题，因此，建议建立一个由三个支柱构成的养老保障体制：一个是公共管理的、以税收筹资为基础的养老体制，称为强制性公共管理支柱；另一个是私人管理的、以完全积累制（设立个人账户）为基础的养老体制，称为强制性私营支柱；还有一个是以个人的自愿储蓄为基础的支柱，它可以作为补充，以满足较高水平的保障需求，称为自愿支柱。在这三个支柱中，前一个支柱发挥再分配功能，后两个支柱发挥储蓄功能；前两个支柱具有强制性，后一个支柱具有自愿性；当然，所有这三个支柱都发挥共同保险的功能（世界银行，1994）。这种体制正在许多国家不同程度地试行。由于它带有混合的特点，所以常常被人们称为部分积累制。

机制设计上的另一个重要变革是改进社会保障的受益规则。在受益规则的改进中，最重要的制度创新是引入"工作福利"（workfare）制度。所谓"工作福利"，是指凡是接受政府福利补助金的人必须接受政府或立法规定的有关工作。这样做是

---

① 例如，埃斯平—安德森就把发达的福利国家的改革分为斯堪的那维亚道路、新自由道路和大陆欧洲道路（G. Esping – Anderson，1996）。

为了克服福利同贡献完全脱节的现象，使福利从一种同工作毫无联系的权利变成同工作义务有紧密联系的权利。"工作福利"一词最早出现在 20 世纪 60 年代末期美国的"工作激励方案"之中。后来，美国、英国、瑞典、德国、丹麦等国都在自己的社会保险计划中引入了这一收益准入制度。例如，在瑞典的失业保险计划中就明显地增强了从事工作和培训的要求；在丹麦，还规定给失业满一年的青年人提供工作的保证。

此外，改革中还采取了一系列具体的措施。例如：

（1）降低福利的水平。其中，最为突出的是降低替代率。在瑞典，20 世纪 90 年代初期大多数社会保障体系中的（工资）替代率从 90% ~ 100% 下降到 80%，有时甚至下降到 75%（Assar Lindbeck，1997）。在德国，90 年代中期因病缺勤的工资替代率也从原来的 100% 下降到 80%（赵人伟，1997）。在美国，失业保险金的替代率则从 20 世纪 70 年代中期的 70% 下降到 1989 年的 33%（G. Esping - Anderson，1996）。

（2）减少税收。福利和税收是一个问题的两个方面。福利的降低也就为税收的减少创造了条件。为了解决对劳动的反激励等问题，福利国家在改革中都采取了减税的措施。其中，瑞典的税制改革是一个明显的事例。瑞典从 1983 年就开始了税制改革，90 年代初加强了改革的力度。林德伯克指出，1991 年瑞典税制改革的精髓是用两级税制来代替高额累进税制。大多数人只要缴纳 26% ~ 33% 的税给地方政府就行了，高收入者则还要缴纳 20% 的税给中央政府。税制改革的结果，对大多数有收入的人来说，总的边际税负（wedges）在 1983 ~ 1995 年间下降了 15 个百分点，最高边际税率则从 85% 下降到 70%（Assar Lindbeck，1997）。

（3）延长退休年限。在社会保障体系中，公共养老计划的收支所占的比重最大。因此，如何在公共养老计划的改革中实现增收节支，就成为各国改革的一个关注点。其中，提高退休年龄就成为各国普遍采用的做法。例如，美国已将退休年龄提高到 67 岁，德国则提高到 65 岁。提高退休年龄对增收节支的意义是很明显的：一方面，由于延长工作年限就相应地延长了缴费的年限，从而产生了增收的效应；另一方面，由于延长工作年限就相应地减少了领取退休金的余命年限，从而产生了节支的效应。在人的平均预期寿命不断延长和老年人口的比重不断上升的情况下，延长退休年限就更加成为各福利国家防止老龄危机的一个重要措施。当然，延长退休年限也是一把"双刃剑"：提高退休年龄将会对年轻人的就业产生挤出效应；同时，在技术进步突飞猛进的当今世界，由于老年人的人力资本存量的不足，即使在身体状况容许的情况下，也存在着知识更新和技术培训所带来的难题。

福利国家通过上述改革，已经取得了一些明显的成绩。仍以瑞典为例。从经济增长来看，如前所述，瑞典在 1990 ~ 1993 年的危机期间 GDP 呈负增长状态，通过改革，已于 1995 年恢复到 1990 年的水平。政府的赤字占 GDP 的比重从 1993 年超常的 13% 下降到 1995 年的 8% 和 1997 年的 2%（Richard B. Freeman，1997）。由于税负的减轻和替代率的下降，人们的工作积极性有所提高，例如，每人每年因病缺勤的天数从 1989 年的 24 天下降到 1995 年的 11 天。福利制度的改革，特别是税制的改革还改变了人们的储蓄倾向和消费倾向。家庭的储蓄率（储蓄占家庭可支配收入的百分比）1990 年为 -2%，1994 年上升到 10%。同期，家庭的消费总需求则明显下降，下降额为 GDP 的 6%（Assar Lindbeck，1997）。储蓄率的提高还有利于促进资本资源的合理配置。

当然，福利制度的改革是非常艰难的事情，既要付出代价，又要遇到阻力。

在改革过程中，瑞典的收入差距明显地扩大了。从 1980 年到 1993 年，基尼系数提高了 3~5 个百分点。在 1978 年，瑞典只有 2.7% 的家庭的可支配收入低于中位数收入（median income）的 50%。到了 1993 年，这一数值则上升到 5.7%（Assar Lindbeck，1997）。收入差距的扩大，在一定程度上是改革或转型所付出的代价。

另外，福利是具有刚性的。长期的高福利政策还造就了既得利益集团，降低福利的改革措施必然要遭到既得利益者的反抗，有时甚至会表现为政治的和党派的斗争。例如，德国政府于 1996 年拟订了一系列降低福利措施的建议。这些措施不仅受到工会的反对，而且遭到社会民主党的强烈抨击。社会民主党的领导人谴责这些措施是"残忍的"，是"对社会正义的宣战"。1996 年 6 月，波恩有 35 万人上街示威，反对降低职工的福利待遇。这同英国政府在 80 年代中期为削减公共开支所遇到的问题（长达一年的煤矿工人大罢工），同法国政府于 1995 年冬所遇到的问题（数周大罢工）都颇为相似。有一次我问德国的维利·克劳斯教授，改革过分慷慨的社会保障制度行得通吗？他紧锁眉头回答道：很难、很难，特别是医疗保障的改革，往往不仅仅取决于制度的设计，而且在相当大的程度上还取决于个人的行为。

尽管改革或转型的难度确实很大，但是，由于过度慷慨的福利制度的不可持续性，非改不可这一点看来仍是不可动摇的。这同上面所说的改革并不是要从根本上摧毁福利制度本身似乎具有同样的重要性。

（三）福利国家的转型同我国社会保障体制改革的异同——比较分析

究竟福利国家的转型对我们有什么启示呢？看来有必要对西方发达的福利国家转型同中国社会保障体制改革的异同作一番比较分析。只有通过比较，我们才能认识哪些是带有普遍性的经验和教训，哪些是属于中国的特色；才能做到对外来的东西既不盲目照搬，也不盲目排斥。以下，我们主要从大的背景方面的异同和福利制度或社会保障体系本身的异同这两个方面来作比较。

从大的背景来说，我们认为，西方福利国家的转型同我国社会保障体系改革的经济体制背景和经济发展程度背景都有很大的差别。

从经济体制背景来说，西方福利国家的福利体系是建立在市场经济的基础上的，而我国的社会保障体系在改革以前是建立在计划经济的基础上的。因此，福利国家的转型是在市场经济的总体框架不变的基础上福利制度安排上的改变，而我国社会保障体系的改革是以整个经济体制从计划经济向市场经济的转变为背景的。换言之，在我国，社会保障体系的改革是整个经济体制改革的一个组成部分。因此，在西方福利国家，福利制度的改革并不会遇到诸如怎样培育资本市场、怎样建立劳动力市场、怎样适应对外开放的形势等问题，因为，这些仅仅是计划经济向市场经济转型的国家才会遇到的问题。正如王梦奎所说的，我国社会保障体制的改革必须考虑"经济体制的转变，即从计划经济向社会主义市场经济体制的转变。社会保障体制的改革是这种根本性的经济体制转变的一个重要组成部分，其他方面的改革，例如所有制结构的调整，企业制度的改革，财税体制的改革，都对社会保障体制的改革有不可忽视的影响"（王梦奎主编，2001）。从体制背景的差异来看，我国社会保障体系改革的深度和难度都比较大。

再从发展程度背景来说，西方发达的福利国家早已实现了工业化，所处的是后工业社会的发展阶段。我国则正处在实现工业化的进程之中，经济的二元结构还非常明显，而且城市化的进程还落后于工业化的进程。由于发展水平的差异，必然会对福利水平和社会保障的覆盖率带来很大的影响（详后）。由于发展水平和产业结构的差异，就业的压力、收入差距的压力、国际竞争的压力等也会呈现出明显的差异。而这些压力的差异，必然会对社会保障提出不同的需求。就以就业压力和收入差距压力来说，我国现阶段面临着农业劳动力向二次和三次产业转移的重大压力，而发达的福利国家已不存在这个问题。当然，在后工业社会，由于技术和信息产业的迅速发展，在三次产业中产业结构和就业结构的两极分化所带来的就业压力和收入差距压力是很明显的。我国虽然还是发展中国家，但在高新技术领域仍然是要赶超国际水平的，从而发展高新技术所带来的对非熟练劳动力的就业压力在我国也是存在的。可见，在就业问题上，我们既有后进带来的压力，又有先进带来的压力。这双重压力都会在收入的初次分配上产生扩大收入差距的效应，这就对社会保障体系在收入再分配上发挥有效功能提出了更加强烈的要求，以促进社会的公平和稳定。

正如世界银行报告所指出的："中国正处于两个历史性的转型过程之中：即从乡村型农业社会向城市型工业社会的转型；从指令性经济向市场经济的转型"（世界银行，1997）。在现阶段，中国所有经济问题的研究，包括社会保障问题的研究，都要以这两个转型为背景。只有这样，才能切合中国的实际。

如果我们进一步扩大视野，把东欧后社会主义国家福利制度的改革及其背景也纳入考察和比较的行列，那么，我们可以发现（见表1）：在中国、东欧国家和

OECD 国家这三类国家中，中国是三种转型（当然，这三种转型并不是简单并列的。在中国，一般认为，福利制度的转型在很大程度上是经济体制转型的一部分。作者则进一步认为，福利制度的转型在一定程度上又是经济发展转型的一部分）兼而有之；东欧国家已实现了工业化，不存在二元经济结构，从而没有经济发展转型的问题，但同中国一样，仍然有经济体制转型的问题；OECD 国家则既没有经济发展转型问题，又没有经济体制转型问题，只有福利制度转型问题。可见，就福利制度转型的大背景来说，中国是最为复杂的，东欧国家属于其次，OECD 国家则相对来说最为简单。

表 1　中国福利制度转型背景的复杂性

国家 类型	中国	东欧国家	OECD 国家
经济发展转型	有		
经济体制转型	有	有	
福利制度转型	有	有	有

本文第二部分将要联系到中国社会保障体制的改革，必然要以中国这三种转型兼而有之的大背景为出发点。换言之，我国社会保障体制改革的复杂性是建立在上述转型背景的复杂性的基础之上的。

然而，即使就大的背景来说，西方福利国家的转型同我国社会保障体系的改革在起点上也有某些相同的或相似的地方。

例如，20 世纪 50 年代我国在社会主义计划经济建立初期所追求的重大社会目标之一就是高均等和无失业。这同第二次世界大战以后西方的福利国家，特别是其橱窗瑞典，在社会目标的追求上颇有相似之处。瑞典当年所追求的社会目标是均等主义和经济安全，前者主要是缩小收入差距，后者主要是充分就业（Assar Lindbeck，1997）。瑞典在其福利的鼎盛时期和中国在计划经济的鼎盛时期，收入分配的基尼系数都在 0.2 左右。

又如，转型前瑞典经济管理的机制设计也倾向于集中化。林德伯克认为，瑞典可以说是集中体制占统治地位的社会。构成集中体制的要素很多，诸如：庞大的公共部门开支和高额的税收；政府强烈干预下的稳定政策，特别是充分就业政策；政府往往通过公共部门的储蓄、资本市场的调节、税收、补贴等手段来影响储蓄、信贷、投资的总量及其配置；中央政府对地方政府的控制也是强有力的；工资谈判也是集中在国家一级进行的，等等（Assar Lindbeck，1997）。我国在计划经济的鼎盛时期，经济管理也是集中化的。当然，我们也有自己的特色，那就是集中化的程度更高。如前所述，瑞典是市场经济，上述的集中体制是同一个自由贸易的体制结合在一起的；而我国当年的集中体制是同资源配置的实物计划体制结合在一起的。所谓统收，就意味着人们连所得税也不用缴纳，因为已经事先被暗中扣除了；所谓统支，就意味着许多补贴都是暗补，受益者不必申请就可以不知不觉地拿到。当社会保障体系纳入这样一个统收统支、暗扣暗补的大体系之中时，一切责任和风险都集中在政府手里了。

下面，我们将对两者的福利制度或社会保障体系本身的异同作一比较。从相异的方面来说，我们仅择要列出以下几条：

（1）覆盖面和公平性不同。西方发达的福利国家强调福利的普遍性原则，像瑞典、英国等国家的福利安排都是包括全体居民的，而且保障的范围广、水平高，是一种"从摇篮到坟墓"的福利制度。而我国从社会保障体系的建立开始，就侧重于城市；在城市，又侧重于全民所有制部门，即国有的企事业单位和行政部门。毫无疑问，我国社会保障体系的覆盖面小是同上述的发展水平低密切相关的。但是同时应该看到，这同长期以来城乡分割的体制和政策因素也有密切的关系。像城乡分割的户籍制度，其重要的用意之一就是要在享用各种福利和补贴制度方面在城乡居民之间设置一道屏障。

因此，如果说发达福利国家的福利安排存在着慷慨"过度"的话，那么，我国传统体制所造成的福利安排则存在着"过度"和"不足"两种现象并存的复杂局面。我国社会保障体系以城市和农村为界限划分为明显的两个板块。而在城市内部，社会保障体制也存在着制度性分割的问题，如国有企业和非国有企业之间、特权阶层和非特权阶层之间的制度性分割。福利制度的这种二元结构乃至多元结构，必然造成结构顶端的福利浪费和过度以及结构底层的福利不足。正如有的学者所指出的，这样一种福利结构，不但造成效率缺失，而且造成公平缺失。显然，我国福利制度的这种复杂结构给社会保障体制的改革和建设带来了很大的困难。不过，我们完全可以分解出两个不同的侧面：如果说，因经济发展水平的二元结构所引起的福利制度的二元结构必须主要通过经济发展才能最终加以解决的话，那么，被计划经济体制所强化了的福利制度的多元结构和制度性分割则必须主要通过改革来加以解决。

（2）社会化的程度不同。如前所述，发达的福利国家社会保障的社会化程度是很高的，有的国家甚至把应由家庭承担的责任也加以社会化了。我国社会保障体系建立之初，就其覆盖所及的范围内，社会化的程度也是相当高的，也就是列入上面所说的统收统支的范围之内。但是，随着时间的推移，却产生了越来越严重的"单位化"倾向。这种情况最早发生在"文化大革命"初期。"文化大革命"的发生打破了企业正常的缴费机制，使社会保险制度无法正常运转，因此，财政部不得不于

1969 年 2 月发出有关通知，要求"国营企业一律停止提取劳动保险金，企业的退休职工、长期病号工资和其他劳保开支在营业外列支"（陈佳贵等著，2002）。其结果是使社会保险微观化为企业保险、单位保险，使社会保险因统筹职能的丧失而丧失了其应有的社会性和互济性的功能。这种单位化倾向不仅加大了单位之间在保险待遇上的苦乐不均，而且恶化了职工在养老金筹资和给付上的代际冲突。社会保险单位化倾向的延续后来成为单位办社会的一个重要组成部分，职工在某种意义上也从社会人变成了单位人。因此，在我国 20 世纪 80 年代以来的社会保障体制改革中，如何变单位化为社会化，变单位人为社会人，就成为改革中的一大特色和难题。

（3）面临老龄化挑战的程度不同。无论是西方发达的福利国家还是中国，都面临着老龄化的挑战。但是，我国所面临的挑战要严峻得多。这主要表现在两个方面：第一，老龄化的速度快。我国由于 20 世纪 50 年代的高出生率和 80 年代以来的计划生育使人口的年龄结构在过去的 40 年中从金字塔形迅速地向梯形方向转变，今后几十年这一趋势还将继续。据美国人口普查局的统计和预测，65 岁以上老人的比重从 7% 上升到 14% 所经历的时间，法国为 115 年，瑞典 85 年，美国 66 年，英国 45 年，日本 30 年，而我国只要 25 年（宋晓梧，2003）。第二，未发达，先老龄化。一般来说，在发展中国家，由于出生率和死亡率较高，平均寿命较低，人口的年龄结构比较年轻，养老金支出的负担也较轻。在发达国家，则由于出生率和死亡率都较低，平均寿命较长，人口的年龄结构比较老化，养老金支付的负担也比较沉重。我国虽然还是发展中国家，但由于计划生育政策的推行和医疗卫生条件的改善，出生率和死亡率都比较低，平均寿命也大大提高，因此，遇到了未发达，先老龄化的问题，即所谓"未富先老"的问题。我国 2000 年 65 岁以上人口占总人口的 7%，已进入老龄化社会的门槛。但这时我国的人均 GDP 仅为 860 美元，而发达国家一般在人均 GDP 达到 2500 美元以后才进入老龄化社会。据估计，我国的老龄化将在 2030 年左右达到高峰。到那时，我国 60 岁以上人口在全世界 60 岁以上人口中的比重将大大提高。按照世界银行的测算，我国这一比重将从 1990 年的 21% 提高到 2030 年的 26%。而 OECD 国家这一比重将从 1900 年的 30% 下降到 2030 年的 20%（世界银行，1994）。人口老龄化给养老金支付所带来的压力将日益加大。

毫无疑问，即使就福利制度本身来说，两者也存在着许多相同或相似的问题。

例如，都存在着福利欺诈和福利依赖的问题。虽然我国社会保障体系的覆盖面要小得多，但是，就在这有限的范围内，同样存在着福利和补贴的滥用、福利欺诈和福利依赖等问题，因为这种"吃大锅饭"的福利机制的设计本身就只有单向的需求膨胀机制，而缺乏反向的供给约束机制，必然会引发道德问题。如果说，人家把"泡病号"作为福利欺诈的典型事例的话，那么，我们的名堂也绝不少。什么不是药品也当药品卖呀，家属的住宿费也当病人的住院费在公费医疗中报销呀，诸如此类的新闻在一般的报刊上可以说是俯拾即是。初闻此类新闻时，人们还有所震动乃至义愤，但是，久而久之，也就见怪不怪，变得麻木起来了。于是，自然病同社会道德病交织在一起；而在社会道德病中，欺诈病又同麻木病交织在一起。试问，这样的病不治行吗？

又如，都存在着对劳动积极性的反激励和收入的隐性转移问题。如上所述，人家是从"同工同酬"演化成"对所有的工作付相同的报酬"；我们是从"同工同酬"演化成"干多干少一个样，干好干坏一个样，干和不干一个样"。应该说，这种演化都是福利机制设计的内在缺陷所造成的。当然，人家对这种反激励给劳动力市场所带来的负面影响以及给经济效率所带来的损失有比较具体的研究，而我们迄今还缺乏这方面的深入研究。至于收入的隐性转移，在转型以前，人家是就高不就低，即对非熟练工作者付高报酬，发生了从高工资工作者向低工资工作者的收入转移。我们则是就低不就高，即对熟练工作者付低报酬，也发生了类似的收入转移，无非是通过事先扣除和暗补等更加隐蔽的形式。

再如，都存在着政府所承担的责任、风险过大和福利支付上的危机。如前所述，像瑞典那样的高福利和高税收的国家，政府承担过多的收入再分配的责任，而企业和个人则可以躺在国家的身上"吃大锅饭"。其结果，瑞典即使公共开支高达GDP的70%也还发生了严重的财政赤字。在我国，上述单位化倾向的发端固然是在"文化大革命"的动乱年代，但为什么这种单位化倾向不但没有随"文化大革命"的终止而终止，而是愈演愈烈呢？显然，深层次的原因是政府包揽的福利开支已经难以为继，难以实现其统收统支的承诺，发生了支付危机。于是不得不把责任放给了企业或单位。可见，所谓的单位化，其实质是在社会化的承诺无法实现情况下的一种蜕变性的权宜之计而已。

以上我们对以瑞典为代表的福利国家的转型进行了概括性的探讨，下面，我们将把重点转到这种转型对我国的启示上面来，即转到对我国社会保障体制改革的思考上面来。

二、启示——对我国社会保障体制改革的若干思考

同整个经济体制从计划经济向市场经济的转型相适应，我国对传统的社会保障体制迄今也进行了初步的改革。这一改革在20世纪的80年代可以说是处在探索阶段，到了90年代则进入了实施阶段。但是，如果我们把这项改革放到本文第一部分所说的我国的体制转型和发展转型的大背景中去考察，那么，这方面的改革可以说还在起步阶段。特别是考虑到发展转型的大背景，这方面的任务可以说是任重道远。许多同发展转型相联系的问题，诸如扩大覆盖面的问题、改变社会保障体制二元结构的问题、提高社会保障水平的问题，都是长期的和艰难的任务。正如有的学

者所说的，"我国在经济发展水平不高，管理能力和技术支持手段薄弱的条件下，建设一个完善的社会保障体系需要一个艰苦的长期过程，这个过程大概需要 30～50 年"（劳动与社会保障研究所，2001）。可见，我们一般所说的社会保障体制改革，就其严格的科学内涵来说，应该包括改革和建设两个方面，即一方面要对传统体制中的不合理部分加以扬弃，另一方面又要从无到有、从小到大地建设一个新的体制。在这里，我们仅就我国社会保障体制改革和建设中的一些基本原则、基本思路（总体设想）和需要解决的难点问题提出若干思考。这些思考，既要从上述福利国家的转型中得到启示，又要从比较分析中探索中国自身要走的特色之路。

（一）社会保障体制改革和建设中所应遵循的一些基本原则

在进行社会保障体制的改革和建设中，弄清一些基本原则是非常必要的。它可以减少盲目性和避免走弯路。上述以瑞典为代表的福利国家在实施社会保障中所遵循的原则有许多是值得我们借鉴的，但又必须根据我国的实际情况加以具体化。根据国际经验和我国的具体情况，我们拟提出以下一些基本原则以供讨论。

（1）个人责任和社会互济相结合。根据福利国家以往由政府包揽的责任过大和承担的风险过多而个人几乎不承担什么责任和风险的弊病，各种改革方案都提出了加强个人在福利事务中的责任问题。科尔奈认为，"福利国家的改革应该在首先确立个人自主性和责任感的新文化的基础上进行"（雅诺什·科尔奈，2003）。用我们习惯的和通俗的语言来说，就是"打破大锅饭"。如果说，增强个人的自主性和责任感是一种新文化的话，那么，"吃大锅饭"就是一种旧文化。福利国家转型中强调的"工作福利"（workfare）就是要把享受的福利保障同个人的工作贡献联系起来。改革中的三支柱模式，特别是其中建立在缴费基础上的个人账户积累制，也是要把未来的福利享受同今日的强制性储蓄贡献联系起来。

不过，这样一种联系并不是机械地对等的。由于福利的互济性和风险的共担性，不能要求权利和义务之间在个人层次上的完全一致或机会均等。这里，仍然需要政府的介入和发挥其在收入再分配上的有效功能，以便那些有困难的人和处于不利地位的人能得到社会的帮助。

如果我们对这一原则的两个方面作更加细致的考察，似乎又可以分为以下两个层次：从个人这一面来说，可以分为个人自主权（sovereignty）和个人责任（responsibility）这两个层次；从社会这一面来说，则可以分为社会的关怀、互济、团结（solidarity）和政府的责任这两个层次。从改革或转型的总趋势来说，看来都是要增强个人的自主权和责任心，反对和克服把责任都往社会和政府身上推的倾向；但是又不能放弃社会和政府应有的责任。

可见，问题的难点不在于这两个方面要不要结合，而是两者如何结合。关于两者如何结合的问题，看来需要把握以下两点：一是不能走极端，二是要与时俱进。

处理个人责任同社会互济的关系，同处理效率同公平的关系有类似之处。所谓不走极端就是要两者兼顾，像发达国家的过度福利和中国的计划经济，就因走了极端即要了公平而舍弃了效率而不得不进行改革。所谓与时俱进，就是要根据社会经济发展的阶段来调整两者的具体关系。像我国现阶段正处在经济起飞时期，就要侧重于效率，强调效率优先。当经济发展到了更高的阶段以后，公平的因素可能就可以考虑得更多一些。在处理个人责任同社会互济、政府责任的关系时，也不能在"破除大锅饭"的时候放弃对有困难的人的关怀。

（2）保障水平同经济水平相适应。社会保障从根本上来说是对收入的一种再分配。显然，可供再分配资源的多少则取决于经济发展的水平，即国民收入的总量或人均国民收入的水平。可见，社会保障水平同经济发展水平之间的关系是源与流的关系。然而，福利国家的经验表明，福利制度或社会保障制度一旦确立，就往往因为既得利益的驱动而使保障水平有不断膨胀的趋势，从而使保障水平脱离了经济发展水平，搅乱了源与流的关系，使社会保障变成无源之水或无本之木。20 世纪 70年代福利国家的危机就是在这种情况下发生的。因此，改革中人们都在纷纷探讨如何恢复或建立两者之间的平衡关系。为了防止保障水平超过经济发展水平，许多学者强调我国目前应坚持保障的低水平。例如，陈清泰认为，根据我国的国情，我国现阶段的社会保障只能维持在低水平之上（陈清泰，2001）。科尔奈也警告说：要防止出现"早熟的福利国家"（雅诺什·科尔奈，1997）。中国共产党十六大的报告也指出："建立健全同经济发展水平相适应的社会保障体系，是社会稳定和国家长治久安的重要保证。"

那么，我国现阶段的社会保障开支水平是否同经济发展水平相适应呢？应该说，迄今为止这方面的研究还是很不够的。世界银行根据 92 个国家从 1986～1992年的数据对人均收入同公共养老金支出之间的关系进行了研究。我国的公共养老金开支占 GDP 的百分率为 2.6%（世界银行，1994）。从附图 1 中可以看出，这一支出水平已经略为超出经济发展水平。而且，我国领取公共养老金的人口在总人口中的比重很低，或者说，覆盖面很小，而许多发达的福利国家是覆盖全民的。因此，如果把覆盖面小的因素考虑进去，那么，我国公共养老金支出水平超出经济发展水平的程度就更大；从另一个角度来说，即使是现有的养老金水平也是无法在大范围推广的。

为了使社会保障水平同经济发展水平相适应，人们都在探讨如何把开源和节流这两个方面结合起来。看来，最根本的是要在经济增长同社会保障之间建立起一种互相促进的良性循环关系，千万要防止出现两者之间互相拖后腿的恶性循环关系。经济增长是社会保障的物质基础，它决定着社会保障的水平和范围，这是毋庸赘述的。人们关注得最多的是什么样的社会保障机制，特别是其筹资机制最有利于促进经济的增长。就以养老金的筹资模式来说，为什么世界各国，包括我国在内，都在探索从现收现付制向基金积累制和部分基金积累制（混合制）转换呢？根本的原因是现收现付制无法形成稳定的资金积累，并且对个人储蓄产生排挤效应，从而对经济增长的效应不是趋强而是趋弱。基金积累制或部分基金积累制则有利于人们在工作期间形成庞大的资金积累，并且对个人储蓄不产生排挤效应，具体来说，不会在强制储蓄和自愿储蓄之间产生明显的替代效应，人们仍然有个人自愿储蓄的偏好，这些都有利于促进经济的增长。

（3）以人为本。社会经济的发展要以人为本，即要以实现人的自由和全面的发展为最终目标。社会保障体系的建立和发展，也是以实现这样一个目标为原则的。现代福利国家强调要保证每一个公民最低标准的收入、营养、保健、教育和住房，认为公民享受这些服务是属于公民的基本政治权利而不是接受施舍。我国早在1954年公布的第一部《中华人民共和国宪法》中就确认了社会保障权是公民的一项基本权利。1948年联合国大会通过的《世界人权宣言》和1968年联合国大会通过的《社会发展宣言》都规定：人作为社会的一员，自然有享受社会保障等权利；而社会则应该为那些因疾病、残废以及年老而暂时或永久不能谋生的人提供社会安全计划及社会福利服务。

以瑞典为代表的西方发达福利国家的福利普遍性原则，我国近年来在社会保障体制改革中所强调的广覆盖原则，都体现了上述以人为本的精神。公平和效率相结合中的公平，也体现了以人为本的精神。进一步来说，公平要以效率为前提，人的自由和全面的发展要以人自身的努力（表现为效率的提高）为前提。因此，从广义来说，公平和效率的结合、权利和义务的对应，也都体现了以人为本的精神。

当然，实现以人为本的原则并不是一件一蹴而就的事情，但确实是一件千里之行始于足下的事情。就以广覆盖来说，上述我国传统体制下形成的社会保障体系的二元结构是实现广覆盖原则的一大障碍。然而，这种二元结构固然有一部分是受制于经济发展的水平，要等经济发展水平的逐步提高才能逐步解决，但是有一部分是制度性和政策性因素所造成的，完全可以通过体制改革和政策调整来解决。像限制人口流动特别是限制农民进城的户口制度，离土不离乡、进厂不进城的政策，都属于制度性和政策性因素。这些因素在二十多年来的改革中已经有不少的变化，但变革的速度仍然是相对迟缓的。例如，我国的城市化进程严重滞后于工业化的进程就是这种制度性和政策性变革迟缓的一个重要表现。如果让离土又离乡的劳动大军早日进入城市的正式部门，就将大大地促进社会保障覆盖面的扩大。

（4）从总体出发。正如收入分配是整个社会经济系统中的子系统一样，收入的再分配和社会保障体系也是整个社会经济系统中的子系统。社会保障体系的改革和建设必然同整个经济系统联系在一起。因此，在社会保障体系的改革和建设中，就保障论保障是论不通的，必须从大处着眼，从总体出发，从小处着手，才能解决社会保障中的一系列问题。

社会保障同宏观经济中的许多经济变量，如经济增长的程度、就业率和失业率、通货膨胀的程度等有密切的关联，同政府的收入再分配功能，特别是其中的税收和补贴的功能也有密切的联系。社会保障中的各种福利措施对劳动力市场的影响是多方面的——不仅影响对劳动的激励或反激励，而且影响劳动力的供给和需求，甚至影响劳动力的流动。福利的程度和机制还影响居民的储蓄和投资的行为乃至资本市场的运作。在微观层面，社会保障中的企业缴费率还会直接影响企业的盈利能力和企业的经营业绩（周小川，2000）。甚至在国际层面，福利制度还通过竞争能力等因素同经济全球化的影响联系在一起。上述瑞典在20世纪后期国际竞争能力的下降就是同过度的福利制度安排联系在一起的。因此，我们必须从中汲取教训，在福利制度的安排同保持国际竞争能力之间取得一种平衡。可见，社会保障体制的改革和建设是一件既综合又具体的任务，如果不从总体出发，而是就保障论保障，甚至仅仅局限于应付支付危机，那就只能陷入捉襟见肘乃至挖东墙补西墙（诸如后面将要谈到的挪用个人账户的专款等）的窘境。

（二）建立新型社会保障体制的基本思路

在探索我国社会保障体制改革的过程中，如果说，上面所说的基本原则同西方福利国家有着较多的共同点，从而可以从福利国家的转型中得到较多的借鉴的话，那么，下面进一步探讨改革的基本思路（总体设想）和需要解决的难题时，则更具有中国的特色，需要在借鉴福利国家转型经验的同时更加紧密地结合中国的实际国情。

关于我国需要建立一个什么样的社会保障体制，决策部门和学术界都有许多设想和讨论。例如，劳动与社会保障研究所认为，"当前和今后一个时期完善我国社会保障体系的总体目标是：建立一个与社会经济发展水平相适应、资金来源多渠道、保障方式多层次，权利与义务相对应，管理和服务社会化，统一规范，持续可靠的社会保障体系"（劳动与社会保障研究所，2001）。陈清泰认为，"我们要建立的是什么样的社会保障制度呢？概括起来或许有这样几条。首先是社会化。社会保障就是改变小团体保障，只有独立于企业之外，才可能具有社会共济的性质。其次是覆盖面要广。不能只覆盖国有企业，否则就不能叫社会保障。第三是在经济上要可持续。社会保障制度不是为了处理短期的支付危机，要从制度设计上解决长期的资金平衡问题。第四是低水平。根据国情，中国社会保障的性质只能是维持在社会平均较低水平上的基本保障，但可以以商业保险作补充，体现差别"（陈清泰，2001）。宋晓梧认为，"经过近20年的努力，适应社会主义市场经济要求的社会保障体系框架现在已经基本构成。在此基础上，再经过20年的奋斗，建立起统一的覆盖城镇全体劳动者的基本养老、医疗和失业保险制度，建立起覆盖城乡全体居民的最低生活保障制度和适合农村的新型合作医疗制度、医疗救助制度，建立起多层次的社会保障体系"（宋晓梧，2003）。这些思路从总体上来说无疑是可取的，当然还要加以具体化。

在今后一个历史时期内我国社会保障体系改革和建设的基本思路或总体设想的讨论中，最令人瞩目的是要不要建立全国统一的社会保障体系的争论。这个争论在西方发达的福利国家已经不存在，甚至像匈牙利这样的东欧国家也已经不存在，因为它们早就建立了城乡统一的社会保障体系。但在我国现阶段，这仍然是一个颇具争议的大问题。有的学者认为，"我们要建立的应当是全社会统一的社会保障制度"，"农村的社会保障应该和城市实行同一体制"（刘福垣，2003）。另有学者认为，"建立中国统一的社会保障体系是自损国际竞争力的短视国策"（陈平，2002）。我们认为，以我国目前的社会经济背景——例如，处在上述两个转型之中，地区差别和城乡差别都很大，整个社会的均质性（homogeneity）很低，等等——来说，要建立统一的社会保障体系确实是不现实的；在社会保障体系的改革和建设中要注意保持和提升竞争力也是非常重要的。但是，这并不意味着不需要改进我国现行的社会保障体系，或者说，只要城市居民有了住房，农村居民有了土地，就可以基本上取代社会保障的功能。就我国现阶段来说，缺少社会保障乃至劳动保护的民营企业、乡镇企业和进城打工的农民确实是保持和提升竞争力的一个重要因素。但是，从长期来看，我们的竞争力绝不能建立在这样一种缺乏社会保障的廉价劳动力的基础之上，而应该建立在创新能力，特别是科技创新能力的基础之上。而要培养这样一支具有创新能力的队伍，是离不开社会保障体系的建设的。如上所述，社会保障改革的总体趋势是要改变政府和社会大包大揽的弊病，增强个人的责任心，以利于增强对劳动积极性的激励，提高效率和竞争力。但是，这并不意味着放弃社会关怀和社会的共济性、公平性，从而走向另一个极端。

为了建立新型的社会保障体系，我们认为需要对以下一些问题作进一步的探索。

（1）关于广覆盖。如上所述，一些经济学文献认为，经过近20年的努力，特别是经过90年代以来的改革和建设，我国社会保障体系的基本框架已经形成。但是，从广覆盖的要求来看，目前已经形成的基本框架仍具有较大的局限性。

目前已经形成的基本框架可以简单地概括如下：第一，社会保险。这是社会保障体系的核心部分或主体部分，其中又分为养老、医疗、失业、工伤、生育等险种。在这五项中，养老和医疗两项实行社会统筹和个人账户相结合，养老、医疗、失业三项要由国家、企业、职工三方面负担费用。第二，企业补充保险和个人储蓄性保险。这类保险主要委托商业保险公司和其他金融机构办理。第三，社会救济、社会福利和优抚安置。这三项是由国家财政支撑的、通过国家立法强制实施的保障项目。其中，社会救济是对那些失去生活来源、失去生活能力或者遭到自然灾害而造成生活困难的公民提供一定物质援助的措施，一般以维持基本或最低生活为标准，如目前在城市实行的城镇居民最低生活保障线就属于这一范围。社会福利这一项所保障的对象是无依无靠的孤老残幼、精神病人等。优抚安置则属于国家的特殊保障，是国家对转业、复员、退伍军人和对有突出贡献的人员给予的生活安置和优待措施。

在这样一个社会保障体系的框架设计中，基本上局限于城市，特别是作为社会保障主体部分的社会保险，更是局限于城市，有的甚至还局限于城市的正规部门。

就以城市本身来说，社会保险的覆盖面也是比较低的。到2001年底，全国城镇各类（公有）企业职工7052.3万人，私营企业和个体就业人员3658.0万人，两项合计10710.3万人。其中，参加社会保险的人数按险种来区分分别为：养老9198.0万人，医疗3514.9万人，失业8149.5万人，工伤4177.3万人，生育3242.7万人；覆盖率则分别为：85.9%，32.85%，76.1%，39.0%，30.3%（见表2）。

表2　2001年中国城镇社会保险的覆盖率

	养老	医疗	失业	工伤	生育
覆盖人数（万人）	9198.0	3514.9	8149.5	4177.3	3242.7
覆盖率（%）	85.9	32.85	76.1	39.0	30.3

资料来源：高书生：《中国社会保险制度架构的缺陷分析》，打印稿，第10页。

如果把目前的覆盖人数放到城乡全体居民中去进行比较，覆盖面就显得更低。按照1952年国际劳工组织制定的社会保障最低标准公约，养老、医疗和失业保险至少应该覆盖全体居民的20%。但截至2002年第三季度，我国养老、医疗和失业保险的覆盖面分别只占全体居民的18.3%、10.7%和13%，还没有达到50年前确定的国际最低标准（宋晓梧，2003）。

覆盖面窄的根本原因是农村缺乏基本的社会保障。应该说，尽管经过这么多年的改革，农村的社会保障问题迄今仍然是一个被忽视的领域。例如，2000年8月由国务院发展研究中心主办的关于中国社会保障体制改革的大型国际研讨会，邀请国内外著名专家参加，并得到了国务院领导的重视，但讨论的问题仍然主要地局限于城市。有的研究报告认为，"农民的社会保障问题在今后相当长的一个时期内还要以家庭和亲友互助为主"（劳动与社会保障研究所，2001）。就以农村的养老保障来说，肯定家庭养老在今后一个时期内的主导地位无疑是符合中国实际情况的。但是，这仅仅是问题的一面。问题的另一面是：农村的家庭养老正面临着种种挑战，迫切要求逐步增加社会化和共济性的因素。例如，农村家庭养老首先面临人口老龄化的挑战。目前，农村老年人口的比例已经超过城市，今后从农村向城市迁移的人口中又以年轻人为主。因此，在城市化的进程中，农村人口的老龄化要快于城市。据预测，在2020年前后，我国农村人口老龄化的程度将比城市高出2～6个百分点。农村家庭养老还要受到家庭结构变化（特别是老年人单独居住家庭的增加）、家庭内聚力下降等因素的挑战。在这种种挑战之下，迫切需要我们发展社区养老、社会养老等形式，来补充家庭养老功能的弱化（张金昌，2001）。因此，我们认为，在社会保障体系的框架设计中，应该增加农村社会保障的内容。只有这样，才符合广覆盖、社会化等基本要求。为此，我们认为有必要从两个方向上作努力：一是要克服对农村社会保障问题的一些不够全面的看法（或偏见），如家庭就是保障、土地就是保障等；二是要正确发挥政府在收入再分配上的功能，增加对农村社会保障的经济支持。如果说，像上述瑞典家庭服务的过度社会化是一个极端的话，那么，我们在农村的养老保障等问题上，则要防止另一个极端，即固守家庭自然养老的状态，不重视随着经济的发展和社会的进步增加社会化和共济性的因素。

在探讨社会保障覆盖面的问题时，不仅要认真研究农民的社会保障问题，而且要认真研究在工业化、城市化过程中逐步脱离农业的非农就业人员的社会保障问题。这些非农就业人员，既是一个不断壮大的群体，又是一个处在变动中的群体，还是一个难以在短期内完全融入城市社会保障体系的群体，被人们称之为边缘群体。研究这个边缘群体的社会保障问题，理所当然地应该成为广覆盖研究中提上日程的问题。

当然，在新型社会保障体系的设计中，仅仅提出广覆盖的目标是远远不够的。由于经济发展水平的限制，广覆盖必然要受多层次和低水平的制约。

（2）关于多层次。如果说，广覆盖是要解决公平性问题的话，那么多层次所要解决的是承认差别的问题。

即使是已经建立了城乡一体化的、统一的社会保障体系的国家，在改革中也在向多层次的方向发展，我们不妨称之为"一体化中的多层次"。最为明显的就是在改革中把养老保险和医疗保险都明确地区分为基本保险和补充保险（或叫辅助保险）两部分；基本部分满足普遍的需要，体现公平性；补充部分满足一部分人较高的需要，体现差别性。西方发达的福利国家和东欧国家社会保障体制的改革都在朝着这个方向进行，我们完全可以从中得到借鉴和启示。

在我国，不仅在原覆盖范围内的社会保障项目应该朝着多层次的方向改革，而且，在原覆盖范围外新拓展的社会保障领域更应该在一开始就体现多层次和差别性。

就以原覆盖范围内养老保险的改革来说，在改革的设计中确实是要严格区分基本保险和补充保险两个部分，以体现多层次。但实践中却是基本保险部分进展迅速，而补充保险部分远远滞后。目前，实行作为企业补充养老保险的企业年金的职工不到全部职工的 5%，积累基金仅 100 多亿元；而实行基本养老保险的职工和离退休人员已达 1.4 亿，积累基金上千亿元。两者相比，可以说，我国养老保险体系中，迄今仍然是国家的基本保险在唱独角戏（宋晓梧，2003）。但是，这种情况只能说明改革的艰难——改革必然要遇到原有体制的"路径依赖"（path－dependence），但决不能改变改革要向多层次方向发展的趋势。

多层次实际上还体现在社会统筹的分层次上面。我国在养老保险和医疗保险中都引入了社会统筹和个人账户相结合的模式。社会统筹中的社会化程度实际上是因时、因地而异的。由于县级统筹难以体现社会的共济性，而全国统筹又无法体现地区的差别性，所以目前推行的是省级统筹。当然，省级统筹仍然无法体现全国范围的共济性，因此，有的学者提出如何将省级统筹提高到全国统筹的问题；有的学者则提出在目前全国统筹条件不成熟的情况下可以考虑把社会统筹分为国家级统筹和地方（省）级统筹两部分，即实行分级统筹的体制。我认为，这种分级统筹体制的设想，显然是符合我国实际情况的。

至于农村的社会保障和上述边缘群体的社会保障，应该说还处于探索阶段，同已有的社会保障相比处在不同的层次上可以说是不言而喻的。但是，不管层次如何低，有总比没有要好。因此，与多层次相联系的是，在社会保障体系改革和建设的过程中还有一个如何有重点地拓展的问题。

在农村，目前最为迫切的是对低于最低生活标准的人进行救助。因此，当前的重点是建立农村的最低生活保障制度。近年来，已有广东、浙江等省在全省范围内推广了农村的最低生活保障制度，还有 27 个省、市、自治区在部分县、市开展了这方面的工作。但是，截至 2002 年底，农村享有最低生活保障的人数只有 405 万人，而农村的贫困人口则有 3000 万人。因此，有的学者估计，我国要到 2020 年左右才能最后形成覆盖城乡所有居民的最低生活保障制度。当然，在抓住这一重点的同时，还要在农村积极推行以大病统筹为主要内容的新型合作医疗制度，稳步开展农村的社会养老保险。至于城市边缘群体或农民工的社会保障，目前最为迫切的是建立工伤保险制度，应该以此为重点地发展。在城市，最低生活保障制度的推行相对来说难度较小，应该以养老、医疗和失业保险的改革和建设为重点。

综上所述，多层次和一体化实际上是互相联系的两种不同的倾向。看来，只有"一体化中的多层次"倾向和"多层次中的一体化"倾向互相拉动和互相制约，才能在经济发展的不同阶段和不同水平的基础上构筑起既有共济性又有差别性的社会保障体系。

（3）关于低水平。我国现阶段为什么要特别强调社会保障的低水平呢？从根本上来说是受到我国经济发展水平低的制约。可以说，同西方发达的福利国家相比，低水平是我国的一大特色。许多研究认为，我国目前的缴费率和替代率都已经偏高，如果不降低缴费率和替代率，势必脱离我国的经济发展水平，而且会影响社保资金收支上的平衡和经济上的可持续。这可以说是保持低水平的根本理由。另外，如果少数群体保持社会保障的高水平，就必然使其他群体只能维持更低的社会保障水平乃至没有任何保障，从而影响各群体之间的团结。且不说城乡之间社会保障水平巨大差别的不合理性，就以城市内部来说，目前机关事业单位职工的养老金比企业职工的养老金大约要高出一倍，也引发了若干社会矛盾。

在关于缴费率和替代率的讨论中，普遍的呼声是认为这两个比率都太高；但同时又遇到了这两个比率在计算上的失实问题。

按照制度设定，五大险种的综合缴费率已达 40.8%，其中，养老保险 28%，医疗保险 8%，失业保险 3%，工伤保险 1%，生育保险 0.8%。在费用的分担方面，由企业负担的费率为 29.8%，由职工负担的费率为 11%。实际的缴费率则远比制度设定的要高。这样高的缴费率，必然损伤参保企业的竞争力，也不利于补充保险、商业保险的培育和发展。因此，有的学者提出，应该在降低缴费率的基础上降低替代率或支付标准。根据一项测算，到 2005 年我国的综合缴费率可以下降到 30.1%，由企业负担 19.6%，由职工负担 11%；替代率则可以考虑从 85%～100% 下降到 60% 左右。

关于两率计算失实的问题：根据费尔德斯坦的研究，虽然企业的缴费率已经相当于工资的 24%，但实际收入比工资收入要高得多，因此，实际的收缴率很低，仅相当于城市 GDP 的 3%，大约有 3/4 的应该收缴的保险费被逃逸了（马丁·费尔德斯坦，2001）。郭树清也有类似的看法，认为以目前具有极不完整性的工资作为分母来计算缴费率是不真实的。他提出："说目前的缴费率偏低或偏高似乎都缺乏充足的理由，但是，鉴于目前的收缴状况不那么令人满意，而且确有一大批企业无力承担，恐怕不宜在近期再提高缴费水平"（郭树清，2001）。其实，养老金替代率的计算也存在类似的问题。由于我国计算替代率时作为分母的工资很不完整，据此计算出来的替代率也很不准确，再按这种替代率来作国际比较并没有什么可比性。劳动与社会保障研究所认为，"目前按照统计局统计的工资计算出来的养老金替代率大多在 85%～100% 之间，明显偏高。但职工办理退休之后领取养老金与在职相比，收入一般要下降 50%"（劳动与社会保障研究所，2001）。可见，考虑到两率计算上的失实问题，如何降低缴费率和替代率的问题，尚有进一步研究的必要。

（三）社会保障体制改革和建设中有待解决的一些难题

应该说，我们面临的难题是很多的。在这里，只能有选择地讨论其中的一些重要问题。

（1）如何解决"统账结合"模式中的功能混乱和责任不清的问题？在养老保险体制目标模式的选择上，世界上多数国家和地区都参照世界银行的建议，不同程度地实行了上面所说的三支柱模式，在我国则具体化为"社会统筹和个人账户相结合"的模式，简称"统账结合"模式；从筹资模式的角度，也称为部分积累制（混合制）或混合模式。这种模式是从总结完全现收现付的社会统筹制和完全积累的个人账户制的利弊中发展而来的。

完全现收现付制的特点是将个人收入在代际之间进行再分配，即正在工作的一代为上一代支付养老金，而自己这一代的养老金则由下一代来支付。其优点是不受通货膨胀等因素的影响，不存在基金的保值增值等问题。其缺点是经不起经济波动和人口结构变动的冲击，在人口老龄化和经济不景气的情况下，就很难实现以支定收，会出现缴费困难和支付危机。这种模式在权利和义务的关系上分离过多、联系不够，从而缺乏激励机制。

完全积累制是为克服现收现付制的弊病而发展起来的一种模式。其特点是将个人收入在个人的现在和将来之间进行再分配，即个人在工作时实行强制性的储蓄积累，退休后按以往的积累数额支付退休金，实行以收定支。其优点是不受老龄化的影响，而且对个人有明显的激励。其缺点是基金保值增值的风险比较大，容易受通货膨胀的影响，而且过分强调个人的自我保障，缺乏人们相互间的共济性。

部分积累制是上述两种模式的混合。这种模式的特点是：在退休人员的养老金中，一部分来自于现收现付的筹资方式，一部分来自于完全积累式的筹资方式。这种模式可以尽可能地吸收上述两种模式的优点，形成两种模式的优势互补，同时又可以减少单纯依靠任何一种模式所带来的风险。这种模式一方面部分地保留现收现付体制下个人收入在代际之间进行再分配的功能，另一方面又能部分地发挥完全积累制下对人们的劳动和缴费的激励功能；既能够缓解现收现付体制下因福利刚性所带来的支付危机，又能够克服完全积累制下个人年金收入过度不均的弊病。这种模式能较好地体现个人责任和社会共济相结合、公平和效率相结合、目前利益和长远利益相结合的精神。正因为如此，1993 年中共中央十四届三中全会《关于建立社会主义市场经济体制若干问题的决议》中所提出的"社会统筹与个人账户相结合"的模式被人们公认为比较切合实际的目标模式。直到 1997 年国务院颁布了《关于建立统一的企业职工基本养老保险制度的决定》，最终形成了社会统筹与个人账户相结合的养老保险制度。

然而，"统账结合"模式在制度设计和实际操作上也存在着若干缺陷。首先是政府承诺的基本养老保险的标准太高。国际上这一部分是以能否满足退休人员本人的基本生活为标准的，而我国则超出了这一标准，从而引发了第一支柱过大和支付方面的危机。其次，"统账结合"模式没有解决隐性养老金债务问题，从而引发了个人账户的"空账"运行。再者，对企业补充养老保险和个人储蓄性养老缺乏制度安排，使第二支柱和第三支柱对企业和个人缺乏吸引力，也难以进行规范操作。这些缺陷集中地表现为这一模式中的功能混乱和责任不清（见表3）。

表3　"统账结合"模式中的功能混乱和责任不清

支柱	强制性 公共管理支柱	强制性	私营支柱 自愿支柱
筹资	税收 （统筹）	完全积累 （设个人账户）	完全积累
功能	再分配 （基本养老保险）	强制性储蓄 （补充养老保险）	自愿储蓄 （个人储蓄性保险）
责任	政府	单位和个人	个人
问题	为什么政府财政兜底	为什么产生"空账"运行	为什么个人储蓄猛增

由于第一支柱过度肥大，加上随后将要谈到的"暗债暗还"的制度安排，政府不得不挪用个人账户中的资金，造成再分配功能同储蓄功能之间的混乱（function disorder），政府责任同个人责任之间的不清（responsibility confusion）。从当前和表面来看，是政府承担无限责任，具体来说，就是政府的财政兜底。但是，从长期来看，如果财政兜底发生困难甚至发生危机的情况下，就会从政府的无限责任变成个人的无限责任。为什么我国的个人储蓄会如此的猛增，早已超过10万亿元大关了呢？当然，储蓄猛增的原因很多，但原因之一应该说是对个人无限责任的担忧所产生的一种自卫性反应（self - defence reaction）。

（2）如何解决隐性养老金债务及其偿还问题？在完全积累制的养老金计划中，每一代人都为自己退休而储蓄，不存在隐性养老金债务问题。但是，从现收现付制向部分积累制转变时，职工的缴费就不应该再用来支付已退休人员的养老金。这就意味着新体制建立以前已经发生的养老金费用以及在职职工已有工作年限所应积累的养老金，应该另外寻找筹资来源；否则，现有职工就必须承担两代人（自己一代和上一代）的养老费用。这笔要支出的养老费用，并没有列入政府公共开支的计划，而是隐含在对未来福利的承诺之中，所以被人们称之为隐性养老金债务。

对于隐性养老金债务的规模，目前有各种各样的估计。由于各种研究所依据的条件、测算的范围和方法的差异，对隐性养老金债务规模的估计也有很大差别。估计较低的是1万多亿元，估计较高的则达11万亿元，但一般研究者则倾向于3万亿元左右。例如，根据世界银行的推算，我国1994年隐性养老金债务应占当年GDP（43798.8亿元）的46%～69%，即20147亿～30221亿元（孔泾源，2001）。有的学者还对我国养老金个人账户的发祥地——上海的养老金的"社会负债"进行了测算。按照左学金、周海旺的测算，上海的"社会负债"总额为1840亿元，大约相当于该市 1994 年国民生产总值的 2/3（左学金、周海旺，1996）。

对于这种隐性债务，我们认为首先要承认其客观存在，不能因为偿还的困难而加以回避或不予正视。虽然公开否认隐性债务的情况并不多见，但在"统账结合"模式的设计和实施中，对这种隐性债务却又在事实上加以回避。许多学者认为，偿还隐性债务实际上是从现收现付制向部分积累制转换过程中应该付出的"转轨成本"或"过渡成本"（在这里，我们不准备讨论学术界尚有争议的关于"隐性债务"同"转轨成本"的差别）。但是，政府没有明确承诺自己是转轨成本的承担者，也没有明确的偿还计划并公之于众，于是，"统账结合"在实践中便变成了"统账混淆"，出现了个人账户的所谓"空账"运行问题。虽然个人账户在产权上归个人所有，但由于退休人员急剧增加，社会统筹部分的基金无法满足退休金的支付需求，所以各地都采取了挪用个人账户基金去支付退休金的办法，使个人账户的基金处于"空账"状态。"空账"的出现本身就表明，上述隐性债务是回避不了的，因为，"空账"只不过是上述隐性债务的另一种表现形式而已。至于"空账"的规模，据测算，从 1997 年到 2000 年已经达到 2000 亿元（王延中，2001），而且还在进一步扩大。可见，个人账户的"空账"已经形成了一个巨大的财政隐患，一旦显性化，就将危及整个财政。如果容许"空账"的继续存在和发展，还将进一步危及"统账结合"模式本身——重新蜕变为现收现付模式。换言之，如果不想支付转轨成本，就将危及转轨本身。

要解决个人账户的"空账"问题，就必须提高透明度。正如有的学者所说的，与其"明债暗偿"，不如"明债明偿"（李珍，2000）。应该说，暗扣、暗补之类，都是计划经济时代惯用的做法，市场经济则应该提高透明度。严格地说，上述隐性债务是一种"暗债"，想通过"毕其功于一役"的办法（现有职工既要为自己的个人账户缴纳保险费，又要为已退休的职工提供养老金）来暗中消化上述隐性债务或"暗债"，则是一种"暗偿"。只有从"暗债暗偿"变成"明债明偿"，才能真正地实现转轨。在这方面，德国人的一些做法值得借鉴。两德统一以后，原东德国有企业改革中的资产清理工作由托管局负责。到 1994 年底，清理工作结束，但托管局则债台高筑，负债额将近 2700 亿马克。这笔债务被记入"遗留债务偿还基金"。连同原东德的国家债务和住宅建造债务一起，遗留债务偿还基金中的债务总额共计 3700 亿马克。这笔债务由联邦政府在一代人的期间内偿还（德国概况，1995 年）。看来，德国人这种透明的和理性的做法是可以借鉴的。

只要养老基金债务真正变成了明债明偿，偿还的具体方式和筹资手段就比较好办了。国际上通行的诸如发行国债、增加财政支出、出售国有资产、发行福利彩票等，都可以考虑采用，在此不再赘述。

（3）在完善社会保障体系中如何正确发挥政府的收入再分配功能？实行市场经

济并不是不要发挥政府的功能，而是要发挥政府的有效功能，特别是收入的再分配功能。在收入分配领域，人们通常说初次分配由市场来决定，再分配则由政府来管。在社会保障领域，储蓄功能是个人的事情，再分配功能则是政府的事情。实际上，这两个领域政府的再分配功能是交织在一起的。那么，政府究竟应该如何正确发挥其再分配的功能呢？

我认为，当务之急是如何改变"逆向再分配"的问题。所谓"逆向再分配"，就是违背了收入再分配的初衷——通过再分配不是缩小收入差距而是扩大了收入差距，通俗地说，就是没有"抽肥补瘦"，而变成了"抽瘦补肥"。这种逆向再分配在国外也存在，例如，"年轻的劳动者（他们中有些是穷人）缴纳高额税赋以资助领取公共养老金的退休老人（他们中有些是富人），但他们也许永远得不到与他们的缴费相同的补偿"（世界银行，1994）。不过，我国的情况可能更为突出。因为，计划经济时代造成的再分配关系的这种扭曲状态，特别是城乡之间的扭曲状态，并不是短时间内就能改变的。众所周知，政府在收入再分配上的功能主要是通过税收和转移支付（特别是其中的补贴）这两个途径来实现的。但在计划经济时代，对农村实行的是净税收的政策，对城市实行的是净福利、净补贴的政策，被人们称之为逆调节的政策，其结果是扩大了城乡间收入的差距。这种再分配功能的失调就成为社会保障在城乡之间的制度性分割的一个重要原因。改革开放以来，这种状况虽然有所好转，但仍然存在。根据中国社会科学院经济研究所收入分配课题组在1988年和1995年的两次调查，城市居民仍然享有大量补贴，而农村居民的收入构成中，净补贴这一项是负数，即不但得不到补贴，而且变成了净税收（见附表4和附表5）。世界银行报告也指出，"由于补贴虽然在减少但仍然数额巨大，城市生活水准比官方的人均收入数据所表明的水平高得多。如包括实物性福利，就会使1990年的城市居民收入增加78%，1995年的城市居民收入增加72%"（见附表6和附表7）。即使按官方的计算，2002年城市居民和农村居民收入的差距为3.1:1，加上城市居民的社会保障和福利收入，这一差距扩大到5:1以上（宋晓梧，2003）。社会保障资源在城乡之间的这种逆向再分配，已经越来越引起人们的关注。

当政府把税收作为再分配的重要手段时，特别要注意税收的累进还是累退。为了发挥税收在再分配中的积极作用，一般都采用累进税率，而且设有起征点。但是，这要以收入有较高的透明度为前提。例如，由于我国目前银行存款的实名制还不完备、利息收入的透明度还不高，征收利息税还只能实行比例税率，而不是累进税率，即对所有的存款利息都征收20%的利息税。应该说，这种办法是不完备的，具有过渡性，因为它不能起缩小收入差距的作用。斯蒂格利茨甚至认为，"如果富人比穷人缴纳更多的税，但不是按比例递增的，那么这种税收制度仍然被认为是累退的"（约塞夫·斯蒂格利茨，2000）。可见，根据这种"不进则退"的税收理念，要发挥税收的调节功能，就必须在提高收入透明度的基础上向累进制方向发展。

为了正确地发挥政府的再分配功能，还必须引入适度再分配的理念和政策。科尔奈指出，他并不赞同拒绝任何形式再分配的自由哲学思想，这种思想认为任何形式的再分配都会侵犯个人的自主权，但他也反对过度的再分配而影响效率，而是支持有限的国家的再分配（雅诺什·科尔奈，2003）。实际上，世界各国社会保障体制的改革都在不同程度上使再分配摆脱过度和不足两种状态，走适度再分配的路子。当然，什么叫适度，还要依各国的具体情况而定，例如，就个人所得税的最高边际税率来说，在瑞典似乎降低到 50% 左右比较为人们所认同，在美国则调到 40% 左右才被认为是合适的。再从国家社会转移支付占国民生产总值的比例来说，盎格鲁撒克逊国家为 34%，欧洲大陆国家为 44%，瑞典和丹麦为 52%（周弘，2001）。在我国，究竟什么样的税收和转移支付才算适度，可以说是尚待探索的问题。

要在社会保障领域正确发挥政府的再分配的功能，一个重要的问题是正确处理再分配功能同储蓄功能的关系。在上述三支柱模式中，第一支柱同第二支柱的关系在很大程度上是再分配功能同储蓄功能的关系问题。针对现收现付模式的弊病，三支柱模式中的第一支柱，即收入的代际转移或代际间再分配的功能应该弱化。三支柱中的第二支柱则是通过储蓄使收入在个人生命周期不同阶段间发生转移，不存在人们相互之间的收入再分配问题。显然，个人储蓄功能的加强就可以减轻政府在再分配上的负担。在处理第一支柱同第二支柱（或再分配功能同储蓄功能）的关系时，特别应该注意以下两点：第一，第一支柱不能太大。尽管在三支柱模式的设计上是要减轻政府的负担，但由于政策的惯性和传统的习惯，政府承诺的基本养老保险的目标仍然过高。这是政府再分配功能的越位，确实值得引起人们的警觉。第二，两个支柱及其功能要严格分开。如果说，第一支柱过大是第二支柱对第一支柱的依赖的话，那么，上述个人账户的空账运行则是第一支柱对第二支柱的侵占。而一个良好运行的模式，两个支柱之间的关系应该是互相补充的而不是互相挤压的甚至是互相取代的。

面对我国对外开放的进一步发展，特别是加入世界贸易组织（WTO）以后，外部因素也将进一步影响我国收入分配的格局，从而对政府的再分配功能提出了更高的要求。根据国务院发展研究中心李善同研究员等人的研究和模拟分析表明，由于中国加入世界贸易组织，1998～2010 年间大约有 960 万农业劳动力需要转移到其他部门，同时，纺织和服装行业则会增加 540 万个就业机会。其结果，"村居民的实际收入将比基准情景下降 2.1%，而城镇居民的人均实际收入则会增加 4.6%，从而加大收入分配的不均"（李善同等，2000）。尽管具体的数据还将根据实际情况的发展而会有所调整，但我国加入世界贸易组织会影响收入分配格局，特别是会扩大城乡之间收入差距这一趋势可以说是一个不争的事实。这样一个事实，也会对政府如何发挥再分配功能，特别是城乡之间的再分配功能提出新的挑战。

附表

附表 1　瑞典劳动收入和资本收入的平均税率（%）

	1965 年	1970 年	1975 年	1980 年	1985 年	1990 年	1991 年	1992 年
劳动收入税：								
占国内生产总值的百分比	31.4	36.8	41.2	47.7	47.7	53.4	49.0	49.5
占劳动收入的百分比	45.1	52.4	57.9	65.2	68.5	71.7	65.8	68.2
资本收入税：								
公司税占国内生产总值的百分比	2.2	1.8	1.9	1.2	1.8	1.8	1.6	0.9
财产税占国内生产总值的百分比	1.8	1.6	0.7	0.1	0.8	1.6	2.4	2.6
资本收入税总计占资本收入的百分比	19.4	17.7	15.0	8.8	15.2	28.3	33.4	22.0
总税：								
占国内生产总值的百分比	35.2	40.2	43.6	49.0	50.4	56.9	53.2	52.1

　　资料来源：Erik Norrman and Charles E. Mclure Jr. Tax Policy in Sweden, See Rechard Freeman. The Welfare State in Transition: Reforming the Swedish Model, The University of Chicago Press, Chicago and London, 1997, p. 125.

附表 2　瑞典劳动收入和资本收入的平均边际税率和最高边际税率（%）

	1965 年	1970 年	1975 年	1980 年	1985 年	1990 年	1991 年	1992 年	1993 年
劳动收入：									
平均边际税率 a	42.2	47.4	53.4	56.8	50.2	52.1	39.0	39.0	39.0
平均边际有效税率 a	54.5	61.8	69.6	73.4	71.3	73.4	67.1	64.6	61.4
最高边际税率	71.0	72.4	82.2	85.0	80.0	66.2	51.2	51.0	51.0
最高边际有效税率	76.0	77.6	86.1	88.7	88.0	80.6	73.5	71.2	70.3
资本收入：									
平均边际税率 b	42.2	47.4	53.4	56.8	50.2	52.1	30.0	30.0	30.0
最高边际税率 b	71.0	72.4	82.2	85.0	80.0	66.2	30.0	30.0	30.0
股票（资本）收入的有效税率	0.0	7.5	8.2	28.7	25.7	23.5	16.6	13.9	13.9
利息扣除的最大值	71.0	72.4	82.2	85.0	50.0	40.0	30.0	30.0	30.0

　　注：a 平均边际税率是通过对所有收入群体的边际税率按群体进行加权平均得到的。有效税率包括社会保险费、产品与服务税和房屋补贴。b 有效税率等于边际税率。

　　资料来源：Erik Norrman and Charles E. Mclure Jr. Tax Policy in Sweden, See Rechard Freeman. The Welfare State in Transition: Reforming the Swedish Model, The University of Chicago Press, Chicago and London, 1997, p. 127.

附表3 瑞典人均GDP在OECD国家中的排序

（按购买力平价计算，平均指数为100）

1970 年		1990 年		1995 年	
序列	指数	序列	指数	序列	指数
1 瑞士	154	1 卢森堡	143	1 卢森堡	159
2 美国	148	2 美国	137	2 美国	138
3 卢森堡	131	3 瑞士	133	3 瑞士	127
4 瑞典	115	4 加拿大	114	4 挪威	121
5 加拿大	108	5 日本	110	5 丹麦	112
6 丹麦	106	6 挪威	109	6 日本	110
6 法国	106	7 法国	108	7 加拿大	109
8 澳大利亚	104	7 冰岛	108	7 奥地利	109
8 荷兰	104	9 瑞典	106	9 比利时	108
10 新西兰	101	10 奥地利	104	10 德国	106
11 英国	98	11 丹麦	103	11 冰岛	104
12 比利时	95	12 比利时	102	11 法国	104
12 德国	95	12 意大利	102	13 意大利	102
14 奥地利	91	14 芬兰	101	14 芬兰	101
15 意大利	89	15 德国	100	15 澳大利亚	99
15 挪威	89	15 荷兰	100	16 瑞典	95
17 芬兰	86	15 澳大利亚	100	16 英国	95
18 日本	85	18 英国	99	18 芬兰	89
19 冰岛	83	19 新西兰	84	19 新西兰	87
20 西班牙	67	20 西班牙	74	20 爱尔兰	85
21 爱尔兰	56	21 爱尔兰	70	21 西班牙	74
22 希腊	53	22 葡萄牙	59	22 葡萄牙	67
23 葡萄牙	47	23 希腊	57	23 希腊	61
24 墨西哥	37	24 墨西哥	32	24 墨西哥	35
25 土耳其	28	25 土耳其	29	25 土耳其	29

资料来源：Assar Lindbeck. The Swedish Experiment, Journal of Economic Literature, Vol. XXXV （September 1997）, p. 1285, Table 2.

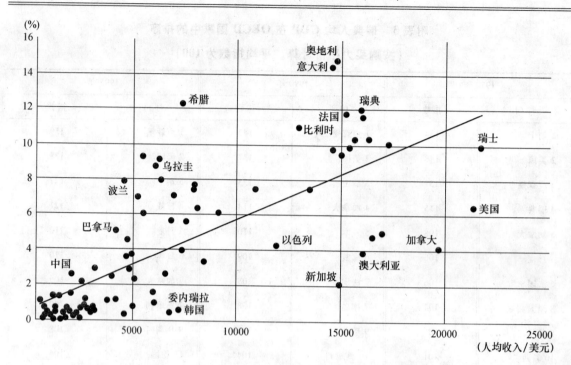

图 19　人均收入和公共养老金支出之间的关系（公共养老金支出占 GDP 的百分比）

资料来源：世界银行：《防止老龄危机——保护老年人及促进增长的政策》（1994），中国财政经济出版社，1996，第 27 页。

附表 4　中国农村人均收入及其构成

人均收入及其构成	1995 年		1988 年
	数量（元/年）	比例（%）	比例（%）
总计	2308.63	100.00	100.00
其中：			
1. 个人工资等	516.78	22.38	8.73
2. 企业经营收入	139.89	6.06	2.40
3. 农业纯收入	1072.15	46.44	74.21
4. 非农业经营纯收入	224.08	9.71	
5. 财产收入	9.98	0.43	0.17
6. 自有房屋估算租金价值	267.93	11.61	9.67
7. 从国家和集体得到的净转移收入	-10.99	-0.48	-1.90
8. 其他收入（个人转移收入等）	88.81	3.85	6.71

资料来源：赵人伟、李实、李思勤主编：《中国居民收入分配再研究》，中国财政经济出版社，1999，第 79 页，表 2-2。

附表5　中国城镇人均收入及其构成

人均收入及其构成	1995 年		1988 年
	数量（元/年）	比例（%）	比例（%）
总计	5706.19	100.00	100.00
其中：			
1. 工作人员的现金收入	3497.77	61.30	44.42
2. 离退休人员收入	667.14	11.69	6.83
3. 个体或私营企业主收入	30.23	0.53	0.74
4. 财产收入	72.28	1.27	0.49
5. 房屋实物补贴	555.66	9.74	18.14
6. 其他净补贴收入	71.12	1.25	20.94
7. 自有房屋估算租金价值	650.12	11.39	3.90
8. 其他收入	161.87	2.84	4.53

资料来源：赵人伟、李实、李思勤主编：《中国居民收入分配再研究》，中国财政经济出版社，1999，第82页，表2-3。

附表6　1995年中国城市地区收入

单位：元/人

收入构成	合计	家户百分位数，按人均收入排列					
		底层 10%	10%~30%	30%~50%	50%~70%	70%~90%	顶层 10%
用于开支的收入	4612	1777	2733	3592	4572	6153	10250
实物性收入	3304	2076	2803	3284	3692	4030	3852
其中：							
住房补贴	1960	1182	1705	2047	2267	2353	1906
养老金补贴	595	233	380	495	603	853	1222
医疗补贴	306	226	264	295	325	366	367
教育补贴	252	289	269	255	238	255	185
交通补贴	14	14	14	14	14	14	14
物价补贴	59	59	59	59	59	59	59
其他实物收入		87	69	83	88	91	95
其他福利性补贴	31	24	29	31	32	35	34

资料来源：世界银行：《共享增长的收入：中国收入分配问题研究》，中国财政经济出版社，1998，第17页，表2-2。

附表7　1990年和1995年中国城市地区的实物收入

单位：元/人

年份	实物收入占住户调查收入的百分比	家户百分位数，按人均收入排列					
		底层 10%	10%~30%	30%~50%	50%~70%	70%~90%	顶层 10%
1990	77.7%	137.5	106.3	90.5	79.4	67.1	49.8
1995	71.6%	116.8	102.6	91.4	79.4	65.5	37.8

资料来源：世界银行：《共享增长的收入：中国收入分配问题研究》，中国财政经济出版社，1998，第17页，表2-3。

参考文献：

1. 《德国概况》，莎西埃德出版社，1995，法兰克福，第 232～233 页。

2. 《马丁·费尔德斯坦的建议书》，载王梦奎主编：《中国社会保障体制改革》，北京：中国发展出版社，2001，第 488 页。

3. 陈佳贵等著：《中国城市社会保障的改革》，阿登纳基金会系列丛书第 11 辑，第 70 页。

4. 陈平：《建立中国统一的社会保障体系是自损国际竞争力的短视国策》，《北京大学中国经济研究中心》简报，2002 年第 14 期；另见：《中国改革》，2002 年第 4 期。

5. 陈清泰：《我们要建立什么样的社会保障制度》，载王梦奎主编：《中国社会保障体制改革》，北京：中国发展出版社，2001。

6. 郭树清：《养老基金的筹集与隐性债务的补偿》，载王梦奎主编：《中国社会保障体制改革》，北京：中国发展出版社，2001，第 124 页。

7. 和春雷：《中国传统社会保险的检讨》，载陈佳贵等著：《中国城市社会保障的改革》，阿登纳基金会系列丛书第 11 辑，第 65～102 页。

8. 和春雷主编：《社会保障制度的国际比较》，北京：法律出版社，2001。

9. 黄范章：《瑞典福利国家的实践与理论——瑞典病研究》，上海：上海人民出版社，1987，第 87 页。

10. 贾康、杨良初：《可持续养老保险体制的财政条件》，《管理世界》，2001 年第 3 期。

11. 劳动与社会保障研究所：《中国社会保障体系研究报告》，载王梦奎主编：《中国社会保障体制改革》，北京：中国发展出版社，2001。

12. 李珍：《与其"明债暗偿"，不如"明债明偿"》，《中国社会保障》，2000 年第 5 期。

13. 李善同等：《加入世界贸易组织对中国经济的影响》，载余永定等主编：《中国入世研究报告：进入 WTO 的中国产业》，北京：社会科学文献出版社，2000，第 78～79 页。

14. 刘福垣：《建立全社会统一的社会保障体制》，中国人民大学复印报刊资料，《社会保障制度》，2003 年第 1 期。

15. 上海市社会保险科学研究所：《中国社会保障体系改革研究》，1999，第 26～27 页。

16. 世界银行（1994）：《防止老龄危机：保护老年人及促进经济增长的政策》，北京：中国财政经济出版社，1996。

17. 世界银行（1997）：《2020 年的中国：新世纪的发展挑战》，北京：中国财政经济出版社，1997，第 5 页。

18. 宋晓梧：《适应全面建设小康社会的需要，完善社会保障体系》，载王梦奎主编：《回顾和前瞻——走向市场经济的中国》，中国经济出版社，2003。

19. 王梦奎主编：《中国社会保障体制改革》，北京：中国发展出版社，2001，第 547~548 页。

20. 王延中：《中国社会保险基金模式的偏差及其矫正》，《经济研究》，2001 年第 2 期。

21. 雅诺什·科尔奈：《后社会主义国家的福利部门改革：规范方法》，1997。

22. 雅诺什·科尔奈等著：《转轨中的福利、选择和一致性——东欧国家卫生部门改革》，北京：中信出版社，2003。

23. 约塞夫·斯蒂格利茨：《经济学》（第二版），上册，北京：中国人民大学出版社，2000，第 481 页。

24. 张金昌：《中国农村养老保障制度报告》，载陈佳贵主编：《中国社会保障发展报告》，北京：社会科学文献出版社，2001，第 234~267 页。

25. 周弘：《福利国家向何处去》，《中国社会科学》，2001 年第 3 期。

26. 周小川：《社会保障与企业盈利能力》，《社会经济体制比较》，2000 年第 6 期。

27. 孔泾源：《隐性养老金债务及其偿还问题》，载王梦奎主编：《中国社会保障体制改革》，北京：中国发展出版社，2001，第 509~526 页。

28. 左学金、周海旺：《养老保险引入个人账户后的社会负债问题：上海实例》，《中国社会保险》，1996 年第 3~5 期。

29. Assar Lindbeck. The Swedish Experiment, Journal of Economic Literature, Vol. XXXV, September 1997.

30. G. Esping - Anderson. Welfare States in Transition：National Adaptations in Global Economies, SAGE Publications, London, 1996.

31. Richard B. Freeman. The Welfare State in Transition：Reforming the Swedish Model, The University of Chicago Press, Chicago and London, 1997.

32. Sherwin Rosen. Public Employment, Taxes, and the Welfare State in Swiden, Richard B. Freeman. The Welfare State in Transition：Reforming the Swedish Model, The University of Chicago Press, Chicago and London, 1997.

原载：赵人伟、赖德胜、魏众主编：《中国的经济转型和社会保障改革》，北京：北京师范大学出版社，2006，第 341~383 页。

注重公平有利于提高效率、走向共同富裕

戴园晨

党的十六届五中全会提出：要"完善按劳分配为主体，多种分配方式并存的制度，坚持各种生产要素按贡献参与分配，更加注重社会公平，加大调节收入分配的力度，努力缓解地区之间和部分社会成员收入分配差距扩大的趋势"。在这一整段文字中，没有使用过去使用的在收入分配中"效率优先，兼顾公平"的提法。于是引起了经济理论界的很大反响，赞成拥护者有之，指责反对者亦有之。

那么，在分配中不提"效率优先"，是不是不要效率了呢？笔者以为效率本来并不属于分配问题。还记得 20 世纪 80 年代初在农田和树木包围着的回龙观饭店开会，忽然接到一个文件，强调要重视社会经济效益，没有使用传统的"效率"两字。大家琢磨半天，领会的是讲效率有可能只强调多快不注意好省，改为效益包含着讲效率要有收益的意思。我为此还写了篇《提高经济效益的几条途径》，发表在《经济研究参考资料》上，在列举的几条途径中都没有涉及分配。后来大家又是把效率和效益混在一起使用了。后来提出通过经济增长方式转变提高效率，概括得更加简明和精确了。

根据生产要素的密集程度及其中内含技术参数的多寡，传统上认为主要靠效益增加就是集约（或内涵）型增长。提出增长方式转变之后，当然取得了一些成果，但总体来看是号召没有落实到实际。这个事情就因为经济增长方式转变，在具体落实中遇到很多阻力，接受不了。我们到一些地方参加城市发展战略研究，在发展战略研究上一直强调经济增长方式转变，主张引进外资要筛选，不能够引进落后的技术，要引进先进的技术，都提过这个意见，可是这个事情实行起来非常难。这个地方把污染的企业、落后的企业筛选掉了，他跑到别的地方，别的地方把招商引资作为考核指标，你不要，别的地方要。所以落实增长方式的转变非常困难。

由于 GDP 增长是考核政绩的重要指标，而走高投入的外延型扩张是使 GDP 快速增长的最简捷途径。于是，我们虽自诩成为了"世界工厂"，然而却是高投入、高消耗、低效率的"世界工厂"。我国第二产业劳动生产率只相当于美国的 1/30、日本的 1/18、法国的 1/16、德国的 1/12。以单位 GDP 产出能耗表征的能源利用效率大大低于国际先进水平。以日本为 1，则意大利为 1.33，法国、德国为 1.5，英

国为 2.17，美国为 2.67，而我国却高达 11.5。每吨标准煤的产出效率，我国相当于美国的 28.6%，欧盟的 16.8%，日本的 10.3%。我国人多地少，矛盾十分突出，但一些地方却盲目兴办各类开发区，省级以下开发区征地后的土地闲置率高达 40% 以上。

在经济增长中重政绩轻效率的事例，不胜枚举。汽车工业本来是需要不断创新不断改进增长方式的部门，可是我国的汽车业却走了与国外合资引进国外技术和国外品牌的路子，汽车工业发展虽然快，却是替洋人打工赚点加工费。狗年话狗，三条大狗、三条小狗外加几条野狗，得到的保护和呵护虽多，却成了贵妇人抱着的宠物狗，只怕连野狗都不够格。迟迟才拿到牌照的奇瑞和吉利，自主开发有了自己的专利，不需要支付巨额的专利费，自我设计有了自己的品牌，不受"同一品牌自我竞争"而不允许出品的约束，从而走上了一条增长方式转变的新路。只不过现在的奇瑞和吉利规模尚小，从整个汽车工业来说还谈不上是通过增长方式转变提高了效率，但毕竟是找到了一条提高效率的路子。

考察在经济增长中是否提高了效率，可以从产出和投入的角度考察经济增长水平的有效性；可以从增强规模经济意识提高规模效率；可以加快技术进步，提高其对经济增长的贡献率；可以发挥现有技术潜力以提高效率；可以优化资源配置提高效率；可以通过生产流程创新来提高效率；可以通过产品功能创新来获取创新利润提高效率；可以通过企业制度创新和改进营销路子来提高效率；当然也可以像奇瑞和吉利那样靠创造自主品牌来提高效率。

那么，怎样看待过去倡导的在收入分配中"效率优先，兼顾公平"的提法呢？笔者当年也写过主张收入分配"效率优先，兼顾公平"的文章，那是当年在分配中平均主义极其严重，是主要矛盾，为了拉开收入差距而提出的。后来情况变了，虽然全国人民的生活较过去都有不同程度的改善，但收入差距拉大的矛盾日渐突出。1999 年国家倡导扩大内需，可是收入差距拉大后，一部分人收入增长很快，而消费倾向增长慢，边际消费倾向递减；另一部分人的边际消费倾向虽高，但收入增长慢乃至是零增长或负增长，他们的消费欲望虽然强，但没有能力消费。为此我曾在《中国经济时报》上发表文章，指出收入分配不公是抑制内需造成通缩的重要原因。2002 年在讨论政府工作报告时我用"举双手反对"的措辞反对第三次给公务员加薪。这些强调收入分配要重视社会公正的言论，正是为了缓解收入差距拉得过大的矛盾。我和与我持有相同观点的人，都不曾主张回到平均主义去，都不曾主张穷过渡，更不希望大家都饿肚子。还有腐败虽然与效率不相干，却是街谈巷议中群众最反对的社会分配不公。据商务部的一份调查报告披露，外逃官员大约为 4000 人，携走资金 500 亿美元。如果再加上并未外逃的腐败官员的非法收入，其数额更加惊人。为什么在讨论收入分配不公时，要将它们排除在外呢？对于这种逻辑只能埋怨我自己的愚蠢而弄不明白了。

据我亲自调查，不少地方的打工仔、打工妹，10 多年来收入没有增长。也就是 GDP 增长虽然快，到 2006 年我国人均 GDP 将达到 1600 美元，然而这与占全国人口 40% ～50% 的人不相干，他们的收入没有增加。在有的地方，效率优先成为推行泰罗工作法和血汗工资制度的借口。在发达的市场经济国家里，工会尚且出面和资本家进行集体谈判，保护职工利益，甚至组织罢工。在我们国家里许多理应由工会出面来为工人争权利、讨公道的场合，却看不到他们的影子，这也是使我们纳闷的。其实，有没有将工资压到最低工资标准之下？有没有加了班不付给加班工资？有没有使用童工、包身工？矿山开发中有没有安全隐患？这些都是要工会代表职工作为一种有组织的力量来行使职责监督落实，我对工会组织在维护职工权益中发挥作用寄予厚望。

还要指出的是，经济增长方式转变和整个社会经济效益的提高还和人力资本的投入相联系。

发达国家的经济之所以发达，是因为他们的劳动者群体的知识水平远远高于发展中国家，创新能力强。所以，我们主张通过发展义务教育，延长义务教育年限，创造城乡居民平等受教育的机会，来提高中国劳动者的智力水平，由此来推动我国经济的发展，这才是真正的讲效率。我国目前以廉价劳动力为基础的"世界工厂"是不值得骄傲的，也是长不了的。必须抓紧时间改变状况。这也就是人力资本投入才是真正的讲效率。

最近世界银行发表了以"公平和发展"为主题的《2006 年世界发展报告》。报告依据阿玛蒂亚·森提出功效和能力的思想，也就是越加注意公民的教育和健康的机会均等，越是有利于整个社会的发展，也就是更加重视公平，改变机会不均等的不公平状况，将有利于社会更快地发展。这也意味着，过去经济学界认为公平和效率有矛盾、相对立的观点，已经由公平有利于发展、有利于整个社会效率提高的观点所取代。我当然同意世界银行报告的观点。因为这一观点早在我的专著和论文中阐述过。

最后，还是要回到争论的主题上来。我赞成党的十六届五中全会的新提法，对于某些人士强调的让富有者更富有，让贫困者更贫困的"效率"的主张表示坚决的反对。提出"更加注重社会公平"。并不是要求"均贫富""穷过渡"；"努力缓解"并不是一下子就要求把收入差距扩大的趋势扭转过来。可贵之处在于指出了努力的方向，因为让最广大群众分享到改革和发展的成果，弥合贫富差距，正是构建和谐社会的重要内容之一。至于原来强调的收入分配中效率优先，在新的条件下，已经变质为维护银行、电信、烟草等少数垄断产业和少数人的理论挡箭牌。在分配领域不再提效率优先，不是不要效率，而是把效率问题放到该讲的地方去讲。

把效率问题放到应该讲的地方去讲，也就是要更加重视自主创新，实现经济增长方式的根本转变，从而切实有效地加快发展我国的生产力。发达的生产力是实现共同富裕的基础。

早在公元以前，中国思想界就有着对于社会美好境界的憧憬，这便是《礼记》在《礼运篇》中关于"大同世界"的描绘：虽然只有短短的 108 个字，却表达了中国古代政治文化传统中关于社会政治理想境界的最高愿望。《礼记》中说：

"大道之行也，天下为公，选贤与（尊重）能，讲信修睦（和睦）。故人不独亲其亲，不独子其子。使老有所终（养老），壮有所用（事业），幼有所长（抚育）。鳏（老男无妻）寡（老女无夫）孤（幼儿无父）独（老人无子）废疾（残废）者皆有所养。男有分（职业），女有归（婚姻不失时）。货恶其弃于地也，不必芷于己（财产不必私藏）。力恶其不出于身也，不必为己（为他人服务）。是故谋闭而不兴（不欺诈争利），盗窃乱贼而不作，故外户而不闭（门不锁），是谓大同。"

这个大同梦很能让人动心。也许正因为政治首先是动人心，中国伟大的政治家们不会不将自己的梦与这个古远的梦相连。孙中山倡导"天下为公"，就是想实现这个梦。康有为的《大同书》，把 108 字的描述作了大量扩充，展开了对未来世界的构想，虽然它与当时的变法维新并无直接关系，而且也缺少系统的政治、经济和社会的分析，但仍表明了他对未来世界的憧憬。在李炳炎的《共同富裕经济学》中，还对欧洲的从柏拉图到欧文、圣西门、傅立叶的共同富裕思想作了介绍。也论述了马克思、列宁、斯大林以及毛泽东的共同富裕思想。这些思想都提出了共同的目标。我相信只要有效地促进生产力的发展，我们便有条件、有力量在分配上更加注意公平。使目前困扰人的贫富差距扩大问题逐步解决，逐步缩小差距。

原载《江苏科技大学学报》社科版（镇江），2006 年第 4 期

后　记

2006 年 8 月 3 日，中国社会科学院学部宣告成立，这是中国社会科学院构建社会科学创新体系的一项重要举措。作为中国社会科学院五个学部之一的经济学部，共有 12 名学部委员，17 名荣誉学部委员，他们都是在经济学研究领域做出卓越成绩和突出贡献的专家学者。为了集中反映他们最近的、代表性的研究成果，我们决定编辑出版《中国社会科学院经济学部学部委员和荣誉学部委员文集》，计划每年出版一本，收录全部学部委员和部分荣誉学部委员上一年度公开发表的代表性的研究报告和学术论文，原则上每人 1～2 篇。

本文集共收录了研究报告和论文 33 篇，总体上按照三个部分排列，第一部分是由学部主任负责的以经济学部课题组名义于 2006 年完成的两项课题的研究报告；第二部分是经济学部所有学部委员 2006 年发表的代表性研究成果，共收录 22 篇；第三部分是部分荣誉学部委员 2006 年发表的代表性研究成果，共收录 9 篇，收录的原则是荣誉学部委员自愿提交。第二、第三部分文章分别是按照作者的姓氏笔画来排序的。

本文集的出版得到了学部领导和学部工作局领导的热情指导，得到了各位经济学部学部委员和荣誉学部委员的大力支持，得到了经济学部各有关研究所科研处的鼎力帮助，经济管理出版社对本书的出版给予了大力的帮助，这里一并表示衷心的感谢。本文集具体编辑工作是由经济学部工作室黄群慧、金泓、郭建宏、刘红敏等同志完成的。中国企业管理研究会刘晶晶同志进行了部分文字录入工作。由于这是第一本《中国社会科学院经济学部学部委员和荣誉学部委员文集》，我们的编辑工作可能存在这样或那样的问题乃至错误，诚恳希望读者批评指正，以利于今后进一步完善我们的工作。

经济学部工作室
2007 年 11 月